32

wk

Helmut Jakob

Unternehmungsorganisation

Gestaltung und Entwicklung sozio-technischer Systeme

Verlag W. Kohlhammer
Stuttgart Berlin Köln Mainz

CIP-Kurztitelaufnahme der Deutschen Bibliothek

Jakob, Helmut:
Unternehmungsorganisation:
Gestaltung u. Entwicklung sozio-techn. Systeme/
Helmut Jakob.-
Stuttgart, Berlin, Köln, Mainz: Kohlhammer, 1980.
ISBN 3-17-004386-2

Stuttgart Berlin Köln Mainz
Verlagsort: Stuttgart
Gesamtherstellung: W. Kohlhammer GmbH
Grafischer Großbetrieb Stuttgart
Printed in Germany

Inhalt

Vorwort

Das vorliegende Buch befaßt sich mit *Organisationsfragen der Unternehmung*, und zwar in einem theoretischen Bezugsrahmen, der auch für andere organisierte Sozialsysteme (wie Behörden, Krankenhäuser usw.) Gültigkeit hat. Es ist als Lehrbuch für Studierende der Betriebswirtschaft und der Wirtschaftsinformatik gedacht. Es soll aber auch dem Praktiker einen Überblick über die verschiedenen Aspekte der Organisation und eine Orientierungshilfe für die praktische Organisationsgestaltung geben.

Die organisatorischen Anforderungen an das Management von Unternehmungen werden immer größer. Die Gründe hierfür liegen in der zunehmenden Komplexität der Unternehmungen, der starken Marktdynamik, dem enormen technologischen Entwicklungstempo und nicht zuletzt in dem sich vollziehenden sozialen Wandel. Gleichzeitig ist aber auch eine Erweiterung und Intensivierung der Lehr- und Forschungsaktivitäten auf dem Gebiet der Organisation festzustellen; die Organisationslehre ist umfassender und differenzierter geworden. Kennzeichnend hierfür ist, daß sie sich nicht mehr ausschließlich mit Fragen der formellen Organisationsstruktur beschäftigt, sondern daß diese Fragen im Zusammenhang mit menschlich-sozialen und technologischen Fragen der Unternehmung gesehen werden. Einen Weg, diese verschiedenen Aspekte zu integrieren, bietet der *sozio-technische Systemansatz*. Dieser Ansatz erlaubt es, betriebswirtschaftliche, verhaltenswissenschaftliche und organisationsrelevante technologische Forschungsergebnisse zusammenzufassen und die Erkenntnisse der Organisationssoziologie und -psychologie sowie der Informatik in die betriebswirtschaftlich ausgerichtete Organisationslehre einzubeziehen.

Der Aufbau des Buches und die Auswahl der Themen erfolgte unter dem Aspekt der *Anwendungsorientierung*. Das Buch will (a) ein *Gesamtkonzept* für eine umfassende Organisationsbetrachtung vermitteln und einen Überblick über die wesentlichen organisatorischen Faktoren und Zusammenhänge verschaffen, (b) *Instrumente und Methoden* für die Systemgestaltung und -entwicklung aufzeigen und praxisrelevante *Organisationsmodelle* darstellen.

Die ersten beiden Teile des Buches zeigen die verschiedenen Aspekte des Organisationsphänomens. Teil A bringt einen Überblick über die unterschiedlichen Organisationsauffassungen und die verschiedenen organisationstheoretischen Ansätze. In Teil B werden die Hauptfaktoren eines organisierten sozio-technischen Systems dargestellt, nämlich Systemzweck und -ziele, Systemmitglieder, Technologie, Systemstruktur und Systemumwelt.

Im Mittelpunkt der Darstellung stehen Fragen der Gestaltung der Organisationsstruktur. In Teil C werden die Instrumente der Strukturgestaltung (Gestaltungsmaßnahmen) und ihre situationsgerechte Auswahl behandelt, während in den beiden folgenden Teilen die mit diesen Instrumenten geschaffenen bzw. zu schaffenden Formen der Aufbaustruktur (Teil D) und der Prozeßstruktur (Teil E) erörtert werden.

Der letzte Teil (F) führt in die Methodik der Organisationsgestaltung ein und zeigt zwei methodische Konzepte — Systemtechnik und Organisationsentwicklung —, die sich gegenseitig ergänzen.

Pforzheim, Oktober 1979 *Helmut Jakob*

Teil A: Grundlagen

1. Aspekte des Organisationsphänomens

1.1 Begriff und Bedeutung der Organisation

Gesellschaft und Wirtschaft bedürfen der Organsiation. Weite Bereiche menschlicher Aktivität sind »organisiert«. Unser Leben spielt sich in erheblichem Umfange in »Organisationen« ab, täglich haben wir mit vielerlei Erscheinungsformen der Organisation zu tun. Organisation ist ein so wesentliches Merkmal unserer modernen Gesellschaft, daß sie auch als »organisierte Gesellschaft« bezeichnet wird (Mayntz 1963, S. 7).

Was ist nun Organisation? Das Phänomen ist ebenso universell wie vielschichtig. Die Grundbedeutung ist die einer *Ordnung*. In der Kybernetik versteht man unter Organisation die Ordnung der Elemente eines Systems. Zumeist wird der Begriff auf soziale Systeme bezogen:

Von einer Organisation spricht man dann, wenn eine Anzahl Menschen in geordneter Zusammenarbeit gemeinsame Ziele anstrebt. Organisation ist also eine Ordnungsform für das Zusammenwirken von Menschen zur Erreichung bestimmter Zwecke und Ziele.

Damit ist aber nur eine grobe Abgrenzung erreicht. In differenzierterer Betrachtung werden verschiedene Aspekte des Organisationsphänomens herausgehoben. Die unterschiedlichen Auffassungen und Vorstellungsinhalte lassen sich im wesentlichen in zwei Organisationsbegriffen zusammenfassen (vgl. Grochla 1975b, S. 2):

(1) Organisation als zielgerichtetes soziales oder sozio-technisches *System* (= institutioneller Organisationsbegriff).

(2) Organisation als *formelle Ordnung oder Struktur* eines solchen Systems (= instrumentaler Organisationsbegriff).

Eine weitere Differenzierung ergibt sich dadurch, daß unter Organsiation nicht nur eine Ordnungsform für menschliches Zusammenwirken (im Sinne von System oder Systemstruktur) verstanden wird, sondern daß damit auch die Aktivitäten zur Gestaltung und Entwicklung eines sozialen Systems bzw. dessen formeller Struktur gemeint sind. Somit kommt zu den beiden genannten Organisationsbegriffen noch ein weiterer, nämlich

(3) Organisation als *Tätigkeit* (= funktionaler Organisationsbegriff).

Die drei Organisationsbegriffe kennzeichnen jeweils unterschiedliche Ausschnitte des Organisationsphänomens. Wer sich mit Organisationsproblemen befaßt, muß die verschiedenen Blickrichtungen kennen. Deshalb sollen zunächst einmal die Organisationsbegriffe erörtert werden.

1.2 Organisation als soziales System (institutioneller Organisationsbegriff)

Unter einem *System* versteht man eine gedanklich abgegrenzte Menge von Elementen, die miteinander in Beziehung stehen und eine geordnete Gesamtheit bilden. Wir können also immer dann von einem System sprechen, wenn ein reales oder abstraktes Objekt eine in sich gegliederte Ganzheit darstellt.

Als *Organisationen* bezeichnet man eine bestimmte Klasse von Systemen, nämlich zweckorientierte soziale Systeme wie Unternehmungen, Behörden, Schulen, Krankenhäuser, Kirchen, Streitkräfte, Parteien, Gewerkschaften und sonstige Zweckverbände. Diese Systeme weisen folgende *Merkmale* auf:

(1) Es sind *Sozialgebilde* mit einem abgegrenzten Mitgliederkreis.

(2) Sie sind *zweck- und zielorientiert:* Organisationen sind gegründet, um (a) bestimmte Zwecke (Funktionen) zu erfüllen, z. B. um Güter herzustellen und auf dem Markt abzusetzen, um Einkommen für die Kapitaleigner und die Mitglieder zu erzielen. Organisationen sind aber (b) auch zielsetzende und zielorientierte Systeme, d. h. sie können die anzustrebenden Zustände und Verhaltensweisen selbst bestimmen.

(3) Organisationen sind *geplant* und, wenn auch nicht durchgängig, rational gestaltet. Durch *explizite Regelungen* werden die Aufgaben der Systemmitglieder und der Einsatz von Sachmitteln festgelegt. Es wird eine Rahmenordnung geschaffen, die die gesamten Aktivitäten auf die Systemzwecke und -ziele ausrichtet. Die Gesamtheit dieser Regelungen, durch die ein arbeitsteiliges und koordiniertes Zusammenwirken der Systemmitglieder gewährleistet wird, stellt die *formelle Ordnung oder Struktur* des Systems dar. Auf diesen Organisationsaspekt, den man auch als Organisation im engeren Sinne bezeichnet, wird im nächsten Abschnitt näher eingegangen.

(4) Struktur und Verhalten von Organisationen werden aber nicht nur durch die offiziellen Ziele und die formellen Regelungen bestimmt, sondern auch durch persönliche Interessen, Einstellungen, Erwartungen und Bedürfnisse der Organisationsmitglieder sowie durch nicht geplante soziale Interaktionen zwischen den Organisationsmitgliedern. Die formelle Ordnung wird also ergänzt durch *informelle Erscheinungen*, die daraus resultieren, daß die Handlungsträger Menschen sind.

(5) Moderne Organisationen sind vielfach hochtechnisierte Systeme. Strukturen und Verhaltensweisen in solchen Systemen werden in steigendem Maße von den verwendeten *Technologien* beeinflußt. Einen Ansatz, den technischen Aspekt in die Organisationsbetrachtung einzubeziehen, stellt die Konzeption der Organisation als *sozio-technisches System* dar.

Schließlich lassen sich Organisationen noch durch *weitere Systemeigenschaften* charakterisieren, nämlich

- *Komplexität:* es besteht eine Vielzahl von Elementen und Beziehungen.
- *Offenheit gegenüber der Umwelt:* das System steht in ständiger Wechselbeziehung mit der Umwelt.
- *Stabilität:* die Beziehungen zwischen den Systemelementen sind relativ dauerhaft, das System hat die Tendenz zur Selbsterhaltung und kann äußere Störungen durch systemeigene Maßnahmen ausgleichen.
- *Dynamik:* das System ändert sein Verhalten im Zeitablauf, die Änderungsrate hängt von der Umweltdynamik und von internen Faktoren ab.

Fassen wir zusammen:

Organisationen sind zweckorientierte, zielgerichtete soziale bzw. sozio-technische Systeme, deren Strukturen und Verhaltensweisen durch formelle Regelungen und die individuellen Handlungstendenzen der Mitglieder bestimmt werden.

Die Unternehmung *ist*, nach dieser Definition, eine Organisation. Der weitgespannte Organisationsbegriff bezieht sich nicht auf einen Teilaspekt, sondern umfaßt das ganze Handlungssystem. Eine solche Betrachtungsweise des Organisationsphänomens ist in den Sozialwissenschaften, insbesondere der Soziologie und der Sozialpsychologie üblich. In der Betriebswirtschaftslehre hat dieser Organisationsbegriff im Zuge der Öffnung zu den Verhaltenswissenschaften, vor allem durch Heinen (1968) und Kirsch (1971), Eingang gefunden. Häufig wird hier aber, wie in der Wirtschaftspraxis, ein engerer Organisationsbegriff verwendet.

1.3 Organisation als formelle Ordnung (instrumentaler Organisationsbegriff)

Unter Organisation im engeren Sinne versteht man die *durch formelle Regelungen hergestellte Ordnung oder Struktur* eines sozialen bzw. sozio-technischen Systems. Diese Regelungen sind ein Mittel zur Erreichung der Systemzwecke und -ziele, sie haben Instrumentalcharakter. »Organisation« in diesem Sinne ist ein Teilaspekt eines sozialen Systems, so daß man auch sagen kann: die Unternehmung *hat* eine Organisation (= formelle Organisationsstruktur). Was damit gemeint ist, wird deutlich, wenn wir die obigen Definitionsmerkmale näher betrachten und die formelle Ordnung einer Unternehmung unter den beiden Aspekten der Formalisierung (= formelle Regelung) und der Strukturierung beschreiben.

Formelle Regelungen

Durch eine Menge von Regelungen werden die Verhaltens- und Funktionsweisen von Menschen und Sachmitteln auf die Systemzwecke und -ziele ausgerichtet (Grochla 1975, S. 2). Dabei handelt es sich um formelle, generelle und relativ dauerhafte Regelungen:

- *Formell* heißt, daß die Regelungen in einem bewußten Gestaltungsakt festgelegt und durch dazu legitimierte Personen in Kraft gesetzt werden (vgl. Hill u. a. 1974, S. 122).
- *Generell* bedeutet, daß es sich um unpersönliche, nicht auf bestimmte Individuen bezogene Regeln handelt, die für alle gleichartigen Fälle gelten (im Gegensatz zu fallweisen bzw. individuellen Regelungen).
- *Relativ dauerhaft* besagt, daß die Geltungsdauer sich auf einen längeren (meist unbefristeten) Zeitraum erstreckt.

Gegenstand der Regelungen sind

(1) die *Verhaltensweisen der Organisationsmitglieder;* es werden deren Aufgaben, Kompetenzen und Arbeitsbeziehungen festgelegt und Verhaltensrichtlinien vorgegeben, wobei die Regelungen den Charakter von Verhaltens*erwartungen* haben;

(2) *der Einsatz und die Funktionsweise von Sachmitteln;* es sind auch die von den Organisationsmitgliedern einzusetzenden Sachmittel und deren Funktionen im Arbeitsprozeß zu bestimmen; hierbei müssen die organisatorischen Arbeitsregelungen durch technische Verfahrensregelungen ergänzt werden.

Struktur

Durch die formellen Regelungen wird ein sozio-technisches System strukturiert. *Struktur* ist gleichbedeutend mit *Ordnung* in einem System. Man kann den Begriff weiter einengen, indem man von inhaltlichen Aspekten abstrahiert und Struktur als rein *formales Ordnungsmuster* versteht, das sich in einer bestimmten Anordnung bzw. Abfolge von Elementen und elementaren Vorgängen zeigt. Struktur läßt sich auf dieser Betrachtungsebene als ein *Netz von Beziehungen* zwischen den Elementen eines Systems beschreiben. Die *Elemente* organisatorischer Strukturen, gewissermaßen die Strukturbausteine, sind *(s. Abb. A 1)*

— personelle und maschinelle Aktionseinheiten (Menschen und Maschinen bzw. Stellen und technische Subsysteme) als *aktive Elemente*,
— informationelle und materielle Aktionsobjekte (Informationen, Material, Produkte) als *passive Elemente*,
— Aufgaben, Kompetenzen und Aktivitäten als *Aktionsmerkmale* (Handlungselemente), die das Aktionsfeld der aktiven Elemente beschreiben.

Die bewußt geschaffenen, ausdrücklich oder stillschweigend legitimierten Beziehungen bilden die *formelle Organisationsstruktur.* Die Beziehungen können sowohl statisch als auch dynamisch, d. h. im Zeitablauf gesehen werden. Dementsprechend unterscheidet man

— Aufbaubeziehungen bzw. *Aufbaustrukturen* (z. B. hierarchische Ordnung der Stellen)
— Ablaufbeziehungen bzw. *Prozeßstrukturen* (z. B. Folge von Aktivitäten).

Die verschiedenen Betrachtungsweisen der formellen Ordnung unterscheiden sich im Abstraktionsgrad. Mit dem Begriff der formellen Regelungen lassen sich Inhalte verbinden, etwa hinsichtlich der Aufgabenverteilung oder der Arbeitsverfahren in einem bestimmten Bereich. Die Beschreibung der Struktur im strengen Sinne hebt auf das Beziehungsgefüge als solches ab. Beide Betrachtungsweisen ergänzen sich. Organisatorische Regelungen können nicht losgelöst von den Inhalten gesehen werden. Andererseits ist es aber auch erforderlich, die formalen Strukturverhältnisse zu beschreiben und zu erklären.

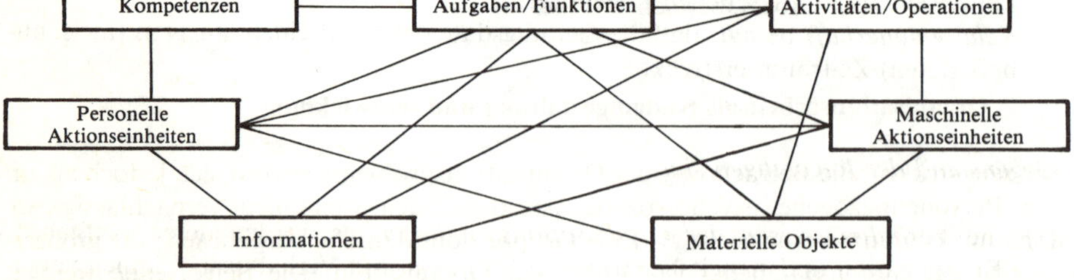

Abb. A 1: Strukturelemente

Im folgenden werden für den in diesem Abschnitt dargestellten Organisationsaspekt die Ausdrücke formelle (Organisations-)Struktur, formelle Ordnung und formelle Regelungen synonym verwendet.

1.4 Organisation als Tätigkeit (funktionaler Organisationsbegriff)

Unter Organisation wird auch eine Funktion verstanden, nämlich die *Tätigkeit des Organisierens* oder, allgemeiner ausgedrückt, der *Systemgestaltung und -entwicklung*. Aus den unterschiedlichen Vorstellungen über die Organisation als Zustandsform (Organisation als System oder Systemstruktur) ergeben sich verschiedene Auffassungen über Art und Umfang der organisationsgestaltenden Tätigkeit:

— Versteht man unter Organisation die formelle Struktur eines Systems, dann ist Organisieren gleichbedeutend mit *Strukturgestaltung*.
— Sieht man Organisation umfassender als sozio-technisches System, dann ist die organisationsgestaltende Tätigkeit mehr als eine Strukturtechnik. Sie umfaßt die *Gestaltung und Entwicklung von Handlungssystemen* mit organisatorisch-strukturellen, personalen und technischen Komponenten.

1.4.1 **Organisieren als Strukturgestaltung**

Die Tätigkeit des Organisierens (i.e.S.) besteht darin, die in Abschnitt 1.3 näher beschriebene formelle Ordnung oder Struktur herzustellen:

— Organisieren ist also ein *Strukturieren* von sozio-technischen Systemen durch Festlegen und Ordnen der Systembeziehungen.
— In soziologischer Sicht ist Organisieren eine Form der Verhaltenssteuerung sozio-technischer Systeme durch *Formalisieren* (d. h. bewußtes Festlegen, formelle Regelung) von Verhaltenserwartungen (vgl. Mayntz 1963, S. 86; Ulrich/Fluri 1975, S. 131 f).

Organisationsgestaltung im eben dargestellten Sinne ist eine Führungsfunktion. Sie umfaßt Analyse-, Planungs-, Entscheidungs- und Durchsetzungsaktivitäten. Die organisatorischen Entscheidungen sind *Meta-Entscheidungen*, durch die die Entscheidungs- und Ausführungsprozesse der Objektebene festgelegt werden.
Beispiel:

Meta-Ebene = Planungs- und Entscheidungsprozesse
über die Prozeßgestaltung im Absatzbereich

Objekt-Ebene = Planungs-, Entscheidungs- und Ausführungsprozesse
im Absatzbereich

1.4.2 **Organisationsarbeit als Systemgestaltung und -entwicklung**

Die rein strukturelle Betrachtung der Organisationsprobleme erweist sich jedoch als zu eng. Personenbezogene, psycho-soziale Aspekte werden, wenn nicht vernachlässigt, so doch nur begrenzt berücksichtigt. Eine Gruppe von Menschen organisiert; die größere Anzahl der Systemmitglieder ist Objekt der Organisation. Die Betroffenen werden nicht nur ausgeschlossen vom Organisationsgestaltungsprozeß, sondern dazuhin einsei-

tig als bloße Funktionsträger gesehen. Aber auch der technische Aspekt kommt bei einer solchen Betrachtungsweise zu kurz.
Eine Ergänzung bzw. Erweiterung des reinen Strukturierungsansatzes bringt die Konzeption der *Organisationsentwicklung*, die von Verhaltenswisssenschaftlern entwickelt wurde. Durch *personale Maßnahmen*, z. B. gruppendynamisches Training, Mitwirkung der betroffenen Mitarbeiter am Organisationsgestaltungsprozeß und Prozeßberatung, werden strukturelle Maßnahmen initiiert und unterstützt. Der Organisationsentwicklungsansatz mündet schließlich in einer *Theorie des geplanten organisatorischen Wandels*, die sich mit der Gestaltung bzw. dem Wandel sozio-technischer Systeme befaßt und *auch technologische Aspekte* einschließt. Angesichts der Verzahnung struktureller, personaler und technologischer Faktoren erscheint die Weiterentwicklung der reinen Strukturgestaltungslehre zu einem umfassenden Systemgestaltungs- und -entwicklungskonzept sinnvoll und notwendig.

1.5 Beurteilung der Organisationsaspekte

Die letzten Ausführungen haben deutlich gemacht, daß die organisationsgestaltende Tätigkeit sich nicht allein auf Strukturregelungen beschränken darf, sondern daß damit gleichzeitig menschlich-soziale und technische Fragen zu lösen sind. Organisation sollte nicht nur als abstraktes System von Regelungen, sondern als konkretes Handlungssystem verstanden werden. Der *institutionelle Organisationsbegriff* schafft einen *Bezugsrahmen für eine ganzheitliche Betrachtung der Organisationsprobleme* und damit für eine Integration struktureller, personaler und technologischer Aspekte.
In diesem Buch werden daher alle drei Aspekte des Organisationsphänomens behandelt. Nach einem Überblick über die verschiedenen organisationstheoretischen Ansätze werden in Teil B die Organisation als sozio-technisches *System* (institutioneller Organisationsbegriff), in den Teilen C bis E Gestaltungsmöglichkeiten der *Organisationsstruktur* (instrumentaler Organisationsbegriff) und in Teil F die *Methodik* der Organisationsgestaltung (funktionaler Organisationsbegriff) dargestellt.

1.6 Organisation und Führung

In diesem Zusammenhang drängt sich auch die Frage nach dem Verhältnis von Organisation und Führung auf. Die beiden Phänomene hängen aufs engste zusammen. Es sind »sich wechselseitig ergänzende, sich gegenseitig bestimmende und durchdringende Tatbestände« (Häusler 1966, S. 29).

- Organisation als zielgerichtetes soziales oder sozio-technisches System ist der institutionelle Rahmen und Aktionsbereich, in dem sich Führung vollzieht. Führung ist ein Subsystem der Organisation, dessen Aufgabe darin besteht, die gesamten Systemaktivitäten zu steuern. Zugleich wird die Organisation als Institution durch die Führung gestaltet und entsprechend den situativen Anforderungen verändert.
- Die formelle Ordnung (= Organisationsstruktur) ist ein wichtiges Führungsinstrument, das dazu dient, die Systemaktivitäten durch dauerhafte, generelle Regelungen auf die Systemziele auszurichten. Diese Ordnung bestimmt aber wiederum den Rahmen und die Richtung des Führungsprozesses selbst.
- Die Tätigkeit der Organisationsgestaltung (Systemgestaltung) schließlich ist, neben der laufenden Systemsteuerung, eine wesentliche Führungsfunktion. Bei der Erfüllung dieser Funktion wirken Unterstützungseinheiten (Stäbe, Ausschüsse) mit. Die-

se originäre Führungsfunktion bleibt auch bestehen, wenn im Zuge der Ausdehnung der Mitwirkungsmöglichkeiten die betroffenen Organisationsmitglieder selbst aktiv in die organisatorischen Gestaltungs- und Entwicklungsprozesse einbezogen werden.

Organisations- und Führungsprobleme sind miteinander verflochten. Die Organisationstheorie beinhaltet auch die Thematik der Unternehmensführung und andererseits sind Organisationsfragen ein wesentlicher Bestandteil der Lehre von der Unternehmensführung (Managementtheorie).

Weiterführende Literatur zu Kapitel A 1

Verschiedene Organisationsbegriffe erörtern: Grochla 1975a, F. Hoffmann 1976 (S. 57 ff.), Kieser/Kubicek 1977 (S. 1 ff.), Staehle 1973 (S. 9 ff.).

2. Organisationstheoretische Ansätze

2.1 Organisation als Forschungsobjekt

Die Diskussion der Organisationsbegriffe hat die Hauptdimensionen des Organisationsphänomens gezeigt und erkennen lassen, wie weitgespannt der Problemkreis ist und wie vielfältig die Problemaspekte sind. Dementsprechend mannigfaltig sind auch die Forschungsansätze und die theoretischen Konzepte zur Erklärung und Gestaltung der Organisation. Ein Überblick über die wichtigsten organisationstheoretischen Ansätze soll die unterschiedlichen Problemschwerpunkte verdeutlichen und in groben Zügen aufzeigen, was die jeweilige Betrachtungsweise zu leisten vermag und wo ihre Grenzen sind.

Die Organisationsforschung geht von verschiedenen wissenschaftlichen Disziplinen aus:

- Betriebswirtschaftslehre, Arbeitswissenschaft, Soziologie und Sozialpsychologie beschäftigen sich mit Organisationsfragen. Daraus entwickelten sich
  - verschiedene *Ansätze der Organisationstheorie,* so die betriebswirtschaftliche Organisationslehre und die verhaltenswissenschaftliche Organisationstheorie,
  - sowie Teildisziplinen der Soziologie und Psychologie, nämlich *Organisationssoziologie* und *Organisationspsychologie,* welche als wichtige Ergänzungen der Organisationstheorie anzusehen sind.
- Wesentliche Impulse erhält die moderne Organisationstheorie auch von der Systemtheorie, der Entscheidungstheorie und der Kybernetik sowie von Arbeiten auf dem Gebiet der Informationstheorie und der Informationstechnologie, hier insbesondere solchen über die Gestaltung von Informationssystemen.

Angesichts der Vielfalt der Ansätze ist eine Klassifizierung schwierig. Deshalb kann die folgende Einteilung, die sich auf Arbeiten von Grochla (1969, 1975b, 1976, 1977), Hill u. a. (1974), Hoffmann, F. (1976) und Staehle (1971) stützt, nur als schwerpunktmäßige Zuordnung angesehen werden, wobei Überschneidungen nicht auszuschließen sind. Die Darstellung der einzelnen Ansätze beschränkt sich auf die Skizzierung der Hauptpunkte.

2.2 Traditionelle Ansätze

Die traditionelle Organisationslehre ist auf formell-strukturelle Aspekte ausgerichtet. Sie sieht in der Organisation eine rationale Zweck-Mittel-Ordnung und versucht, Soll-Vorstellungen zweckrationaler Ordnungsformen zu entwickeln. Das zugrundeliegende Menschenbild ist mechanistisch-instrumental; der Mensch wird als Aufgabenträger betrachtet, der sich rational und zweckgerecht verhält und durch ökonomische Anreize motiviert wird.

2.2.1 **»Klassische« Ansätze (1910—1920)**

Zu den Klassikern der Organisationstheorie zählen *Taylor, Fayol* und *Max Weber.*

Physiologischer Ansatz: Taylor begründet die »wissenschaftliche Betriebsführung«. Ihm geht es primär um eine Verbesserung der Produktivität durch Arbeitsteilung und Spezialisierung, physiologisch richtige Arbeitsplatzgestaltung, Arbeitszeitregelung und Arbeitsausführung aufgrund von Arbeits- und Zeitstudien sowie leistungsfördernde Entlohnung.

Administrativer Ansatz: Fayol bringt erstmals eine umfassende Darstellung der Funktionsbereiche und der Managementfunktionen einer Organisation. Er formuliert eine Reihe von Organisationsprinzipien (u. a. die Prinzipien der Einheit der Leitung, der Einheit der Auftragserteilung und der Zentralisation) und entwickelt das Modell der Linien- und Stab-Linien-Organisation.

Bürokratie-Modell: Als dritte Säule der traditionellen Organisationstheorie ist das Bürokratie-Modell von *Max Weber* zu nennen. Weber sieht darin den Idealtypus eines effizienten Verwaltungsapparats, ein »maximal zweckmäßiges Soll-Schema« der Organisation (Mayntz 1968, S. 29). Wesentliche Merkmale der Bürokratie sind: Arbeitsteilung und Spezialisierung, eine genau fixierte Autoritätshierarchie, ein System von Regeln, das Rechte und Pflichten der Positionsinhaber festlegt, und standardisierte Arbeitsverfahren.

2.2.2 **Betriebswirtschaftliche Organisationslehre**

Im deutschen Sprachraum wurden die skizzierten Ansätze in der betriebswirtschaftlichen Organisationslehre weiterentwickelt. Von *Nordsieck* ausgehend hat diese in dem geschlossenen und umfassenden System von *Kosiol (1962)* einen gewissen Abschluß gefunden. Organisation wird von Kosiol als *integrative Strukturierung von Ganzheiten* definiert. *Ausgangspunkt* für die Gestaltung sind die *Unternehmensaufgaben.* Diese werden in der *Aufgabenanalyse* zerlegt und nach verschiedenen Kriterien gegliedert. In der anschließenden *Aufgabensynthese* werden die analytisch gewonnenen Teilaufgaben zu aufgaben- und arbeitsteiligen Organisationseinheiten (Stellen, Abteilungen) zusammengefaßt. Durch Verknüpfung der Organisationseinheiten entsteht die *Aufbauorganisation.* Die weiterführende Analyse und Synthese der Arbeitsvorgänge führt zur Gestaltung der *Ablauforganisation.* Als Gestaltungsregeln werden eine Reihe von Organisationsprinzipien aufgestellt.

Beurteilung: Das Schwergewicht der traditionellen betriebswirtschaftlichen Organisationslehre liegt
— auf der Entwicklung eines umfassenden und differenzierten Begriffssystems zur Beschreibung der formellen Organisation (-struktur) sowie
— auf der Beschreibung von Strukturformen und der Ausarbeitung von Strukturmodellen.

Der Ansatz ist aber zu eng und zu einseitig:
– Er beschränkt sich auf die formelle Organisationsstruktur und klammert informelle Erscheinungen aus.
– Das mechanistische Menschenbild verschließt den Blick für sozio-emotionale Aspekte in der Organisation.
– Die Unternehmungsaufgaben werden als gegeben angesehen, Zielsetzungsprozesse werden außer acht gelassen.
– Die Unternehmungsorganisation wird als geschlossenes System betrachtet. Umwelteinflüsse auf die Organisation werden nicht berücksichtigt. Auch die Einflußfaktoren Mensch und Technologie finden kaum Beachtung.
– Die Organisationsprinzipien sind ohne Situationsbezug fragwürdig. Soweit sie nicht reine Leerformeln sind, handelt es sich um bloße Postulate oder um Organisationsmöglichkeiten ohne genaue Angabe der Anwendungsbedingungen.

2.3 Verhaltenswissenschaftlich-motivationsorientierte Ansätze

Als Gegenbewegung zur einseitig rationalistischen Auffassung der traditionellen Organisationstheorie entstand die verhaltenswissenschaftlich-motivationsorientierte Richtung der Organisationsforschung. Hier steht der menschlich-soziale Aspekt im Mittelpunkt.

2.3.1 **Human-Relations-Bewegung**

Der Anstoß zur Human-Relations-Bewegung ging von den Hawthorne-Experimenten aus, die von Mayo und seiner Gruppe (Roethlisberger u. a.) zwischen 1927 und 1932 durchgeführt wurden. Bei der Untersuchung der Auswirkung unterschiedlicher Arbeitsbedingungen (Variation von Beleuchtung, Pausen- und Arbeitszeitregelung) auf die Arbeitsleistung wurde festgestellt, daß diese unabhängig von den jeweiligen Veränderungen stieg. Mayo führte dies auf eine Verbesserung der psycho-sozialen Situation in Form von verbesserten menschlichen Beziehungen, mehr Mitsprachemöglichkeiten, weniger Zwang von außen und dadurch auch verstärktem Verantwortungsgefühl zurück. In einer weiteren Untersuchung zeigte sich der *Einfluß informeller Beziehungen und informeller Gruppennormen* auf das Verhalten und die Leistung von Individuen innerhalb von Arbeitsgruppen. Damit wurde die Bedeutung der bisher vernachlässigten informellen Aspekte, insbesondere der informellen Gruppen, für die Organisation erkannt. Man sah in der Pflege menschlicher Beziehungen, in der Entwicklung eines guten Betriebsklimas eine wichtige Voraussetzung für die Arbeitszufriedenheit und damit auch für die Arbeitsleistung. Man nahm an, daß ein direkter, positiver Zusammenhang zwischen Arbeitszufriedenheit und Arbeitsleistung bestehe, daß also hohe Zufriedenheit auch zu hoher Leistung führe. Die Vertreter der Human-Relations-Bewegung forderten daher vor allem eine Verbesserung der sozialen Atmosphäre durch bewußte Gruppen- und Beziehungspflege. Dazu gehört auch ein ausreichender informeller Freiraum.

Beurteilung: Auch wenn die Feldforschung von Mayo in einigen Punkten wissenschaftlich anfechtbar und die Interpretation der Ergebnisse zum Teil einseitig oder falsch war, bleibt doch als Verdienst die Einführung der psycho-sozialen Dimension und die Einbeziehung informeller Aspekte in die Organisationsbetrachtung. Vor allem wurde das Gruppenphänomen erkannt und die sozialen Bedürfnisse der Menschen beachtet. Allerdings führt diese Betrachtungsweise zu neuen Einseitigkeiten:
- Die informellen, psychologischen Aspekte werden überbetont und formell-strukturelle Aspekte vernachlässigt.
- Die Annahme, daß Arbeitszufriedenheit die Produktivität steigere, ist in dieser vereinfachten Form nicht haltbar.
- Die Arbeitszufriedenheit wurde nicht als selbständiges Humanitätsziel, sondern im Hinblick auf die erwartete Produktivitätswirkung angestrebt. Die Pflege menschlicher Beziehungen geriet damit leicht zur Manipulation der Mitarbeiter zur Erreichung höherer Produktivität.
- Mit der Annahme, daß bei guten menschlichen Beziehungen keine Konflikte entstehen, wurde die Konfliktproblematik ausgeklammert.

2.3.2 **Partizipative Ansätze (Macht-Ausgleichs-Ansätze)**

Die Motivationsforschung nach dem Zweiten Weltkrieg lenkte den Blick stärker auf die *Motivation der Mitarbeiter.* Wird der Mensch in der traditionellen Organisationstheorie vor allem ökonomisch motiviert, im Human-Relations-Ansatz sozial motiviert gesehen, so werden jetzt die individuellen *Geltungs- und Entfaltungsbedürfnisse* stärker betont. Das Leitbild ist der mündige Mitarbeiter, der Mensch, der in der Arbeit seine Selbstverwirklichung findet.

Die Vertreter dieser Richtung, McGregor, Likert, Argyris, Herzberg u. a., sehen vor allem eine *ausgeglichenere Machtverteilung* als Voraussetzung für eine am Menschen orientierte Organisation an. Sie fordern mehr *Autonomie* und mehr *Partizipation* für die Organisationsmitglieder. Herzberg hebt die *Bedeutung des Arbeitsinhalts* (Art und Umfang der Aufgaben eines Mitarbeiters) für die Arbeitszufriedenheit hervor.

Im Gegensatz zur Human-Relations-Bewegung werden auch Konzepte zur Veränderung der formellen Organistionsstruktur entwickelt mit dem Ziel, diese besser mit den individuellen Bedürfnissen nach Selbstentfaltung in Einklang zu bringen. Beispiele sind Likerts Modell der überlappenden Gruppen und Herzbergs Vorschläge zur Arbeitsstrukturierung (s. Abschn. C 2.2.3.3 und D 3.6.2).

Beurteilung: Gegenüber der Human-Relations-Bewegung wird die Motivation des einzelnen stärker betont und differenzierter gesehen. Ein Fortschritt ist, daß neue formelle Strukturmodelle entwickelt wurden, die mehr auf die Bedürfnisse der Organisationsmitglieder ausgerichtet sind. Die Partizipationskonzepte sind weniger manipulativ, sie sind sozialethisch orientiert und humanistisch-demokratischen Idealen verpflichtet. Jedoch zeigen sich auch hier gewissen Schwächen:
- Der Mensch wird zu idealisiert gesehen. Das Modell setzt ein hohes Maß an Selbständigkeit und ein ausgeprägtes Selbstentfaltungsstreben im Arbeitsleben voraus.

Der Stellenwert von Arbeit und Beruf für die Erfüllung des Menschen ist aber individuell sehr verschieden. Die zugrunde gelegte Motivationsstruktur ist nicht generell zutreffend.

— Damit wird natürlich auch die Bedeutung der vorgeschlagenen Organisationsmodelle relativiert. Die Vorschläge sind hauptsächlich auf schlecht strukturierte Aufgaben und höher qualifizierte Mitarbeiter zugeschnitten.

2.4 Entscheidungsorientierte und informationstechnologische Ansätze

In den 40er Jahren entstand eine weitere Forschungsrichtung, die die bisher vernachlässigten organisatorischen Entscheidungsprobleme in den Mittelpunkt stellte. Es haben sich zwei verschiedene Ansätze herausgebildet, *mathematische und verhaltenswissenschaftliche Entscheidungstheorien,* die zwar zur Erhellung bestimmter Aspekte der Organisation beitragen, für die praktische Organisationsgestaltung aber nicht unmittelbar verwendbar sind.

Für die Organisationsgestaltung relevant sind dagegen die Beiträge der *informationstechnologischen* Forschung. Ein Teil der Untersuchungen befaßt sich mit den Konsequenzen des Einsatzes der Informationstechnologie für die organisatorischen Regelungen (Kubicek 1975b, Bühner 1975). Der größere Teil der Arbeiten beschäftigt sich mit Fragen der Gestaltung computergestützter Informationssysteme. Es werden Funktionen, Komponenten und Strukturen von Informationssystemen behandelt (u. a. Grochla/Szyperski 1971, M.J.A. Hoffmann 1976, Kirsch/Klein 1977a) und Gestaltungskonzepte für solche Systeme entwickelt (z. B. Grochla u. a. 1974a). Wenn diese Arbeiten sich auch nur auf Teilbereiche des Organisationsproblems erstrecken, so stellen sie doch einen wichtigen Beitrag zur Rationalisierung der Führungs- und Ausführungsprozesse in der Organisation dar.

2.5 Systemorientierte Ansätze

Während die bisher dargestellten Ansätze sich jeweils mit bestimmten Aspekten des Organisationsphänomens befassen, macht sich seit etlichen Jahren eine Tendenz zu einer mehr *ganzheitlichen Betrachtungsweise* bemerkbar. Das führt zwangsläufig zu einer Verknüpfung der Ergebnisse verschiedener Wissenschaftszweige. Die moderne Organisationstheorie ist stärker interdisziplinär ausgerichtet und stützt sich auf die Organisationssoziologie und die Sozialpsychologie ebenso wie auf die Entscheidungstheorie und die Betriebswirtschaftslehre. Dabei wird das *Systemkonzept* als Bezugsrahmen für die Integration der verschiedenen organisatorisch relevanten Aspekte verwendet. Die systemorientierte Betrachtungsweise der Organisationsprobleme ist aber durchaus nicht einheitlich. Hill u. a. (1974, S. 435 ff.) unterscheiden den *organisationssoziologischen Ansatz,* den *systemtheoretisch-kybernetischen Ansatz* und den integrierenden *sozio-technischen Systemansatz.* Der letztgenannte Ansatz soll hier weiterverfolgt werden.

Sozio-technischer Systemansatz

Auf dem sozio-technischen Systemmodell basieren eine Reihe von Organisationskonzepten,

— die die *formell-strukturelle Betrachtung* der Organisation ergänzen
— durch die Einbeziehung *sozialer und technologischer Aspekte*
— und durch die Berücksichtigung der *Umweltbeziehungen.*

Anstelle von Gestaltungsempfehlungen in Form allgemeiner Organisationsprinzipien werden *situationsbezogene Aussagen* über die Organisation gemacht. Auch das zugrundeliegende *Menschenbild* ist differenzierter, als dies bei den älteren Ansätzen der Fall war. Man geht von der Vorstellung eines komplexen Menschen aus, der in seiner Persönlichkeitsstruktur vielfältig angelegt ist und von seiner Umwelt in unterschiedlicher Weise geprägt wird. Die Motivation läßt sich nicht auf ein einziges Grundmotiv zurückführen (v. Rosenstiel u. a. 1972, S. 27).

Eine umfassende Darstellung des sozio-technischen Ansatzes, der von der englischen Tavistock-Gruppe und amerikanischen Verhaltenswissenschaftlern entwickelt wurde, bringen Kast/Rosenzweig (1974). Im deutschen Sprachraum haben u. a. Bleicher (1970, 1976), Grochla (1972), Staehle (1973), Hill u. a. (1974) diesen Ansatz aufgegriffen und weiterentwickelt. Der folgende Teil B zeigt die Hauptperspektiven einer solchen ganzheitlichen Betrachtung der Organisation als sozio-technisches System.

Weiterführende Literatur zu Kapitel A 2

Einen Überblick vermitteln: Hill u. a. 1974 (S. 405 ff.), Staehle 1971.
Ausführliche Darstellungen: Grochla 1978 (S. 101 ff.), F. Hoffmann 1976, Kieser/Kubicek 1978 und 1979.
Reader mit grundlegenden Originaltexten sowie kurzen Einführungen: Grochla 1975 b und 1976.

Teil B: Organisation als sozio-technisches System

1. Problemaspekte

Der sozio-technische Systemansatz liefert ein Denkmodell, das es erlaubt, das Organisationsphänomen umfassend zu sehen und die verschiedenen Teilaspekte einzuordnen. Organisation wird primär als zielgerichtetes soziales System betrachtet,

- in welchem Menschen *(Systemmitglieder)*
- zur Erfüllung bestimmter Zwecke und Ziele *(Systemziele)*
- arbeitsteilig und koordiniert zusammenwirken, wobei der Kooperationszusammenhang aus formell geregelten und einer Menge informeller Beziehungen besteht *(formelle und informelle Systemstruktur)*.

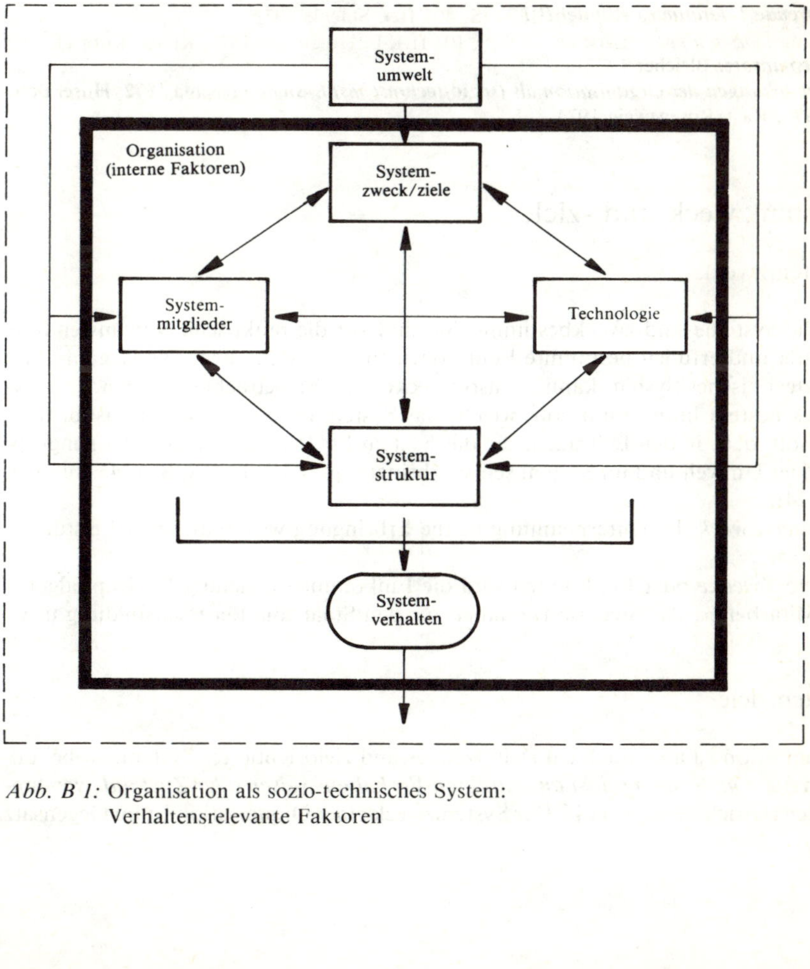

Abb. B 1: Organisation als sozio-technisches System: Verhaltensrelevante Faktoren

Im Mittelpunkt der Organisation steht der *Mensch.* Zu einem immer wichtigeren Faktor wird daneben die *Technologie.* Soziale Systeme und Technik sind so stark miteinander verflochten, daß es angebracht ist, das Organisationsmodell zu erweitern und die Organisation als zielgerichtetes sozio-technisches System zu verstehen.

Als weiterer Gesichtspunkt kommt hinzu, daß Organisationen in ständigen Austauschbeziehungen mit einer sich rasch ändernden Umwelt stehen und demgemäß als offene Systeme zu betrachten sind.

Insgesamt kennzeichnen also folgende Merkmale die Organisation als zielgerichtetes, offenes sozio-technisches System:

- *Systemziele, Systemmitglieder, Technologie, Systemstruktur und Systemumwelt.*

Diese Faktoren, die sich gegenseitig beeinflussen, bestimmen das Systemverhalten (vgl. *Abb. B1*). Organisatorische Änderungsprozesse können bei jedem der verhaltensbestimmenden internen Faktoren ansetzen. Organisationsänderungen können also durch Zielbildungsprozesse sowie durch personale, technologische und strukturelle Maßnahmen ausgelöst und bewirkt werden.

Weiterführende Literatur zu Kapitel B 1

Zum Systemansatz: Bleicher 1972b.
Gesamtdarstellungen der Organisation als (sozio-technisches) System: Grochla 1972, Huse/Bowditch 1973, Kast/Rosenzweig 1974.

2. Systemzweck und -ziele

2.1 Systemzweck

Technische Systeme sind zweckbestimmt. Sie sind auf die praktische Nutzanwendung ausgerichtet und erfüllen bestimmte Funktionen für den Menschen. Die Organisation als sozio-technisches System kann ebenso zweckorientiert betrachtet werden. Der Systemzweck besteht in der Funktion, welche das System in seiner Umwelt ausübt bzw. ausüben soll, d. h. in den Beiträgen, die das System für Personen oder Personengruppen in seiner Umwelt und im System selbst erbringt (vgl. Ulrich 1968, S. 114; Hill u. a. 1974, S. 24):
- *Primärer Zweck* der Unternehmung ist die Erbringung wirtschaftlicher Leistungen für Dritte.
- *Weitere Zwecke* oder Funktionen sind die Einkommenserzielung für Kapitalgeber und Mitarbeiter, das Steueraufkommen für den Staat, die Berufsausbildung usw.

2.2 Systemziele

Die Organisation ist aber auch ein zielsetzendes und zielorientiertes System, wobei unter Zielen *die vom System selbst angestrebten Verhaltensweisen oder Zustände* verstanden werden (Ulrich 1968, S. 114). Der Systemzweck einer Organisation ist im Gegensatz zu technischen Systemen nicht bloß von außen zugewiesen, sondern durch eigene Zielsetzung bestimmt, genauer gesagt durch die Zielsetzung dazu legitimierter Personen der Organisation, denn Ziele werden von Menschen gesetzt.

Eine Organisation ist ein System, dessen Hauptelemente zielbewußte Individuen sind (Ackoff/Emery 1975, S. 223). Jedes dieser Elemente wird durch eigene Zielvorstellungen, Interessen und Motive geleitet. Dadurch unterscheidet sich eine Organisation von einem Organismus. Die Interpretation der Organisation als Organismus ist daher ebenso einseitig wie die als Mechanismus. Die Tatsache, daß eine Organisation aus zielbewußten Individuen besteht, bedeutet, daß aus einer Vielzahl von Zielvorstellungen diejenigen herausgehoben werden müssen, die als Richtschnur des Handelns in einer Organisation anzusehen sind.

Es ist zu unterscheiden zwischen folgenden Arten von Zielen:

(1) *Ziele der Organisationsmitglieder.* Das sind zum einen die *Individual-* und *Gruppenziele,* die Ausdruck der Einzel- und Gruppeninteressen der Mitglieder sind und nicht primär auf die Belange der Organisation als Ganzes ausgerichtet sind. Es können aber auch *Ziele für die Organisation* selbst sein, die aus der Sicht der Organisationsmitglieder wünschenswerte Leitbilder für die Organisation darstellen. Im Wege von Verhandlungs- und Einflußprozessen können sie zu Zielen der Organisation werden.

(2) *Ziele der Organisation.* Das sind die durch die entscheidungsbefugten Personen der Organisation autorisierten Ziele (vgl. Kirsch 1973, S. 218 f).

Zielbildung

Die Zielbildung in Organisationen ist ein fortlaufender Prozeß, an dem mehr oder weniger Organisationsteilnehmer beteiligt sind. Die Hauptziele der Organisation werden durch eine kleine Gruppe, die oberste Führungsgruppe, festgelegt. Es hängt von der Machtverteilung ab, inwieweit weitere Personen und Gruppen über Verhandlungs- und Beeinflussungsprozesse auf die Zielbildung einwirken. Das Vordringen partizipativer Vorstellungen, insbesondere der Ausbau der Mitbestimmungsrechte, führt zu einer größeren Einflußnahme aller Organisationsmitglieder auf den Zielbildungsprozeß, was eine stärkere Identifikation mit den Organisationszielen zur Folge haben kann.

Zielsystem

Aus dem Zielbildungsprozeß ergeben sich eine Menge von Zielen, die sich nach verschiedenen Gesichtspunkten ordnen und aufgliedern lassen:

- nach Zielbereichen: ökonomisch, sozial und technisch relevante Ziele.
- nach Zielgewichten: Haupt- und Nebenziele.
- nach Zielstufen: Ober-, Zwischen- und Unterziele.

Organisatorisch bedeutsam ist schließlich noch die Unterscheidung von Sach- und Formalzielen, obschon die Grenze zwischen beiden fließend ist (vgl. Grochla 1972, S. 38 ff):

- *Sachziele* stellen das konkrete Handlungs- bzw. Leistungsprogramm der Organisation dar. Das Produktionsziel kann z. B. in der Herstellung von Büromöbeln bestehen. Die Unterziele sind dann zu spezifizieren nach Produktart und -menge sowie Zeitraum bzw. Zeitpunkt.

– *Formalziele* sind Entscheidungskriterien für die auszuwählenden Handlungsmöglichkeiten. Ein ökonomisches Formalziel ist beispielsweise die Erwirtschaftung eines maximalen oder ausreichenden Gewinns, ein sozial relevantes Ziel ist die Arbeitszufriedenheit.

Die Organisationsgestaltung wird, sieht man einmal von den unterschiedlichen Sachzielen ab, sehr stark davon bestimmt, welche Formalziele als wesentlich angesehen werden. Die verschiedenen *Interessenlagen* (a) der Organisation als Institution, deren Fortbestand gesichert werden soll, und (b) der verschiedenen internen und externen Personengruppen, mit denen die Organisation in Beziehung steht (Unternehmensleitung, Kapitaleigner, Mitarbeiter, Gemeinwesen, Verbraucher), schlagen sich in mehrfachen Zielsetzungen nieder. Wir haben es mit einem Bündel von Zielen gleichen und/oder verschiedenen Gewichts zu tun. Die beiden Hauptzielaspekte sind der ökonomische und der soziale:

– Die *ökonomische Zielsetzung* umfaßt *Leistungsziele* wie hohe Produktivität, Wirtschaftlichkeit und Rentabilität. Bei der Organisationsgestaltung geht es darum, die Leistungswirksamkeit des Systems zu verbessern und die Arbeitsprozesse so weit wie möglich zu rationalisieren.
– Zu den *sozialen Zielen* bzw. *Humanzielen* gehören mitarbeiterbezogene und gesellschaftliche Ziele:
  - Die *mitarbeiterbezogenen Ziele* orientieren sich an den Interessen und Bedürfnissen der Mitarbeiter. Es gilt, deren Existenz-, Beziehungs- und Entfaltungsbedürfnisse zu befriedigen und ein hohes Maß an Arbeitszufriedenheit und Lebensqualität am Arbeitsplatz zu erreichen. Für die Organisationsgestaltung leitet sich daraus die Forderung nach Humanisierung des Arbeitslebens, d. h. einer auf den Menschen ausgerichteten Arbeitsgestaltung ab.
  - Die *gesellschaftlichen Ziele* in bezug auf berufliche Bildung, Arbeitsplatzangebot und Umweltschutz, um nur einige Aspekte zu nennen, haben, soweit sie überhaupt formuliert werden, vielfach noch nicht den Stellenwert, der ihnen gebührt.

Als *Nebenziele* können die organisatorischen Strukturierungsanforderungen aufgefaßt werden. Die beiden wichtigsten sind

– *Stabilität*
– *Flexibilität.*

Die Stabilisierung eines sozialen Systems erfolgt durch formelle Strukturregelungen. Die Veränderung der Einflußfaktoren einer Organisation, insbesondere die Umweltdynamik, erfordert aber auch ein mehr oder weniger hohes Maß an Flexibilität, was ausreichend Freiheitsspielraum in einer Organisation und entsprechende Beweglichkeit der Mitarbeiter voraussetzt.

2.3 Aufgaben

Bei der Organisationsgestaltung ist zwischen Zielen und Aufgaben zu unterscheiden: *Ziele sind ergebnisorientiert, Aufgaben dagegen tätigkeitsorientiert.* Aufgaben leiten sich aus dem primären Systemzweck bzw. den Sachzielen ab:

- Aufgaben drücken aus, *was zu tun ist,* um die Systemzwecke zu erfüllen; sie umreißen die erforderlichen Aktivitäten zur Erreichung der Sachziele.
- Sie beinhalten darüber hinaus eine Aufforderung, etwas zu tun, haben also *Aufforderungscharakter*
- und können daher nur *Menschen übertragen* werden (Sachmittel helfen bei der Lösung von Aufgaben, sie erfüllen bestimmte Funktionen).
- Ein weiteres Merkmal ist, daß Aufgaben *dauerhaft wirksam* sind; sie beziehen sich nicht nur auf eine einzelne Handlung.

Der Unterschied zwischen Zwecken, Sachzielen und Aufgaben sei an einem Beispiel verdeutlicht:

Systemzweck
- Erbringung von Leistungen (z. B. Maschinenbau) für Dritte

Sachziele
- Oberziele: Herstellung und Absatz von Werkzeugmaschinen
- Unterziele: nach Art, Menge und Zeit detaillierte Produktionsziele und Absatzziele

Aufgaben
- Produktionsaufgaben: Fertigungsprozeß vorbereiten und lenken (Fertigungsplanung und -steuerung), Fertigung durchführen (Teilfertigung, Zusammenbau)
- Absatzaufgaben: Absatz vorbereiten (Marktforschung, Absatzplanung, Werbung, Verkaufsförderung), Absatz durchführen (Auftragseinholung, Auftragsbearbeitung, Fakturierung, Versand).

Ziele und Aufgaben sind Zentralbegriffe der Organisationstheorie. Die Organisationsgestaltung hat bei der Zielformulierung und Aufgabendefinition anzusetzen. Es kann nicht einfach, wie die traditionelle Organisationslehre es tut, von fest vorgegebenen Zielen und Aufgaben ausgegangen werden. Noch bedenklicher ist es, die Zielproblematik überhaupt auszuklammern. In organisatorischen Änderungsprozessen müssen vielmehr zuallererst Ziele und Aufgaben analysiert und neu definiert werden.

2.4 Funktionsbegriff

In diesem Zusammenhang ist noch kurz auf den Funktionsbegriff einzugehen. Unter Funktion wird folgendes verstanden:
- Zweck oder Wirkung eines Systems bzw. einer Systemkomponente, d. h. Beitrag, den ein System an ein anderes (neben- oder übergeordnetes) System leistet,
- Aufgabe, Leistung oder Tätigkeit eines Systems bzw. Systemelements.
- Die Funktion F kybernetischer Systeme besteht nach Klaus (1969, S. 215 f) in der Transformation von Eingangsgrößen E in Ausgangsgrößen A (Funktion F: E $\rightarrow$ A).

Es wird davon abgesehen, den Funktionsbegriff auf eine dieser Bedeutungen einzuschränken. Die einzelnen Umschreibungen unterscheiden sich nur in der Perspektive. Einmal ist die Gesamtleistung des Systems (und zwar die Soll-Leistung) gemeint, zum anderen die einzelnen Tätigkeiten oder Verrichtungen. Die jeweilige Bedeutung ergibt sich aus dem Zusammenhang. Diese bewußt weite Fassung des Funktionsbegriffes erlaubt es, ihn auf technische und soziale Systeme anzuwenden, während der Aufgabenbegriff unmittelbar nur auf menschliche Handlungsträger bezogen ist.

Weiterführende Literatur zu Kapitel B 2

Bidlingmaier 1967, Heinen 1976, Hill u. a., 1974 (S. 141 ff.), Schiemenz/Seiwert 1979.

3. Systemmitglieder

3.1 Mensch und Organisation

Die Organisation ist ein zweckbestimmter Zusammenschluß von Menschen. Manche Organisationstheoretiker gehen allerdings nicht von den handelnden Personen, sondern von den Handlungen aus. So stellt Luhmann (1964, S. 25) fest, daß die Personen nur durch »einzelne Handlungen in die verschiedenen Sozialsysteme hineingeflochten sind« und daß Sozialsysteme somit »nicht aus konkreten Personen . . ., sondern aus konkreten Handlungen« bestehen. Auch wenn die Rolle des Menschen in der Organisation differenzierter gesehen wird als in der traditionellen Organisationslehre, besteht doch die Gefahr, daß eine solche Auffassung auf eine Reduzierung des Menschen in der Organisation auf die zweckrationale, ökonomisch-technische Dimension hinausläuft. Was übrigbleibt ist die Abstraktion des bloßen Aufgaben- oder Rollenträgers.

Die Menschen bringen aber nicht nur ihre Arbeitskraft in die Organisation ein, sondern engagieren sich mit ihrer ganzen Persönlichkeit. Wir sollten daher von der *Person als Ganzes* ausgehen. Sie ist Träger des Geschehens in der Organisation. Dabei steht der personale und soziale Aspekt in einem Spannungsverhältnis zum ökonomisch-technischen. *Die Stellung des Menschen in der Organisation ist ambivalent.* Dadurch unterscheidet sich der Mensch von den anderen aktiven Systemelementen. Seine Besonderheit ist gekennzeichnet

- durch gleichzeitige *Subjektstellung* und *Objektstellung* in der Organisation
- durch den *Selbstwert* der Person und den *Funktionswert* des Mitarbeiters.

Das bedeutet, daß die Zweck-Mittel-Beziehung in der Organisation wechselseitig ist (vgl. Ulrich 1968, S. 246 ff):

- Der Mensch hat als Aufgabenträger eine instrumentale Funktion zur Erreichung der Organisationsziele.
- Die Organisation ist aber auch ein Mittel zur Erfüllung menschlicher Zwecke, nämlich der Bedürfnisse der Organisationsmitglieder.

Aus dieser Auffassung über die Stellung des Menschen in der Organisation ergeben sich bestimmte Konsequenzen für die organisatorische Gestaltung. Diese sollte sich nicht nur an den Aufgaben orientieren und den Menschen lediglich als Aufgabenträger betrachten. Sie muß auch auf den Menschen ausgerichtet sein und muß den Organisationsmitgliedern Möglichkeiten bieten zur Selbst- bzw. Mitgestaltung ihrer Arbeitssituation, zur Mitwirkung an den Willensbildungsprozessen in der Organisation und zur Entfaltung ihrer Persönlichkeit in der Arbeitswelt. Diesem *Human-Aspekt* ist Rechnung zu tragen

- bei der Definition der *Organisationsziele* (als soziale oder Humanziele)
- durch Berücksichtigung der *personenspezifischen Einflußfaktoren* (Bedingungen) bei der formellen Strukturgestaltung
- durch *aktive Einbeziehung* der betroffenen Organisationsmitglieder *in die organisatorischen Gestaltungs- und Änderungsprozesse*

- durch Gewährung eines ausreichenden *Freiheitsspielraumes* für die Organisationsmitglieder, in dem sich selbständige Aktivitäten und soziale Beziehungen entfalten können (informeller Bereich).

Das alles erfordert Kenntnisse über menschliches Verhalten in sozialen Systemen. Dabei sind drei Systemebenen zu unterscheiden: Individuum, Gruppe, Organisation. Die vierte Ebene der gesellschaftlichen Umwelt soll hier außer Betracht bleiben. Jede der drei Ebenen ist durch spezifische Formen der Verhaltenssteuerung und -normierung gekennzeichnet. Das Verhalten der Organisationsmitglieder ist als Resultante der Bedingungen und Einwirkungen aller drei Ebenen anzusehen.

3.2 Individuelle Verhaltensdeterminanten

3.2.1 **Einflußfaktoren**

Die Organisationsforschung beschäftigt sich in zunehmendem Maße mit dem Individuum und dessen Verhalten in der Organisation. Standen anfangs (vor allem bei Taylor) die anatomisch-physiologischen Bedingungen menschlicher Arbeit im Vordergrund (z. B. Bewegungsabläufe, Ermüdungserscheinungen), so richtet sich das Interesse inzwischen stärker auf psycho-soziale Aspekte. Die Organisationslehre stützt sich immer mehr auf die Verhaltenswissenschaften (Soziologie, Psychologie, insbesondere Sozialpsychologie) und geht in ihren Aussagen und Empfehlungen von bestimmten Annahmen über menschliches Verhalten aus (s. Hill u. a. 1974, S. 56 ff).

Abbildung B 2 zeigt ein Modell des individuellen Verhaltens in Organisationen, das den folgenden Ausführungen zugrunde liegt. Danach wird das *Verhalten*

- *gesteuert* durch psychische Prozesse (Wahrnehmung, Denken, Motivation . . .),
- die *beeinflußt* und geprägt werden
  - durch *Organisations- und Umweltfaktoren* (Organisationsziele, formelle Ordnung, Gruppennormen, Führung, Technologie, Systemumwelt) und
  - durch *Persönlichkeitsmerkmale.*

Als Persönlichkeitsvariablen werden im folgenden Fähigkeiten, Motive und Einstellungen behandelt (vgl. Hill u. a. 1974, S. 59).

3.2.2 **Fähigkeiten**

Voraussetzung für die Aktivität des einzelnen in der Organisation ist das Vorhandensein bestimmter Fähigkeiten: intellektuelle Fähigkeiten (Auffassungs-, Denk-, Merk-, Urteils- und Ausdrucksfähigkeit, Wissen), psycho-motorische Fähigkeiten (Aufmerksamkeit, Konzentration, Geschicklichkeit usw.), manuelle Fertigkeiten, Kraft und Ausdauer. Diese Eigenschaften sind teils angeboren, teils erlernt. In Lernprozessen werden die grundlegenden Fähigkeiten, wie z. B. Denkfähigkeit und Handgeschicklichkeit, entwickelt und die spezifischen Fertigkeiten und das Wissen in bezug auf bestimmte Aufgaben und Tätigkeiten erworben.

Leistungsfähigkeit und Leistungsangebot

Die Leistungsfähigkeit des Individuums ist keine feststehende, exakt meßbare Größe. Man kann gedanklich von einem vorhandenen *Leistungspotential* als Summe aller angeborenen und erworbenen Fähigkeiten und Fertigkeiten ausgehen. Die *aktuelle Lei-*

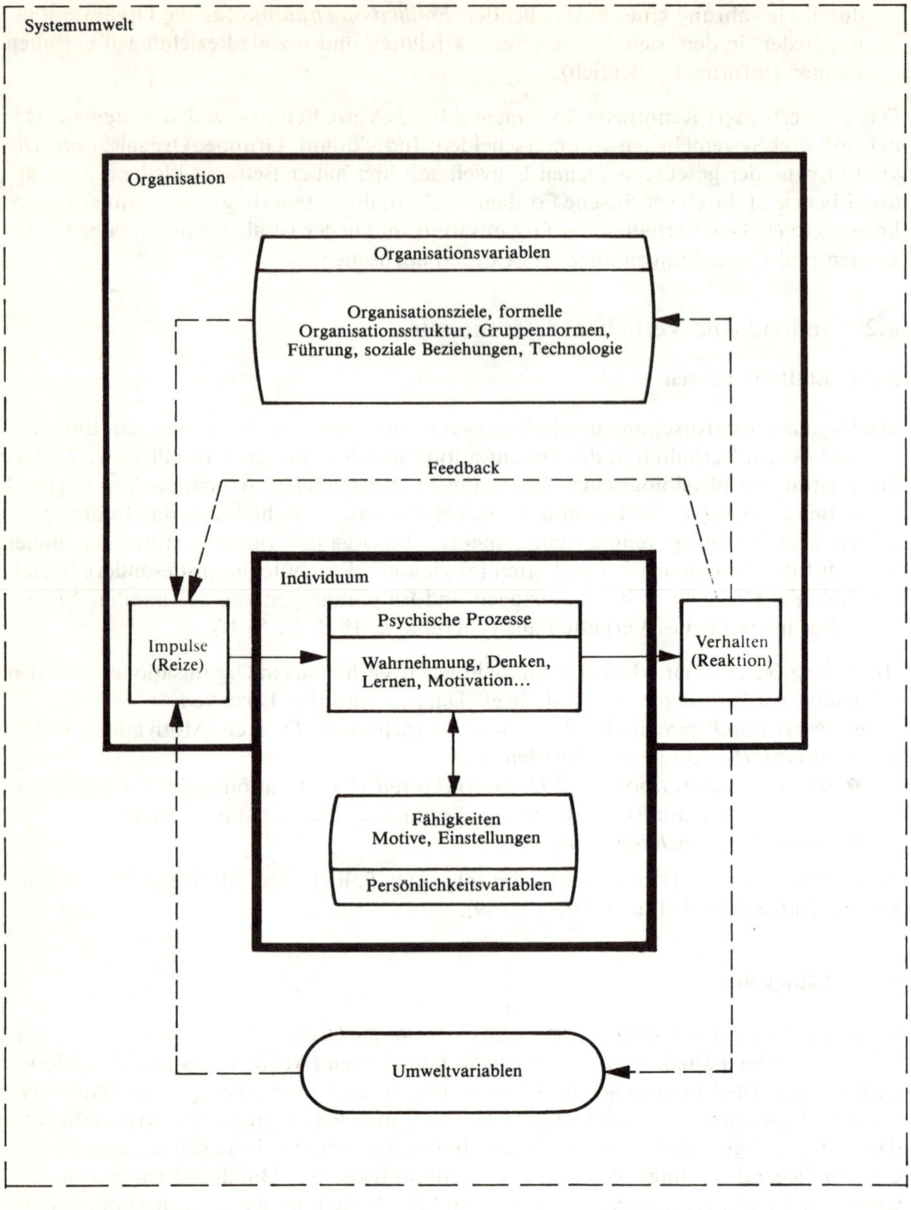

Abb. B 2: Verhaltensmodell

stungsfähigkeit hängt jedoch vom jeweiligen körperlichen Befinden des einzelnen (körperliche Verfassung, Kondition, Tagesrhythmus usw.) ab. *Das tatsächliche Leistungsangebot* wird außerdem von psychischen Faktoren, von denen in den nächsten Abschnitten Motivation und Einstellung behandelt werden, beeinflußt. *Abbildung B 3* zeigt diesen Zusammenhang.

1. Leistungspotential (Gesamtheit von Fähigkeiten und Fertigkeiten) 2. Augenblickliche körperliche Verfassung (Kondition, Disposition)	aktuelle Leistungsfähigkeit	Leistungsangebot
3. Motivation, Einstellungen	Leistungswille	

Abb. B3: Faktoren des Leistungsangebots

Fähigkeiten und Anforderungen

Die Fähigkeiten der Mitarbeiter und die Arbeitsanforderungen (Belastungen) einer Stelle müssen aufeinander abgestimmt sein. Dieses Problem taucht auf
— bei der qualitativen und quantitativen Dimensionierung der Stellenaufgaben
— bei der Personalauswahl
— beim Personaleinsatz durch die Führung.

Bei unzureichender Abstimmung kommt es zu Über- und Unterforderungen. *Überforderungen* frustrieren und führen zu einem Nachlassen der Leistung. Um dies zu verhindern, müssen entweder die Aufgabenschwierigkeiten gesenkt oder die Fähigkeiten durch Weiterbildung erhöht werden. Negativ auf Arbeitsmotivation und -zufriedenheit wirkt sich aber auch eine *Unterforderung* aus, bei der die Fähigkeiten des einzelnen nicht genutzt werden können. Dies wirft bei steigendem Ausbildungsniveau und einem Mangel an adäquaten Arbeitsplätzen ebenfalls Probleme auf.

Anforderungen

Die Anforderungen an die Mitarbeiter verändern sich im Laufe der Zeit. Man denke nur an die Auswirkung der technologischen Entwicklung. Zwar ergeben die bisherigen Untersuchungen kein einheitliches Bild; doch kann man tendenziell ein Ansteigen der qualitativen Anforderungen feststellen.

(1) Der Anteil der *informationellen Prozesse* im Betriebsgeschehen wird größer, weil (a) manuelle Arbeiten zunehmend durch mechanisierte und automatisierte Prozesse abgelöst werden, (b) außerdem der Schwerpunkt der Aktivitäten sich vom Fertigungsbereich auf andere Bereiche (etwa Forschung, Marketing, Dienstleistungen) verlagert und (c) anspruchsvollere Führungsmethoden angewendet werden. Damit steigen die Anforderungen hinsichtlich der *intellektuellen Fähigkeiten* generell an. Höhere intellektuelle Anforderungen erwachsen auch aus der wirtschaftlichen Dynamik mit dem Zwang zu größerer beruflicher Mobilität. Aber auch im Hinblick auf eine Verbesserung der Qualität der Arbeitstätigkeit sowohl unter Produktivitäts- als auch Humanitätsaspekten kommt es auf ein verstärktes Mitdenken an (vgl. Ulich 1974).

(2) Kennzeichnend für den Wandel der Arbeitswelt ist weiter, daß der Anteil der *neuartigen Aufgaben,* die problemlösendes Verhalten erfordern, gegenüber den reinen Routinetätigkeiten zunimmt. Es wird also auch in hohem Maße *Kreativität* gefordert.

(3) Moderne Organisations- und Arbeitsformen stellen aber auch an die *sozialen Fähigkeiten* höhere Anforderungen. Hier sind vor allem Kommunikations- und Kooperationsfähigkeiten zu nennen. Dieser Anforderungsaspekt wurde früher vernachlässigt und in seiner Bedeutung verkannt. Die traditionelle Organisationslehre ging von eher bescheidenen Voraussetzungen aus und ersetzte einen Mangel in dieser Hinsicht durch weitgehende Reglementierung und strenge Dienstaufsicht.

Aus- und Weiterbildung

Als Reaktion auf die eben genannten Veränderungen läßt sich eine Anhebung des Ausbildungsniveaus der Mitarbeiter feststellen. Der Anteil der Mitarbeiter mit gehobener Fachausbildung nimmt zu. Außerdem gewinnen in steigendem Maße betriebliche und außerbetriebliche Weiterbildungsmöglichkeiten an Bedeutung. Damit ist aber auch eine Dynamik in Gang gesetzt, die über die Anpassung an die veränderten Organisationsanforderungen hinausgeht. Mit steigendem Ausbildungsniveau verändern sich auch die Erwartungen und Einstellungen der Organisation gegenüber. Dem gilt es durch entsprechende Arbeitsgestaltung Rechnung zu tragen.

3.2.3 Motive und Motivationsprozeß

Von besonderem Interesse ist die Frage nach den Motiven des Verhaltens, wobei es im Zusammenhang mit der Organisation vornehmlich um Fragen der Arbeitsmotivation, der Leistungsantriebe und der Arbeitszufriedenheit geht.

Grundbegriffe

Motive sind die inneren *Beweggründe oder Antriebskräfte* des menschlichen Verhaltens. Sie beruhen auf den *Bedürfnissen und Interessen* eines Menschen. Durch innere und/oder äußere Anregungsbedingungen (z. B. innere Reize wie Durstgefühl, äußere Anreize wie Getränkeangebot) aktiviert, lenken sie unser Verhalten auf bestimmte Ziele, die der Befriedigung unserer Bedürfnisse dienen. Diesen Prozeß bezeichnen wir als Motivation.

In der Literatur werden eine Vielzahl von Motiven genannt. Im allgemeinen wird unterschieden zwischen
- angeborenen Bedürfnissen (primäre Motive), z. B. nach Nahrung und Schlaf,
- und erworbenen Bedürfnissen (sekundäre Motive), die im individuellen Sozialisationsprozeß erlernt werden, z. B. Leistungs- und Besitzstreben.

Motivationstheorien

Die Motivationsforschung hat zu einer großen Anzahl von theoretischen Konzepten geführt, die jeweils bestimmte Aspekte der Motivation herausstellen. Dabei stehen bei einer ganzen Reihe von Theorien inhaltliche Aussagen über die vorherrschenden Motive im Vordergrund *(inhaltlich bestimmte Theorien),* bei anderen Konzepten geht es vornehmlich um das Zusammenspiel der verschiedenen Komponenten im Motivationsprozeß *(Prozeßtheorien).* Im folgenden werden einige Konzepte diskutiert, die in der Organisations- und Arbeitswissenschaft stärkere Beachtung gefunden haben.

Hierarchie der Bedürfnisse nach Maslow

Am häufigsten wird Bezug genommen auf die Theorie von Maslow (1954), einem Vertreter der humanistischen Psychologie. Maslow hat die Bedürfnisse nach der Dringlichkeit des Auftretens geordnet und ein *hierarchisches Motivationsmodell* entwickelt, wobei fünf *Bedürfnisklassen* (Erläuterung siehe *Tabelle B 1*) unterschieden werden, die in einer bestimmten Stufenfolge wirksam werden. Am vordringlichsten sind die physiologischen Bedürfnisse; sie müssen zuerst befriedigt werden. Mit zunehmender Befriedigung verliert ein Bedürfnis an Bedeutung und das in der Dringlichkeitsordnung nächsthöhere Bedürfnis wird dominantes Handlungsmotiv. Ein bereits befriedigtes niederes Bedürfnis wird erst wieder verhaltensrelevant, wenn dessen Befriedigung nachläßt.

Dieses Modell wird häufig zur Begründung von Forderungen und Vorschlägen für die Gestaltung und Führung von Organisationen herangezogen. Es wird darauf verwiesen, daß im Zuge der gesellschaftlichen Entwicklung in den Industrieländern die Grund-

Maslow Bedürfnishierarchie	Erläuterungen	Alderfer E.R.G.-Konzept
1. physiologische Bedürfnisse (physiological needs)	Bedürfnis nach Essen, Trinken, Schlaf usw.	1. Existenzbedürfnisse (existence needs)
2. Sicherheitsbedürfnisse (safety needs)	materielle Sicherheit (Existenz-Sicherung): Bedürfnis nach Daseinssicherung, Zukunftsvorsorge, Schutz vor Krankheit	
	soziale Sicherheit (Sicherheit der interpersonellen Beziehungen): Schutz vor Eingriffen anderer, Bedrohung, Diskriminierung	2. interpersonelle Beziehungsbedürfnisse (relatedness needs)
3. soziale Bedürfnisse (belongingness und love needs)	Bedürfnis nach Kontakt, Zugehörigkeit, Zuwendung, Liebe, Freundschaft, Kameradschaft	
4. Geltungsbedürfnisse (esteem needs)	Wertschätzung durch andere: Bedürfnis nach Anerkennung, Ansehen Status, Prestige, Einfluß	
	Selbstwertschätzung, Selbstachtung, Selbstbestätigung: Bedürfnis nach Stärke und Erfolg, Geschicklichkeit und Kompetenz, Selbständigkeit, Unabhängigkeit	3. Wachstumsbedürfnisse (growth needs)
5. Selbstverwirklichungsbedürfnis (need for self-actualization)	Bedürfnis nach Entfaltung der Persönlichkeit	

Tabelle B 1: Bedürfnisklassen

und Sicherheitsbedürfnisse in starkem Maße erfüllt sind und damit die höheren Bedürfnisse nach sozialen Kontakten, Geltung und Selbstverwirklichung zunehmend an Bedeutung gewinnen. Finanzielle Anreize genügen für die Arbeitsmotivation nicht mehr, die Organisation muß günstige Bedingungen für die Befriedigung dieser höheren Bedürfnisse schaffen. Besonders stark ist der partizipative organisationstheoretische Ansatz, dem die Vorstellung des nach Selbstverwirklichung strebenden Menschen zugrunde liegt, von diesem Konzept geprägt.

Im Gegensatz zu der starken Beachtung, die Maslow gefunden hat, steht der mangelnde empirische Nachweis seiner Theorie. Problematisch bleibt sowohl die Klassifikation der Bedürfnisse als auch die Hierarchiehypothese. Die tatsächlichen Motivausprägungen lassen nicht die postulierte regelmäßige Aufeinanderfolge erkennen. Alderfer (1972) hat daher das Modell modifiziert und empirisch besser abgesichert. Er unterscheidet nur noch drei Bedürfnisklassen, nämlich *Existenz-, interpersonelle Beziehungs- sowie Wachstumsbedürfnisse* (s. Tab. B 1). Seine Untersuchungen ergaben, daß höhere Bedürfnisse auch aufgrund der Nicht-Erfüllung niederer Bedürfnisse wirksam werden können und daß umgekehrt mangelnde Befriedigung eines gerade dominanten höheren Bedürfnisses wieder zu einer Verstärkung des niederen Bedürfnisses führen kann. Weiterhin wird festgestellt, daß Wachstumsbedürfnisse mit zunehmender Befriedigung nicht nachlassen, sondern sogar verstärkt werden, ein Tatbestand, den Maslow in späteren Arbeiten (1962), wo zwischen Wachstumsbedürfnissen (= Selbstverwirklichungsbedürfnis) und Defizit- oder Mangelbedürfnissen (= übrige Bedürfnisklassen) unterschieden wird, ebenfalls hervorgehoben hat. Nur bei den Defizitbedürfnissen führt eine fortschreitende Befriedigung zu einem Nachlassen der Motivstärke.

Trotz der vorgebrachten Einwände kann das Maslow-Modell als Orientierungsrahmen herangezogen werden, insbesondere wenn man es nicht nur unter dem Aspekt sieht, wie die Bedürfnisse in Wirklichkeit auftreten (empirisch-deskriptiver Aspekt), sondern auch als Ordnung der Motive im Sinne einer humanistisch orientierten Persönlichkeitsentwicklung (normativer Aspekt, vgl. dazu Lattmann 1974, S. 22).

Theorie der Arbeitszufriedenheit von Herzberg

Eine zweite Theorie, die vor allem von arbeitswissenschaftlicher Seite aufgegriffen wurde, ist die Zweifaktorentheorie von Herzberg (1966, Herzberg u. a. 1959). Hier geht es primär um die Arbeitsmotivation und die Zufriedenheit am Arbeitsplatz. Zufriedenheit wird im allgemeinen dann gegeben sein, wenn wesentliche Bedürfnisse der Mitarbeiter befriedigt sind, Unzufriedenheit, wenn dies nicht der Fall ist. Zufriedenheit und Unzufriedenheit werden nach weitverbreiteter Vorstellung als Extrempunkte eines Kontinuums angesehen. Herzberg stellt dagegen bei seinen Untersuchungen fest, daß die Arbeitszufriedenheit von zwei verschiedenen Gruppen von Faktoren beeinflußt wird, deren eine hauptsächlich zur Zufriedenheit und deren andere zur Unzufriedenheit beiträgt. Er unterscheidet zwei voneinander unabhängige Dimensionen mit den Polen Zufriedenheit — fehlende Zufriedenheit und Unzufriedenheit — fehlende Unzufriedenheit (s. *Tab. B 2*):

(1) Die Faktoren, die zu einer höheren Arbeitszufriedenheit führen, stehen im Zusammenhang mit dem *Arbeitsinhalt.* Sie erhöhen nicht nur die *Arbeitszufriedenheit,* sondern stärken auch die *Arbeitsmotivation.* Herzberg nennt sie daher *Motivatoren.* Die wichtigsten davon sind Leistung (Selbstbestätigung), Anerkennung, Aufgaben (Arbeit selbst), Verantwortung sowie Berufs- und Entwicklungsaussichten.

Faktoren	Herzberg	Rühl (1973)	Zink (1975)
1. Leistung, Selbstbestätigung	M	M	M
2. Anerkennung	M	M	M
3. Aufgabe, Arbeit selbst	M	M	M
4. Verantwortung	M	M	M
5. Beförderung	M	M	M
6. Entwicklungsaussichten	M	Z	M
7. Bezahlung	H	Z	Z
8. Beziehungen zu Untergebenen	H	Z	
9. Status	H	Z	
10. Beziehungen zu Vorgesetzten	H	H	Z
11. Beziehungen zu Kollegen	H	H	Z
12. Führungstechnik der Vorgesetzten	H	H	H
13. Unternehmenspolitik, Organisation	H	H	H
14. Arbeitsbedingungen	H	H	H
15. Privatleben	H	H	
16. Arbeitsplatzsicherheit	H	H	
Abkürzungen: M = Motivatoren, H = Hygienefaktoren, Z = Zwischenkategorie (M + H)			

Tabelle B2: Motivationstheorie von Herzberg

(2) Dagegen verhindern Faktoren der *Arbeitsumgebung (Arbeitsbedingungen),* die als *Hygienefaktoren* bezeichnet werden, wenn sie ausreichend erfüllt werden, lediglich Unzufriedenheit, stiften aber keine oder wenig Zufriedenheit. Werden sie jedoch nicht erfüllt, so bewirken sie Unzufriedenheit. Zu dieser Gruppe gehören: Bezahlung, Beziehung zu Vorgesetzten, Kollegen und Untergebenen, Unternehmungspolitik und -organisation, Führungstechnik und Arbeitsbedingungen.

Herzberg und seine Anhänger leiten aus dieser Theorie Arbeitsstrukturierungsmaßnahmen ab, die vor allem darauf abzielen, den Arbeitsinhalt anzureichern (s. Abschnitt C 2.2.3.3 Arbeitsfeldvergrößerung durch moderne Strukturierungskonzepte).

Diese viel zitierte, aber nicht unumstrittene Theorie wurde durch Rühl (1973, 1974) und Zink (1974, 1975) weiter entwickelt und modifiziert. Dabei stellen die beiden Arbeitswissenschaftler bei ihren Untersuchungen in Deutschland zum einen eine andere Rangfolge der Motivatoren fest. Die Leistung bzw. Selbstbestätigung steht danach nur bei den Vorgesetzten an erster Stelle, während bei den übrigen Mitarbeitern eine abwechslungsreiche und interessante Aufgabe als häufigste Ursache besonderer Arbeitszufriedenheit genannt wird. Außerdem konstatieren sie, daß einige Faktoren, wenn sie in ausreichendem Maße erfüllt sind, nicht nur Unzufriedenheit abbauen, sondern auch zur Zufriedenheit beitragen. Zu dieser neu eingeführten *Zwischenkategorie von Faktoren* gehören insbesondere die Bezahlung und die interpersonellen Beziehungen (s. Tab. B 2).

Die Kritik an der Herzbergschen Theorie richtet sich neben Einwänden gegen die Untersuchungsmethode vor allem gegen die unzulässige Verallgemeinerung, die situations- und personenabhängige Unterschiede vernachlässigt, und die zu starke Vereinfachung der Beziehungen zwischen Motivation, Leistung und Zufriedenheit.

Arbeitszufriedenheit und Arbeitsleistung

Herzberg geht ebenso wie die Human-Relations-Bewegung davon aus, daß höhere Zufriedenheit zu höherer Leistung führt. Dies kann nicht generell unterstellt werden. Höhere Zufriedenheit kann mit geringerer Leistung verbunden sein, wenn beispielsweise das Arbeitsklima gut, Organisation und Führung aber schlecht sind. Andererseits kann höhere Leistung mit geringerer Zufriedenheit einhergehen, wenn sie unter erheblichem Leistungsdruck zustandekommt. Offen ist auch das Ursache-Wirkungs-Verhältnis. Leistung kann Ursache der Zufriedenheit sein und umgekehrt, beide Faktoren können aber auch von einer dritten Einflußgröße abhängen (vgl. Rüttinger u. a. 1974, S. 104 ff).

Lutz v. Rosenstiel (1975 b) resümiert aus den bisherigen Untersuchungen, daß unter bestimmten Bedingungen *Leistung und Zufriedenheit* positiv korrelieren, dann nämlich, wenn

(1) der einzelne Einfluß auf den Arbeitsinhalt und die Arbeitssituation (durch Mitsprache und Mitbestimmung) und auf die Leistung (durch ausreichenden Handlungsspielraum) hat,
(2) das Belohnungssystem im Arbeitsverhalten oder dessen unmittelbaren Folgen verankert ist und
(3) die Anforderungen und Belohnungen auch den Fähigkeiten und Bedürfnissen des betreffenden Mitarbeiters entsprechen.

Er stellt aber auch fest, und dem ist voll zuzustimmen, daß in einer humanen Leistungsgesellschaft Leistung und Zufriedenheit Ziele sind, die unabhängig von ihrem Zusammenhang gleichzeitig zu realisieren sind.

Leistungsmotiv

Bei der Arbeitsmotivation spielt natürlich das Leistungsmotiv eine wichtige Rolle. Leistung kann wegen der zu erwartenden Belohnung (Geld, Anerkennung, Einfluß usw.) erbracht werden, sie kann aber auch einen gewissen Selbstwert für den einzelnen haben, d. h. unmittelbar Befriedigung verschaffen. Im zweiten Fall liegt eine *direkte Leistungsmotivation* vor. Diese besteht darin, daß man das Bedürfnis hat, die eigene Tüchtigkeit zu steigern oder hochzuhalten, seine Tätigkeit nach einem selbstgesetzten oder zumindest akzeptierten *Gütemaßstab* auszurichten (Heckhausen 1965). Der einzelne möchte seine Fähigkeiten realisieren und sich bewähren; im Erreichten findet er seine *Selbstbestätigung.*

Die Stärke des Leistungsmotivs hängt von persönlichen Wertvorstellungen und Einstellungen ab, die sich im Laufe des individuellen Sozialisationsprozesses herausbilden. Daraus erklären sich neben persönlichkeitsspezifischen Unterschieden in der Ausprägung des Leistungsmotivs auch Unterschiede zwischen verschiedenen sozialen Schichten und Kulturkreisen.

Damit das Leistungsmotiv wirksam werden kann, müssen weitere Faktoren hinzukommen. Deren Zusammenspiel im Motivationsprozeß wird mit Hilfe formaler Motivationsmodelle (Prozeßtheorien) erklärt.

Motivationsprozeß

Ein solches formales Modell, das geeignet ist, dem Praktiker die Zusammenhänge bei der Motivation durchschaubar zu machen und ihm dadurch hilft, die Motivationsaspekte bei der Gestaltung und Führung von Organisationen besser zu beachten, hat v. Rosenstiel (1975a, 1977a) entwickelt (s. *Abb. B 4*). Es sei hier kurz erläutert:

- Die individuelle *Motivstruktur* (1)
- beeinflußt die *Wahrnehmung von Anreizen* (2) aus der Arbeitsumwelt, z. B. Verdienstmöglichkeiten, soziale Anreize, mögliche Anerkennung und Entwicklungsmöglichkeiten.
- Durch die Anreize werden spezifische *Motive aktiviert* (3) und die Aktivität auf Ziele ausgerichtet, von denen die Anreize ausgehen.
- Es kommt zu bestimmten *Erwartungen* (4) hinsichtlich des angestrebten Zustands. Diese Erwartungen beziehen sich auf den Wert oder die Bedeutung des Handlungsergebnisses (Belohnung) für das Individuum und auf die Erfolgswahrscheinlichkeit, die von der Einschätzung der Aufgabenschwierigkeit, der eigenen Fähigkeiten und der erforderlichen Anstrengungen abhängt.
- Die Erwartungen bestimmen die *Stärke der Anstrengungen* (5) zur Zielerreichung.
- Aus Anstrengung (5), individuellen *Fähigkeiten* (6) und *Situationsbedingungen* (7)
- resultiert schließlich das *zielgerichtete Verhalten* (8).
- Das *Verhaltensergebnis* (9)
- schafft nun in dem Maße *Befriedigung* (10), wie die Erwartungen erfüllt werden, was wiederum die künftigen Erwartungen und die Motivstruktur beeinflussen kann.

Diese kurze Darstellung läßt erkennen, daß die Motivation nicht nur von den Anreizen und der individuell verschiedenen Motivstruktur abhängt, sondern daß auch bewußte Bewertungs- und Auswahlprozesse stattfinden, bei denen der subjektive Wert des Ziels, die erforderlichen Anstrengungen und die Erfolgswahrscheinlichkeit berücksichtigt werden. Dabei kommt es auch auf die Einschätzung der eigenen Fähigkeiten und der Anforderungen an. Schließlich zeigt diese Betrachtung auch die Bedeutung der Rückkopplung des Verhaltensergebnisses und die Auswirkung von Erfolg und Mißerfolg, von Belohnung und Bestrafung auf die künftige Motivation.

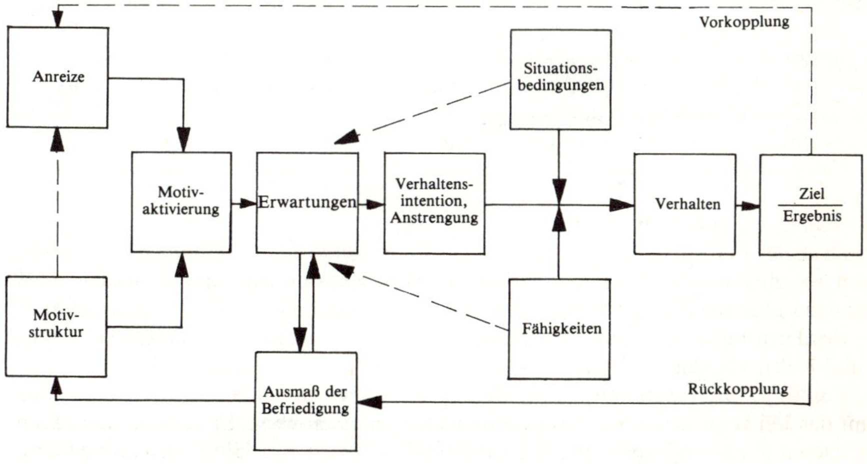

Abb. B 4: Motivationsmodell (in Anlehnung an v. Rosenstiel 1975a)

Leistungsmotivation

Gestützt auf dieses Modell können wir nun den Prozeß der Leistungsmotivation weiter verfolgen. Es kommt bei der Leistungsmotivation nicht nur auf die *Höhe des eigenen Leistungsstandards* oder Anspruchsniveaus an, sondern auch auf den *Anregungsgehalt der Aufgaben,* d. h. darauf, in welchem Maße die Aufgaben bedeutsam erscheinen und adäquate Qualifikationsmöglichkeiten beinhalten. Dazu gehört vor allem auch ein ausreichender Handlungsspielraum.

Eine weitere Komponente ist die *subjektive Erfolgswahrscheinlichkeit,* die sich aus der Einschätzung der eigenen Fähigkeiten und Möglichkeiten im Vergleich zu den Anforderungen ergibt. Dabei spielt es eine Rolle, ob die persönliche Grundhaltung mehr durch »Hoffnung auf Erfolg« oder durch »Vermeidung von Mißerfolg« gekennzeichnet ist.

Wichtig für die weitere Leistungsmotivation ist es, daß der einzelne seine Arbeitsergebnisse sieht oder kennt und sie mit seinem Gütemaßstab vergleichen kann. Nur so stellt sich überhaupt ein Erfolgserlebnis ein. Wo dies nicht unmittelbar der Fall ist, sind entsprechende mittelbare Informationen als *Feedback* erforderlich. Von Bedeutung in diesem Zusammenhang sind auch die Ansprüche und Reaktionen der Vorgesetzten. Realistische Zielsetzungen, Anerkennung von Leistung und behutsame Kritik bei Mißerfolg können der Mißerfolgsmotivation entgegenwirken und die Leistungsmotivation stärken.

3.2.4 **Einstellungen**

Es ist angebracht, neben den Bedürfnissen die Einstellungen als weitere individuelle Verhaltensdeterminante der Organisationsmitglieder zu betrachten. Unter Einstellungen verstehen wir eine *Disposition* (d. h. Neigung oder Tendenz) eines Menschen, in bestimmter Weise
- über Objekte der Umwelt zu denken (Meinungen, Überzeugungen, Vorstellungen über ein Objekt = *kognitive Komponente),*
- auf sie gefühlsmäßig zu reagieren (angenehme oder unangenehme Gefühle = *affektive Komponente)*
- und sich diesen Objekten gegenüber zu verhalten (positives oder negatives Verhalten, z. B. sich für etwas einsetzen, es ablehnen, bekämpfen oder sich gleichgültig verhalten = *Verhaltenskomponente).*

Entstehung und Funktion

Einstellungen sind erworben, zu einem großen Teil schon in der Kindheit und Jugend. Sie hängen eng mit dem persönlichen Wertsystem zusammen und sind relativ dauerhaft. Bei der Interaktion des Individuums mit seiner sozialen Umwelt, hier der Organisation, spielen sie eine wichtige Rolle; sie haben eine Filter-, Ordnungs- und Anpassungsfunktion. Die Einstellungen bestimmen oder beeinflussen unsere Stellungnahme gegenüber den Objekten der Umwelt, seien es Personen, Sachen, Ereignisse oder Ideen. Sie erleichtern und regulieren die Einordnung des einzelnen in die soziale Umgebung, können aber auch der Anpassung an neue Situationen im Wege stehen.

Einstellung zur Organisation

Zwischen Einstellungen und Organisation besteht eine Wechselbeziehung. Die Einstellungen beeinflußen das Verhalten des einzelnen in der Organisation, umgekehrt werden sie durch organisatorische Gegebenheiten beeinflußt. Die Einstellungen zur Organisation und zu bestimmten Aspekten der Organisation (z. B. gegenüber Unternehmungsleitung oder Leistungsnormen) hängen ab

- von der gesellschaftlichen Grundeinstellung des einzelnen,
- von Einflüssen anderer Personen und Gruppen innerhalb und außerhalb der Organisation
- und nicht zuletzt davon, inwieweit in der Organisation wesentliche Bedürfnisse befriedigt oder frustriert und die Erwartungen erfüllt oder enttäuscht worden sind.

Den verschiedenen organisationstheoretischen Ansätzen liegen neben Annahmen in bezug auf die Motivation auch bestimmte, meist nicht ausdrücklich formulierte Annahmen bezüglich der Einstellung zur Arbeit zugrunde. Nur selten werden diese Annahmen offengelegt, wie etwa in der idealtypischen Beschreibung der Organisationsmitglieder durch Mc Gregor (1970), der in der Theorie X und Y von zwei gegensätzlichen Grundeinstellungen zur Arbeit ausgeht:

- *Theorie X:* Der Mensch hat eine Abneigung gegenüber Arbeit, verrichtet sie nur notgedrungen und bedarf einer starken Führung und Fremdkontrolle.
- *Theorie Y:* Der Mensch hat eine positive Einstellung zur Arbeit, sie verschafft ihm Befriedigung. Er sucht in der Arbeit Selbstverwirklichung und schätzt Selbständigkeit und Verantwortung.

Lattmann (1974, S. 26) kennzeichnet die Einstellung des modernen Mitarbeitertyps gegenüber der Unternehmung, indem er dessen Erwartungen an die Organisation beschreibt. Diese gehen dahin,

- daß seine Interessen bei den Grundentscheidungen in der Organisation gewahrt werden
- daß seiner Persönlichkeit von der Unternehmungsleitung und seinen unmittelbaren Vorgesetzten Achtung entgegengebracht wird
- daß er einen angemessenen Anteil vom Unternehmensertrag erhält
- daß er ausreichend Entfaltungs- und Gestaltungsmöglichkeiten in der Organisation hat.

Einstellungsänderungen

Bei der Gestaltung und Steuerung von Organisationen muß den Einstellungen der Mitarbeiter Beachtung geschenkt werden. Es gilt vor allem zu sehen, daß die Einstellung des modernen Menschen sich zu vielen Dingen gewandelt hat, so auch die Einstellung zu Arbeit und Beruf und insbesondere zur Autorität. Wo die Einstellungen der Menschen ignoriert werden, entstehen zwangsläufig Konflikte. Für die Unternehmung ergeben sich folgende Möglichkeiten der Anpassung:

- Man kann die Organisation entsprechend den Einstellungen und Erwartungen der Mitarbeiter gestalten und/oder
- auf die Einstellung der Organisationsmitglieder Einfluß nehmen.

Als erlernte Verhaltensbereitschaften können Einstellungen durch neue Erfahrungen und durch Beeinflussung durch andere Personen und Gruppen verändert werden. Dabei können folgende Einflußprozesse unterschieden werden (s. Hoeffert 1976, S. 265 f):

- Nachgeben gegenüber Einflußnahmen, die mit Belohnung oder Strafandrohung verbunden sind,
- Identifikation mit anderen Personen oder Gruppen, deren Einstellungen übernommen werden,
- Internalisierung (Aneignung) der Ansichten von Personen oder Gruppen, mit deren Wertsystem man übereinstimmt.

Die Wirkungsdauer der Einstellungsänderung ist bei der zuletzt genannten Form am größten.

3.3 Gruppenorientiertes Verhalten

Ein Großteil der interpersonellen Beziehungen findet in Gruppen statt. In Gruppen vollzieht sich zumeist die Aufgabenerfüllung, sei es in gemeinsamer Gruppenarbeit oder in aufeinander bezogener Einzelarbeit. Das Bedürfnis nach Sozialkontakten führt auch über die reinen Arbeitsbeziehungen hinaus zur Gruppenbildung. Eine Organisation läßt sich nicht einfach als eine Zusammenfassung von Individuen verstehen, sondern muß auch als ein System von Gruppen gesehen werden. Gruppenstrukturen und in Gruppen ablaufende Prozesse sind sowohl für die einzelnen Organisationsmitglieder als auch für die Organisation als Ganzes von großer Bedeutung.

3.3.1 **Kleingruppen in der Organisation**

Wenn hier von Gruppen innerhalb der Organisation die Rede ist, dann sind damit Kleingruppen gemeint. Unter einer solchen Gruppe versteht man
- eine begrenzte Anzahl von Personen,
- zwischen denen relativ häufige Interaktionen (= wechselseitige Beziehungen, die zu gegenseitiger Beeinflussung führen) stattfinden,
- die über einen gewissen Zeitraum aufrecht erhalten werden.
- Weitere Merkmale von Gruppen sind: Gemeinsame Interessen, Ziele und Aufgaben, damit ein Gefühl der Zusammengehörigkeit (Wir-Gefühl), Rollendifferenzierung und gemeinsame Normen.

Durch die Gruppenbildung wird der Beziehungszusammenhang Individuum — Organisation ergänzt durch die Beziehung zwischen Individuum — Gruppe einerseits und Gruppe — Organisation andererseits. Jede der Systemvariablen, Individuum, Gruppe und formelle Organisation, wird von den beiden anderen beeinflußt. Es erfolgt also eine wechselseitige Beeinflussung (Interaktion I-G, G-O, I-O), wie dies *Abbildung B 5* zeigt.

Arbeitsgruppen

Je nachdem, was die Mitglieder zusammenführt, kann man von Arbeitsgruppen, Lerngruppen, Interessengruppen, Freizeitgruppen usw. sprechen. In der Organisation haben wir es in erster Linie mit Arbeitsgruppen und in Verbindung damit auch mit Interessengruppen zu tun, wobei die Grenze zwischen diesen beiden fließend ist.

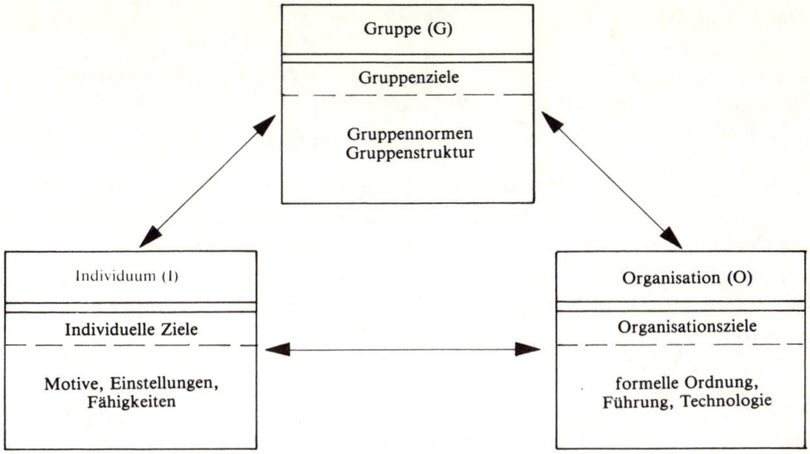

Abb. B 5: Einfluß von Gruppen

Weiter wird unterschieden zwischen formellen und informellen Gruppen:

- Die *formellen Gruppen* sind Subsysteme der formellen Organisation, d. h. bewußt geplante Organisationseinheiten, die bestimmte Aufgaben zu erfüllen haben.
- Als *informelle Gruppen* werden ungeplante, mehr oder weniger spontan entstandene Gruppen innerhalb einer Organisation verstanden, die der Befriedigung sozialer Bedürfnisse oder der Verfolgung bestimmter Interessen dienen.

Arbeitsgruppen sind gekennzeichnet durch *formelle und informelle Einflüsse.* Innerhalb einer formellen Organisationseinheit bestehen immer auch informelle Gruppenzusammenhänge. Solche Gruppierungen können auch Mitglieder verschiedener Organisationseinheiten umfassen. Ein Organisationsmitglied kann mehreren formellen und informellen Gruppen angehören.

Die Interaktionen zwischen den Mitgliedern einer Arbeitsgruppe entsprechen teils den formellen Regelungen, teils weichen sie davon ab oder gehen darüber hinaus, sind also informeller Natur. Die verschiedenen Gruppen in der Organisation lassen sich damit nicht eindeutig als formelle und informelle klassifizieren, sondern nur danach, wie stark die beiden Einflußfaktoren sind. Wenn im folgenden von formellen und informellen Gruppen die Rede ist, dann heißt das, daß der formelle oder der informelle Einfluß überwiegt. Dabei ist zu beachten, daß von echten Gruppen (im soziologischen Sinne) erst gesprochen werden kann, wenn zu den geplanten Zweckbeziehungen (formeller Aspekt) auch gefühlsmäßige Beziehungen (informeller Aspekt) hinzukommen. Eine Projekt-»Gruppe« beispielsweise ist zunächst nur eine formelle Organisationseinheit. Durch das Hinzutreten sozio-emotionaler Beziehungen entsteht dann eine Gruppe im strengen Sinne.

3.3.2 **Funktionen der Gruppe**

Die Bedeutung der Gruppen in der Organisation ergibt sich daraus, daß sie nicht nur eine instrumentale Funktion erfüllen, sondern darüber hinaus sozio-emotionale Bedürfnisse der Organisationsmitglieder befriedigen.

Instrumentaler Aspekt

Die Gruppe hat bestimmte Sachziele und Sachaufgaben zu erfüllen. Dieser Aspekt steht bei den formellen Gruppen, den geplanten Organisationseinheiten, im Vordergrund. Sie sind aufgaben- und leistungsorientiert.

Leistungsvorteil der Gruppe: Untersuchungen zeigen, daß bestimmte Aufgaben in Gruppen besser gelöst werden können als in Einzelarbeit. Hofstätter (1971, S. 29 ff, S. 64 ff) nennt drei Leistungsarten, wo dieser Leistungsvorteil gegeben ist:

(1) Leistungen vom Typ des Hebens und Tragens. Hier ergibt sich ein Vorteil durch Addition physischer Kräfte. Dieser Vorteil ist heute weniger wichtig, weil solche Arbeiten meist maschinell durchführbar sind.

(2) Leistungen vom Typ des Suchens. Darunter fallen (a) die *Urteilsbildung* in Gruppen durch gemeinsame Informationssammlung und -verarbeitung sowie (b) die gemeinsame Erarbeitung von *Problemlösungen* (s. Freibichler 1976, S. 18 ff). Beides ist verbunden mit *Gruppenentscheidungen.* Der Gruppenvorteil liegt hier in der Möglichkeit des *statistischen Fehlerausgleichs.* Die Informationsbasis in Gruppen ist größer als bei Einzelarbeit. Es werden Ideen ausgetauscht und gemeinsam verarbeitet. Auf diese Weise bildet sich eine Art *Informationspool.* Außerdem wird die Kreativität besser angeregt. Diese zweite Art des Gruppenvorteils ist angesichts der Tatsache, daß in Organisationen in zunehmendem Maße komplexe, neuartige und einmalige Probleme gelöst werden müssen, von besonderer Bedeutung.

(3) Leistungen vom Typ des Bestimmens. Damit ist gemeint, daß die Gruppe durch Bestimmungsleistungen Normen setzt für das Verhalten der Gruppenmitglieder. Auf diese Weise trägt sie zur *Verhaltensstabilisierung* und zur Strukturierung der Arbeitssituation bei (s. Freibichler 1976, S. 25 f). Solche Normen und Regeln erleichtern die Zusammenarbeit und die Einordnung neuer Gruppenmitglieder. Wo der einzelne unsicher ist, schaffen diese Normen Sicherheit und Ordnung.

Als weitere Gründe für den Leistungsvorteil der Gruppe nennen Hill u. a. (1974, S. 86): Soziale Unterstützung durch die Gruppe, Konkurrenz zwischen den Gruppenmitgliedern um die Anerkennung durch die Gruppe und Aktzeptierung von Entscheidungen durch die Gruppenmitglieder.

Sozio-emotionaler Aspekt

Die sozio-emotionale Funktion ist nicht minder wichtig.

(1) Wenn Menschen in Gruppen interagieren, dann kommt es auch zu gefühlsmäßigen Beziehungen. Die Gruppenmitglieder kommen sich menschlich näher. Es werden die *Bedürfnisse nach Kontakt, menschlicher Zuwendung und Vertrauen,* nach Geborgenheit und Sicherheit befriedigt. Gute mitmenschliche Beziehungen am Arbeitsplatz erhöhen die Zufriedenheit der Mitarbeiter. Ihnen kommt in einer Zeit, die mehr durch das bloße Nebeneinander und die Vereinzelung der Menschen als durch echtes Miteinander in Gemeinschaften gekennzeichnet ist, besondere Bedeutung zu.

(2) Die Kooperation und Kommunikation innerhalb von Gruppen kann aber auch der *Sinnentleerung der Arbeit,* die bei weitgehender Arbeitsteilung eintritt, *entgegenwirken.*

(3) Gruppen haben außerdem eine *vermittelnde Funktion* zwischen dem Individuum und der Organisation. Das gilt besonders für große Organisationen. Die Organisation ist für den einzelnen oft nicht mehr über- und durchschaubar. Die Gruppen werden hier zu *Zentren der sozialen Anpassung.* Die Anforderungen der Organisation treffen in der Regel nicht direkt auf die einzelnen Organisationsmitglieder, sondern auf Gruppen; diese interpretieren sie, verstärken sie oder schwächen sie ab. Andererseits transformieren und artikulieren die Gruppen auch die Wünsche der einzelnen gegenüber der Organisation (vgl. M.J.A. Hoffmann 1974, v. Rosenstiel u. a. 1972, S. 73).

3.3.3 **Verhaltenswirkungen**

Die Einflüsse auf das Verhalten der Gruppenmitglieder sind vielfältig. Einige Aspekte seien kurz aufgeführt.

(1) *Normierung des Verhaltens in Gruppen:* Als wesentliche Kennzeichen einer Gruppe wurden Verhaltensnormen genannt, die von den Gruppenmitgliedern zu befolgen sind. Dabei gilt: Je höher der Gruppenzusammenhalt (Kohäsion), desto mehr werden die Gruppennormen beachtet. Die Normen haben dann stärker verpflichtenden Charakter. Der Gruppendruck auf schwankende Gruppenmitglieder ist größer, bei Nichtbeachtung erfolgen negative Sanktionen, die vom Tadel über die Beschimpfung bis zur Ausstoßung reichen können.

(2) *Leistungsnormierung:* Von besonderer Bedeutung für Arbeitsgruppen ist die Gruppennorm bezüglich der zu leistenden Arbeitsmenge. Die informellen Leistungsnormen der Gruppe können wesentlich von den formellen Leistungszielen abweichen und Leistungsbeschränkungen bewirken. Wichtige Einflußgrößen sind dabei die Gruppenkohäsion und andere Faktoren, wie Einstellung zur Organisation und zu den Organisationszielen sowie Führungsverhalten. Es hat sich gezeigt, daß die Gruppenkohäsion weniger die Leistungshöhe als die Leistungsstreuung beeinflußt, und zwar in der Weise, daß hohe Kohäsion zu geringerer Leistungsstreuung führt, während die anderen aufgeführten Faktoren die Höhe der Leistungsnorm bestimmen (vgl. v. Rosenstiel u. a. 1972, S. 49 ff; v. Rosenstiel 1978, S. 249 ff).

(3) *Gruppenkonflikte:* Konflikte in Gruppen entstehen zum einen durch persönliche Rivalitäten, zum anderen auch dadurch, daß formelle und informelle Ziele, Normen und Strukturen auseinanderfallen. Der Vorgesetzte, der das formelle Ziel (z. B. hoher Leistungsstandard) verfolgt, kann in Konflikt mit den Mitarbeitern bzw. einem informellen Führer geraten, deren informelle Leistungsnorm in durchschnittlicher Leistung besteht. Auch die von der formellen Ordnung abweichende informelle Rollenverteilung (z. B. formeller und informeller Führer) bringt Konflikte mit sich. Häufig besteht auch eine Rollendivergenz zwischen dem Tüchtigsten und dem Beliebtesten in der Gruppe, die sich bei gegenseitiger Wertschätzung durchaus positiv auswirken kann. Daneben gibt es Konflikte zwischen Gruppen, z. B. Verkauf und Produktion, auf die hier nicht weiter eingegangen werden soll. Es wäre falsch, in diesen Konflikten nur etwas Störendes zu sehen. »Konflikte in den Unternehmungen sind normal, allgegenwärtig, permanent und produktiv nutzbar zu machen« (Krüger 1973, S. 14).

(4) *Lern- und Anpassungsprozesse:* Einstellungen und Verhalten des einzelnen sind sehr stark gruppenbestimmt. Lern- und Anpassungsprozesse sind daher wirksamer in und durch Gruppen. So ist es nach Hofstätter (1971, S. 67) leichter, eine Verhaltensänderung durch Gruppendiskussion zu erreichen, an deren Ende eine Bestimmungsleistung der Gruppe steht, als wenn man den einzelnen Personen gut zuredet. Die Beteiligung am Willensbildungsprozeß führt zu einer Akzeptierung der Entscheidung und zu einer Identifizierung mit dem Gruppenurteil. Auch Gruppendruck spielt dabei eine Rolle, ebenso die Tatsache, daß gruppendynamische Lern- und Änderungsprozesse nicht nur auf der kognitiven Ebene ablaufen, sondern daß auch die emotionale Schicht angesprochen wird.

Weiterführende Literatur zu Kapitel B 3

Organisations- und Arbeitspsychologie: Hoeffert 1976, Hoyos 1974, Mayer 1978, v. Rosenstiel u. a. 1972.
Motivation und Arbeitszufriedenheit: Neuberger 1974 a, v. Rosenstiel 1975 a, Rüttinger u. a. 1974.
Psychologie der Gruppe: Hofstätter 1971, Sader 1976, Smith 1976.

4. Technologie

4.1 Begriff und Bedeutung

Eine weitere Komponente der Organisation ist die Technologie. Bei diesem Wort denkt man zuerst an Maschinen und sonstige Sachmittel. Dies ist jedoch nur eine Seite der Technologie, ihre physische Manifestation. Zur Technologie gehören auch Verfahren, Methoden und technisches Wissen. *Der Begriff Technologie beinhaltet technische Mittel und Verfahren.* Er schließt die Ingenieurtechnik ein, umfaßt aber daneben auch andere verfahrenstechnische Aspekte. Um beispielsweise eine Datenverarbeitungsaufgabe zu erfüllen, bedarf es einer technologischen Realisierungskette mit den Gliedern betriebswirtschaftlich-mathematische Verfahren, Anwendungsprogramme, Betriebssystem und EDV-Anlage.

Die Technologie einer Organisation umfaßt die Gesamtheit der Sachmittel und Verfahren, die bei der Transformation von Input (Informationen, Einsatzgüter) *in Output* (Informationen, Produkte bzw. Dienstleistungen) *gebraucht werden* (vgl. Kast/Rosenzweig 1974, S. 181).

Organisation und Technologie

Die Entwicklung moderner Organisationen ist eng verknüpft mit der technologischen Entwicklung. Organisation und Technologie bedingen sich gegenseitig. Technologische Innovationen erfordern leistungsfähige Organisationen. Ein neues Produkt oder eine neue Verfahrenstechnik sind nicht die Leistung eines einzelnen; sie sind das Ergebnis koordinierter Zusammenarbeit von Spezialisten in Organisationen, die wiederum Teil eines ungeheuer komplexen Verbundsystems sind, in dem fortwährend Wissen transformiert wird und neue technologische Varianten hervorgebracht werden.

Umgekehrt können Organisationen ihre Aufgaben nur noch erfüllen, indem sie sich der modernen Technologie bedienen. Diese ist unverzichtbarer Bestandteil einer Organisation. Das gilt für Behörden und sonstige öffentliche Einrichtungen genauso wie für privatwirtschaftliche Unternehmungen. Man denke nur an das Vordringen der Technik im Gesundheitswesen.

Auswahlkriterien

Welche Technologie in einer Organisation eingesetzt wird, hängt von verschiedenen Faktoren ab:
- von den zu erfüllenden *Aufgaben,*
- vom Stand der *technologischen Entwicklung,*
- von der *Wirtschaftlichkeit* der technologischen Instrumente und
- vom *Investitionsrisiko.*

Aber nicht nur wirtschaftliche Gesichtspunkte spielen eine Rolle; immer größeres Gewicht bekommen auch soziale und ökologische Aspekte:
- Zum einen muß die Auswirkung der Technologie auf die Arbeitssituation der *Organisationsmitglieder* und
- zum anderen die Auswirkung auf die *Umwelt* (Umweltschutz) beachtet werden.

Bei der Betrachtung des Einsatzes der Technologie in der Organisation wird gewöhnlich unterschieden zwischen
- Produktionstechnologie für die Gewinnung und Transformation von Material und Energie und
- Informationstechnologie für die Gewinnung und Transformation von Informationen.

4.2 Produktionstechnologie

Zur Produktionstechnologie gehören die verschiedenen *Produktionsverfahren mit den entsprechenden technischen Einrichtungen.* Wichtige Bereiche sind: mechanische Fertigungstechnik, chemische Verfahrenstechnik, Energietechnik, Verkehrs- und Fördertechnik.

Typologien der Produktionstechnologie

Unter organisatorischen Aspekten lassen sich folgende Fertigungsverfahren unterscheiden:
- nach Betriebsmittelzuordnung und Fertigungsablauf: Werkstatt-, Reihen- und Fließfertigung sowie kontinuierliche Prozeßfertigung;
- nach der Auflagenhöhe der Produkte: Einzel-, Serien- und Massenfertigung.

Nach Art und Umfang der Mechanisierung sind verschiedene Technisierungsstufen zu unterscheiden:
- Mechanisierung, Teilautomatisierung, Vollautomatisierung.

Von *Mechanisierung* spricht man, wenn Maschinen zur Verrichtung einer Arbeit eingesetzt werden. Bei der *Automatisierung* kommen noch zwei weitere Merkmale hinzu (vgl. Buckingham 1963, Grochla 1966), nämlich *automatischer Transport der Werkstücke bzw. kontinuierlicher Prozeß* (d. h. Aufeinanderfolge verschiedener Bearbeitungsvorgänge ohne Dazwischenschaltung menschlicher Arbeit) und *automatische Regelung* (d. h. automatische Steuerung, Kontrolle und evtl. Korrektur eines Prozesses).

In der Regel treten bestimmte Merkmalsausprägungen zusammen auf. Bei der Analyse des Einflusses der Produktionstechnologie auf die Organisationsstruktur sowie die Arbeitssituation der Organisationsmitglieder ist es daher zweckmäßig, von einer Klassifikation auszugehen, bei der verschiedene Merkmale zu einer *Gesamtcharakteristik* zusammengefaßt werden. So kann man unter dem Aspekt der fortschreitenden Mechanisierung und Automatisierung folgende Haupttypen unterscheiden (vgl. Gaitanides 1976, Kieser/Kubicek 1977):

Typ 1: *Einzel-* und *Kleinserienfertigung,* die hauptsächlich nach dem Werkstattprinzip erfolgen, relativ flexibel sind und einen relativ geringen Mechanisierungsgrad aufweisen.

Typ 2: *Großserien-* und *Massenfertigung* in Form stark mechanisierter Reihen- und Fließfertigung mit vergleichsweise hoher Starrheit.

Typ 3: *Prozeßfertigung* oder vollautomatisierte Fertigung.

Diese Typen stellen Punkte auf einer Skala dar, die durch einen abnehmenden Anteil manueller Arbeit, zunehmende Komplexität der angewandten Technologie und zunehmende fertigungstechnische Integration der Teilfunktionen bzw. Teilprozesse gekennzeichnet ist.

Einfluß der Produktionstechnologie auf die Arbeitssituation der Organisationsmitglieder

Betrachtet man die Auswirkung der zuletzt genannten Produktionstypen auf die *Qualität der Arbeitsbedingungen für die Menschen* in der Organisation (gemessen an den Merkmalen Autonomiegrad, Umfang der erforderlichen Qualifikationen, Höhe der körperlichen und psychischen Belastungen, Intensität der sozialen Interaktionen), so zeigt sich nach Kieser/Kubicek (1977, S. 357 ff), daß die *günstigsten Bedingungen* in menschlicher Hinsicht bei niedrigen und hohen Mechanisierungsstufen *(Typ 1 und 3)* gegeben sind, während für mittlere Mechanisierungsstufen (Typ 2) durch weitgehende Arbeitsteilung sowie eintönige Maschinen- und Fließbandarbeit die Arbeitssituation weniger befriedigend ist.

Hinsichtlich der *Automatisierung* stehen sich allerdings zwei Auffassungen gegenüber. Die *optimistische These* besagt, daß sich die Arbeitsbedingungen generell verbessern, während nach der *pessimistischen These* die Arbeitsbedingungen nur für einige Stellen verbessert werden und für die übrigen Stellen entweder gleichbleiben oder sogar verschlechtert werden. Kieser und Kubicek deuten die vorliegenden Befunde im Sinne der pessimistischen These. Das kann allerdings nicht bedeuten, daß in mittleren Mechanisierungsstufen und für die abgewerteten Funktionen in hohen Technisierungsstufen keine den Bedürfnissen der Menschen entsprechende Lösungen erreicht werden können. Man muß hier neue Formen der Arbeitsgestaltung entwickeln (s. Abschnitt C 2.2.3).

4.3 Informationstechnologie

Mit der Bezeichnung Informationstechnologie verbindet sich zunächst die Vorstellung von Computersystemen und Datenverarbeitung. Dies ist zwar der Schwerpunkt der Informationstechnologie, aber nicht ihr einziger Bereich. Unter den Begriff Informationstechnologie fallen alle *technischen Einrichtungen und Verfahren zur Aufnahme, Speicherung, Transformation, Übertragung und Abgabe von Informationen.*

Entwicklung der Informationstechnologie

Auch bei der Informationstechnologie lassen sich verschiedene Mechanisierungsstufen unterscheiden:

— Einsatz von benutzergesteuerten Büromaschinen, z. B. Diktiergeräte, Schreibmaschinen, Rechner, Kopiergeräte;
— programmgesteuerte (automatisierte) Datenverarbeitungs- und Textverarbeitungsanlagen;
— Datenverarbeitungs- und Kommunikationsnetzwerke.

Kennzeichnend für die derzeitige Entwicklung ist das *Zusammenwachsen der verschiedenen Bereiche* der Computer-, der Nachrichten- und der allgemeinen Bürotechnik. Eine wichtige Rolle spielt dabei die Entwicklung der *Mikroelektronik,* vor allem der Mikroprozessor, welcher nicht nur erhebliche Veränderungen in der gesamten Informationstechnologie mit sich bringt, sondern auch sehr stark in die Produktionstechnologie hineinwirkt und damit weitreichende Folgen für die gesamte Wirtschaft hat. In der Informationstechnologie bahnt sich eine Veränderung an, die nach Meinung von Experten tiefgreifender sein wird als der Übergang von den konventionellen Lochkartensystemen zum Computer. Dazu nur einige Stichworte:

(1) In der *Datenverarbeitung* löst eine neue Generation von Dialogsystemen die bislang dominierenden Stapelverarbeitungssysteme ab. Die arbeitsplatzorientierte Datenverarbeitung mit Bildschirmterminals, Schalterterminals, Betriebsdatenerfassungsgeräten usw. dringt in immer neue Bereiche vor. Es werden umfassende Datenbanksysteme aufgebaut und Datenverarbeitungsnetzwerke installiert.

(2) Vielleicht noch einschneidender ist der Wandel im Bereich der *Textverarbeitung,* die mit Hilfe der Computer- und Kommunikationstechnik wesentlich verändert wird. Wir stehen am Anfang einer Textautomation, die durch das Zusammenwachsen mit der Datenverarbeitung und durch neue Formen der Textkommunikation gekennzeichnet ist. Die bisher versuchte Zentralisierung der Textverarbeitung wird wie in der Datenverarbeitung einer dezentralen Bearbeitung vom Arbeitsplatz aus weichen.

(3) Immer größere Bedeutung kommt dabei der *Kommunikationstechnik* zu. Was sich hier anbahnt, zeigt der Telekommunikationsbericht, den eine Expertenkommission im Auftrag des Bundesministeriums für Post- und Fernmeldewesen 1976 erarbeitet hat (s. Witte 1977). Neben erweiterten und verbesserten Formen des Fernsprechens, Fernschreibens und der Datenübertragung treten neue Formen der Text- und Bildübertragung (z. B. Fernkopierer, Bildschirmtexte).

Bedeutung für die Organisationsgestaltung

Information und Kommunikation sind wesentliche Aspekte in *sozialen Systemen.* Mit dem Vordringen der Informationstechnologie haben diese Systeme eine *neue Dimen-*

sion bekommen. Die personelle Informationsverarbeitung und Kommunikation wird durch technische Mittel und Verfahren unterstützt oder durch automatisierte Verfahren abgelöst. Die menschliche Kommunikation wird ergänzt durch eine Kommunikation zwischen Mensch und Maschine sowie in automatisierten Prozessen zwischen Maschinen. Damit erweist sich die Betrachtung der Organisationsgestaltung als interpersonelles Problem als zu eng. Bei der Gestaltung von Informationsprozessen treten technologische Aspekte hinzu. Personelle Aufgaben müssen in technische Funktionen und Prozesse umgesetzt und Verhaltensvorschriften für Organisationsmitglieder durch Programme für Machinen ersetzt oder ergänzt werden. Die *Verflechtung und Interdependenz* organisatorisch-struktureller, personaler und technologischer Faktoren in Informations- und Kommunikationssystemen bzw. -prozessen erfordern eine Integration all dieser Aspekte durch eine systemorientierte, ganzheitliche Betrachtungsweise.

Auswirkungen auf die Arbeitssituation der Organisationsmitglieder

Welche Auswirkungen die moderne Informationstechnologie auf die Arbeitssituation des Menschen hat, ist nicht eindeutig zu beantworten. Die bisherigen Untersuchungen und deren Interpretation ergeben kein einheitliches Bild. Das liegt zum einen daran, daß ein Teil der Untersuchungen noch aus der Anfangszeit der Datenverarbeitung stammt und damit auf ganz anderen technischen Gegebenheiten basiert. Außerdem besteht gerade im Bereich der Datenverarbeitung ein wesentlich größerer Gestaltungsspielraum als im Fertigungsbereich, so daß die direkte Abhängigkeit der einzelnen Stellen bzw. Mitarbeiter von der Technologie geringer ist. Einige Tendenzen sind aber doch erkennbar (vgl. dazu Kieser/Kubicek 1977, S. 371 ff):

- Eine gewisse *Arbeitsumschichtung* ergibt sich dadurch, daß immer mehr Routineaufgaben in der Verwaltung zumindest teilautomatisiert werden. Der Mensch wird von einfachen Routinetätigkeiten (z. B. Karteiführung, Rechnungschreibung, Buchungsarbeiten) entlastet und damit für qualifiziertere Tätigkeiten frei. Zugleich bringt die Datenverarbeitung neue, meist anspruchsvolle Aufgaben mit sich. Wie groß der Freisetzungseffekt ist, läßt sich schwer sagen. Die Situation auf dem Arbeitsmarkt fur Angestellte zeigt aber, daß hier ein gewisser Strukturwandel im Gange ist.
- Die Datenverarbeitung zwingt in der Regel zu einer *stärkeren Strukturierung der Arbeitsprozesse.* Ein Teil der Entscheidungen wird programmiert. Die interpersonelle Kommunikation wird zum Teil durch Mensch-Maschine-Kommunikation ersetzt, computerunterstützte Kontrollsysteme treten an die Stelle personaler Kontrolle. All dies könnte zu einer *Versachlichung und Rationalisierung* der Arbeitsprozesse führen, die die Möglichkeiten sozio-emotionaler Befriedigung einschränken.

Offen bleibt damit, ob per Saldo eine Aufwertung oder Abwertung der Arbeitsbedingungen erfolgt. Für beide Entwicklungen gibt es Beispiele. Der erwähnte *Gestaltungsspielraum* bietet auf jeden Fall die Chance, die Möglichkeiten der Informationstechnologie nicht nur zur *Erhöhung der Produktivität,* sondern auch zur *Verbesserung der Arbeitsbedingungen,* also zur Humanisierung zu nutzen.

Weiterführende Literatur zu Kapitel B 4

Grochla 1966, Kubicek 1975b.

5. Systemstruktur

5.1 Begriff und Aspekte der Systemstruktur

Systemziele, Systemmitglieder und Technologie ergeben noch keine Organisation. Von einer Organisation kann erst gesprochen werden, wenn diese Faktoren durch relativ dauerhafte Beziehungen miteinander verbunden sind und diesen Beziehungen eine bestimmte Ordnung zugrunde liegt.

Die über einen Zeitraum relativ gleichbleibenden Beziehungs- und Verhaltensmuster bezeichnet man als Systemstruktur (Organisationsstruktur).

Diese Struktur ist geprägt durch formelle und informelle Einflüsse. Dementsprechend lassen sich formelle und informelle Beziehungen (Strukturen) unterscheiden.

Formelle und informelle Struktur

(1) *Formelle Struktur.* Die Grundzüge der formellen Struktur wurden bereits eingangs bei der Erörterung der Organisationsbegriffe dargestellt (Abschnitt A 1.3). Wir verstehen darunter eine Menge von Regelungen für das Zusammenwirken der Organisationsmitglieder und den Einsatz von Sachmitteln in der Organisation. Diese formelle Ordnung ist bewußt geschaffen und auf die Ziele und Aufgaben der Organisation ausgerichtet. Sie umfaßt die grundlegenden Regelungen hinsichtlich Aufgaben- und Kompetenzverteilung, durch die die institutionelle Gliederung und die Leitungshierarchie festgelegt werden (= *Aufbau- oder Grundstruktur*), und eine Reihe von Handlungsanweisungen für die ablaufenden Prozesse (= *Prozeßstruktur*).

(2) *Informelle Struktur.* Neben den formellen Beziehungen besteht ein *Netzwerk zwischenmenschlicher Beziehungen,* ein Komplex von sozialen Interaktionen, die *nicht geplant* sind, sondern spontan entstehen. Diese informellen Erscheinungen und Strukturen haben zweierlei Ursachen:
- Sie sind Ausdruck individueller und gruppenabhängiger Interessen, Bedürfnisse, Einstellungen und Erwartungen der Organisationsmitglieder.
- Sie resultieren aber auch aus der Tatsache, daß nie für alle irgendwie vorkommenden Entscheidungs- und Handlungssituationen formelle Regelungen vorhanden sein können. Diese sind immer unvollständig. Außerdem sind sie, um einen breiten Bereich von Aufgaben und Problemen abzudecken, häufig sehr allgemein gehalten. Informelle Praktiken, beruhend auf Erfahrungen, Beziehungen zu Kollegen, persönlicher Initiative und Durchsetzungsvermögen, individuellem Arbeitsstil usw., sind eine notwendige Ergänzung formeller Regelungen.

Die Erforschung informeller Beziehungen in der Organisation konzentrierte sich zunächst auf das Phänomen der informellen Gruppen. Das ist aber nur ein Teilaspekt der informellen Erscheinungen. Diese zeigen sich auch außerhalb dieser Gruppen in Form informeller Kommunikation und informeller Macht (z. B. der Stäbe) sowie in sozialen Rollen und dem sozialen Status der einzelnen Organisationsmitglieder.

Informelle Beziehungen sind nicht nebensächlich, sie können auch nicht als bloßer Störfaktor abgetan werden. Im Gegenteil: keine Organisation vermag wirksam zu funktionieren, wenn nicht auch ein spontan entstandenes Netz zwischenmenschlicher Beziehungen vorhanden ist (Miller/Form 1957, S. 125). *Informelle Beziehungen sind notwendig, um die formelle Organisation aufrecht zu erhalten* und die Organisationsziele erreichen zu können. Sie erfüllen nach Barnard (1970) nicht nur eine wichtige *Kommunikationsfunktion,* sie festigen auch den *Zusammenhalt der Organisationsmitglieder* und dienen der Erhaltung des *Gefühls pesönlicher Integrität,* der Selbstachtung und der freien Entscheidung des einzelnen.

Daß informelle Beziehungen auch *nachteilige oder unerwünschte Wirkungen* haben können, wie z. B. Cliquenbildung, Leistungsbeschränkung in Gruppen, Kommunikationsstörungen, Autoritätsverluste, Machtverschiebungen, Rollenkonflikte, darf nicht übersehen werden. Es wäre aber verfehlt, deshalb die informelle Sphäre einschränken zu wollen, was ohnehin nur beschränkt möglich ist. Vielmehr unterstreicht dies nur die Notwendigkeit, den informellen Erscheinungen, insbesondere dem Gruppenphänomen, mehr Aufmerksamkeit zu schenken und durch geeignete Maßnahmen, wie etwa Einstellungsumfragen mit Feedback, stärkere Beachtung sozio-emotionaler Aspekte bei formellen Regelungen, Gruppenpflege und Förderung eines adäquaten Führungsstils, darauf Einfluß zu nehmen und ein Organisationsklima zu schaffen, das der Zusammenarbeit förderlich ist.

Weitere Strukturaspekte

Die Organisationsstruktur kann durch eine Reihe weiterer Merkmale beschrieben werden. Von den verschiedenen möglichen Aspekten gilt es die für Problemerfassung wesentlichen auszuwählen.
Dabei ist zunächst zwischen *Makro- und Mikrobetrachtung* der Organisationsstruktur zu unterscheiden. Die erste Betrachtungsweise erlaubt es, die Gesamtorganisation oder einen größeren Ausschnitt auf einmal zu erfassen. Sie zeigt die *Grobstruktur* (Makrostruktur) der Organisation. Darunter sind die Beziehungen zwischen den Subsystemen bzw. Gruppen in einer Organisation zu verstehen. Die zweite Betrachtungsweise ist nacheinander auf kleinere Bereiche gerichtet und läßt die *Feinstruktur* (Mikrostruktur) erkennen als ein Netz von Beziehungen zwischen den Systemelementen (Personen und einzelne Sachmittel als aktive Elemente, einzelne Aktivitäten als Prozeßelemente). Sowohl für die Analyse als auch für die Gestaltung von Organisationen ist diese unterschiedliche Sicht- und Vorgehensweise von großer Bedeutung. Man muß zunächst die Grobstrukturen von Systemen erkennen bzw. planen, um dann, ohne den Gesamtzusammenhang aus den Augen zu verlieren, die Feinstrukturen analysieren bzw. entwickeln zu können.

Die beiden Betrachtungsweisen lassen bestimmte Eigenschaften oder Dimensionen der Organisationsstruktur *(Strukturdimensionen)* erkennen. Da es sich um bestimmte Ausschnitte der Gesamtstruktur handelt, spricht man auch von *Teilstrukturen.* Wir wollen anschließend einige Teilstrukturen betrachten, und zwar als Makrostrukturen die verschiedenen Möglichkeiten der Subsystemgliederung sowie vorwiegend unter Mikroaspekten die Rollen-, die Autoritäts- und die Kommunikationsstruktur.

Dabei soll vor allem gezeigt werden, wie die formelle und die informelle Dimension der jeweiligen Teilstrukturen ineinandergreifen und das Verhalten der Organisationsmitglieder von beiden Strukturkomponenten bestimmt wird. Damit soll vermieden werden, daß Strukturprobleme einseitig oder ausschließlich unter formellen Aspekten gesehen werden. Denn wir dürfen nie außer acht lassen, in welchem Umfange geplante Organisationsstrukturen durch informelle Einflüsse modifiziert und ergänzt werden.

5.2 Subsystemgliederung

Die Organisation als äußerst komplexes System setzt sich aus einer Reihe von Subsystemen zusammen, die miteinander in Beziehung stehen. Als solche Subsysteme können verschiedene, nach bestimmten Kriterien abgegrenzte Teilkomplexe des Gesamtsystems angesehen werden. Hierbei sind zu unterscheiden (vgl. Kirsch 1971, S. 40 ff; Bleicher/Meyer 1976, S. 86 ff):

(1) konkrete Gruppen von Menschen, die auch als *institutionelle oder strukturelle Subsysteme* bezeichnet werden, nämlich (a) formelle Organisationseinheiten (Geschäftsbereiche, Abteilungen, Projektgruppen, Ausschüsse) und (b) informelle Gruppen;

(2) irgendwelche Funktions- bzw. Aktionszusammenhänge, die man als *funktionale Subsysteme* bezeichnet. Hierbei handelt es sich um gedankliche Abstraktionen. Ein funktionales Subsystem umfaßt diejenigen Elemente oder Aktivitäten, die der Erfüllung einer bestimmten Funktion dienen. Als Beispiel hierfür seien Planungs- und Steuerungssysteme sowie Informationssysteme genannt.

Dementsprechend lassen sich folgende *Makrostrukturen* unterscheiden:

- die *formelle institutionelle Systemgliederung* in Geschäftsbereiche und Abteilungen mit einer Zuständigkeitsordnung für diese Subsysteme (= formelle Aufbau-Grobstruktur)
- die *Grobstrukturen formalisierter funktionaler Subsysteme* bzw. von Prozessen (= formelle Prozeß-Grobstrukturen)
- die (allerdings schwer zu erfassende) *informelle Intergruppenstruktur.*

5.3 Aufgaben- und Rollenstruktur

Wenn wir die Beziehungen zwischen den Organisationsmitgliedern ins Auge fassen, also zur Mikrobetrachtung übergehen, dann ist von der Aufgaben- und Rollenverteilung auszugehen. Diese beruht auf dem für Organisationen grundlegenden Tatbestand der Arbeitsteilung, der auf Makroebene in der Unternehmensgliederung in Abteilungen, der institutionellen Subsystemgliederung, zum Ausdruck kommt.

5.3.1 **Aufgabenverteilung und Stellengliederung**

In der betriebswirtschaftlichen Organisationslehre steht der formelle Aspekt der Gestaltung der arbeitsteiligen Struktur einer Organisation im Vordergrund. Strukturelemente sind hier Aufgaben und Stellen. Durch *Aufgliederung der Gesamtaufgabe* der Unternehmung oder eines Bereichs und *Zusammenfassung der Teilaufgaben zu Arbeitskomplexen von Personen* werden die Stellen als kleinste Organisationseinheiten gebildet. Die *Stelle* wird als *personenbezogener Aufgabenkomplex* verstanden, der vom Personenwechsel unabhängig ist (Kosiol 1962, S. 89). Die Stellenaufgaben umreißen das Handlungsfeld einer Person, sie legen deren Zuständigkeits- und Verantwortungsbereich fest und grenzen den Handlungsspielraum ein. Gleichzeitig ordnen sie die Stelle in den Gesamtaufgabenzusammenhang ein. Dadurch entsteht ein *Stellengefüge,* das durch Art und Umfang der Aufgabendifferenzierung gekennzeichnet ist. Auf die verschiedenen Möglichkeiten der Aufgabenverteilung wird später bei der Behandlung der organisatorischen Gestaltungsmaßnahmen eingegangen.

5.3.2 **Rollendifferenzierung in der Organisation**

Die Bestimmung der Stellenaufgaben ist nur eine erste Festlegung und Beschreibung dessen, was die einzelnen Organisationsmitglieder zu tun haben. Neben zusätzlichen formellen Regelungen hinsichtlich Kompetenzen, Kommunikation und Arbeitsverfahren sind es vor allem auch informelle Gruppennormen und die Zumutungen und Anforderungen der jeweiligen Bezugspersonen, die das Verhalten eines Organisationsmitgliedes beeinflussen.

Rollenkonzept

Die *Verknüpfung* dieser *informellen* mit den vorher genannten *formellen Aspekten* erfolgt im soziologischen Rollenkonzept, das als eine Erweiterung des rein aufgabenbezogenen Stellenkonzepts anzusehen ist. Eine *Rolle* ist gekennzeichnet durch eine *Menge von Verhaltenserwartungen* in bezug auf den Inhaber einer bestimmten Position. Die Organisation ist ein differenziertes Sozialsystem, in dem die einzelnen Mitglieder verschiedene Positionen innehaben und demgemäß auch verschiedene Rollen spielen. So kann beispielsweise jemand gleichzeitig Verkaufsgruppenleiter, Mitglied verschiedener Ausschüsse und Betriebsratsmitglied sein. Dazu können noch informelle Rollen innerhalb der Organisation kommen.

Das Rollenkonzept stellt eine Verbindung zwischen der Organisation als Sozialsystem und dem Individuum her. Es zeigt die Rolle des einzelnen im sozialen Kontext. Die Erwartungen der sozialen Umwelt prägen das Verhalten des einzelnen, er paßt sich dem vorgegebenen Rollenmuster an. Insofern erklärt das Rollenkonzept die *Steuerung des Verhaltens »von außen«* durch normative Erwartungen anderer, im Gegensatz zum Motivationskonzept, das von den inneren Beweggründen ausgeht (Neuberger 1976, S. 73).

Rollenhandeln ist aber nicht ausschließlich von außen bestimmt, der einzelne hat die Möglichkeit der *Rollengestaltung*. Rollenübernahme ist vielmehr als Interaktion zwischen einem bestimmten Positionsinhaber und den entsprechenden Bezugsgruppen und -personen in einem sozialen System zu verstehen. Die Bezugsgruppen und -personen sind Rollensender, der Positionsinhaber Rollenempfänger.
Abbildung B 6 zeigt in vereinfachter Form diesen Beziehungszusammenhang, wobei auch die Rückkopplung zu beachten ist, durch die der dynamische Charakter der Rolle (im Gegensatz zum statisch gesehenen Stellenbegriff) deutlich wird.

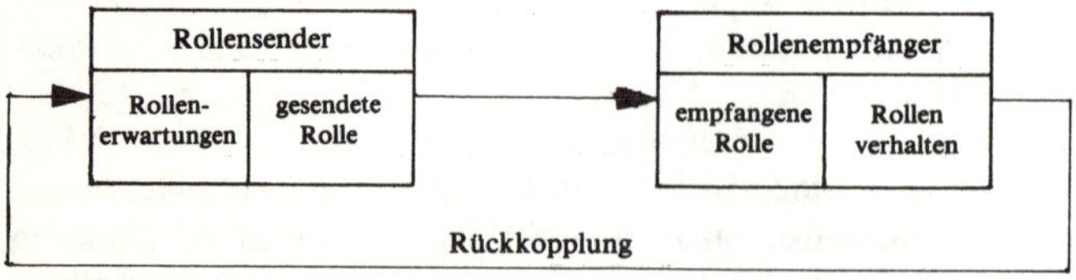

Abb. B 6: Rollenkonzert

Rollenerwartungen in der Organisation

Die Erwartungen hinsichtlich der formellen Arbeitsrollen kommen zum Ausdruck

(1) in den *formellen Regelungen,* die von der obersten Führungsgruppe der Organisation legitimiert sind und sich in Organisationsplänen, Stellenbeschreibungen und Arbeitsanweisungen niederschlagen. Die Arbeitsrollen werden aber darüber hinaus bestimmt

(2) durch *informelle Normen der Arbeitsgruppen,* denen ein Organisationsmitglied angehört, und

(3) durch *Erwartungen der verschiedenen Bezugspersonen* (Vorgesetzte, Kollegen, Untergebene sowie auch externe Geschäftspartner).

Damit wird deutlich, daß die formellen Stellenmerkmale nur einen Teil einer bestimmten Arbeitsrolle eines Organisationsmitgliedes charakterisieren. Sie bilden das formelle Rollensegment der Arbeitsrolle. Bezugsgruppen und -personen haben häufig weitergehende oder andere Erwartungen. Die Vorgesetzten messen den offiziellen Regelungen unterschiedliche Bedeutung bei und setzen sie daher mit unterschiedlichem Nachdruck durch. Ihnen obliegt es auch, die Organisationsvorschriften erforderlichenfalls zu spezifizieren, außerdem können sie zusätzliche Verhaltensanforderungen stellen. Umgekehrt haben die Untergebenen bestimmte Verhaltenserwartungen gegenüber ihren Vorgesetzten. Auch in der Zusammenarbeit Gleichgestellter bilden sich bestimmte Verhaltensstandards heraus. Einen wichtigen Einfluß haben auch die Gruppennormen, auf die bereits bei der Behandlung des Gruppenverhaltens hingewiesen wurde.

Wesentlich ist, welchen Verpflichtungscharakter die Rollenerwartungen haben. Danach sind Muß-, Soll- und Kann-Erwartungen zu unterscheiden (Dahrendorf 1959). Unterschiedlich kann auch die Rollenspezifikation sein, die von vagen, allgemeinen Erwartungen bis zu präzisen, detaillierten Erwartungen variieren kann.

5.4 Macht- und Autoritätsstruktur

5.4.1 Grundbegriffe

Ein wichtiger Aspekt der Grundstruktur einer Organisation ist die Verteilung von Macht, Autorität und Einfluß. *Macht* wird definiert als Möglichkeit einer Person oder Personengruppe (A), auf das Handlungsfeld einer anderen Person oder Personengruppe (B) einzuwirken (Krüger 1976, S. 5). Es wird das Verhalten von B durch A beeinflußt bzw. gesteuert. Macht zeigt sich in der Dominanz auf der einen und einer gewissen Abhängigkeit auf der anderen Seite. Von *Autorität* spricht man häufig dann, wenn B die Überlegenheit und Einflußnahme von A (freiwillig) anerkennt. Macht ist ein wesentliches Merkmal der Führung in Organisationen. Führung ist Ausübung sozialer Macht (Klis 1971, S. 6).

5.4.2 Machtgrundlagen

Zum Verständnis des Phänomens der Macht ist zunächst die Frage zu klären, worauf die Möglichkeit der Einflußnahme von A gegenüber B zurückzuführen ist. Damit ist das Problem der Machtgrundlage angesprochen. In der Literatur werden verschiedene Machtbasen genannt. Die wichtigsten sind:

(1) *Formelle Autorität oder Positionsmacht* (Amtsmacht). Diese ist mit einer formellen Position innerhalb der Hierarchie, der bestimmte Stellen untergeordnet und bestimmte Kompetenzen zugewiesen wurden, verbunden (z. B. Position eines Geschäftsführers oder eines Abteilungsleiters).
(2) *Fachliche Autorität oder Expertenmacht* (Informationsmacht). Diese beruht auf dem Wissen und dem Sachverstand von Personen. Damit verschaffen sich diese einen Einfluß auch ohne formelle Macht. Die ökonomisch-technischen Prozesse sind derart kompliziert geworden, daß der einzelne nur einen Teil der Probleme überblicken und beurteilen kann. Führungskräfte sind bei Entscheidungsprozessen zunehmend auf Spezialisten angewiesen. Ein Teil der Macht geht auf diejenigen über, welche die für die Entscheidungen relevanten Informationen besitzen. Dieser Trend zur Machtbasis »Information« verstärkt sich (vgl. Krüger 1976, S. 13 f und 1977, S. 128).
(3) *Persönliche Autorität.* Diese gründet in den persönlichen Qualitäten des Autoritätsträgers, z. B. der Fähigkeit, andere zu überzeugen und mitzureißen, des Einflusses aufgrund besonderer menschlicher Qualitäten und der persönlichen Ausstrahlung (Charisma).

Außerdem werden noch folgende Machtgrundlagen, die sich mit den oben dargestellten überschneiden, genannt:
(4) Referenzmacht (Macht durch Identifikation, d. h. Bereitschaft des Beeinflußten, einem Vorbild nachzueifern).
(5) Sanktionsmacht (Belohnungs- und/oder Bestrafungsmacht).

5.4.3 Machtverteilung

Die traditionelle Organisationslehre kennt nur die formelle Autorität, die auf formeller Kompetenzzuteilung beruht. Macht und Einfluß sind aber weder auf Leitungsstellen beschränkt noch allein Ausfluß formeller Regelungen.

Grundtypen der Machtverteilung

Tannenbaum/Kahn (1957) haben eine Methode zur Erfassung der Machtverteilung eingeführt, bei der die einzelnen Organisationsmitglieder befragt werden, wieviel Einfluß (y) die verschiedenen Systemebenen (x) im Gesamtsystem ausüben. Trägt man die Ergebnisse in ein Koordinatensystem (x, y) ein, so erhält man die Machtverteilungskurve einer Organisation. Idealtypisch kann man vor allem folgende Machtverteilungen unterscheiden:
— die *oligarchische oder autokratische Machtverteilung* (Oligarchie = Herrschaft weniger), die gekennzeichnet ist durch abnehmende Macht mit abnehmenden Rängen, die größte Macht hat die Unternehmensspitze
— die *demokratische Machtverteilung,* bei der die Macht von der Basis ausgeht und das Machtpotential mit steigenden Rängen abnimmt.

Formelle Autoritätsstruktur und faktische Machtstruktur

Die formelle Machtverteilung mit der hierarchischen Abstufung entspricht dem oligarchischen Typ. Die tatsächliche Machtstruktur deckt sich aber keineswegs mit der formellen. Die Ursachen für diese Abweichung sind mannigfaltig. Krüger (1976, S. 155 ff; 1977, S. 127 ff) weist auf folgende Aspekte hin:

(1) *Steigende Bedeutung der Informationsmacht.* Die an der Entscheidungsvorbereitung beteiligten Stellen gewinnen an Bedeutung und Macht. Ihr Einfluß auf die Willensbildungsprozesse ist größer als im Organisationsplan zum Ausdruck kommt. Damit wird das herkömmliche Stab-Linien-Konzept fragwürdig.

(2) *Steigende Bedeutung mittlerer und unterer Instanzen.* Die Notwendigkeiten der Informationsversorgung bewirken einen stärkeren Einbezug der mittleren und unteren Instanzen sowie der Ausführungsstellen in die Entscheidungsprozesse.

(3) *Ungleichheit der Macht gleichrangiger Stellen* und Bereiche. Der Organisationsplan erweckt die Vorstellung, daß gleichrangige Stellen auch gleiche Macht haben. Das trifft aber nicht zu. Nicht nur die Machtmenge, auch das Machtgewicht können sehr unterschiedlich sein und sich im Laufe der Zeit verändern.

(4) *Ausfüllen organisatorischer Spielräume.* Macht wird nur teilweise formell fixiert. Sie wird nicht nur durch Delegation übertragen, sondern häufig *angeeignet.*

Änderung der Machtverteilung

Es fehlt nicht an Versuchen, die oligarchische Machtstruktur zu ändern und zu einer ausgeglicheneren Machtverteilung zu kommen. Hier sei an verhaltenswissenschaftliche *Macht-Ausgleichs-Konzepte* erinnert (s. Abschnitt A 2.3.2). In die gleiche Richtung geht heute die Forderung nach *Demokratisierung des Arbeitslebens.* In beiden Ansätzen geht es primär um eine Änderung der formellen Machtverteilung. Es wird dabei übersehen oder vernachlässigt, daß die tatsächliche Machtverteilung erheblich davon abweichen kann; die informelle Macht der Experten oder Technokraten wird unterschätzt. Auch muß beachtet werden, daß die bloße Machtzuteilung zur Machtausübung nicht genügt, es müssen auch die Fähigkeiten und der Wille zur Wahrnehmung der Partizipationsrechte vorhanden sein, ansonsten können Partizipationsmaßnahmen, statt Machtdifferenzen abzubauen, das Machtgefälle sogar noch vergrößern. Denn immer dann, wenn Manager und Experten einen Informationsvorsprung (mehr Wissen, höhere Qualifikation) haben, ist ihr Einfluß auf die Entscheidungsprozesse größer als der der übrigen Mitarbeiter, während gleichzeitig deren Möglichkeiten zu informeller Machtausübung aufgrund der »gemeinsam« gefaßten Beschlüsse verringert wird (vgl. Krüger 1976, S. 174 f).

5.5 Kommunikationsstruktur

5.5.1 Begriff

Aufgaben- und Machtbeziehungen zwischen den Organisationsmitgliedern sind nur möglich durch Kommunikation (= *Übermittlung von Informationen von einem Sender an einen Empfänger*). Die Gesamtheit der Kommunikationsbeziehungen in einer Organisation bezeichnet man als *Kommunikationsstruktur.* Im Vordergrund steht hier die *soziale Kommunikation,* d. h. die Kommunikation zwischen Menschen, die heute immer mehr durch technische Mittel unterstützt wird. Sie ist Voraussetzung und wesentliches Element des arbeitsteiligen Zusammenwirkens in einer Organisation und damit ein grundlegendes Phänomen in sozialen Systemen. Auf die Mensch-Maschine-Kommunikation, z. B. in interaktiven EDV-Systemen, wird hier nicht eingegangen.

5.5.2 **Funktion und Arten der Kommunikation**

Hinsichtlich des Zwecks oder der Funktion der Kommunikation sind zu unterscheiden:

- Die *aufgabenbezogene Kommunikation.* Sie vermittelt die erforderlichen Informationen, das notwendige Wissen, um zweckorientiert entscheiden und handeln zu können. Nur durch ständige Kommunikation ist es möglich, die einzelnen Aktivitäten aufeinander abzustimmen und auf die Organisationsziele auszurichten. Die Effizienz eines Systems hängt wesentlich vom Funktionieren der Kommunikation ab.
- Die *sozio-emotionale Funktion.* Sie besteht darin, daß soziale Kontakte geschaffen und gefühlsmäßige Beziehungen zwischen den Kommunikationspartnern hergestellt werden und grundlegende menschliche Bedürfnisse nach menschlicher Zuwendung, Mitteilung, Selbstdarstellung, Neugier und Sicherheit befriedigt werden. Dieser Aspekt der Kommunikation ist wichtig für die Zufriedenheit der Mitarbeiter.

Je nachdem, ob die Kommunikation geplant ist oder nicht, spricht man von *formeller* (gebundener) oder *informeller* (freier) *Kommunikation.* Erstere ist primär aufgabenbezogen. Die informelle Kommunikation erfüllt beide der oben genannten Funktionen; sie ergänzt die formelle Kommunikation überall dort, wo ausdrückliche Kommunikationsregelungen für die Aufgabenerfüllung fehlen.

5.5.3 **Kommunikationswege, -formen und -mittel**

Die Kommunikationswege in einer Organisation verlaufen vertikal, horizontal oder lateral. Die Grundform der *vertikalen Kommunikation* entspricht der Leitungsstruktur. Man bezeichnet diesen Kommunikationsweg als Instanzenweg, auf dem nach unten Weisungen (Weisungsweg) und nach oben Meldungen und Berichte (Berichtsweg) übermittelt werden. Die *horizontale Kommunikation* erfolgt zwischen verschiedenen Stellen auf derselben Systemebene. Außerdem ist noch eine *laterale Kommunikation* zwischen Stellen verschiedener Bereiche und Ebenen möglich. Die vertikale Kommunikation ist in der Regel stärker formalisiert als die beiden anderen Kommunikationswege.

Die Kommunikation kann in einer oder in beiden Richtungen erfolgen *(einseitige oder zweiseitige Kommunikation).* Sie kann über eine oder mehrere Stufen gehen *(einstufige oder mehrstufige Kommunikation),* dabei können auch einzelne Stufen übersprungen werden.

Die Kommunikation bedient sich vor allem der Sprache, wobei die *Schriftform* weit mehr formellen Regelungen unterworfen ist als die *mündliche Kommunikation.* Nicht unerwähnt bleiben darf die nicht-sprachliche (nonverbale) Kommunikation durch Haltung, Mimik, Gestik usw., die die sprachliche Mitteilung ergänzt, verstärkt, verdeutlicht oder abschwächt. Nur hingewiesen sei in diesem Zusammenhang auf die Hilfsmittel der modernen *Kommunikationstechnologie*, wie Fernsprecheinrichtungen, Fernschreiber, Suchanlagen.

5.5.4 **Kommunikationsnetze**

Die Kommunikationsstruktur ist in der Regel derart komplex, daß es kaum möglich ist, sämtliche Beziehungen in einer einzigen grafischen, tabellarischen oder mathemati-

Abb. B 7: Kommunikationsstrukturen

schen Strukturdarstellung abzubilden. Man beschränkt sich auf Teilstrukturen. So stellt das Leitungssystem ein Kommunikationsnetz dar; es läßt sich als Baumstruktur darstellen.

Etwas eingehender erforscht wurden die *Kommunikationsstrukturen in kleinen Gruppen*. Dabei wurden die in *Abbildung B 7* dargestellten Strukturen untersucht (vgl. Scharmann 1972, S. 48 ff). Bezüglich der Effizienz dieser Strukturen kann festgestellt werden:
- Für einfache, routinemäßige Aufgaben eignet sich die hierarchische oder Vorgesetztenstruktur besser. Durch zentrale Steuerung und Begrenzung der Kommunikationsmöglichkeiten erfolgt eine einfache Koordination und rasche Abwicklung.
- Für unvorhergesehene, neuartige Probleme erweist sich die Vollstruktur als vorteilhafter, weil hier ein umfassender, ungehinderter Informationsaustausch zwischen den Gruppenmitgliedern möglich ist.

Weiterführende Literatur zu Kapitel B 5

Verschiedene Strukturaspekte: Blau/Scott 1963, Mayntz 1963, Pfeifer 1976.
Macht in der Organisation: Krüger 1976.

6. Systemumwelt

6.1 Bedeutung der Systemumwelt

Die Organisation als sozio-technisches System darf nicht isoliert betrachtet werden. Sie ist eingebettet in übergeordnete Systeme und muß daher im Zusammenhang mit der Systemumwelt gesehen werden. Nur von daher ist eine Organisation zu verstehen. Die Organisation ist ein Mittel der Selbstbehauptung des Menschen in seiner Umwelt durch geordnete Zusammenarbeit mit anderen. Der Zweck oder die Funktion der Unternehmung als Wirtschaftsorganisation besteht darin, für die Umwelt Leistungen zu erbringen und mit den Gegenleistungen die Bedürfnisse der Organisationsmitglieder zu befriedigen. Sie steht deshalb in ständigen Austauschbeziehungen mit der Umwelt; sie nimmt Informationen, Energie, Einsatzstoffe und Geld auf und transformiert diese, um Produkte und Dienstleistungen an die Umwelt abgeben zu können. Die Organisation muß den Anforderungen der Systemumwelt gerecht werden, um überleben zu können. Das heißt, daß Funktion und Struktur eines sozio-technischen Systems laufend den Veränderungen der Umwelt angepaßt werden müssen. Das unterstreicht die Bedeutung des Umweltaspekts für die Organisationstheorie und die praktische Organisationsgestaltung.

6.2 Aufgabenspezifische Umwelt

Die Umwelt einer Organisation ist vielgestaltig und weitläufig; sie muß wieder eingegrenzt werden. Da ist zunächst die aufgabenspezifische Umwelt, die diejenigen Umweltsegmente umfaßt, mit denen die Organisation aufgrund ihrer Zweckbestimmung in Wechselbeziehung steht. Dazu gehören die *Märkte der Unternehmung,* nämlich Beschaffungsmarkt (Lieferanten), Absatzmarkt (Kunden), Finanzmarkt (Geldgeber) und Arbeitsmarkt (Arbeitnehmer).
Außerdem zählen dazu die *Mitbewerber* auf den genannten Märkten, die verschiedenen *öffentlichen Institutionen* (Regierung, Parlament, Verwaltung, Gewerkschaften) und die durch sie gesetzten Rahmenbedingungen, die öffentlichen und privaten *Forschungs- und Entwicklungseinrichtungen* und das jeweilige aufgabenrelevante technologische Wissen und nicht zuletzt die *ökologischen Bedingungen* der Unternehmung (z. B. bezüglich Umweltverschmutzung, Rohstoffbasis, Bevölkerungsdichte).

Unter einem anderen Blickwinkel lassen sich verschiedene Umweltsphären unterscheiden (Ulrich/Krieg 1974), nämlich soziale, ökonomische, technologische und ökologische Sphäre.

Die einzelnen Umweltsegmente beeinflussen die Organisation unterschiedlich, je nach ihrer Bedeutung für die Aufgabenerfüllung, ihrer Größe, Stärke, Komplexität und Dynamik. Für den Bestand und die Leistungsfähigkeit einer Organisation ist es von entscheidender Bedeutung, diese Einflüsse zu erkennen und sich rechtzeitig an Umweltveränderungen anzupassen. Wie schnell und in welchem Umfange dies geschehen kann, hängt ab von der Vorhersehbarkeit der Umweltentwicklung, vom jeweiligen Informationsstand über die gegenwärtige Umweltsituation und über den Entwicklungstrend sowie vom Änderungswillen der maßgeblichen Organisationsmitglieder und der Anpassungsfähigkeit der Organisation.

6.3 Sozio-kulturelle Umwelt

Die Organisation hat aber nicht nur eine aufgabenbezogene Umwelt, sie ist auch eingebunden in die Gesellschaft. Die aufgabenspezifische Umwelt ist nur ein Ausschnitt der umfassenden sozio-kulturellen Umwelt. Die allgemeinen Strömungen in Politik, Wirtschaft und Kultur bleiben nicht ohne Einfluß auf die Geschicke der einzelnen Organisation. Gesellschaftlicher Wandel, Veränderung der Wertvorstellungen und Einstellungen der Menschen führen zu veränderten Vorstellungen von der Funktion der Unternehmung in der Gesellschaft und von der Stellung des Menschen in der Organisation. Die Unternehmung hat sich den veränderten gesellschaftlichen Anforderungen zu stellen und dem Wandel Rechnung zu tragen.

Weiterführende Literatur zu Kapitel B 6

Den Zusammenhang von Organisation und Umwelt stellen dar: Lawrence/Lorsch 1969a.

Teil C: Gestaltung der Organisationsstruktur: Ziele, Bedingungen und Maßnahmen

1. Aspekte der Organisationsgestaltung

In Teil B wurden die Hauptfaktoren dargestellt, die das Systemverhalten von Organisationen bestimmen. Wesentliches Merkmal dieser Systeme, durch das sie sich von anderen Personenmehrheiten abheben, ist die bewußt geschaffene Ordnung, die formelle Struktur. Mit deren Gestaltung wollen wir uns nun befassen. Bei der *Strukturgestaltung* sind die im vorausgegangenen Teil behandelten Faktoren teils Aktions-, teils Datenparameter:

- *Aktionsparameter* sind die *Gestaltungsziele* (= Zielvariablen) und die zur Zielerreichung erforderlichen *organisatorischen Strukturierungsmaßnahmen* (= Instrumentalvariablen). Diese Parameter werden durch Entscheidungen gesetzt.
- Die übrigen Faktoren, nämlich Eigenschaften der Organisationsmitglieder, Technologie und Systemumwelt, sind in diesem Gestaltungszusammenhang *Datenparameter,* d. h. Nebenbedingungen, die bei der Auswahl der Strukturierungsmaßnahmen berücksichtigt werden müssen, selbst aber nicht unmittelbar beeinflußt werden (= Situationsvariablen).

Zweck der Strukturierungsmaßnahmen ist es, die Verhaltensweisen der Organisationsmitglieder (einschließlich der Funktionsweise der Sachmittel) festzulegen. Das tatsächliche Verhalten hängt aber von einer Reihe weiterer – personaler und situativer – Faktoren ab. Der Erfolg der Strukturierungsmaßnahmen ist also danach zu beurteilen, in-

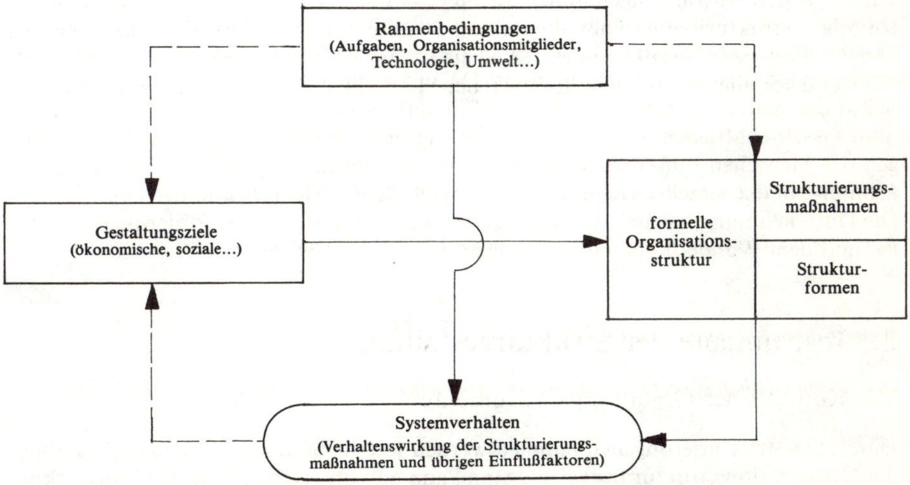

Abb. C 1: Strukturgestaltung: Zusammenhang der Organisationsvariablen

wieweit die angestrebten Wirkungen auch tatsächlich eingetreten sind. *Abbildung C 1* zeigt ein Modell des Wirkungszusammenhangs der genannten Faktoren, das den folgenden Ausführungen zugrundeliegt.

Organisationsmitglieder und Technologie sind jedoch in organisatorischen Gestaltungs- und Änderungsprozessen nicht nur Bedingungsfaktoren. Sie können selbst unmittelbar beeinflußt bzw. gestaltet werden. Organisationsgestaltung kann sich nicht nur auf die Strukturgestaltung beschränken, diese muß vielmehr *durch personale Maßnahmen unterstützt* und *durch technologische Maßnahmen ergänzt* werden. In *Tabelle C 1* sind wesentliche Merkmale der verschiedenen Gestaltungs-und Entwicklungsmaßnahmen zusammengestellt.

Maßnahmenart	Gegenstand der Maßnahmen	Erläuterung
strukturelle Gestaltungsmaßnahmen	sozio-technisches System: formelle Organisationsstruktur	Verhaltenserwartungen in Form unpersönlicher Dauerregelungen + Funktionsbestimmung der einzusetzenden Sachmittel
personale Entwicklungsmaßnahmen	soziales System: Eigenschaften von Individuen und Gruppen	unmittelbare Verhaltensbeeinflussung durch Initiierung von Lernprozessen, Ziel: dauerhafte Veränderung von Einstellungen, Verhaltensweisen, Gruppennormen
technologische Gestaltungsmaßnahmen	Sachsysteme: technische Mittel und Verfahren	Gestaltung der mit dem sozialen System zusammenhängenden Sachsysteme, z. B. Raumgestaltung, EDV-Programmierung

Tabelle C 1: Gestaltungs- und Entwicklungsmaßnahmen

Die folgenden Ausführungen in den Teilen C — E konzentrieren sich auf die organisatorischen Strukturierungsmaßnahmen und Strukturformen, ohne die technologischen Maßnahmen ganz auszuklammern. Auf die unmittelbar personenbezogenen Maßnahmen wird vor allem in Teil F im Rahmen der Methodik der Organisationsgestaltung eingegangen.

Weiterführende Literatur zu Kapitel C 1

Konzepte der Organisationsgestaltung: Grochla 1977, Hoffmann/Bühner 1977.

2. Instrumente der Strukturgestaltung

2.1 Konzept der Gestaltungsinstrumente

Durch die Strukturierungsmaßnahmen werden jeweils bestimmte Aspekte (Variablen) der Organisationsstruktur festgelegt. Man kann nun unterschiedliche Strukturmerkmale als Aktionsparameter (Instrumentalvariablen) betrachten. Hill u. a. (1974) unterscheiden: Aufgabengliederung (Zentralisation, Dezentralisation), Funktionalisierung (Leitungsstrukturtypen), Delegation, Partizipation, Standardisierung und Arbeitszerlegung.

An dieses Konzept wird hier angeknüpft, jedoch versucht, Informations- und Prozeßaspekte stärker zu berücksichtigen und die Verbindung zu technologischen Maßnahmen herzustellen. Die Einteilung erfolgt in der Weise, daß die einzelnen Strukturierungsmaßnahmen zum einen unterschiedliche Strukturelemente beinhalten und zum anderen sich auf unterschiedliche Strukturaspekte beziehen (s. *Tab. C 2*).

Nach diesen Gesichtspunkten lassen sich folgende *Strukturierungsmaßnahmen* unterscheiden:
- Aufgaben- und Arbeitsverteilung
- Kompetenzverteilung
- Kommunikationsregelung

sowie als spezifische Maßnahmen der Prozeßstrukturierung
- Sachmittel- und Verfahrensbestimmung
- Bestimmung der Aktionsobjekte, bei informationellen Prozessen = Daten- und Belegorganisation
- Bestimmung der Aktivitäten bzw. Aktivitätsfolgen = Ablaufstrukturierung.

Eine Kurzcharakteristik der einzelnen Maßnahmen findet sich in Tabelle C 2. Durch die Aufgaben- und Kompetenzverteilung wird die Grund- oder Aufbaustruktur als statischer Beziehungszusammenhang geschaffen. Die Arbeitsverteilung und die Kommunikationsregelungen beinhalten sowohl statische als auch dynamische Aspekte. Sie sind gewissermaßen das Bindeglied zwischen Aufbau- und Prozeßstrukturierung, während durch die übrigen Maßnahmen (Sachmittel- und Verfahrensbestimmung, Daten- und Belegorganisation, Ablaufstrukturierung) Prozesse näher beschrieben werden. Man erkennt, daß nicht strikt zwischen Aufbau- und Prozeßstrukturierung zu trennen ist.

Zusammenhang mit anderen Gestaltungsmaßnahmen

Bei der Prozeßgestaltung müssen die strukturellen durch *technologische Maßnahmen* ergänzt werden; beide sind eng miteinander verflochten. Die Organisationsgestaltung erstreckt sich auch auf die mit dem sozialen System verbundenen Sachsysteme; sie umfaßt rein personelle und mehr oder weniger technisierte Prozesse bis hin zu automatisierten Prozessen. Die Grenze zwischen organisatorisch-strukturellen und technologischen Maßnahmen ist hierbei fließend; das gilt vor allem für Informationsprozesse. *Abbildung C 2* verdeutlicht den Zusammenhang zwischen den beiden Arten von Maßnahmen.

Außerdem weist die Abbildung auf die Verbindung mit den *personalen Maßnahmen* hin. Die Wirkung struktureller Maßnahmen hängt ja entscheidend davon ab, in welchem Maße sie von den Organisationsmitgliedern akzeptiert und getragen werden. Dies wird umso eher der Fall sein, je mehr die Organisationsmitglieder selber in die Gestaltungsprozesse einbezogen werden, d. h. je mehr sie aktiv mitgestalten können. Ferner kommt es darauf an, daß mit den Strukturveränderungen auch Lernprozesse bei Individuen und Gruppen einhergehen, die eine Entwicklung und Veränderung von Wertvor-

Bereich	Gestaltungsmaßnahmen	Strukturelemente: Aufgaben	Kompetenzen	Aktivitäten	Personen	Sachmittel	Informationen	Strukturaspekte – Aufbaustruktur: Bildung von Org-Einheiten (OE)	Aufbaustruktur: Verknüpfung von Org-Einheiten	Prozeßstruktur: Aktionsmittel	Prozeßstruktur: Aktionsobjekte	Prozeßstruktur: Aktionen/Abläufe
								Festlegungen hinschtlich				
	Aufgaben-verteilung	X			X			Aufgabenbereich der OE	Abteilungs- und Stellengefüge			
	Arbeits-verteilung	→		X	X			Arbeitsfeld-strukturierung				← Arbeits-strukturierung ↓
	Kompetenz-verteilung	→	X		X			Entscheidungs-bereich der OE	Autoritäts- und Leitungsstruktur			
	Kommunikations-regelungen	→			X		X	Kommunikations-arten der OE	Kommunikations-wege/-struktur		Kommunikations-inhalt	
Prozeßstrukturierung	Sachmittel- und Verfahrensbestimmung	→		X		X				Sachmitteleinsatz Verfahrenstechnik Methoden		
Prozeßstrukturierung	Daten- und Belegorganisation	→		X			X				Datenstrukturen Datenträger Info-Darstellung	
Prozeßstrukturierung	Ablauf-strukturierung	→	X	X	X	X	X					Aktivitäts-folgen
	Technische Implementierung									Anlagen-konfiguration, Raumgestaltung	Speicher-organisation	Programm-entwicklung

Tabelle C2: Strukturierungsmaßnahmen

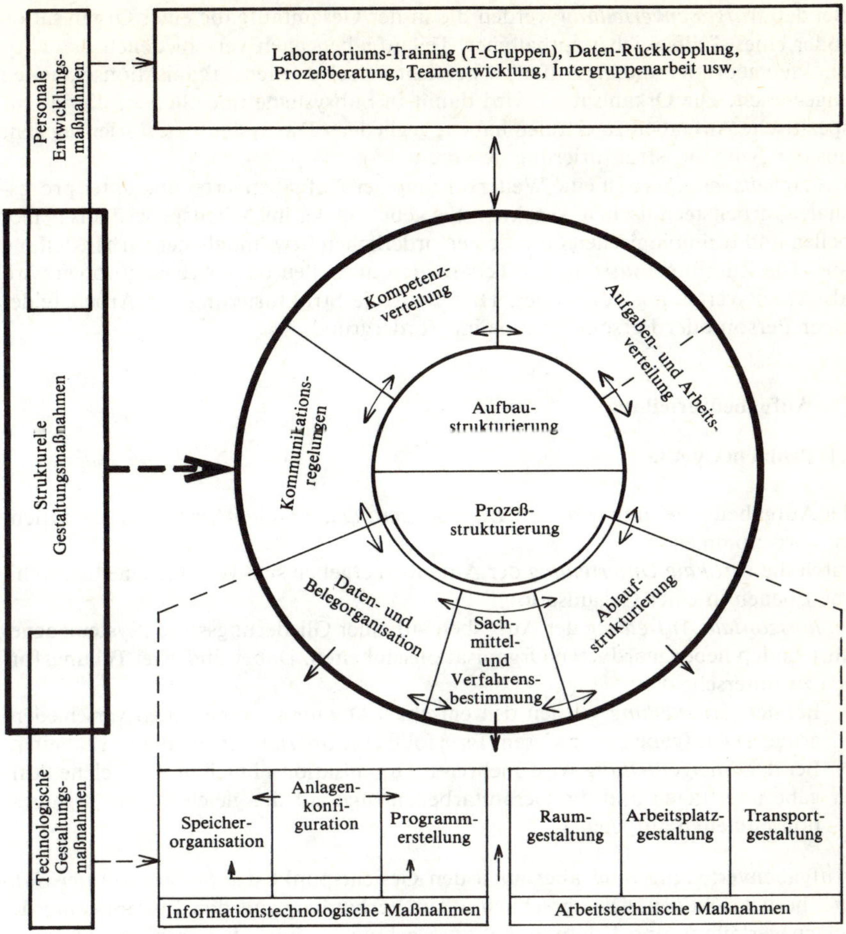

Abb. C 2: Gestaltungs- und Entwicklungsmaßnahmen

stellungen, Normen, Einstellungen, Motiven und Fähigkeiten bewirken und das Innovationspotential eines Systems aktivieren und erhöhen. Strukturgestaltung ist lediglich ein Teil, wenn auch der zentrale, einer umfassenden Konzeption der Organisationsgestaltung und -entwicklung.

2.2 Aufgaben- und Arbeitsverteilung

2.2.1 **Begriff und Zweck**

Grundlage der Strukturgestaltung ist die Aufgaben- und Arbeitsverteilung auf eine Menge von Organisationseinheiten. Die beiden Instrumente unterscheiden sich in den Ausgangspunkten:

(1) Bei der *Aufgabenverteilung* werden die in der Gesamtaufgabe einer Organisation (oder eines Teilbereichs) enthaltenen Teilaufgaben nach verschiedenen Gesichtspunkten geordnet und als Aufgabenbereiche verschiedenen Organisationseinheiten zugewiesen. Die Organisation wird damit in Subsysteme und Stellen, die jeweils spezifische Aufgaben zu erfüllen haben, gegliedert. Die Systemstrukturierung geht aus der Aufgabenstrukturierung hervor.

(2) Die *Arbeitsverteilung* ist eine Weiterführung der Aufgabenverteilung unter prozessualen, arbeitstechnischen Aspekten. Sie geht von der im Arbeitsprozeß aus personellen und technologischen Gründen erforderlichen bzw. möglichen Arbeitsteilung aus. Die Zusammenfassung der Teilarbeiten in Stellen oder Arbeitsgruppen wird als Arbeitsverteilung bezeichnet. Hier steht die Strukturierung des Arbeitsfeldes einer Person oder Personengruppe im Vordergrund.

2.2.2 Aufgabenverteilung

2.2.2.1 Problemaspekte

Mit der Aufgabenverteilung wird eine *Differenzierung des Gesamtsystems* in zwei Richtungen vorgenommen:

- Durch die *vertikale Unterteilung* der Aufgaben ergeben sich verschiedene hierarchische Ebenen in einer Organisation.
- Die *horizontale Aufteilung* der Aufgaben auf einer Gliederungsstufe (Systemebene) führt zu den nebengeordneten Organisationseinheiten. Dabei sind zwei Teilungsformen zu unterscheiden:
  - Bei der *Artenteilung* werden den einzelnen Organisationseinheiten verschiedenartige Teilaufgaben zugewiesen. Es erfolgt eine Spezialisierung dieser Einheiten.
  - Bei der *Mengenteilung* wird mehreren Organisationseinheiten die gleiche Aufgabe übertragen und die Gesamtarbeitsmenge auf die gleichartigen Organisationseinheiten aufgeteilt.

Die Aufgabenverteilung muß aber auch den Gesichtspunkt der *Integration der Subsysteme* berücksichtigen. Dies geschieht — in Verbindung mit den Instrumenten der Kompetenzverteilung und Kommunikationsregelung — durch hierarchische Ordnung der Subsysteme, zweckmäßige Abgrenzung und Verknüpfung der Organisationseinheiten in miteinander vermaschten Regelkreisen, Schaffung eines Leitungssystems und Bildung von Koordinationseinheiten.

2.2.2.2 Aufgabenanalyse

Grundlage für die Aufgabenverteilung ist die Analyse der zu erfüllenden Aufgaben. Analyse bedeutet *Zerlegen, Gliedern* und *Ordnen* nach verschiedenen Merkmalen sowie Beurteilen der Gliederungsarten. Die Aufgaben werden in der Regel verkürzt formuliert, indem nur ein bestimmtes Merkmal herausgehoben wird, z. B. Konstruieren, Einkaufen. Die vollständige Aufgabenformulierung

- besagt, was zu tun ist und auf welche Objekte die Tätigkeit gerichtet ist, beschreibt also *Aktionsart* (Verrichtung, Tätigkeit, Funktion, z. B. Verkauf) und *Aktionsobjekt* (Arbeitsgegenstand, z. B. Büromöbel).
- Außerdem müssen die einzusetzenden Aktionsmittel sowie Aktionsort und -zeit spezifiziert werden.

Gliederungsmerkmale

Die Aufgabengliederung kann nach jedem dieser Merkmale vorgenommen werden. Für die Aufbaustrukturierung relevant sind vor allem die beiden ersten Merkmale Aktionsart und Aktionsobjekt. Kosiol (1962) verwendet zusätzlich noch die formalen Merkmale des Ranges (Entscheidung, Ausführung), der Phase (Planung, Realisierung, Kontrolle) und der Zweckbeziehung (unmittelbare und mittelbare Aufgaben in bezug auf den Unternehmungszweck) als Analysekriterien. Da zwischen diesen Kriterien Überschneidungen auftreten, hat Grochla (1972) diesen Ansatz modifiziert. Er gliedert die Gesamtaufgabe in dispositive Aufgaben (Entscheidungsaufgaben) und realisationsbezogene Aufgaben, die jeweils nach Verrichtungs- und Objektmerkmalen analysiert werden. Dieses Gliederungsschema wird hier übernommen, allerdings in anderer Reihenfolge (s. *Abb. C 3*).

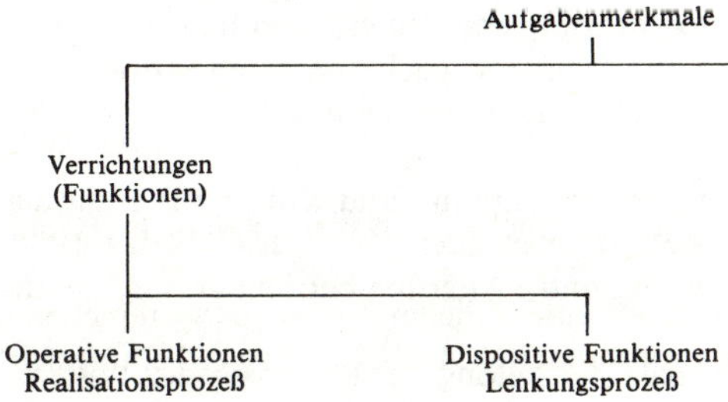

Abb. C 3: Aufgabengliederungsmerkmale

(1) *Aufgabengliederung nach Verrichtungen: Operative Funktionen (Grundfunktionen)*

Wenn die Aufgaben hinsichtlich Verrichtungsarten analysiert werden, dann ist zunächst von den grundlegenden Funktionen im Realisationsprozeß auszugehen, die man auch als operative Funktionen bezeichnet. Die Gliederung kann über verschiedene Detaillierungsstufen hinweg durchgeführt werden:

- Eine erste, grobe Gliederung ist nach *Funktionsbereichen* möglich, z. B. Forschung und Entwicklung, Materialwirtschaft, Produktion, Absatz, Personalwesen, Finanz- und Rechnungswesen.
- Die weitere Detaillierung führt zu den einzelnen *Funktionen*, z. B. im Absatzbereich: Marktforschung, Absatzplanung, Werbung und Verkaufsförderung, Auftragseinholung, Auftragsbearbeitung, Rechnungsschreibung, Korrespondenz.
- Die Zerlegung muß soweit durchgeführt werden, bis sich ein hinreichend genaues Bild der Teilfunktionen ergibt, das die Anforderungen an die Aktionsträger erkennen läßt und als Grundlage für die Aufgabenzuteilung dienen kann. Wie weit man hier zu gehen hat, muß im Einzelfall entschieden werden.
- Zerlegt man noch weiter, so kommt man zu den *einzelnen Verrichtungen*, z. B. bei der Korrespondenz: Diktatvorbereitung, Diktat, Schreibvorbereitung, Schreiben, Durchsehen und Abzeichnen der Briefe.
- Eine weitergehende Differenzierung bis zu den *Verrichtungselementen* oder Grundoperationen ist für die Programmierung maschineller Prozesse erforderlich.

Lenkungsphasen / Lenkungsstufen		Willensbildung		Willensdurchsetzung	
		Einscheidungs-vorbereitung (V)	Entscheidung (E)	Veranlassung Anordnung (A)	Kontrolle (K)
Zielsetzung	(Z)	ZV	ZE	ZA	ZK
Planung	(P)	PV	PE	PA	PK
Steuerung (Disposition)	(S)	SV	SE	SA	SK

Tabelle C3: Dispositive Funktionen

(2) *Aufgabengliederung nach Verrichtungen: Dispositive Funktionen*

Durch die Trennung von Disposition und Ausführung entsteht ein dem Realisationssystem übergeordnetes Lenkungssystem, das zusätzliche Verrichtungsarten umfaßt, die dispositiven Funktionen. Diese lassen sich nach Lenkungsstufen und Lenkungsphasen unterscheiden:

- Unter *Lenkungsstufen* wird die stufenweise Bestimmung und Konkretisierung der Handlungsziele verstanden. Es lassen sich unterscheiden (vgl. Ulrich/Krieg 1974, S. 28 f.): (strategische) Zielsetzung, Planung und Steuerung betrieblicher Aktivitäten.
- Die *Lenkungsphasen* stellen die funktionale Aufteilung des Prozesses der Willensbildung und -durchsetzung dar, der auf jeder Lenkungsstufe stattfindet. Danach werden unterschieden:
  Entscheidungsvorbereitung, Entscheidung, Veranlassung (Anordnung) und Kontrolle des Veranlaßten.

Es handelt sich also um zwei Verrichtungsdimensionen, deren verschiedene Ausprägungen in *Tabelle C 3* aufgeführt sind.

(3) *Aufgabengliederung nach Objekten*

In Aufgabenformulierungen wie Transport von Waren, Analyse einer Verkaufsstatistik, Beratung von Kunden, Auftragseinholung in einem Verkaufsgebiet, Planung eines Informationssystems werden unterschiedliche Aktionsobjekte angesprochen, die ebenfalls analysiert und gegliedert werden müssen. Die Objektgliederung ist nur in Verbindung mit Verrichtungsangaben aussagefähig. Wählt man die Objektmerkmale für die Primärgliederung, muß in der Sekundärgliederung angegeben werden, welche Verrichtungen jeweils an einem Objekt auszuführen sind. Geht man umgekehrt von der Verrichtungsgliederung aus, so kann jede Verrichtung näher bestimmt werden durch Angabe der Objekte, auf die sie sich bezieht.

Hauptobjekte, auf die sich Verrichtungen beziehen, sind: Produkte, Regionen (Verkaufsgebiete), Kunden und, als Spezialfall, Projekte. Dementsprechend lassen sich die Aufgaben produktweise, gebietsweise usw. aufgliedern.

Aufgabengliederungsübersichten

Im Rahmen der Aufgabenanalyse kann man verschiedene Gliederungsübersichten erstellen, und zwar

— in Form *hierarchischer Strukturdiagramme,* die die Auflösung einer Aufgabe erster Ordnung in (Teil-) Aufgaben zweiter bis n-ter Ordnung zeigen (s. *Abb. C 4*),
— und in *Matrixform*, um den Zusammenhang zwischen zwei Merkmalsdimensionen herauszuarbeiten (s. Tab. C 3).

Die verschiedenen Arten der Aufgabenzergliederung dienen der Vorbereitung der Aufgabenzuteilung.

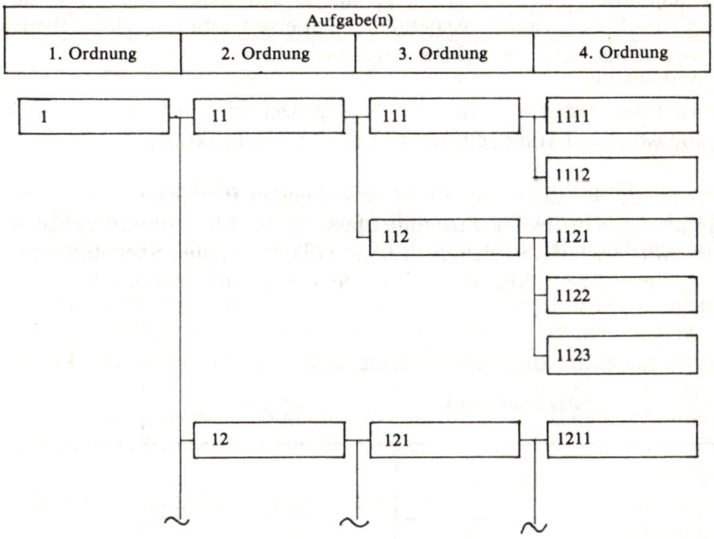

Abb. C 4: Aufgabengliederung (Strukturdiagramm)

2.2.2.3 Probleme der Aufgabenzuteilung

Im Anschluß an die Aufgabenanalyse werden die Aufgaben den Organisationseinheiten zugeordnet und die Zuständigkeitsordnung der Organisation geschaffen. Die Aufgabenzuteilung geschieht in zwei Stufen (Subsystembildung und Stellenbildung). Auch hinsichtlich der Vorgehensweise sind zwei Möglichkeiten zu unterscheiden:

(1) *Aufgabenzuteilung von unten nach oben*

Nach vollständiger Zerlegung der Gesamtaufgabe in Elementaraufgaben (Tätigkeiten) werden diese zu Aufgabenkomplexen für einzelne, nicht näher bestimmte Personen zusammengefaßt. Damit wird der Aufgabenbereich einer Stelle definiert. Durch Zusammenfassung von Stellen werden die Abteilungen und deren Aufgabenbereiche bestimmt. Dieser Prozeß führt gegebenenfalls zu weiteren Zusammenfassungen auf noch höheren Ebenen. Eine solche Vorgehensweise ist nur bei kleineren Aufgabenkomplexen praktikabel. Aber auch da besteht die Gefahr, daß übergeordnete Gesichtspunkte vernachlässigt werden und die Gesamtzielorientierung der einzelnen Einheiten erschwert wird.

(2) *Aufgabenzuteilung von oben nach unten*

Diese als Top-down-Ansatz oder hierarchische Strukturierung in der Systemtechnik weit verbreitete Vorgehensweise geht von der Gesamtaufgabe aus:
- Zunächst erfolgt eine *Grobstrukturierung*, bei der durch stufenweise Aufgabenteilung die Subsysteme der Organisation (Geschäftsbereiche, Abteilungen) gebildet werden.
- Dann erfolgt die *Feinstrukturierung* dieser Subsysteme durch Festlegung der Stellenaufgaben (Stellenbildung). Dazu gehört auch eine an den Bedürfnissen der Organisationsmitglieder und prozessualen Aspekten orientierte Gestaltung des Arbeitsfeldes der einzelnen Mitarbeiter (Arbeitsfeldstrukturierung).

Die Aufgabenverteilung wird also ergänzt durch die prozeßorientierte Arbeitsverteilung. Die Aufgabenstrukturierung geht über in die Arbeitsstrukturierung.

Diese Vorgehensweise wird für die in der Praxis anstehenden Probleme in der Regel besser geeignet sein als die schrittweise Zusammenfassung der Elementaraufgaben zu Stellen, Abteilungen und Geschäftsbereichen. Auf sie wollen wir daher noch näher eingehen. *Abbildung C 5* zeigt die Strukturierungsaspekte, die in den folgenden Abschnitten behandelt werden.

	Aufgabenverteilung	Arbeitsverteilung
Grobstrukturierung	1. Subsystembildung	———
Feinstrukturierung	2. Stellenbildung	3. Arbeitsfeldstrukturierung

Abb. C 5: Strukturierungsschritte

2.2.2.4 Subsystembildung (Abteilungsbildung)

Die Systemdifferenzierung beginnt mit der Bildung einzelner Geschäftsbereiche und Hauptabteilungen. Dazu wird die Gesamtaufgabe in größere, zusammenhängende Aufgabenbereiche geteilt. Dabei kommen folgende *Gliederungsarten* infrage:
- *verrichtungsorientierte Primärgliederung* (= funktionale Organisation mit verrichtungsspezialisierten Einheiten)
- *objektorientierte Primärgliederung* (= divisionale Organisation mit objektspezialisierten Einheiten)
- *Kombination von zwei Primärgliederungssystemen* (= Matrixorganisation mit funktions- und objektorientierten Systemen).

Die Differenzierung wird dann *auf den folgenden Systemebenen durch weitere verrichtungs- und/oder objektorientierte Unterteilung* der bereits gebildeten Subsysteme fortgesetzt. Tabelle C 4 zeigt schematisch drei Gliederungsmöglichkeiten. Natürlich sind vielerlei Zwischenformen möglich, es können auch beide Gliederungsmerkmale nebeneinander auf einer Ebene angewendet werden.

Subsystem-ebene		Typ I	Typ II	Typ III
1	Gliederung nach	Funktionsbereichen	Funktionsbereichen	Objektbereichen
2	Unterteilung nach	Funktionen	Objektbereichen	Funktionsbereichen
3	Unterteilung nach	—	Funktionen	Funktionen

Tabelle C 4: Möglichkeiten der Subsystembildung

Art und Umfang der *Breitengliederung* (horizontale Differenzierung) ergeben sich aus den qualitativen und quantitativen Anforderungen der Aufgaben (Schwierigkeit, Arbeitsmenge usw.) einer Systemebene unter Berücksichtigung der personellen, technologischen und Umwelt-Bedingungen. Als Abgrenzungskriterium für die Aufgabenzuteilung wird das Ausmaß der inneren Bindung bzw. der Interaktion innerhalb eines Systems genannt; diese sollte innerhalb des Subsystems größer sein als zwischen den Subsystemen (vgl. Hoffmann F. 1976, S. 213). Das Ausmaß der *Tiefengliederung* (vertikale Differenzierung) hängt vom Verhältnis der Komplexität des Gesamtsystems zu den regelungstechnisch beherrschbaren Kapazitätsgrößen der Subsysteme ab (vgl. Hoffmann F. 1976, S. 234).

Abbildung C 6 verdeutlicht die Vorgehensweise bei der Aufgabenverteilung von der Aufgabenanalyse über die Subsystembildung bis zur Stellenbildung.

2.2.2.5 **Stellenbildung**

Bei der *Feinstrukturierung* müssen auf jeder Systemebene die Aufgaben für die einzelnen Stellen definiert werden. Damit entsteht aus der Systemhierarchie ein *Stellengefüge.* Hierbei tritt auch das Problem der Leitung des Gesamtsystems und der Subsysteme auf. Während nämlich bei der Grobstrukturierung nur die Sachaufgaben der einzelnen Subsysteme festgelegt wurden, müssen jetzt auch die Leitungsfunktionen definiert werden. Im einzelnen sind folgende Regelungen vorzunehmen:

- Bestimmen der Funktion der *Leitungsstellen* für das Gesamtsystem und für die einzelnen Subsysteme. Dazu gehören die personenbezogenen Führungsaufgaben und wichtige Sachaufgaben in dem jeweiligen Bereich. Auf die Frage, welche Sachentscheidungen auf welcher Ebene zu treffen sind, wird noch bei der Kompetenzverteilung einzugehen sein. Tendenziell wird man versuchen, dispositive Aufgaben so weit wie möglich nach unten zu delegieren.
- Außerdem sind die *Unterstützungsfunktionen* innerhalb des Lenkungssystems (z. B. Marktforschung, Unternehmungsplanung) zu präzisieren und die Aufgaben der einzelnen Leitungshilfsstellen (Stabs- und Dienstleistungsstellen) festzulegen.
- Schließlich müssen auf der untersten Systemebene die *Ausführungsaufgaben* der operativen Einheiten auf die Ausführungsstellen verteilt werden.

Bei der Aufgabenverteilung ist die schon erwähnte *Arten- und Mengenteilung* zu unterscheiden. Während die Artenteilung auch bei der Grobstrukturierung angewandt wird, tritt die Mengenteilung in der Regel erst bei der Feinstrukturierung auf. Ob und inwieweit die Aufgabenteilung arten- und/oder mengenmäßig vorzunehmen ist, hängt von Art und Umfang der zu verteilenden Aufgaben ab. So kann z. B. beim zentralen

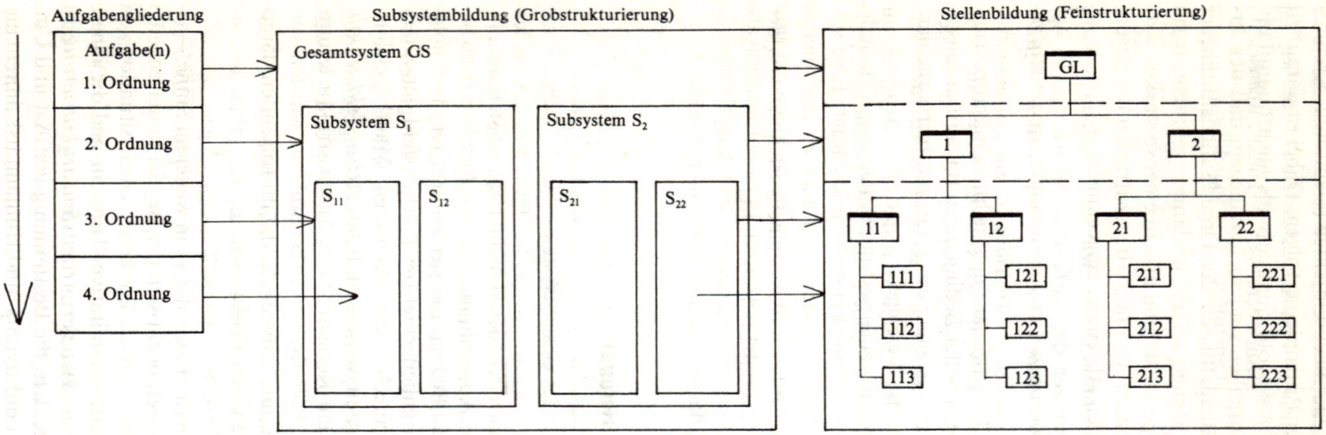

Abb. C 6: Schema der Aufgabenverteilung

Schreibdienst vorwiegend die Mengenteilung, in der Buchhaltung dagegen in erster Linie die Artenteilung infrage kommen. Letztere kann nach Funktionen (z. B. Belegvorbereitung, Kontenführung, Schreibarbeiten) oder nach Objekten (Debitoren, Kreditoren, Sachkonten) oder als Kombination beider Prinzipien erfolgen. Dabei ist darauf zu achten, daß das *Aufgabengebiet einer Person* sowohl qualitativ als auch quantitativ *richtig dimensioniert* wird, d. h. die Stellenaufgaben sind so festzulegen, daß der Arbeitsinhalt der Leistungsfähigkeit und den Bedürfnissen der Organisationsmitglieder entspricht. Der Übergang von der Arten- zur Mengenteilung ist dann angebracht, wenn eine weitere Artenteilung zu einer extremen Spezialisierung und zu einer so starken Verengung des Arbeitsinhaltes führt, daß Arbeitsleistung und Arbeitszufriedenheit darunter leiden. Auf diesen Aspekt wird im nächsten Abschnitt eingegangen.

Weiterhin ist zu unterscheiden zwischen *sachbezogener und personenbezogener Aufgabenverteilung:*

— Im ersten Falle erfolgt die Aufgabenverteilung primär nach sachlichen Erfordernissen unter Berücksichtigung allgemeiner personeller Bedingungen (Qualifikationsniveau, Bedürfnisstruktur). Stellenbildung und Stellenbesetzung sind hier voneinander getrennt. Diese Art der Strukturierung ist die Regel.
— Im zweiten Fall ist die Aufgabenverteilung auf eine bestimmte Person zugeschnitten. Es werden deren spezielle Interessen und Fähigkeiten berücksichtigt. Eine solche Stellenstrukturierung, die bei personellen Veränderungen auch zu einer neuen Aufgabenverteilung zwingt, wird nie ganz auszuschließen sein. In kleineren und mittleren Betrieben kann man einfach nicht von der jeweiligen Personalsituation absehen. Aber auch in größeren Unternehmungen wird man bei der Aufgabenverteilung, vorwiegend in den oberen Rängen, darauf Rücksicht nehmen müssen.

2.2.3 Arbeitsverteilung (Arbeitsfeldstrukturierung)

2.2.3.1 Problemaspekte

Je weiter die *Aufgabendifferenzierung* fortschreitet, desto mehr muß sie sich am *Arbeitsprozeß orientieren.* Dabei geht es um eine Abstimmung aller am Arbeitsprozeß beteiligten Faktoren (Aufgaben, Fähigkeiten und Bedürfnisse der Mitarbeiter, Technologie, Arbeitsumgebung) mit dem Ziel, das Aufgabengebiet bzw. Arbeitsfeld der einzelnen Mitarbeiter zweckmäßig und menschengerecht zu strukturieren. Man bezeichnet dies auch als *Arbeitsverteilung* oder, in der Arbeitswissenschaft, als *Arbeitsfeldstrukturierung.* Diese ist nach Rühl (1973, S. 152) ein Kernstück der Arbeitsstrukturierung. Ausgehend von sozial- und motivationspsychologischen Erkenntnissen wurden verschiedene Konzepte der Arbeitsfeldstrukturierung entwickelt, die im folgenden dargestellt werden (s. Rühl 1973, Ulich u. a. 1973, Ulich 1974a + b).

Das *Arbeitsfeld* wird als Aufgabenbereich einer Person oder — in weiterem Sinne — einer kleinen Personengruppe verstanden. Insoweit deckt sich der Begriff in der engeren Fassung mit dem der Stelle, jedoch wird stärker auf die konkrete Arbeitssituation von Personen, den Arbeitsinhalt in qualitativer und quantitativer Hinsicht und die innere Struktur des Arbeitsfeldes abgehoben. *Gegenstand der Arbeitsfeldstrukturierung* ist die Gestaltung des Arbeitsinhalts einer Stelle, d. h. die Bestimmung von Art und Umfang der Arbeitsaufgaben im Hinblick auf Produktivitäts- und Humanitätskriterien unter Berücksichtigung der Arbeitsbedingungen und des Arbeitsablaufs. Dabei sind die

Auswirkungen der Arbeitsteilung nicht nur unter ökonomisch-technischen, sondern auch unter psycho-sozialen Aspekten zu sehen. Die Skala der Möglichkeiten reicht von sehr engen bis zu sehr weiten Arbeitsfeldern, von geringen bis zu großen Handlungsspielräumen. Je nachdem, in welche Richtung die Arbeitsstrukturierung tendiert, kann zwischen Konzepten der Arbeitsfeldverkleinerung und der Arbeitsfeldvergrößerung unterschieden werden (vgl. Hahn/Link 1975).

2.2.3.2 **Arbeitsfeldverkleinerung durch Arbeitszerlegung**

Die *Arbeitsteilung* ist das Grundprinzip, auf dem das Zusammenwirken in Organisationen beruht. Sie ermöglicht eine Spezialisierung des Menschen auf bestimmte Funktionen. Die Notwendigkeit dazu ergibt sich aus der begrenzten und dazuhin individuell verschiedenen Leistungsfähigkeit und Belastbarkeit des Menschen und dem höheren Lern- und Übungseffekt bei spezialisierten Tätigkeiten. Die weitestgehende, über die berufliche Differenzierung und Spezialisierung hinausgehende Form der Arbeitsteilung ist die *Arbeitszerlegung*. Darunter wird die verfahrenstechnisch bedingte, systeminterne Auflösung eines Arbeitsprozesses in (relativ einfache) Teilarbeiten verstanden.

Die Arbeitszerlegung wurde durch die aus der Lehre Taylors hervorgegangene Rationalisierungsbewegung vorangetrieben, und zwar sowohl *vertikal* (Trennung von Planung und Kontrolle von der Ausführung, d. h. in letzter Konsequenz Trennung von Denken und Tun) als auch *horizontal* (Zerlegung operativer Prozesse in einfachste Teilarbeiten). Dabei standen Effizienzvorteile im Vordergrund: Verkürzung der Anlern- und Einarbeitungszeiten, Verminderung der Anforderungen, damit niedere Lohnkosten, Erhöhung der Arbeitsproduktivität durch Rationalisierung und spezialisierte Technologien. Lange Zeit vernachlässigt wurden dagegen die *menschlichen Probleme* einer hochgradigen Arbeitszerlegung, nämlich einseitige Belastung, Monotonie, Verkümmerung von Fähigkeiten, Entfremdung und Isolation (vgl. Friedmann 1959). Lediglich die arbeitsphysiologische Dimension spielt dabei unter dem Gesichtspunkt der Erträglichkeit der Arbeit eine Rolle. Die Folgen einer solchen Arbeitsgestaltung sind Frustration und Streßerscheinungen. Die Begleiterscheinungen wie hohe Fluktuation, Absentismus und geringe Arbeitsmotivation wirken sich langfristig aber auch nachteilig auf die Wirtschaftlichkeit aus. Dazu kommt, daß bei extremer Arbeitszerlegung die Flexibilität einer Organisation leidet.

Eine sinnvolle Arbeitszerlegung muß sowohl den Kriterien technischer Rationalität als auch den Forderungen nach Humanität im Arbeitsleben Rechnung tragen. Beide Aspekte müssen miteinander in Einklang gebracht werden. Als Maßstab für eine *humane Arbeitsgestaltung* nennt Laurig (1973, S. 94) vier aufeinander aufbauende *Kriterien,* von denen jedes nachfolgende die Erfüllung des vorhergehenden voraussetzt, nämlich

(1) Ausführbarkeit (= psychisch-physische Grundbedingungen, Beachtung menschlicher Leistungsvoraussetzungen)
(2) Erträglichkeit (= arbeitsphysiologische und ergonomische Aspekte, z. B. mögliche Dauerbelastung)
(3) Zumutbarkeit (= gesellschaftliche Forderungen, Wertvorstellungen und Normen, z. B. Beachtung der Menschenwürde)
(4) Arbeitszufriedenheit (= Befriedigung wesentlicher Bedürfnisse wie dem nach Selbstentfaltung).

Extreme Arbeitszerlegung, wie dies für die Fließbandarbeit oder weite Bereiche der mechanischen Teilefertigung charakteristisch ist, wird diesen Kriterien nur in sehr beschränktem Maße gerecht. Man versucht daher heute, entweder einförmige, repetitive Teilarbeiten zu automatisieren oder durch Arbeitsfeldvergrößerung befriedigendere und auch flexiblere Arbeitsstrukturen zu schaffen.

2.2.3.3 **Arbeitsfeldvergrößerung durch moderne Strukturierungskonzepte**

Die Arbeitsfeldvergrößerung kann auf verschiedene Weise erreicht werden. Die Strukturierungsmaßnahmen lassen sich variieren in bezug auf

- den *Arbeitsinhalt* (Art der Funktionen, insbesondere Ausmaß der Fremd- und Selbstbestimmung und der Fremd- und Selbstkontrolle, Umfang der Arbeitszyklen, Sinngehalt des Leistungsergebnisses)
- und das *Ausmaß der sozialen Interaktion* (vgl. Ulich u. a. 1974, S. 301).

Es werden derzeit mehrere *Strukturierungskonzepte* diskutiert und erprobt, nämlich Arbeitsplatzwechsel, Aufgabenerweiterung, Aufgabenbereicherung und autonome Gruppen. Als gemeinsames Anliegen aller dieser Ansätze kann die *Erweiterung des Handlungsspielraumes* angesehen werden. Ulich (1972, 1973, 1974 b), der die zentrale Bedeutung dieses Begriffs für eine humane Arbeitsgestaltung hervorhebt, unterscheidet zwei Dimensionen des Handlungsspielraums, die horizontale des Tätigkeitsspielraums und die vertikale des Entscheidungs- und Kontrollspielraums (s. *Abb. C 7*).

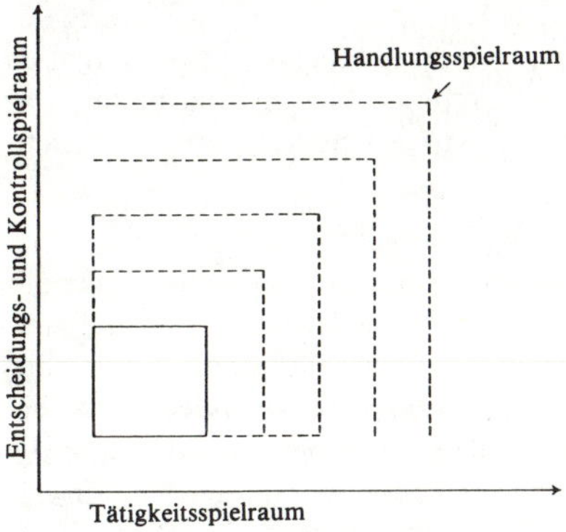

Abb. C 7: Der Handlungsspielraum als Resultante von Tätigkeits-, Entscheidungs- und Kontrollspielraum (aus: Ulich 1972, S. 266)

Arbeitsplatzwechsel und Aufgabenerweiterung dienen vor allem der Erweiterung des Tätigkeitsspielraums, Aufgabenbereicherung und autonome Gruppen auch der Erweiterung des Entscheidungs- und Kontrollspielraums.

Systematischer Arbeitsplatzwechsel (Job Rotation)

Job-Rotations-Programme sehen vor, daß die Mitarbeiter regelmäßig ihre Arbeitsplätze wechseln und andere Arbeitsaufgaben übernehmen, die gleich- oder verschiedenartig sein können. Sie können beispielsweise im Fertigungsbereich die Mitarbeiter einer Arbeitsgruppe in bestimmten Intervallen ihre Plätze tauschen. Ein solcher Arbeitswechsel kann Monotonie verhindern oder zumindest herabsetzen, die Arbeit interessanter machen, die Einsatzmöglichkeiten der Mitarbeiter erhöhen und dem einzelnen Chancen bieten, sich fachlich besser zu qualifizieren. Spezielle Formen des Job Rotation sind der Positionswechsel von Führungskräften und Spezialisten im Rahmen von Personalentwicklungsprogrammen und der systematische Aufgabenwechsel des Führungsnachwuchses im Rahmen von Trainee-Programmen. Durch solche Programme soll die persönliche Entwicklung der Mitarbeiter gefördert und die in der Organisation erforderliche Qualifikation und Flexibilität erreicht werden.

Aufgabenerweiterung (Job Enlargement)

Bei der (horizontalen) Aufgabenerweiterung werden *strukturell gleichartige oder ähnliche Arbeitselemente aneinandergereiht*. Dadurch wird der Tätigkeitsspielraum erweitert und eine größere zusammenhängende Arbeitsfolge erreicht. Gegen diese Strukturierungsmaßnahme wird eingewendet, daß eine uninteressante Arbeit durch das Hinzufügen einer weiteren uninteressanten Arbeit nicht attraktiver wird. Richtig angewandt kann die Aufgabenerweiterung sehr wohl Nachteile der Arbeitszerlegung abbauen und die Arbeitszufriedenheit erhöhen. Es kommt darauf an, daß *sinnvolle Aufgabenkomplexe* gebildet werden (z. B. Zusammenbau eines vollständigen Produkts statt nur weniger Einzelteile), die angemessene geistige Anforderungen stellen und auch eher ein Werkerlebnis vermitteln (vgl. Lattmann 1974, S. 121). Dies ist allerdings nur ein erster Schritt, die Sinnentleerung der Arbeit zu überwinden. Eine zusätzliche Erweiterung des Handlungsspielraums ist dadurch möglich, daß eine Person unterschiedliche Aufgaben wahrnimmt, z. B. Maschinen einrichten und warten durch den Maschinenarbeiter. Damit vollzieht sich ein Übergang zu dem, was heute als Aufgabenbereicherung bezeichnet wird.

Aufgabenbereicherung (Job Enrichment)

Bei der (vertikalen) Aufgabenbereicherung werden *strukturell verschiedenartige Arbeitselemente zusammengefaßt*. Es werden in einer Stelle oder Arbeitsgruppe *planende und kontrollierende Tätigkeiten* mit den *Ausführungsaufgaben* verbunden. Die Erweiterung des Handlungsspielraums vollzieht sich damit auch in der vertikalen Dimension. Der einzelne erhält einen Dispositions- und Gestaltungsspielraum, der ihm Möglichkeiten zur persönlichen Entfaltung bietet. Die Mitarbeiter können in gewissen Grenzen ihre Arbeit selbst planen, das Produkt kontrollieren und Verbesserungen vornehmen. Das bedeutet größere Selbständigkeit und weitgehende Selbstverantwortlichkeit und Selbstkontrolle in einem bestimmten Aufgabenbereich. Die Anreicherung des Arbeitsinhalts schafft motivationale Anreize im Sinne von Herzberg. Sie ist weit mehr als die bloße Aufgabenerweiterung geeignet, Arbeitszufriedenheit und Arbeitsproduktivität zu erhöhen.

Die Erweiterung der vertikalen Handlungsautonomie geht über die reine Aufgabenverteilung hinaus, sie impliziert bereits Elemente der anschließend zu besprechenden Kompetenzverteilung, insbesondere der Kompetenzdelegation. Die beiden Instrumente der Aufgabenbereicherung und der Delegation überschneiden und ergänzen sich.

Autonome Arbeitsgruppen

Die oben dargestellten Maßnahmen können bei einzelnen Arbeitsplätzen (Stellen) oder bei Gruppen ansetzen. *Kollektive Aufgabenbereicherung*, d. h. Job Enrichment im Gruppenzusammenhang ist leichter zu realisieren, da es organisatorisch einfacher ist, Planungs- und Entscheidungskompetenzen in Verbindung mit Ausführungsaufgaben an eine geringe Anzahl von Gruppen zu übertragen, als an eine Vielzahl von Personen (Rühl 1973). Auch *Job Rotation* läßt sich relativ gut *in einer Arbeitsgruppe* vollziehen.

Der weitere Ausbau dieser Ansätze führt zum Konzept der (teil-) autonomen Gruppen. Hier werden *einer Arbeitsgruppe als Ganzes bestimmte Steuerungs- und Kontrollfunktionen übertragen*, die im Wege der Selbstorganisation neben den eigentlichen Ausführungsfunktionen im Wechsel von den einzelnen Gruppenmitgliedern ausgeübt werden. Das heißt, die Arbeitsgruppe bestimmt die Arbeitsgestaltung, verteilt die Arbeiten, regelt Arbeitszeit und Urlaub in bestimmten Grenzen und kontrolliert die Endprodukte. Hinsichtlich des Grades der Selbststeuerung sind sehr unterschiedliche Lösungen möglich. Die *Gruppenautonomie* kann sich nach Karlson (1970, zitiert nach Bihl 1973, S. 49) von *elementaren Fragen* (Arbeitsplanung, Arbeitssteuerung), über *Personalfragen* (Aufgabenverteilung, Einstellung, Entlassung), *Produktionsfragen* (Produktionsmethoden, Produktionsplan) und *Produktfragen* bis zu *grundlegenden ökonomischen Fragen* erstrecken.

In der Hauptsache werden *arbeitsplatznahe Probleme* durch die Gruppe geregelt. Das Konzept der autonomen Gruppen verschafft dem einzelnen die Möglichkeit der *Mitbestimmung am Arbeitsplatz*. Dies ist ein Punkt, der ebenfalls die Kompetenzverteilung berührt, und zwar hier die Partizipationsregelung. Auf die Möglichkeiten der Realisierung und die menschlichen und wirtschaftlichen Wirkungen dieses Strukturkonzeptes wird bei der Behandlung teamorientierter Organisationsformen eingegangen.

Die vorstehenden Konzepte werden bisher in erster Linie im Fertigungsbereich angewandt — hier ist die Notwendigkeit struktureller Veränderung am größten —, die zugrundeliegenden Prinzipien gelten aber auch für den Büro- und Verwaltungsbereich. Dort werden die angeschnittenen Fragen vorzugsweise unter dem Aspekt der Delegation und Partizipation diskutiert.

2.3 Kompetenzverteilung

2.3.1 Problemaspekte und Grundbegriffe

Eine Stelle kann ihre Aufgaben nur erfüllen, wenn sie auch entsprechende *Handlungsrechte* oder *Befugnisse* hat. Diese werden als *Kompetenzen* bezeichnet. Es wird aber nicht erforderlich sein, sämtliche Befugnisse ausdrücklich festzulegen. Ein Teil ergibt sich unmittelbar aus den Aufgaben selbst, vor allem bei Ausführungsaufgaben. Nur dort, wo die Aufgabenstellung nicht entsprechende Handlungsrechte impliziert oder wo deren Umfang und Reichweite noch näher bestimmt bzw. genauer abgegrenzt werden müssen, ist eine besondere Kompetenzregelung vorzunehmen. Insofern ist die Kompetenzzuteilung eine Weiterführung und Präzisierung der Aufgabenverteilung.

Kompetenzarten

Man kann folgende Arten von Kompetenzen unterscheiden (vgl. Hill u. a. 1974, S. 124 ff):

- *Verfügungsbefugnisse:* Recht auf Verfügung über Sachen und Werte, z. B. über vorhandene Geräte, Maschinen und Materialien.
- *Informationsrechte*: Recht auf Information bzw. Informationseinholung.
- *Mitspracherechte*: Recht auf Mitwirkung am Entscheidungsprozeß (Anhörungs-, Vorschlags- und Mitberatungsrecht).
- *Entscheidungsbefugnisse*: Recht, Entscheidungen zu treffen, d. h. zwischen Handlungsalternativen zu wählen. Dabei sind zu unterscheiden
  - Mitentscheidungsrechte und
  - Alleinentscheidungsrechte.
- *Anordungsbefugnisse*: Recht, anderen Stellen Weisungen zu erteilen und sie zu einem bestimmten Verhalten zu veranlassen. Mit den Anordnungsbefugnissen verbunden sind bestimmte *Kontrollrechte* und *Sanktionsrechte.*
- *Vertretungsbefugnisse*: Recht, die Unternehmung nach außen zu vertreten und Verpflichtungen einzugehen.

Strukturierungsaspekte

Durch die Kompetenzverteilung wird die Willensbildung und -durchsetzung in einer Organisation formell geregelt. Dabei sind drei Hauptstrukturierungsaspekte zu unterscheiden:

- *Verteilung der Leitungskompetenzen*. Diese beinhalten Kompetenzen gegenüber anderen Personen, d. h. Rechte auf Einflußnahme auf das Handeln anderer Personen. Die Gesamtheit dieser Regelungen konstituiert das Weisungs- oder Leitungssystem der Unternehmung. Dieser Aspekt wird als *Leitungsstrukturierung* (im engeren Sinne) bezeichnet.
- *Verteilung der sachbezogenen Entscheidungs- und Ausführungskompetenzen* auf die einzelnen Systemebenen. Dazu gehören u. a. Verfügungsrechte über Sachen (z. B. Einsatz von Sachmitteln) und das Recht, bestimmte Sachentscheidungen zu treffen (z. B. Einkaufsentscheidung). Diese Kompetenzübertragung von oben nach unten wird als *Delegation von Kompetenzen* bezeichnet.
- *Beteiligung der Mitarbeiter am Willensbildungsprozeß* einer Organisation in der Weise, daß Mitwirkungsrechte an der Entscheidungsbildung höherer Ebenen eingeräumt werden. Dabei kann es sich um personen- oder sachbezogene Entscheidungen handeln. Diese Einflußmöglichkeit der Mitarbeiter auf die betrieblichen Entscheidungsprozesse wird als *Partizipation* bezeichnet.

2.3.2 Leitungsstrukturierung

2.3.2.1 Merkmale der Leitungskompetenz

Die mit der Aufgabenverteilung (Stellenbildung) begonnene Formalisierung des Leitungssystems wird durch die *Kompetenzregelung* fortgesetzt. Diese bildet das *Kernstück der Leitungsstrukturierung*. Es werden die Kompetenzen und Weisungsbeziehungen aller Instanzen (= Leitungsstellen) festgelegt. Die *Leitungskompetenzen* umfassen: Entscheidungs-, Anordnungs-, Kontroll- und Sanktionsbefugnisse:

– Die *Entscheidungskompetenzen* erstrecken sich auf
  - die wesentlichen Sachentscheidungen in dem jeweiligen Zuständigkeitsbereich, die nicht an nachgeordnete Stellen übertragen werden,
  - und die personenbezogenen Entscheidungen, die den Einsatz und die Aktivitäten der Mitarbeiter betreffen.
– Zur Umsetzung der Entscheidungen in Aktionen müssen anderen Personen Weisungen erteilt werden. Die *Weisungs- oder Anordnungskompetenzen* sind wesentliches Merkmal von Leitungsstellen.
– Aus dem Anordnungsrecht leiten sich *Kontrollrechte* ab, wobei zwischen Handlungskontrolle (Verfahrenskontrolle) und Ergebniskontrolle zu unterscheiden ist.
– Zur Durchsetzung der Anordnungen müssen Sanktionen, d. h. positive oder negative Verstärkungsmittel, angewendet werden. Wesentliche *Sanktionsrechte* bedürfen ebenfalls der formellen Regelung.

Hinsichtlich Art und Umfang der Leitungskompetenzen sind verschiedene Differenzierungen möglich:

Personelle und fachliche Kompetenzen

Personalbefugnisse, auch als disziplinarische Kompetenzen bezeichnet, erstrecken sich auf die Führung des Personals, z. B. Personaleinsatz, Arbeitszeitregelung.
Fachliche Befugnisse beziehen sich auf Sachfragen des Fachgebiets. Sie können auch losgelöst von der direkten Personalzuständigkeit zugeteilt werden. Bei einer personellen Aufteilung der beiden Kompetenzarten ist zwischen *Disziplinarvorgesetzten* und *Fachvorgesetzten* bzw. zwischen disziplinarischer und fachlicher Unterstellung zu unterscheiden.

Voll- und Teilkompetenz

Vollkompetenz ist dann gegeben, wenn disziplinarische und fachliche Kompetenzen für einen Fachbereich in einer Leitungsstelle zusammengefaßt sind, *Teilkompetenz,* wenn diese Rechte auf mehrere Leitungsstellen aufgeteilt sind. Teilkompetenzen liegen auch vor, wenn Entscheidungen von mehreren Personen gemeinsam getroffen werden müssen (Mitentscheidungsrechte). Auch bei Mitsprache- bzw. Beratungsrechten handelt es sich um eine Kompetenzteilung, durch die die Kompetenzen der Entscheidungsinstanz eingeschränkt werden.

Leitungsspanne

Die Leitungsspanne drückt die Anzahl der einem Vorgesetzten direkt unterstellten Mitarbeiter aus. In der traditionellen Organisationslehre wurde versucht, Regeln für die Größe der Leitungsspanne aufzustellen, wobei man vor allem von der Anzahl der Beziehungen in einem System ausging. Inzwischen hat man erkannt, daß es von einer Reihe weiterer Faktoren abhängt, welche Leitungsspanne »richtig«, d. h. beherrschbar ist, z. B. von der Art der Aufgaben, der Unterstützung der Leitung durch Leitungshilfsstellen, der Delegation von Kompetenzen, dem Führungsstil und dem Einsatz technischer Hilfsmittel, insbesondere der EDV. Das bedeutet, daß die Leitungsspanne von Organisation zu Organisation und innerhalb einer Organisation auf den verschiedenen Ebenen und in den verschiedenen Bereichen sehr stark variieren kann.

Unterstellung

Hinsichtlich der Unterstellung der Mitarbeiter ist zu unterscheiden zwischen einfacher und mehrfacher Unterstellung. Bei *einfacher Unterstellung* hat der Mitarbeiter nur einen direkten Vorgesetzten, der zugleich Disziplinar- und Fachvorgesetzter ist. Hier gilt der Grundsatz der Einheit der Auftragserteilung (Fayol). Bei der *Mehrfachunterstellung* erhält der Mitarbeiter Weisungen von mehreren Leitungsstellen. Er hat einen Disziplinarvorgesetzten und einen oder mehrere Fachvorgesetzte. Die Mehrfachunterstellung läßt sich bei der Komplexität der Aufgaben, dem Ausmaß der Arbeitsteilung und den sich dadurch ergebenden unterschiedlichen Koordinationserfordernissen in modernen Organisationen häufig nicht vermeiden.

2.3.2.2 **Leitungsstrukturtypen (Leitungssysteme)**

Aus diesen unterschiedlichen Strukturierungsmöglichkeiten ergeben sich verschiedene Leitungsstrukturtypen (Leitungssysteme).

Einliniensystem

Das Einliniensystem ist gekennzeichnet durch *Vollkompetenz* der Leitungsstellen (Zusammenfallen von disziplinarischer und fachlicher Zuständigkeit) und *Einfachunterstellung* der Mitarbeiter (s. *Abb. C 8*).

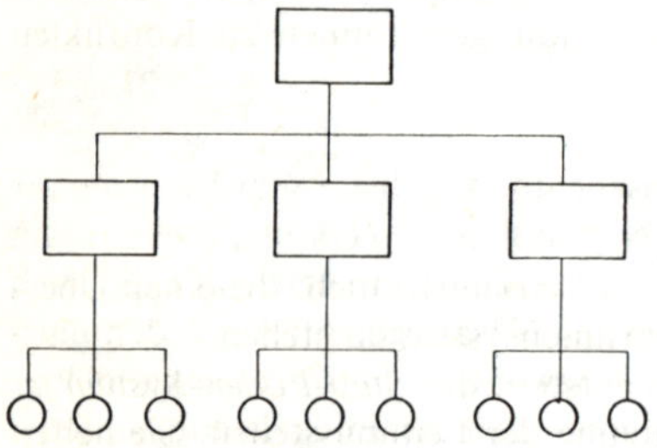

Abb. C 8: Einliniensystem

Diese Leitungsstruktur findet man am ausgeprägtesten in der verrichtungsorientierten (funktionalen) Linienorganisation und — etwas modifiziert — in der verrichtungsorientierten Stab-Linien-Organisation (s. Abschnitt D 3.2).

Als *Vorteil* dieser Struktur sind klare Kompetenzabgrenzung und eindeutige Unterstellungsverhältnisse zu nennen. Von der Spitze aus geht jeweils nur ein Anordnungsweg zu einem Mitarbeiter. Dabei sollen keine Leitungsstellen übersprungen werden, so daß ein Mitarbeiter nur von seinem direkten Vorgesetzten Weisungen erhält. Den Anordnungswegen entsprechen in umgekehrter Richtung die Berichtswege. *Nachteilig* ist die Einschaltung mehrerer Zwischeninstanzen, insbesondere bei Querverbindungen. Dadurch ergibt sich eine gewisse Schwerfälligkeit und Starrheit.

Mehrliniensystem

Kennzeichen des Mehrliniensystems ist die *Aufteilung der Kompetenzen auf mehrere Leitungsstellen* (Teilkompetenz fachlich spezialisierter Leitungsstellen) und die *Mehrfachunterstellung* der Mitarbeiter (s. *Abb. C 9*).

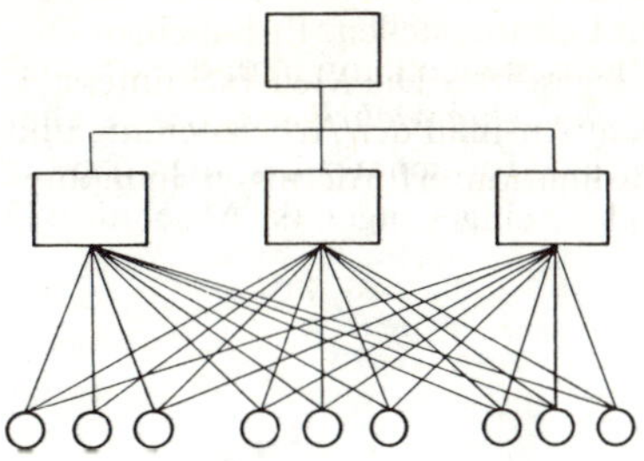

Abb. C 9: Mehrliniensystem

Diese Leitungsstruktur, die auf das Funktionsmeistersystem von Taylor zurückgeht, wird heute insbesondere in der Matrixorganisation realisiert. Dort haben wir zwei sich überschneidende Leitungssysteme mit entsprechender Kompetenzaufteilung (s. Abschnitt D 3.5).

Der *Vorteil* dieses Systems liegt in der stärkeren fachlichen Spezialisierung auch im Leitungssystem und in der Verkürzung der Anordnungs- und Mitteilungswege dadurch, daß mehrere direkte Beziehungen zwischen verschiedenen Leitungsstellen sowie zwischen Leitungs- und Ausführungsstellen bestehen. Allerdings ist die *Kompetenzabgrenzung* dadurch *schwieriger*. Die Kompetenzüberschneidungen können zu Konflikten führen.

Mischsysteme

Zwischen diesen beiden Polen gibt es eine Reihe von Leitungsformen, die einen Übergang vom reinen Einliniensystem zum echten Mehrliniensystem darstellen.
Ergänzt man das Einliniensystem durch Stäbe, so entsteht das *Stab-Linien-System (s. Abb. C 10*). Die Stabsstellen dienen der Unterstützung der Leitungsstellen. Sie helfen insbesondere bei der Entscheidungsvorbereitung, besitzen aber selbst keine Entscheidungs- und Anordnungskompetenzen.

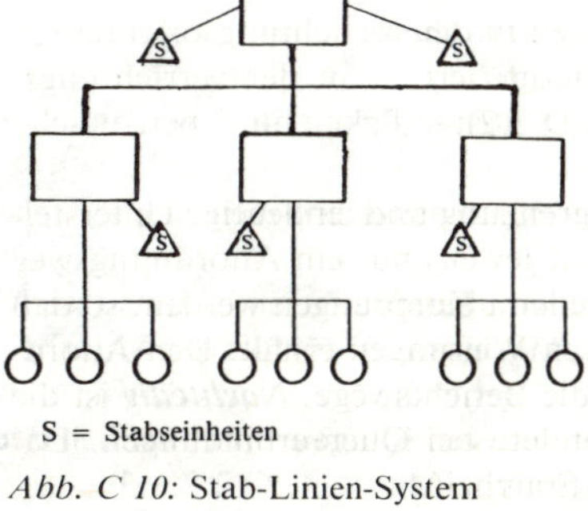

S = Stabseinheiten

Abb. C 10: Stab-Linien-System

Werden Stabsstellen mit erweiterten Kompetenzen ausgestattet (funktional begrenzte Kompetenzen), dann spricht man auch von Fachdienststellen oder Zentraldienststellen. Dazu gehören z. B. die zentrale Planungsabteilung und die Organisationsabteilung. Bei der divisionalen Organisation (Spartenorganisation) stellen diese Zentralabteilungen bereits eine zweite Säule der Organisation dar; sie haben allerdings nur einen beschränkten Einfluß auf die Geschäftsbereiche (s. Abschnitt D 3.3).

Je nach Kompetenzausstattung der Stäbe und Fachdienststellen kann man diese Systeme als *modifizierte Einliniensysteme* oder als *abgeschwächte Mehrliniensysteme* charakterisieren. Auf die Vor- und Nachteile dieser Zwischenformen der Leitungsstruktur wird bei der Behandlung gängiger Organisationsmodelle eingegangen (s. Abschnitte D 3.2 bis 3.4).

2.3.3 Delegation sachbezogener Kompetenzen

Außer der Festlegung der Weisungsbeziehungen (Leitungsstrukturierung) ist auch zu regeln, auf welcher Systemebene welche Sachentscheidungen zu treffen sind. Die Delegation sachbezogener Kompetenzen, insbesondere von Entscheidungsbefugnissen, ist ein weiterer Aspekt der Kompetenzverteilung. Delegation ist dabei nicht als Abtretung persönlicher oder instanzengebundener Kompetenzen an nachgeordnete Stellen, die im Ermessen der jeweiligen Vorgesetzten liegt, zu verstehen (= *persönliche Delegation*). Mit Delegation ist vielmehr die sich aus der Aufgabenverteilung ergebende und an den Fähigkeiten und Bedürfnissen der Mitarbeiter orientierte Aufteilung und Übertragung von Entscheidungskompetenzen von oben nach unten gemeint (= *generelle, strukturelle Delegation*). Dabei sind zwei Extremfälle möglich:

- die Konzentration der Entscheidungsbefugnisse in den oberen Rängen (= *Entscheidungszentralisation*)
- die weitgehende Übertragung dieser Befugnisse auf mittlere und untere Ränge einschließlich der Ausführungsstellen (= *Entscheidungsdezentralisation*).

Der *Delegationsgrad* druckt aus, in welchem Ausmaß Entscheidungskompetenzen nach unten übertragen worden sind, d. h. inwieweit die Entscheidungen einer Organisation zentralisiert oder dezentralisiert sind. Dabei kommt es natürlich auch auf das Gewicht der den einzelnen Stellen übertragenen Entscheidungskompetenzen an, also darauf, von welcher Tragweite die Entscheidungen auf den einzelnen Systemebenen sind.

Ziel der Delegation von Entscheidungskompetenzen ist es,

- übergeordnete Stellen zu entlasten,
- die Handlungsfähigkeit untergeordneter Stellen zu erhöhen,
- und damit die Flexibilität des Systems zu verbessern.
- Delegation soll außerdem dem Bedürfnis nach Selbständigkeit und persönlicher Entfaltung Rechnung tragen
- und damit die Motivation und Zufriedenheit der Mitarbeiter erhöhen.

Die Entscheidungsdezentralisation durch Delegation von Kompetenzen ist umso wichtiger, je komplexer ein System ist und je stärker das Autonomiebedürfnis der Mitarbeiter ausgeprägt ist. Da dieses zweifellos zunimmt, geht die Tendenz dahin, den Entscheidungs- und Kontrollspielraum auch auf den unteren Rängen einschließlich der Ausführungsebene zu erweitern (s. Aufgabenerweiterung, Abschnitt C 2.2.3.3).

Gesichtspunkte für die Delegation

Durch die Delegation sollen die Entscheidungskompetenzen dorthin gelegt werden, wo die spezifischen Fachkenntnisse vorhanden sind, aber auch noch der nötige Überblick gegeben ist. Dem Mitarbeiter soll ein abgegrenzter Aufgabenbereich zur selbständigen Erfüllung übertragen werden, innerhalb dessen er die erforderlichen Sachentscheidungen selbst zu treffen hat (vgl. Lattmann 1974, S. 117). *Maßgebend* für die Zuteilung der Entscheidungskompetenzen sind die *Stellenaufgaben,* das vorausgesetzte oder tatsächliche fachliche *Qualifikationsniveau* einer Stelle und die *Tragweite der Entscheidungen.* Letztere hängt von folgenden Kriterien ab: zeitliche Reichweite (kurz-, mittel- und langfristiger Entscheidungshorizont), Wirkungsbreite (Auswirkung der Entscheidung auf verschiedene Bereiche), Entscheidungsrisiko und Wiederholungshäufigkeit (s. Hill u. a. 1974, S. 128 f).

2.3.4 **Partizipationsregelungen**

Partizipation im weiteren Sinne heißt Beteiligung der Mitglieder an den Entscheidungsprozessen in einer Organisation. Dieser weite Partizipationsbegriff schließt die Delegation ein.

Etwas enger gefaßt versteht man unter Partizipation die *Mitwirkung der Mitarbeiter an der Willensbildung hierarchisch höherer Ebenen* (Hill u. a. 1974, S. 235). Während die Delegation abwärts gerichtete Kompetenzverlagerung darstellt, durch die der Handlungsspielraum der Mitarbeiter mittlerer und unterer Ränge erweitert wird, bedeutet die Partizipation Teilhabe der Organisationsmitglieder an den sie betreffenden Entscheidungsprozessen über die ihnen obliegenden Routineaufgaben hinaus. Entscheidungskompetenzen werden hier nicht einer einzelnen Person übertragen, sondern gemeinsam wahrgenommen. Die Mitglieder einer Gruppe, Vorgesetzter und Mitarbeiter, entscheiden gemeinsam; die Mitarbeiter nehmen Einfluß auf die Führungsprozesse. Ein weiterer Unterschied besteht darin, daß die Delegation nur Sachkompetenzen für die Erfüllung der jeweiligen Stellenaufgaben umfaßt — dazu gehören auf den unteren Rängen Routineentscheidungen wie Material disponieren, Teile bestellen, Preise aushandeln —, während die Partizipationsregelungen weitergehende Mitbestimmungsrechte beinhalten, die von den elementaren Fragen der Arbeitsgestaltung und Arbeitsverteilung, über personelle und soziale Angelegenheiten sowie ökonomisch-technische Sachprobleme eines Bereichs bis hin zu den grundlegenden Fragen der Geschäftspolitik reichen können.

Ziele der Partizipation

(1) Mit der Schaffung von Partizipationsmöglichkeiten werden vor allem *Humanziele* verfolgt. Dabei spielen zwei Aspekte eine Rolle:
Erstens wird die Partizipation aus *emanzipatorischen Gründen* gefordert. Die Achtung der Menschenwürde gebietet es, die Fremdbestimmung durch Formen der Mit- und Selbstbestimmung zu ersetzen. Es geht um eine Demokratisierung des Arbeitslebens. Der »mündige Mitarbeiter« will mitentscheiden.
Zweitens ist der *Motivationsaspekt* von Bedeutung. Durch die Beteiligung am Willensbildungsprozeß werden Sicherheits-, Geltungs- und Entfaltungsbedürfnisse befriedigt.

(2) Die Partizipation dient aber auch *Produktivitätszielen*. Die motivationalen Anreize der Mitbestimmung, die Identifikation mit Entscheidungen, auf die man Einfluß nehmen konnte, und die mit der Partizipation einhergehende stärkere Kooperation können sich auch positiv auf die Leistungen auswirken.

Arten der Partizipation

Hinsichtlich Art und Umfang sind zwei Hauptformen der Partizipation zu unterscheiden, die indirekte und die direkte.

(1) Eine *indirekte, repräsentative Partizipation* ist durch die Mitbestimmungsgesetze und das Betriebsverfassungsgesetz eingeführt worden. Nach diesen Regelungen erfolgt die Wahrnehmung der Arbeitnehmerinteressen auf Unternehmensebene durch gewählte Vertreter im Aufsichtsrat (der von den Mitbestimmungsgesetzen betroffenen Unternehmen) und auf betrieblicher Ebene durch gewählte Betriebsräte, die begrenzte Mitbestimmungs- und Vetorechte in sozialen und personellen Angelegenheiten sowie Informations- und Beratungsrechte haben. Weitere Formen der indirekten Partizipation sind von einzelnen Unternehmungen entwickelt worden.

Kennzeichnend für die repräsentative Partizipation ist nach Hill u.a. (1974, S. 263), daß sie in einem Sprung über mehrere Ebenen hinweg und kollektiv erfolgt, also keine Möglichkeit zur persönlichen Mitsprache und zur persönlichen Entfaltung bietet, und daß die interessenpolitische Vertretung und Einflußnahme verschiedener Anspruchsgruppen im Vordergrund steht.

(2) Bei der *direkten Partizipation* sind die einzelnen *Organisationsmitglieder direkt am Entscheidungsprozeß beteiligt*. Die Demokratisierung kann aber nicht so weit gehen, daß der einzelne an allen Entscheidungsprozessen mitwirkt, sondern nur an denjenigen, die seinen engeren Arbeitsbereich betreffen. Diese *»Mitbestimmung am Arbeitsplatz«* soll auch den ausführenden Mitarbeitern mehr Einfluß auf ihre Arbeitssituation verschaffen und die Fremdbestimmung durch Vorgesetzte einschränken. Dabei sind verschiedene Stufen der direkten Partizipation zu unterscheiden:

- *Anhörung* der Mitarbeiter vor wesentlichen, sie betreffenden Entscheidungen;
- Möglichkeit der *Mitsprache* und *Mitberatung* der Mitarbeiter in personellen, sozialen, technischen, organisatorischen und wirtschaftlichen Fragen;
- *Mitentscheidung* innerhalb von Arbeitsgruppen.

Direkte und indirekte Partizipation sind keine Alternativen, sie *ergänzen sich* vielmehr. Sieht man in der Demokratisierung des Arbeitslebens ein erstrebenswertes Ziel, dann ist beides erforderlich. Die Einflußnahme aller Organisationsmitglieder auf die sie berührenden grundlegenden Unternehmensentscheidungen ist, von kleineren Organisationen abgesehen, nur im Wege der indirekten Partizipation möglich. Eine Verbesserung der Qualität des Arbeitslebens wird aber nur dann eintreten, wenn der einzelne auch unmittelbar Einfluß auf die Arbeitssituation hat. Nur so kann der Entfremdung von der Arbeit und auch von den eigenen Repräsentanten entgegengewirkt werden.

Arten der Partizipationsregelung

Zu den genannten gesetzlichen Regelungen kommen organisatorische Regelungen, die sich auf folgende Punkte erstrecken:

(1) *Führungsrichtlinien,* die einen kooperativen Führungsstil mit Information und Konsultation der Mitarbeiter fordern. Inwieweit die damit verbundenen Erwartungen erfüllt werden, hängt von persönlichen und zusätzlichen strukturellen Faktoren ab.
(2) Schaffung eines *institutionellen Rahmens für die Partizipation* durch Bildung von Gremien und Arbeitsgruppen, z. B. Führungskreis, Wirtschaftsausschuß, regelmäßige Gruppenbesprechungen (siehe Abschnitt D 3.7.2).

2.4 Kommunikationsregelungen

2.4.1 Problemaspekte

Die Aufgaben- und Kompetenzverteilung bedarf der Ergänzung durch Kommunikationsregelungen. Durch sie wird der zur Aufgabenerfüllung erforderliche Informationsaustausch zwischen den Organisationsmitgliedern genauer bestimmt. Soziale Kommunikation ist allerdings nur begrenzt formalisierbar.

Ziel der Kommunikationsregelungen ist es,
- die notwendige Informationsversorgung aller Stellen zu gewährleisten,
- die Informationswege zu verkürzen und den Informationsfluß zu beschleunigen
- und Kommunikationsstörungen möglichst gering zu halten.
- Die Regeln sollen aber auch ausreichend Spielraum für unvorhersehbare und einmalige Situationen lassen.

Art und Umfang der Kommunikationsregelungen hängen von den zu erfüllenden Aufgaben ab. Für Routineaufgaben läßt sich der Informationsbedarf großenteils im voraus bestimmen. Hier sind Regelungen angebracht, die sicherstellen, daß alle Stellen jederzeit einen ausreichenden und aktuellen Informationsstand haben. Anders sind die Anforderungen bei innovativen Aufgaben, überhaupt bei schlecht strukturierten Problemen. Hier wäre es falsch, die Kommunikation durch formelle Regelungen allzusehr einzugrenzen und zu kanalisieren; man muß vielmehr dafür sorgen, daß sie sich möglichst frei entfalten kann. Wir brauchen also eine Mischung von Freiheit (freie, informelle Kommunikation) und Bindung (gebundene, formelle Kommunikation).

Die Kommunikationsregelungen umfassen folgende Aspekte:
Festlegung von Kommunikationszwecken (-arten), Kommunikationswegen (-netzen) für die einzelnen Zwecke, Kommunikationshäufigkeit, Kommunikationsmitteln und Kommunikationsinhalten. Je mehr dieser Merkmale bestimmt werden, desto höher ist der *Bindungsgrad der Kommunikation*.

2.4.2 Festlegung der Kommunikationszwecke und -arten

Im Lenkungsprozeß dient die Kommunikation dazu, Informationen zur Vorbereitung von Entscheidungen einzuholen, die Ausführung von Arbeiten zu veranlassen und zu kontrollieren. Im Ausführungsprozeß müssen Arbeitsunterlagen weitergeleitet, Mitteilungen ausgetauscht und Rückfragen vorgenommen werden. Entsprechend diesen Zwecken lassen sich verschiedene Informations- bzw. Kommunikationsarten (z. B. Anordnungen, Berichte, Vorschläge) und Kommunikationswege (Anordnungs-, Berichts-

Komm.-Zweck \ Richtung			Kommunikation		
			vertikal (nach unten)	vertikal (nach oben)	horizontal
Lenkungsprozeß	Willensbildung	Entscheidungs- vorbereitung	Anfragen	Auskünfte Vorschläge Beratung	Anfragen Auskünfte Beratung
Lenkungsprozeß	Willensbildung	Entscheidung		Mitsprache Mitentscheidung Anrufung, Beschwerden	Mitentscheidung
Lenkungsprozeß	Willensdurch- setzung	Veranlassen Motivieren	Anordnungen Unterrichtung		Aufträge
Lenkungsprozeß	Willensdurch- setzung	Kontrolle	Beurteilung	Meldungen Berichte	Meldungen Berichte
Realisationsprozeß				Rückfragen Meldungen	Rückfragen Meldungen

Tabelle C 5: Kommunikationsarten und -wege

wege usw.) unterscheiden. *Tabelle C 5* enthält eine Zusammenstellung wichtiger Kommunikationsarten und -wege. Die Aufzählung ist keineswegs erschöpfend, vermittelt aber dennoch einen Eindruck von der Vielfalt der Kommunikationsbeziehungen und läßt erkennen, daß sich formelle Regelungen auf einige wesentliche Kommunikationsaspekte beschränken müssen.

2.4.3 **Festlegung der Kommunikationswege (-netze)**

Hier sei nur auf einige Regelungsaspekte hingewiesen:

(1) Die Festlegung der *Anordnungswege* erfolgt bereits durch die Kompetenzverteilung. Dagegen bedarf es hinsichtlich der Wahrnehmung der Beratungs-, Mitsprache- und Mitentscheidungsrechte zumeist zusätzlicher Kommunikationsregelungen.

(2) Ein wichtiger Punkt der Kommunikationsregelung sind die *Berichtswege*. Sie verlaufen umgekehrt wie die Anordnungswege, decken sich aber nicht vollkommen damit, es kommen auch horizontale und laterale Berichtswege vor. Hier geht es um die Frage, wer wem was zu berichten hat. Dabei handelt es sich um Einzelmeldungen und um die periodische Berichterstattung, letztere vorwiegend an übergeordnete Stellen. Diese Berichterstattung ist umso wichtiger, je mehr die laufende Tätigkeitskontrolle durch eine Ergebniskontrolle ersetzt wird.

(3) Ein weiterer Kommunikationsweg, der geregelt werden muß, ist der *Beschwerdeweg* (Anrufungsweg). Der einzelne Mitarbeiter muß wissen, an wen er sich mit Beschwerden wenden kann und welche Möglichkeiten er hat, wenn eine Beschwerde abgewiesen wird.

(4) Auch für das *Vorschlagwesen* empfiehlt es sich, bestimmte Kommunikationswege festzulegen.

(5) Wesentlich für die Zufriedenheit und die Leistungsmotivation der Organisationsmitglieder ist es, daß sie nicht nur von oben kommende Anordnungen ausführen und nach oben berichten, sondern daß sie auch von oben ein Feedback bekommen (*Beurteilung*), und daß sie über wichtige Vorgänge der Organisation, die für sie relevant sind, informiert werden (*Unterrichtung*). Diese Art der Kommunikation kann allerdings nur teilweise formalisiert werden.

2.4.4 Festlegung der Kommunikationsmittel und -inhalte

Unter Kommunikationsmitteln werden die technologischen Bedingungen für die Informationsübertragung und die Art der Signale verstanden (Albach 1959, S. 249). Hier geht es um Kommunikationseinrichtungen (Fernsprecher, Fernschreiber, Datenstationen, Übertragungseinrichtungen), um Informationsträger (Datenträger, Formulare) sowie um Sprach- und Codierungsfragen. Das gehört aber als Verfahrensregelung bereits zur Prozeßstrukturierung. Auch die Festlegung der Kommunikationsinhalte leitet zur Prozeßstrukturierung über.

2.5 Prozeßstrukturierung

2.5.1 Problemaspekte und Grundbegriffe

Organisationsgestaltung beschränkt sich nicht nur auf die Festlegung der grundlegenden Aufbaubeziehungen. Gegenstand der Strukturierung sind auch die zur Aufgabenerfüllung erforderlichen Prozesse. Unter einem Prozeß verstehen wir eine *Folge zusammenhängender Aktivitäten, die in einer Zeitspanne zur Erfüllung einer Aufgabe ablaufen*. Mit der Prozeßstrukturierung erfolgt eine zusätzliche Formalisierung des Handlungsvollzugs, aufbauend auf den bisher dargestellten Maßnahmen. Es werden weitere Ordnungskomponenten in die Gestaltung einbezogen und detailliertere Handlungsanweisungen gegeben.

Hinsichtlich des Umfangs der Handlungsanweisungen sind zwei Extremfälle möglich: Es wird lediglich eine Aufgabe ohne jegliche Prozeßvorschriften gestellt — die Art der Realisierung wird dem Handlungsträger überlassen — oder der Handlungsvollzug ist durch Prozeßvorschriften vollständig determiniert.
Dazwischen gibt es vielerlei Ausprägungsformen der Prozeßordnung. Diese Ordnung setzt sich aus verschiedenen »Schichten« zusammen, wobei jede hinzukommende Ordnungsschicht weitere Bestimmungselemente aufweist und zu einer zunehmenden Konkretisierung und Präzisierung der Handlungsanweisungen führt.

Obwohl sich bei personeller und maschineller Prozeßausführung zweifellos Unterschiede in der Art und dem Umfang der erforderlichen Anweisungen und auch hinsichtlich der Ausführungsmöglichkeiten ergeben, kann die Strukturierung der beiden Prozeßarten nach einem einheitlichen Konzept erfolgen. Der Systemansatz bietet ein Beschreibungssystem für beide Bereiche. Auf dieser Basis läßt sich ein einheitliches Gestaltungsinstrumentarium und eine gemeinsame Gestaltungsmethodik aufbauen. Ein modernes Gestaltungskonzept muß beide Bereiche abdecken und sowohl die organisatorische Strukturierung als auch technologische Gestaltungsmaßnahmen umfassen.

Komponenten der Prozeßstrukturierung

Bei der Prozeßbeschreibung und -gestaltung soll von dem in *Abbildung C 11* dargestellten Prozeßmodell ausgegangen werden. Es zeigt:

- Eine Aufgabe (Funktion) wird durch eine Folge von Aktivitäten (Verrichtungen, Operationen), d. h. durch einen Prozeß realisiert.
- Die Aktivitäten sind auf bestimmte Objekte (Informationen, Material, Produkte, Geld) gerichtet, deren Zustand verändert wird. Es werden Eingangsgrößen (Input) in Ausgangsgrößen (Output) transformiert.
- Der Transformationsprozeß wird von Menschen mit Hilfe von Technologien (Sachmittel und Verfahren) durchgeführt, wobei die Sachmittel teils von Menschen geführt und bedient werden (Werkzeuge, bedienergesteuerte Maschinen), teils selbsttätig Programme ausführen (programmgesteuerte Maschinen, Automaten).
- Der Prozeß spielt sich in Raum und Zeit ab, ist also hinsichtlich räumlicher Anordnung und zeitlicher Abfolge zu bestimmen.

Die Prozeßstrukturierung umfaßt demnach folgende *Ordnungskomponenten*:

- Arbeitsobjekte } = Arbeitsinhalt
- Arbeitsverrichtungen (Aktivitäten) }
- Raum- und Zeitparameter zur Beschreibung des Arbeitsablaufs
- Aktionsträger (Organisationsmitglieder als Aufgabenträger; evtl. Automaten, soweit man nicht sämtliche Sachmittel zu den Aktionsmitteln rechnet)
- Aktionsmittel (einschl. Verfahren).

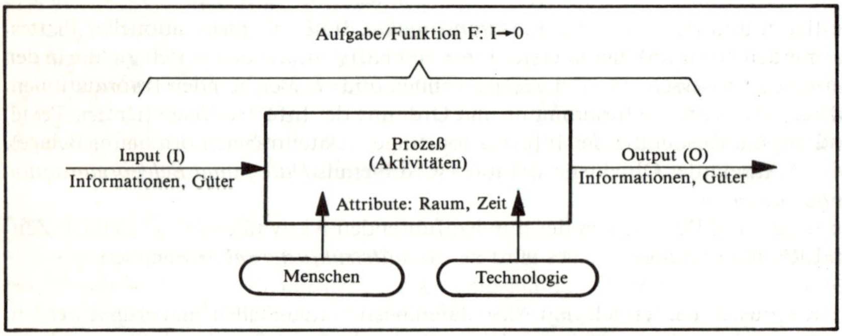

Abb. C 11: Prozeßmodell

Gestaltungsmaßnahmen im Rahmen der Prozeßstrukturierung

Wenn wir die genannten Ordnungskomponenten zugrunde legen, dann kommen für die Prozeßstrukturierung, anknüpfend an die institutionelle Aufgabenverteilung (d. h. an die Zuteilung von Aufgaben an Organisationseinheiten bzw. Organisationsmitglieder) oder in Verbindung mit ihr, folgende spezielle Gestaltungsmaßnahmen in Betracht (s. *Abb. C 12*):

(1) Festlegen und Beschreiben der einzusetzenden Sachmittel und Verfahren. Wir bezeichnen dies als *Sachmittel- und Verfahrensbestimmung*.

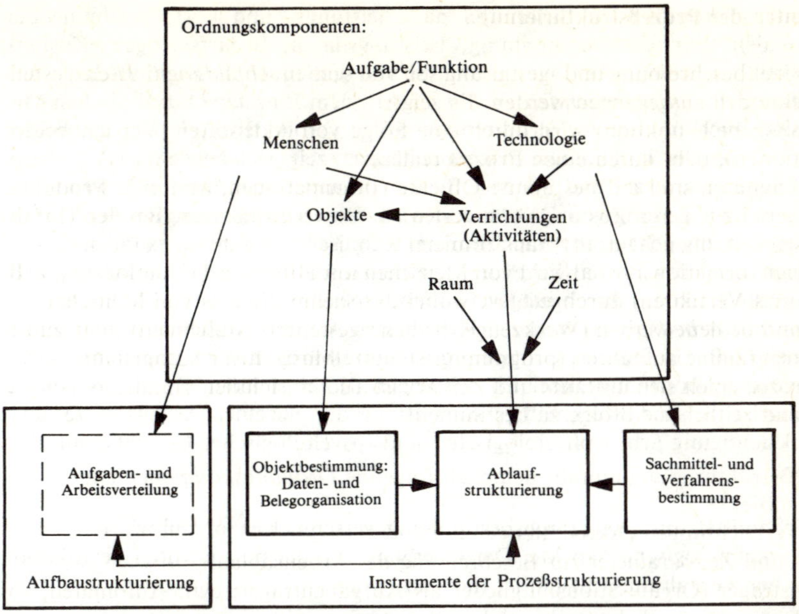

Abb. C 12: Komponenten und Instrumente der Prozeßstrukturierung

(2) Festlegen und Beschreiben der *Aktionsobjekte.* Im Falle informationeller Prozesse, mit denen wir uns hier in erster Linie beschäftigen, handelt es sich um die in den einzelnen Prozessen ein- und auszugebenden und zu speichernden Informationen. Dabei geht es um die Bestimmung und Ordnung der Informationen (Daten, Texte) und um die Gestaltung der Informationsträger (Datenträger, Formulare, Belege). Dieser Aspekt der Objektspezifikation wird hier als *Daten- und Belegorganisation* bezeichnet.

(3) Festlegen und Beschreiben der durchzuführenden Aktivitäten (einschließlich Zeit- und Raumbestimmung). Dies wird als *Ablaufstrukturierung* bezeichnet.

Schließlich müssen die festgelegten Aktivitäten bestimmten Stellen zugeordnet werden. Dies ist Sache der Arbeitsverteilung. Hier mündet die Prozeßstrukturierung wieder in die Aufbaustrukturierung ein.

Alle drei Aspekte der Prozeßstrukturierung bedingen und ergänzen sich gegenseitig. Eine vollständige Prozeßregelung muß alle drei Maßnahmen umfassen. Der Schwerpunkt der Regelung kann aber in den einzelnen Fällen unterschiedlich sein. Es kann auch sein, daß der eine oder andere Punkt überhaupt nicht explizit geregelt wird.

2.5.2 Sachmittel- und Verfahrensbestimmung

Die Sachmittel- und Verfahrensbestimmung erstreckt sich auf folgende Punkte:

(1) *Festlegung und nähere Bestimmung der einzusetzenden Sachmittel* (z. B. EDV-Anlagen, Textsysteme, Bürohilfsmittel). Dazu gehören technische Spezifikationen

der infrage kommenden Sachmittel nach leistungs- und kostenbestimmenden Merkmalen (Funktionsbeschreibung, Leistungsdaten, Bedarfsmengen, Kosten), die Wirtschaftlichkeits- und Nutzenanalyse und schließlich die Sachmittelauswahl.

(2) *Festlegung der anzuwendenden Verfahren.* Mit dem Einsatz von technischen Mitteln sind auch bestimmte Verfahrenstechniken verbunden. Wie eng die beiden Komponenten der Technologie zusammenhängen, zeigt sich bei dem EDV-System. Hier müssen Hardware und Systemsoftware vorhanden sein, um ein Anwendungsprogramm zur Lösung von DV-Aufgaben ausführen zu können. Bei der Verfahrensbestimmung geht es aber nicht nur um technische Verfahren, es fallen hierunter auch betriebswirtschaftliche und mathematisch-statistische Verfahren, z. B. Planungstechniken, Abrechnungsverfahren, Operations-Research-Methoden.

(3) *Raum- und Arbeitsplatzgestaltung.* Hierbei sind Art und Größe der Räume zu bestimmen (z. B. Großraum-, Gruppen- oder Einzelbüro), Einrichtungen auszuwählen und die Anordnung dieser Einrichtungen zu konzipieren. Bei der Arbeitsgestaltung ist für eine zweckmäßige Ausstattung der einzelnen Arbeitsplätze unter Berücksichtigung arbeitsphysiologischer und -psychologischer Gesichtspunkte zu sorgen.

Bei der Sachmittel- und Verfahrensbestimmung verschmelzen organisatorisch-strukturelle und technologische Aspekte. Der Übergang von der reinen Mittelspezifikation zu technischen Gestaltungsarbeiten ist fließend.

2.5.3 **Daten- und Belegorganisation**

Ein weiterer Gestaltungsaspekt im Rahmen der Prozeßstrukturierung stellt die Daten- und Belegorganisation dar. Wir haben es hier mit zwei Gestaltungsebenen zu tun:

- Erstens sind die *Informationsinhalte* zu klären. Es sind die bei den einzelnen Prozessen ein- und ausgehenden und zu speichernden Informationen (Daten, Texte, Bilder) zu bestimmen und zu ordnen. Dies wird als Informationsstrukturierung oder etwas spezieller als *Datenstrukturierung* bezeichnet.
- Zweitens geht es um die *Darstellung und Aufbewahrung von Informationen auf Informationsträgern.* Darunter sind alle Mittel zu verstehen, auf denen Informationen aufgezeichnet werden, um sie festhalten (speichern) und/oder transportieren zu können. Informationsträger in diesem Sinne sind Belege, Karteien, Notizen, EDV-Listen usw. Die Festlegung und Gestaltung dieser Informationsträger ist Sache der *Belegorganisation.* Wenn man die technische Realisierung von EDV-Prozessen miteinbezieht, kommt dazu die *Speicherorganisation.*

Die folgenden Ausführungen beschränken sich auf Datenverarbeitungsaufgaben, wobei auch hier organisatorisch-strukturelle und technologische Gestaltungsprobleme miteinander verknüpft sind.

Datenstrukturierung

Die Datenstrukturierung erstreckt sich auf zwei Bereiche:

(1) *Bestimmung der Ein- und Ausgabedaten* für die einzelnen Prozesse *sowie der Datenbestände.* Dazu muß festgestellt werden, welche Daten (Informationen) in den einzelnen Prozessen benötigt und welche weitergegeben werden müssen. Es hängt

vom Gestaltungsziel und natürlich von der Aufgabenstruktur ab, wie weit die Spezifikation der Daten geht. Dementsprechend müssen die ein- und ausgehenden Informationen, z. B. Kundenaufträge, Reiseberichte oder Rechnungen, detailliert und in Informationselemente aufgegliedert werden. Die ermittelten Daten müssen schließlich geordnet und aufeinander abgestimmt werden. Eine vollständige Formalisierung der Datenorganisation ist bei EDV-Prozessen erforderlich. Hier müssen die einzelnen Datenelemente genau definiert und die zu bildenden Datenkollektive strukturiert werden. Als Beispiel sei der hierarchische Aufbau einer Datenbank genannt: Datenbank → Dateien → Datensätze → Datengruppen (Segmente) → Datenelemente.

(2) *Aufbau von Nummernsystemen.* Nummern (Ordnungsbegriffe und Schlüssel) sind Kurzbezeichnungen für bestimmte Sachverhalte, z. B. zur Kennzeichnung eines Artikels oder einer Kostenstelle. Sie dienen
- zur Klassifikation (Ordnungsnummer), z. B. Kundenzuordnung nach Land und Verkaufsbezirk
- zur Identifikation (Ordnungsnummer + Zählnummer oder reine Zählnummer), z. B. Kundennummer, Personalnummer.

Die organisatorische Gestaltung umfaßt die Feststellung, welche Sachverhalte durch Nummern gekennzeichnet werden und wie ein Nummernsystem aufgebaut wird sowie die Definition der einzelnen Merkmale innerhalb einer Merkmalsklasse.

Datenträgergestaltung

Als nächstes müssen die Datenträger, auf denen die Daten festgehalten werden, strukturiert werden. Auch hier haben wir wieder zwei verschiedene Gestaltungsbereiche:

(1) *Belegorganisation:* Dazu werden alle Arten von Schriftstücken gerechnet, gleichgültig, ob sie personell oder maschinell erstellt bzw. gelesen werden. Für diese Schriftstücke ist der Aufbau (Inhalt und Anordnung) und bei Vordrucken zusätzlich die Druckgestaltung festzulegen.

(2) *Speicherorganisation:* Darunter fallen die verschiedenen Speichertechniken der EDV (z. B. Magnetplatten, Magnet-Disketten). Hier müssen die Speicherstrukturen entsprechend den Möglichkeiten und Bedingungen des jeweiligen Datenträgers festgelegt und Speicherzuordnungen für die einzelnen Datenbestände vorgenommen werden.

2.5.4 Ablaufstrukturierung

2.5.4.1 Problemaspekte

Durch die Ablaufstrukturierung werden die *Verhaltens- und Funktionsweisen* von Menschen und Sachmitteln in einer Organisation *näher bestimmt.* Es werden für wiederholt vorkommende Prozesse die einzelnen *Aktivitäten beschrieben und Aktivitätsfolgen festgelegt.* Dadurch wird erreicht, daß diese Prozesse nicht willkürlich, sondern gleichartig und planvoll, d. h. nach einem bestimmten Verhaltensmuster ablaufen. Diese *Standardisierung von Abläufen* durch Verfahrensvorschriften führt zu einer Routinisierung des Verhaltens und damit zu einer Entlastung der ausführenden Personen von wiederholten, ähnlich gelagerten Überlegungen und Entscheidungen. Sie dient auch der Koordination der Aktivitäten dadurch, daß die Verhaltensweisen genau festgelegt und auf die übergeordneten Ziele ausgerichtet werden.

Es ist zu unterscheiden zwischen Prozessen mit personellen und maschinellen Aktionsträgern. Für EDV-Prozesse ist eine vollständige Beschreibung aller durchzuführenden Arbeitsschritte erforderlich. Es ist ein *Programm* zu erstellen, d. h. eine geordnete Folge von Anweisungen zur Lösung einer Aufgabe auf einer Rechenanlage. Der Programmbegriff kann ausgedehnt werden auf alle Arten von zusammenhängenden Instruktionen, durch die bestimmte Verhaltensweisen ausgelöst werden. Dann ist Ablaufstrukturierung gleichbedeutend mit der Erstellung von Programmen, und zwar von Handlungsprogrammen für die Organisationsmitglieder und Programmen für Automaten (Computerprogramme; Programme für NC-Maschinen).

Wennschon eine formale Übereinstimmung der beiden Strukturierungsarten gegeben ist, so dürfen wir die Unterschiede nicht übersehen. *Maschinenprogramme* determinieren einen Ablauf. *Handlungsprogramme für Menschen* drücken nur *Verhaltenserwartungen* aus und lassen immer einen gewissen Handlungsspielraum. Im folgenden wird daher der Programmbegriff nur im Zusammenhang mit automatisierten Prozessen verwendet, während personenbezogene Ablaufregelungen je nach Art und Zusammenhang als Handlungsanweisungen (Arbeitsanweisungen) oder Verfahrensregeln (Arbeitsrichtlinien) bezeichnet werden.

2.5.4.2 **Strukturierungsaspekte**

Bei der Ablaufstrukturierung sind zwei Probleme zu lösen:
- Ein *Aufgabenkomplex* (Funktionsbereich), z. B. Buchhaltung, ist *in Teilaufgaben* (Teilfunktionen) zu *zerlegen*, z. B. Belegvorbereitung, Verbuchung, Auswertung. Diese Teilaufgaben müssen in hinreichend detaillierter Form durch Angabe der Einzelaktivitäten, die zu ihrer Erfüllung erforderlich sind, beschrieben werden.
- Die *Beziehungen zwischen den Aktivitäten* müssen geklärt und geordnet werden. Dabei sind zu unterscheiden:
  - *Logische Beziehungen.* Beispiel: Die Ausführung der Aktivitäten A_1 und A_2 ist notwendige und hinreichende Bedingung für den Beginn der Aktivität A_3.
  - *Zeitliche Beziehungen.* Beispiel: Der Aktivität A_1 zum Zeitpunkt t_1 folgt die Aktivität A_2 zum Zeitpunkt t_2 und A_3 zum Zeitpunkt t_3. Dabei ist zu beachten, daß eine gegebene logische Struktur häufig durch verschiedene zeitliche Strukturen realisiert werden kann.
  - *Räumliche Beziehungen:* Beispiel: Die Aktivitäten A_1 und A_2 erfolgen am Ort R_1, die Aktivität A_3 wird am Ort R_2 ausgeführt.

Die einzelnen *Ablaufregelungen* unterscheiden sich durch folgende Punkte:
- *Umfang:* Die Prozeßbeschreibung kann den Gesamtablauf umfassen oder nur besonders wichtige Vorgänge; sie kann sich auf eine oder mehrere Arbeitsstationen (Stellen, Arbeitsplätze, Maschinen) beziehen.
- *Detaillierung:* In fortschreitender Verfeinerung lassen sich Prozesse gliedern in Prozeßabschnitte erster bis n-ter Ordnung, die man beispielsweise als Teilprozesse, Vorgänge, Teilvorgänge (Arbeitsgänge), Vorgangselemente (elementare Verrichtungen, Grundoperationen) bezeichnet. *Abbildung C 13* zeigt am Beispiel der Auftragsabwicklung verschiedene Detaillierungsstufen.

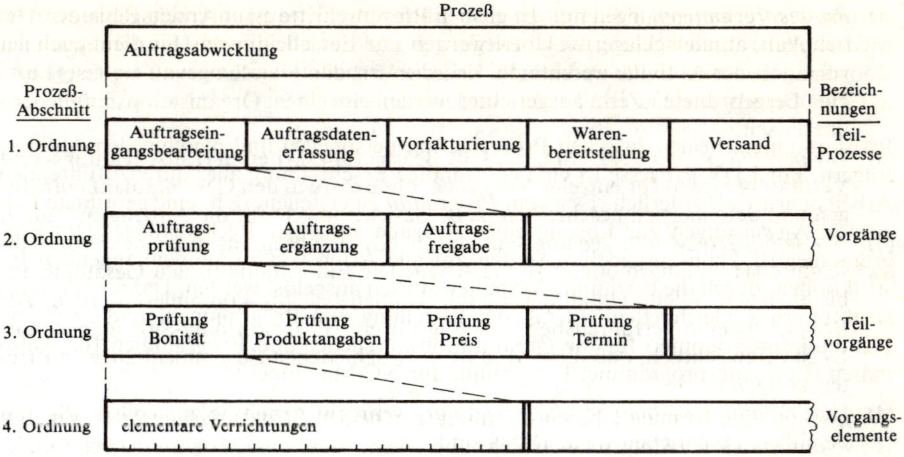

Abb. C 13: Prozeßabschnitte

— *Präzision:* Die Anweisungen können mehr oder weniger präzise sein. Dabei kommt es auf die Präzision der verwendeten Sprache und Darstellungsmittel an. Es können formalisierte Sprachen und Darstellungstechniken (z. B. mathematische Sprache, Programmiersprache, Struktogramme, Entscheidungstabellen) oder natürliche Sprachen und freie Darstellungsformen verwendet werden.

Wieweit man in der Ablaufregelung geht, hängt ab
— von der *Programmierbarkeit* der Aufgaben (Problemstruktur, Komplexität und Konsistenz der Aufgaben)
— vom *Programmierungsbedürfnis* (Wiederholungshäufigkeit, Routinisierungseffekt, Koordinationsanforderungen)
— von den *Eigenschaften der Aktionsträger und -mittel* (Fähigkeiten und Bedürfnisse der Mitarbeiter, Maschinenfunktionen).

2.5.4.3 **Grundformen der Ablaufregelung**

Nach Umfang und Detaillierung lassen sich die in *Tabelle C 6* zusammengestellten Haupttypen der Regelung unterscheiden:

Detaillierung / Umfang	Grobstrukturierung	Feinstrukturierung
Gesamtbereich	Rahmenregelung	detaillierte Ablaufbeschreibung
Teilbereich	partielle Vorgangsregelung	detaillierte Modulbeschreibung

Tabelle C 6: Grundformen der Ablaufstrukturierung

(1) *Rahmenregelungen* legen nur die groben Prozeßschritte eines Arbeitsgebietes, z. B. der Auftragsabwicklung, fest. Es werden nur der allgemeine Handlungsrahmen vorgegeben und einige wesentliche Kriterien für den Handlungsvollzug festgelegt. Die Details der Durchführung werden den einzelnen Organisationsmitgliedern überlassen.
(2) Die *partielle Vorgangsregelung* umfaßt Bearbeitungskriterien (Entscheidungs- und Verfahrensregeln) für einzelne Vorgänge, ohne diese in den Gesamtablauf einzufügen und detailliert zu beschreiben (z. B. Gesichtspunkte für die Auftragsprüfung).
(3) Als *detaillierte Modulregelung* sind eingehende Beschreibungen kleiner Prozeßabschnitte (Handlungsmodule) zu verstehen. Die Einordnung in den Gesamtablauf bleibt offen. Solche Handlungsmodule können beliebig kombiniert werden. Als Beispiel sei eine Verfahrensbeschreibung für eine Brainstorming-Sitzung genannt. Es ist offensichtlich, daß diese Module in verschiedenen Zusammenhängen auftreten können.
(4) Eine *detaillierte Ablaufregelung* liegt vor, wenn ein Arbeitsablauf vollständig und detailliert beschrieben wird. Dabei sind
- die einzelnen Arbeitsschritte festzulegen,
- deren logische, zeitliche und räumliche Folge bzw. Anordnung zu bestimmen,
- die Arbeitsobjekte (Input und Output) der einzelnen Bearbeitungsstufen zu fixieren,
- und die Aktionsträger und Aktionsmittel zuzuordnen.

Die Ablaufstruktur kann sich aus den in *Abbildung C 14* dargestellten *Grundstrukturen* zusammensetzen.

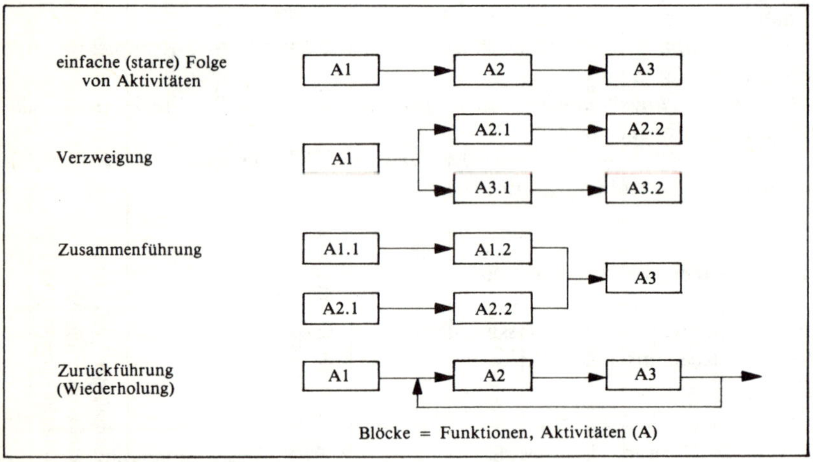

Abb. C 14: Grundformen der Ablaufstruktur

2.6 Strukturmerkmale

Durch die in den vorausgegangenen Abschnitten dargestellten Gestaltungsmaßnahmen wird die formelle Organisationsstruktur geprägt. Im folgenden werden wesentliche Merkmale der Organisationsstruktur zusammengefaßt.

Gestaltungs-maßnahmen	Strukturmerkmale		Merkmalsausprägungen I	II
1 Aufgaben verteilung	11 Bereichsdifferenzierung (-spezialisierung)	111 Bereichsgliederungsprinzip 112 Tiefengliederung 113 Breitengliederung	Funktionsprinzip wenig Ebenen wenig Fachabteilungen	Objektprinzip viele Ebenen viele Fachabteilungen
	12 Stellendifferenzierung (-spezialisierung)	121 Stellengliederungsprinzip 122 Spezialisierungsgrad 123 Stellenrelation	Artenteilung Funktionsprinzip gering, ganzheitliche Arbeit relativ wenig Leistungsstellen	Mengenteilung Objektprinzip stark, elementare Teilarbeiten relativ viele Leistungsstellen
2 Kompetenz-verteilung	21 Leitungsstruktur	211 Leitungsstrukturtyp 212 Hierarchie (~ 112) 213 Leitungsspanne	Einliniensystem steile hierarchische Struktur klein	Mehrliniensystem flache hierarchische Struktur groß
	22 Ausmaß der Delegation	22 Delegationsgrad	nieder, Entscheidungs-zentralisation	hoch, Entscheidungs-dezentralisation
	23 Ausmaß der Partizipation	23 Partizipationsgrad	nieder, geringe Partizipation autoritärer Führungsstil Einzelentscheidungen	hoch, starke Partizipation kooperativer Führungsstil Gruppenentscheidungen
3 Kommuni-kations-regelungen	31 Ausmaß der Kommunika-tionsregelungen	31 Bindungsgrad der Kommunikation	gebundene Kommunikation	freie Kommunikation
	32 Kommunikationsstruktur	321 Netzstrukturtyp 322 Kommunikationsrichtung 323 Kommunikationsstufen	Vorgesetztenstruktur einseitig, vorwiegend vertikal einstufig, direkte Kommuni-kation	Vollstruktur zweiseitig, vorwiegend hori-zontal/lateral mehrstufig, indirekte Kommu-nikation
4 Prozeß-strukturierung	4 Ausmaß der Verfahrens-standardisierung bzw. Ablaufprogrammierung	4 Standardisierungsgrad (Programmierungsgrad)	nieder, Rahmenregelungen	hoch, detaillierte Ablauf-regelungen (Programme)

Tabelle C7: Strukturmerkmale

2.6.1 Formalisierungsgrad

Der Formalisierungsgrad kennzeichnet das *Ausmaß der formellen Regelungen* (engere Begriffsfassungen: Bleicher/Meyer 1976, S. 128 ff; Kieser/Kubicek 1977, S. 138 ff). Es handelt sich also um ein allgemeines Merkmal, das etwas über die Strukturierungstendenz aussagt.

Der Grad der Formalisierung hängt ab von
- qualitativen Aspekten (Art der Gestaltungsmaßnahmen) und
- quantitativen Aspekten (Anzahl und Intensität der Regelungen).

Mit steigendem Formalisierungsgrad wird der *Handlungsspielraum der Organisationsmitglieder* zwar nicht generell, aber doch tendenziell eingeschränkt. Bei der Organisationsgestaltung ist nicht unbedingt ein hohes Maß an Regelung anzustreben, je nach Zielsetzung und Bedingungskonstellation können niedere Formalisierungsgrade und damit größere Handlungsspielräume vorteilhafter sein. »Zu den Entscheidungen über Gestaltungsmaßnahmen gehört auch der bewußte Verzicht auf die Vorgabe einzelner Regelungen« (Kubicek 1975 a, S. 21).

2.6.2 Spezielle Strukturmerkmale

Während der Formalisierungsgrad die Gesamttendenz angibt, die sich aus der Summe der Gestaltungsmaßnahmen ergibt, kennzeichnen die speziellen Strukturmerkmale das Ergebnis der einzelnen Gestaltungsmaßnahmen. Da diese Merkmale bereits bei der Behandlung der Gestaltungsmaßnahmen erklärt bzw. erwähnt wurden, genügt hier eine tabellarische Zusammenstellung (s. *Tab. C 7*). Zur Verdeutlichung der Strukturmerkmale sind in den beiden letzten Spalten der Tabelle extreme Merkmalsausprägungen aufgeführt.

Weiterführende Literatur zu Kapitel C 2

zu 2.1

Konzept der Strukturierungsmaßnahmen: Grochla 1978 (S. 30 ff.), Hill u. a. 1974 (S. 170 ff.).

zu 2.2

Aufgabenverteilung: Frese 1976 (S. 29 ff.), Kosiol 1962 (S. 42 ff.).

Arbeitsfeldstrukturierung: Gaugler u. a. 1977, Rühl 1973, Ulich u. a. 1973.

zu 2.3

Leitungsstrukturierung: Kosiol 1962 (S. 100 ff.), Rühli 1973 (S. 63 ff.).

Delegation/Entscheidungsdezentralisation: Fischer 1975, H. Ulrich 1969, Bleicher 1969a.

Partizipation: Lattmann 1974, Vilmar 1973a.

zu 2.4

Kommunikationsregelungen: Bartram 1969, Coenenberg 1966, Schwarz 1969 (S. 193 ff.), Ulrich 1968 (S. 257 ff.).

zu 2.5

Allgemeine Aspekte der Prozeßstrukturierung: REFA 1975a, Witte 1969b.

Sachmittel- und Verfahrensbestimmung: Wegner 1969.

Daten- und Belegorganisation: Grochla/Meller 1974 (S. 33 ff.), Hansen 1978a (S. 63 ff.), Wedekind 1975.

Ablaufstrukturierung: Kosiol 1962 (S. 185 ff.), REFA 1975b (S. 97 ff.), Orr 1977, Schulz 1978, Schweitzer 1974.

3. Situationsbezogene Strukturgestaltung

3.1 Situatives Denken

Welche Gestaltungsmaßnahmen im Einzelfall anzuwenden sind und welche Merkmale die Organisationsstruktur aufweisen sollte, hängt von den jeweiligen Situationsbedingungen ab. Dieser Aspekt wurde von der älteren Organisationslehre weitgehend vernachlässigt. Erst durch die empirische Organisationsforschung in Amerika und England wurden solche Zusammenhänge untersucht und situationsbezogene Organisationskonzepte entwickelt. Im deutschen Sprachraum wurden diese Ansätze u. a. von Staehle (1973), Hill u. a. (1974) und Kieser/Kubicek (1977) aufgegriffen.

Situationsbezogene Gestaltungsansätze versuchen zu erklären, welche Organisationsstruktur unter den gegebenen Bedingungen am besten zur Zielerreichung geeignet ist. Aus empirischen Untersuchungen werden Gestaltungsaussagen in der folgenden Form abgeleitet:

Wenn Ziele Z_i und Bedingungen B_j $\rightarrow$ **Dann** Organisationsstruktur S_k.

Es muß nicht besonders betont werden, daß es schwierig ist, derartige Aussagen zu machen. Die bisherigen Forschungsergebnisse sind noch sehr bruchstückhaft. Vielfach finden wir in der Literatur Aussagen über funktionale Zusammenhänge, die lediglich Hypothesen darstellen und nur zum Teil empirisch erhärtet sind. Das schmälert aber keineswegs die Bedeutung einer situationsbezogenen Organisationstheorie, deren Beitrag zur Lösung von Organisationsproblemen ja nicht nur in den empirisch gesicherten Gestaltungsaussagen besteht, sondern in der Entwicklung des situativen Denkansatzes überhaupt.

Situatives Denken verhindert unkritische Verallgemeinerungen (»Organisationsform X oder Führungsstil Y sind am besten«), die Übernahme von Patentrezepten (als welche z. B. gewisse Managementmodelle angeboten werden), aber auch das Verharren in »bewährten« Organisationsformen (obwohl sich die Umstände längst verändert haben). Es zwingt dazu, den Bedingungsrahmen einer Organisation genau zu analysieren, die Ziele exakt zu formulieren und die Gestaltungsmaßnahmen situationsgerecht zu variieren.

3.2 Gestaltungsziele

3.2.1 **Zielaspekte**

Die Gestaltungsziele beschreiben, was durch organisatorische Maßnahmen erreicht werden soll. In der Praxis liegen der Organisationsgestaltung häufig nur vage Zielvorstellungen zugrunde. Dazu kommt, daß auch die Wirkung der Gestaltungsmaßnahmen nicht immer hinreichend überblickt wird. Für eine rationale Organisationsgestaltung ist aber zweierlei erforderlich:

- erstens, daß die Gestaltungsziele klar formuliert werden, und zwar so, daß sie auch als Maßstab für die Beurteilung der Gestaltungsmaßnahmen herangezogen werden können,
- zweitens, daß die Wirkungen der Gestaltungsmaßnahmen im Hinblick auf die Gestaltungsziele bekannt sind oder abgeschätzt werden, d. h., daß man weiß, welche Maßnahmen zur Erreichung bestimmter Ziele in einer bestimmten Bedingungslage mehr oder weniger geeignet sind.

Im folgenden sollen nun einige wesentliche Organisationsziele betrachtet und die Konsequenzen für die Organisationsgestaltung aufgezeigt werden. Dabei werden spezifische situative Gegebenheiten zunächst vernachlässigt. Es soll hier auch nicht eine konkrete Zielvorgabe entwickelt werden. Wir wollen uns darauf beschränken, die Hauptzielrichtungen herauszuarbeiten.

Hauptziele

Es wurde an anderer Stelle bereits ausgeführt, daß die Unternehmung heute eine doppelte Zielsetzung hat:

- Das *wirtschaftliche Ziel* kann in sehr allgemeiner Fassung in einer hohen *Produktivität* gesehen werden, worunter ein möglichst günstiges Verhältnis zwischen den Systemleistungen (Output, gemessen in Geldeinheiten oder Leistungsmengen) und dem Einsatz der dazu erforderlichen Güter und Dienste (Input, in Geldeinheiten oder Einsatzmengen gemessen) zu verstehen ist.
- Das *soziale Ziel* kann, wenn wir den gesellschaftlichen Aspekt hier einmal außer acht lassen und es nur mitarbeiterbezogen betrachten, in der *Arbeitszufriedenheit* oder Arbeitsqualität im Sinne einer *Befriedigung wesentlicher Bedürfnisse und Interessen der Organisationsmitglieder* gesehen werden.

Die beiden Hauptziele können unterschiedlich ausgeprägt sein sowohl hinsichtlich des Zielinhalts als auch des Zielausmaßes. Was den Zielinhalt angeht, so sind noch einige Präzisierungen erforderlich. Auf die nähere Bestimmung des Zielausmaßes müssen wir hier verzichten.

3.2.2 **Wirtschaftliche Ziele**

Die allgemeine Formulierung der wirtschaftlichen Zielsetzung im Sinne von Produktivität reicht für die Organisationsgestaltung nicht aus. Man muß dieses Ziel vor dem Hintergrund der allgemeinen Bedingungslage sehen und noch näher spezifizieren. Nach Hill u. a. (1974) sind zu unterscheiden

- Produktivität unter konstanten Bedingungen, d. h. Produktivität von Systemprozessen, die im wesentlichen gleich ablaufen (*Produktivität I*)
- Produktivität unter wechselnden Bedingungen, d. h. Produktivität von Systemprozessen, die laufenden Änderungen unterworfen sind (*Produktivität II*).

Produktivität I ist also gekoppelt mit der Stabilitätsforderung, Produktivität II mit der Flexibilitätsforderung. Die beiden Produktivitätsziele erfordern unterschiedliche Gestaltungsmaßnahmen:

- *Produktivität I* wird am besten erreicht durch eine straffe Organisation mit weitgehender Formalisierung, Spezialisierung, Entscheidungszentralisation, gebundener Kommunikation und genauen Verfahrensregelungen.
- Wird *Produktivität II* angestrebt, so ist eine äußerst flexible Organisation erforderlich mit geringerem Formalisierungsgrad, ausreichendem Handlungsspielraum, Entscheidungsdezentralisation, mehr freier Kommunikation und weniger Verfahrensregelungen.

3.2.3 Soziale Ziele

Auch hinsichtlich der auf die Mitarbeiter bezogenen Zielsetzung (Arbeitszufriedenheit) bedarf es einer näheren Bestimmung. Hill u. a. (1974) gehen dabei von zwei *unterschiedlichen Erwartungshaltungen* (Einstellungen, Bedürfnisstrukturen), die für bestimmte Berufspositionen und soziale Schichten kennzeichnend sind, aus:

(1) Für viele Menschen steht *Sicherheit* im Vordergrund. Neben der Arbeitsplatzsicherheit und der Bezahlung ist hier auch durch organisatorische Maßnahmen dem Sicherheitsbedürfnis Rechnung zu tragen. Dies kann geschehen durch eine genaue Rollenspezifikation mit hinreichender Fixierung der Stellenaufgaben und genauen Verfahrensregelungen.

(2) Wird dagegen die *Selbständigkeit und Selbstentfaltung* als vorrangig angesehen, dann geht es darum, einen ausreichenden Handlungsspielraum zu schaffen, also weniger zu formalisieren und zu strukturieren, Kompetenzen zu delegieren und die Mitarbeiter am Willensbildungsprozeß zu beteiligen.

3.3. Gestaltungsbedingungen

3.3.1 Problemaspekte

Eine weitere Frage ist, welchen Einfluß die internen und externen Situationskomponenten auf die Organisationsstruktur haben. In der Literatur werden unterschiedliche Situationsfaktoren als Einflußgrößen der Organisationsstruktur herausgehoben. Wir wollen hier von den Systemvariablen ausgehen, die in Teil B dargestellt wurden, und folgende *Einflußfaktoren* unterscheiden: *Art der Aufgaben, Technologie, Umwelt* und *Eigenschaften der Organisationsmitglieder.* Als weitere Einflußfaktoren, auf die aber hier nicht weiter eingegangen wird, werden Unternehmungsgröße, Rechtsform, Eigentumsverhältnisse und Standort genannt.

3.3.2 Einfluß der Aufgaben

Die von einer Organisation zu erfüllenden Aufgaben unterscheiden sich durch eine Reihe von Merkmalen. Je nach Aufgabenstruktur ergeben sich unterschiedliche Strukturanforderungen (vgl. Staehle 1973, Schmidt 1970, Abbeglen 1971):

(1) Die *Dauer der Aufgaben* bestimmt die Art der zu schaffenden Organisationseinheiten: ständige Organisationseinheiten für Daueraufgaben oder temporäre Organisationseinheiten für zeitlich begrenzte Aufgaben (Projekte).

(2) Von der *Wiederholungshäufigkeit* hängt es ab, inwieweit die Aufgabenerfüllung formell zu regeln ist: Für *ständig wiederkehrende Aufgaben* ist eine stärkere Formalisierung und Strukturierung angebracht; durch eine ausgeprägte hierarchische Struktur und durch Verfahrensstandardisierung kann ein hohes Maß an Routinisierung und Koordination der Einzeltätigkeiten erreicht werden. *Einmalige bzw. neuartige Aufgaben* erfordern dagegen einen ausreichenden Freiheitsspielraum und damit einen geringeren Formalisierungsgrad.

(3) Nach der Bestimmbarkeit der Faktoren und Beziehungen einer Aufgabe sind zwei *Problemtypen* zu unterscheiden: Bei *wohl strukturierten Problemen* besteht Klarheit hinsichtlich des Ziels und der möglichen Lösungswege. Das trifft für einen Großteil der wiederkehrenden Ausführungsaufgaben zu. Hier ist eine stärkere For-

malisierung, die bis zur detaillierten Verfahrensregelung geht, am Platze. Bei *schlecht strukturierten* Problemen sind die genannten Voraussetzungen nur teilweise erfüllt; die Informationen über die jeweilige Situation und die Handlungskonsequenzen sind unvollständig und unsicher. Das trifft vor allem auf neuartige Aufgaben, z. B. im Entwicklungs- und Absatzbereich, zu. Diese Aufgaben sind nur begrenzt formalisierbar. Vorteilhaft ist hier eine weitgehende Entscheidungsdezentralisation, da vor Ort in der Regel mehr Informationen vorhanden sind; ferner ist ein hohes Maß an freier Kommunikation und Teamarbeit in Ausschüssen, Arbeitsgruppen und Projektgruppen angebracht.

(4) Die *Komplexität einer Aufgabe*, gemessen an der Anzahl der in ihr enthaltenen elementaren Aufgaben, beeinflußt die Kommunikations- und Koordinationsanforderungen.

(5) Ein weiteres strukturbestimmendes Merkmal ist die *Konsistenz* einer Aufgabe. Es gibt Aufgaben, die über einen längeren Zeitraum gleichbleiben, bei denen sich der Aufgabeninhalt also nicht ändert. Andere Aufgaben ändern sich rasch, wobei der Aufgabenwandel mit der Dynamik der jeweiligen aufgabenspezifischen Umwelt im Zusammenhang steht. So verändert sich der Aufgabeninhalt für einen Vertriebsbeauftragten einer Computerfirma wesentlich rascher als das Arbeitsgebiet eines Buchhalters. Daraus ergeben sich Konsequenzen hinsichtlich der Flexibilität der Organisation als auch der besonderen Anforderungen an die Anpassungsfähigkeit der Mitarbeiter.

3.3.3 Einfluß der Technologie

Die Ergebnisse der bisherigen Untersuchungen über den Zusammenhang zwischen Technologie und Organisationsstruktur ergeben kein einheitliches Bild, so daß Gestaltungsaussagen nur sehr eingeschränkt gemacht werden können. Die Schwierigkeit liegt darin begründet, daß der Gesamtkomplex Technologie äußerst vielgestaltig ist und aus sehr unterschiedlichen technischen Mitteln und Verfahren besteht, die in den verschiedensten Kombinationen in Organisationen eingesetzt werden.

Produktionstechnologie

Die Untersuchungen hinsichtlich der Produktionstechnologie deuten darauf hin, daß deren Einfluß sich hauptsächlich auf die Struktur des Fertigungsbereichs erstreckt. Le-

		WENN		
	Organisationsstruktur	Einzel- u. Kleinserien-fertigung	Großserien- u. Massen-fertigung	Prozeß fertigung
DANN	Formalisierung	gering	hoch	gering/mittel
DANN	Spezialisierung	gering/mittel	hoch	gering/mittel
DANN	Delegation	gering	gering	hoch
DANN	Partizipation	hoch	gering	hoch
DANN	Standardisierung	gering	hoch	gering

Tabelle C8: Einfluß der Produktionstechnologie auf die Organisationsstruktur

diglich in kleineren industriellen Unternehmungen, bei denen der Fertigungsbereich einen großen Anteil an der gesamten Organisation hat, ist ein Einfluß auf die Gesamtstruktur festzustellen.

Eine zusammenfassende Darstellung der Abhängigkeit der Organisationsstruktur von der Produktionstechnologie hat Gaitanides (1976, S. 138 ff; 1977, S. 111 ff) vorgelegt. Die Aussagen sind allerdings nur teilweise empirisch abgesichert. Sie decken sich in der Tendenz mit Feststellungen von Kieser/Kubicek (1977, S. 232 ff). *Tabelle C 8* zeigt eine kurze Zusammenfassung dieser Feststellungen.

Informationstechnologie

Über den Einfluß der Informationstechnologie auf die Organisationsstruktur liegen widersprüchliche Untersuchungsergebnisse vor, so zum Beispiel bezüglich der Auswirkung der Computertechnik auf die Spezialisierung, der Anzahl der Hierarchieebenen, der Entscheidungsdelegation. Eine Erklärung dafür dürfte in dem schon erwähnten Gestaltungsspielraum beim Computereinsatz liegen. Außerdem repräsentieren die Befunde unterschiedliche Entwicklungsstände der Computertechnik, ein großer Teil dürfte durch neuere Entwicklungen überholt sein.

Eine gewisse *Entscheidungsdelegation,* die schon früher teilweise beobachtet wurde, könnte durch den *Trend zur dezentralisierten Datenverarbeitung* verstärkt werden, zumal zur Risikominderung computergestützte Planungs- und Kontrollsysteme eingesetzt werden können. Weiter läßt sich die Delegationstendenz durch den „*Kaskadeneffekt*" (Klatzky) erklären. Danach schafft die Übernahme von Routineaufgaben durch den Computer auf der untersten Ebene freie Kapazitäten, die es den übergeordneten Stellen erlauben, Aufgaben zu delegieren. Der Delegationsprozeß beginnt bei der Unternehmensspitze, die sich dadurch mehr strategischen Aufgaben zuwenden kann, und setzt sich über die verschiedenen hierarchischen Ebenen fort, wobei jeweils die Aufgaben mit dem höchsten Routinecharakter übertragen werden (s. Kieser/Kubicek 1977, S. 272).

Erkennbar ist weiterhin eine vom Computereinsatz ausgehende *Formalisierungstendenz,* die sich in verstärkter Verfahrensstandardisierung und Ablaufprogrammierung zeigt.

3.3.4 Einfluß der Umwelt

Ein sehr wichtiger, für einige Forscher sogar der wichtigste Bedingungsfaktor ist die Systemumwelt. Über deren Einfluß auf die Organisationsstruktur liegen eine Reihe von Untersuchungen vor. Dabei wird zur Charakterisierung der Umwelt vornehmlich von folgenden Eigenschaften ausgegangen:

(1) *Umweltdynamik* (= Häufigkeit und Stärke der Veränderung der einzelnen Umweltsegmente)
(2) *Umweltkomplexität* (= Anzahl und Verschiedenartigkeit der relevanten Faktoren der einzelnen Umweltsegmente).

Je nach Ausprägung der beiden Eigenschaften lassen sich mehr oder weniger genaue und vollständige Informationen über die Umwelt gewinnen und Vorhersagen über die Entwicklung machen. Daraus ergibt sich

(3) ein unterschiedliches *Ausmaß an Unsicherheit* bei der Entscheidungsfindung in der Organisation in bezug auf die Umwelt.

Obwohl die verschiedenen empirischen Untersuchungen unterschiedlich angelegt und nicht ohne weiteres vergleichbar sind, lassen sich doch einige Grundtendenzen erkennen (vgl. Hoffmann F. 1976, S. 274 ff; Kieser 1974; Kieser/Kubicek 1977, S. 277 ff; Lawrence/Lorsch 1969 a + b; Staehle 1973, S. 72 ff):

(1) Je verschiedenartiger und unsicherer die einzelnen Umweltsegmente sind, desto differenzierter muß eine Organisation sein. Es müssen organisatorische Einheiten gebildet werden, die mit den jeweiligen Umweltausschnitten korrespondieren und auf diese abgestimmt sind.
(2) Je größer die Umweltdynamik, desto mehr Entscheidungsdezentralisation ist erforderlich und desto weniger sind die Leitungsaufgaben strukturierbar.
(3) Die Organisationsstruktur der Subsysteme muß den korrespondierenden Umweltsegmenten angepaßt sein. Je dynamischer und unsicherer die spezifische Umwelt, desto geringer ist der Formalisierungsgrad der entsprechenden Subsysteme.
(4) Je unterschiedlicher die Organisationsstruktur der verschiedenen Subsysteme, desto aufwendigere Koordinationsmechanismen braucht man. Neben der Leitungshierarchie und Verfahrensstandardisierung werden zusätzliche Koordinationseinrichtungen, z. B. Stäbe oder Ausschüsse, benötigt.

3.3.5 Wechselseitiger Einfluß von Organisationsmitgliedern und Organisationsstruktur

Während die bereits behandelten Faktoren lediglich als Einflußgrößen der formellen Organisationsstruktur betrachtet wurden, sind die Beziehungen Mensch-Organisationsstruktur unter zwei Aspekten zu sehen:

— Die *Organisationsmitglieder* sind als ein *weiterer wichtiger Bedingungsfaktor* bei der Strukturgestaltung zu beachten. Es ist zu fragen: Wenn die Organisationsmitglieder bestimmte Eigenschaften aufweisen, welches ist dann die effizienteste Organisationsstruktur im Hinblick auf Leistungs- und Mitarbeiterziele?
— Die *formelle Organisationsstruktur* bestimmt zusammen mit anderen Faktoren das *Verhalten der Organisationsmitglieder.* Die Frage ist: Welche Wirkungen haben bestimmte Organisationsstrukturen auf das Verhalten der einzelnen Organisationsmitglieder?

Die empirische Organisationsforschung setzt in der Regel bei der zweiten Fragestellung ein, weil diese Beziehung methodisch besser zu erfassen ist. Daraus ergeben sich Anhaltspunkte für die Beantwortung der ersten Frage, die aber dennoch sehr stark spekulativen Charakter hat.

Einfluß der Organisationsmitglieder auf die Organisationsstruktur

Als Beispiel sei der *Einfluß der Ausbildung* herausgegriffen. Mit Art und Niveau der Ausbildung ist in der Regel auch eine bestimmte Arbeitsorientierung verbunden. Das zeigt sich am besten an der sogenannten *Professionalisierung,* worunter die Entwicklung hochspezialisierter, zumeist auf wissenschaftlicher Ausbildung beruhender Berufsrollen verstanden wird, die gekennzeichnet sind durch hohe theoretische und praktische fachliche Anforderungen, stark ausgeprägte Berufsgruppenorientierung und ein bestimmtes Wertsystem. Die Professionalisierung setzte sehr früh in der Medizin und Jurisprudenz ein; sie greift heute auf andere Disziplinen über und prägt immer mehr die Fachexperten in der Unternehmung.

Bedeutsam ist dabei folgendes: »In je stärkerem Maße Spezialisten bereits durch ihre Ausbildung auf die spätere selbständige Anwendung strenger Verfahrensregeln trainiert sind, desto weniger detailliert braucht ihre Tätigkeit in Organisationen bezüglich der zu beachtenden Verhaltensnormen Gegenstand von Anweisungen ›von oben‹ zu sein. Zugleich hat dabei die professionelle Schulung auch weite Bereiche der Motivierungsaufgabe übernommen» (Prewo u. a. 1973, S. 215). So ist in der Regel das Bedürfnis nach Selbständigkeit stärker ausgeprägt. Daraus folgt für die Strukturgestaltung:

- Je höher der Professionalisierungsgrad, desto weniger Formalisierung und hierarchische Differenzierung und desto mehr Entscheidungsdezentralisation sind in den betreffenden Organisationseinheiten angebracht (vgl. Hoffmann F. 1976, S. 260 f).

Verhaltenswirkung der Organisationsstruktur

Welche Verhaltenswirkungen bestimmte Strukturmaßnahmen und -formen haben, ist noch keineswegs hinreichend erforscht. Es liegen zwar eine Reihe von empirischen Untersuchungen zu Teilaspekten vor (zusammenfassende Darstellungen: Hoffmann/Bühner 1976, S. 23 f; Kieser/Kubicek 1977, S. 341 ff; v. Rosenstiel 1975a, S. 337 ff und 1977b, S. 236 ff; Staehle 1973, S. 96 ff); sie ergeben aber kein einheitliches und vor allem kein vollständiges Bild. Man ist in starkem Maße auf Spekulationen angewiesen. Wie schwierig es ist, die Zusammenhänge zwischen bestimmten Struktur-und Persönlichkeitsmerkmalen zu erfassen und Wirkungen eindeutig zuzurechnen, zeigt folgendes Beispiel: Vroom (zitiert nach v. Rosenstiel 1977 b, S. 238) stellt fest, daß die Mitbestimmung am Arbeitsplatz die Arbeitszufriedenheit erhöht, wenn ein hohes Bedürfnis nach Selbständigkeit und/oder geringe autoritäre Persönlichkeitsmerkmale vorhanden sind. Es bleibt aber offen, inwieweit diese Persönlichkeitsmerkmale durch die bisherige Arbeitserfahrung verstärkt oder abgeschwächt wurden. Man kann nicht einfach folgern, daß dort, wo diese Merkmale nicht oder nur schwach vorhanden sind, Partizipation nicht empfehlenswert sei. Man muß auch die Veränderungen von Einstellungen und Motiven durch Lernprozesse in Betracht ziehen.

Konsequenzen für die Organisationsgestaltung

Für die Organisationsgestaltung ergeben sich aus dieser Sachlage verschiedene Vorgehensweisen (vgl. v. Rosenstiel 1977 b, S. 244 ff):

(1) Man kann *empirisch vorgehen* und zunächst die Bedürfnisse und Einstellungen der Mitarbeiter ermitteln und dann untersuchen, welche strukturellen Maßnahmen unter diesen Bedingungen wirtschaftlich effizient und für die Mitarbeiter befriedigend sind. Ein solcher Weg ist nicht nur schwierig und langwierig, es besteht auch die Gefahr der Verfestigung bestehender Bedürfnisstrukturen.

(2) Man kann auch *ausgehen von Soll-Vorstellungen* hinsichtlich der Menschen in der Organisation und dann die Organisationsstruktur darauf ausrichten. Legt man Wert auf selbständige Mitarbeiter, so kann man beispielsweise teilautonome Gruppen einführen in der Erwartung, daß dies auch die Selbständigkeit der Mitarbeiter fördert. Ob dies zutrifft, muß durch anschließende Erfolgskontrolle festgestellt werden.

Im einen Fall geht man also von gegebenen Persönlichkeitsmerkmalen aus, im zweiten Fall versucht man, auch über Strukturmaßnahmen solche Eigenschaften zu beeinflussen.

(3) Ein dritter Weg wäre die *Kombination beider Strategien*. Diese kombinierte Strategie läßt sich am besten im Rahmen von Organisationsentwicklungsprojekten realisieren (s. Kapitel F 3).

Weiterführende Literatur zu Kapitel C 3

Bühner 1977, Hill u. a. 1974 (S. 319 ff.), Hoffmann/Bühner 1976, Kieser/Kubicek 1977 (S. 177 ff.), Staehle 1973 und 1977.

Teil D: Gestaltung der Organisationsstruktur: Grundformen der Aufbaustruktur

1. Problemaspekte

1.1 Gestaltungsmaßnahmen und Strukturformen

Nachdem wir die organisatorischen Strukturierungsmaßnahmen und ihre situationsbezogene Auswahl diskutiert haben, wenden wir uns nun den Strukturformen zu, die durch die formellen Regelungen geschaffen werden. Dabei handelt es sich lediglich um eine andere Betrachtungsweise der formellen Regelungen. Es werden nicht mehr einzelne Strukturierungsmaßnahmen, sondern *mögliche und praktikable Ausprägungen der Organisationsstruktur,* die sich aus der *Kombination verschiedener Strukturierungsmaßnahmen* ergeben, betrachtet (s. *Abbildung D 1*). Dabei folgen wir der üblichen Unterscheidung in

- *Aufbaustruktur* (Aufbauorganisation = Ordnung der Organisationseinheiten) und
- *Prozeßstruktur* (Ablauforganisation = Ordnung von Handlungen, Vorgängen, Prozessen).

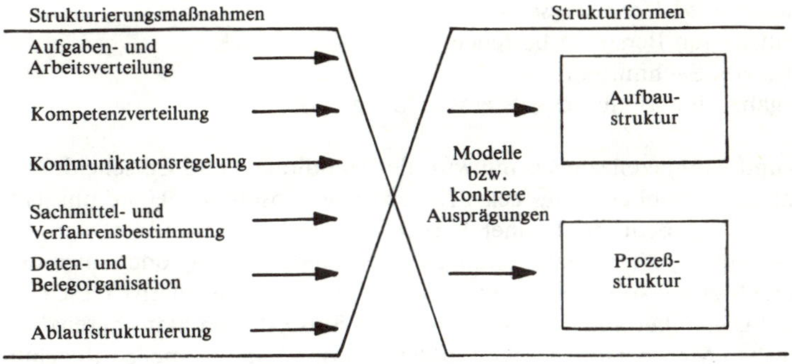

Abb. D 1: Aspekte der Organisationsstruktur

Zunächst wird auf die Grundformen der Aufbaustruktur (Teil D) und anschließend auf die Grundformen der Prozeßstruktur (Teil E) eingegangen. Es sollen aber nicht einfach Rezepte, schon gar nicht Patentrezepte, vermittelt, sondern typische organisatorische *Konzepte,* die von allgemeiner Bedeutung sind, dargestellt werden. Es werden auch nicht konkrete Ausprägungen der Organisationsstruktur behandelt, sondern Strukturmodelle vorgestellt. *Modelle* sind vereinfachte Abbildungen der Wirklichkeit; sie zeigen die wesentlichen Aspekte eines Sachverhalts. Erst wenn diese herausgearbeitet und beurteilt worden sind, kann man an die weitere Konkretisierung im Einzelfall gehen.

1.2 Gestaltungsaspekte der Aufbaustruktur

Gegenstand der Aufbaustrukturierung ist die Bildung von Organisationseinheiten und die Festlegung der grundlegenden Beziehungen zwischen diesen Einheiten. Die hierzu erforderlichen *Gestaltungsmaßnahmen* sind:
- Aufgaben- und Arbeitsverteilung
- Kompetenzverteilung
- Kommunikationsregelungen.

Die *Ergebnisse der Aufbaustrukturierung* schlagen sich nieder in Organisationsplänen, Aufgaben- und Kompetenzdiagrammen, Stellenbeschreibungen und Kommunikationsplänen.

2. Grundtypen von Organisationseinheiten

2.1 Überblick

Die Bildung von Organisationseinheiten und die Festlegung der Beziehungen zwischen diesen hängen aufs engste zusammen; das eine kann nicht ohne das andere geschehen. Nur in der Analyse wollen wir die beiden Aspekte der Aufbaustruktur auseinanderhalten und zunächst die formellen Organisationseinheiten als Bausteine der Aufbaustruktur betrachten.

Organisationseinheiten sind Handlungseinheiten, die
- aus einer oder mehreren Personen bestehen,
- welche mit Hilfe von Sachmitteln
- bestimmte Aufgaben innerhalb des Systems erfüllen.

Durch Aufgaben- und Kompetenzzuweisung wird der Handlungs- und Entscheidungsbereich einer Organisationseinheit abgesteckt. Die kleinste selbständige Handlungseinheit ist die Stelle als Aufgabenbereich einer Person. Mehrere Stellen bilden eine Arbeitsgruppe oder Abteilung, mehrere Abteilungen eine Hauptabteilung oder einen Geschäftsbereich. Diese Mehrpersoneneinheiten weisen nach außen eine relative Geschlossenheit auf und sind gegenüber anderen institutionellen Subsystemen klar abgrenzbar. Innerhalb einer solchen Mehrpersoneneinheit bildet sich durch die formellen Regelungen und durch informelle Einflüsse eine Sozialstruktur heraus, deren einzelne Aspekte bereits bei der Betrachtung des Gesamtsystems besprochen worden sind (s. Kap. B 5).

In der Unternehmung lassen sich verschiedene Arten von Organisationseinheiten unterscheiden. Für die Organisationsgestaltung ist es wichtig zu wissen, welche Aufgaben mit welchem Grundtyp jeweils erfüllt werden können. Ein erster Überblick läßt sich verschaffen, wenn wir die Organisationseinheiten nach der Zeitdauer, für die sie eingerichtet sind, und nach dem zeitlichen Einsatz der Menschen gruppieren. Dies führt zu der in Tabelle D 1 dargestellten Einteilung:
- Ständige Organisationseinheiten erfüllen Daueraufgaben.
- Nicht ständige Organisationseinheiten mit zeitlich begrenztem Auftrag werden für Sonderaufgaben (einmalige, neuartige Aufgaben) eingerichtet.

Zeitdauer der Einrichtung / zeitlicher Einsatz der Menschen	ständige Einheiten	temporäre Einheiten
Haupttätigkeit der Mitglieder (Vollzeittätigkeit)	Stellen Abteilungen, Geschäftsbereiche	Projektgruppen
Nebentätigkeit der Mitglieder (sporadische Tätigkeit)	Ausschüsse	Projektgruppen Ausschüsse

Tabelle D 1: Grundtypen von Organisationseinheiten

2.2 Stellen

2.2.1 **Begriff und Arten**

Die Stelle wurde als Aufgabenbereich einer Person definiert. Diese Kennzeichnung bedarf der Ergänzung:

- Der *Aufgabenkomplex* ist nicht einem bestimmten Individuum zugeordnet, sondern in der Regel *von der personellen Besetzung unabhängig*. Er bezieht sich lediglich auf einen Personentyp mit bestimmten Eigenschaften, impliziert also ein bestimmtes Anforderungsprofil.
- Die Stelle muß den Aufgaben entsprechend auch mit *Kompetenzen* versehen sein. Aufgaben und Kompetenzen bestimmen den Aktionsbereich einer Stelle.
- Die Aufgaben- und Kompetenzzuweisung begründet eine *Verantwortung* des Stelleninhabers für die richtige Aufgabenerfüllung. Dabei ist zu unterscheiden zwischen
  - *Handlungsverantwortung* für das eigene Handeln gemäß den Aufgaben und Kompetenzen sowie
  - *Führungsverantwortung* für die Auswahl und den Einsatz der unterstellten Mitarbeiter.
  - Moderne Organisations- und Führungsformen sehen auch eine *Ergebnisverantwortung* vor, die sich auf die Erreichung der jeweils aktuellen Ziele des Leitungsbereichs bzw. der einzelnen Stelle bezieht (z. B. Gewinn-, Kosten- und Umsatzziele).
- Häufig wird eine Stelle mit *Sachmitteln* zur Aufgabenerfüllung ausgestattet sein.
- Die Stelle ist jedoch nicht identisch mit einem Arbeitsplatz. In der Regel gehört zwar ein solcher dazu, es können aber auch mehrere Plätze sein (z. B. bei Mehrmaschinenbedienung) oder es ist gar kein fester Arbeitsplatz vorhanden (z. B. beim Reisenden oder Boten).

Im folgenden werden drei Arten von Stellen besprochen: Leitungsstellen, Leitungshilfsstellen (Unterstützungseinheiten) und Ausführungsstellen.

2.2.2 **Leitungsstellen**

Bevor wir uns mit den Leitungsstellen beschäftigen, ist eine begriffliche Klärung bezüglich der Ausdrücke *Leitung und Führung* nötig. Die beiden Ausdrücke werden nicht einheitlich verwendet. Teils wird die Unternehmungsführung als Oberbegriff für die gesamten Lenkungsfunktionen in einem sozialen System (Bleicher 1972a, S. 152), teils nur als oberste Managementebene und die Leitung als mittlere und untere Managementebene (Korndörfer 1976, S. 19 ff). verstanden. Andere betrachten die Führung als Teilaspekt der Unternehmungsleitung (Ulrich/Fluri 1975, S. 39 f.), wieder andere unterscheiden zwischen sachbezogener Leitung und personenbezogener Führung (Fürst 1970, S. 216). Häufig werden wegen dieser Abgrenzungsschwierigkeiten die beiden Ausdrücke gleichgesetzt (vgl. Mellerowicz 1963, S. 37; Rühli 1973, S. 27 ff.; Baugut/Krüger 1976, S. 6 f). Wir schließen uns diesem Sprachgebrauch an und *verwenden die beiden Begriffe synonym.* Das schließt nicht aus, daß in bestimmten Zusammenhängen der eine oder andere Ausdruck bevorzugt wird. Auch die Bezeichnungen Management und Lenkung werden im gleichen Sinne gebraucht. Alle diese Ausdrücke bezeichnen das Lenkungssystem einer Organisation.

Die Leitungsstelle wird auch als *Instanz* bezeichnet. Sie ist durch spezifische Aufgaben, Kompetenzen und Verantwortlichkeiten definiert. Es ist zu unterscheiden zwischen

- *Einzelinstanzen* (= Leitungsstelle als Aufgabenbereich einer Person) und
- *Kollegialinstanzen* (= Zusammenfassung mehrerer Leitungsstellen zu einem Leitungsgremium, in dem jede Leitungsperson für ein bestimmtes Aufgabengebiet unmittelbar zuständig ist, die grundlegenden Entscheidungen aber gemeinsam getroffen werden).

Aufgaben

Die Leitungsaufgaben bestehen aus dispositiven Sachaufgaben und der Menschenführung.

- Zu den *sachbezogenen Aufgaben* gehören die wesentlichen Sachentscheidungen des jeweiligen Leitungsbereichs. Hinsichtlich der Art dieser Entscheidungen zeigen sich auf den einzelnen Leitungsebenen deutliche Unterschiede. Die Bandbreite reicht von der Festlegung der Unternehmungspolitik bis zu Durchführungsentscheidungen.
- Die *personenbezogenen Aufgaben* umfassen die Lenkung der unterstellten Mitarbeiter. Hier geht es um persönliche Beeinflussung des Verhaltens von Menschen im Hinblick auf die angestrebten Ziele. Dazu gehören die Personalauswahl, der Personaleinsatz, die Steuerung der Aktivitäten, Motivation, Koordination und Konfliktlösung.

Kompetenzen

Kennzeichnend für die Kompetenzausstattung von Leitungsstellen sind Entscheidungs- und Anordnungsbefugnisse. Diese beziehen sich auf personelle und fachliche Fragen des Leitungsbereichs. Hinsichtlich des *Kompetenzumfangs* sind drei Varianten zu unterscheiden, nämlich Leitungsstellen

- mit Vollkompetenz in disziplinarischer und fachlicher Hinsicht
- mit Teilkompetenz in Form disziplinarischer und begrenzter fachlicher Zuständigkeit
- mit Teilkompetenz in Form begrenzter fachlicher Zuständigkeit.

Verantwortung

Die Verantwortung einer Leitungsstelle erstreckt sich auf
– die Wahrnehmung der eigenen Sachaufgaben (Handlungsverantwortung)
– den richtigen Einsatz der Mitarbeiter (Führungsverantwortung)
– das Erreichen der Bereichsziele (Ergebnisverantwortung).

Leitungsebenen

Nach der hierarchischen Einordnung lassen sich verschiedene Leitungsebenen unterscheiden. Gebräuchlich ist die Einteilung in drei Ebenen:

(1) Der *obersten Leitung* (Top Management = Vorstand, Geschäftsführer, Geschäftsbereichsleiter) obliegt die Festlegung der Unternehmungspolitik und die strategische Planung. Dazu gehören die langfristige Zielsetzung für die Unternehmung (z. B. bezüglich Produktlinien und Marktanteile) und die Grundentscheidungen über Mittel und Maßnahmen zur Erreichung der Ziele (z. B. Forschungsprogramme, Investitionspolitik, Kapitalbeschaffung).

(2) Die *mittlere Leitung* (Middle Management = Bereichs- und Abteilungsleiter, Betriebsleiter) hat mit Hilfe von Stäben die unternehmenspolitischen Entscheidungen in mittel- und kurzfristige operative Pläne und Dispositionen für die einzelnen Funktions- und Objektbereiche umzusetzen. Hier geht es um taktisch-dispositive Entscheidungen über mittel- und kurzfristige Ziele und Maßnahmen, z. B. Sortiments- und Produktgestaltung, Umsatz- und Werbeplanung im Absatzbereich.

(3) Die *untere Leitung* (Lower Management = Gruppenleiter, Werkmeister) ist in erster Linie für die Steuerung der Ausführungsprozesse zuständig. Sie hat dabei laufende Durchführungsentscheidungen und Anordnungen zu treffen, z. B. bezüglich des Einsatzes des Personals.

Dies ist natürlich nur eine schwerpunktmäßige Aufgabenzuordnung. Tatsächlich erstrecken sich die genannten Aufgaben über zwei oder mehrere Ebenen (s. *Abb. D 2*).

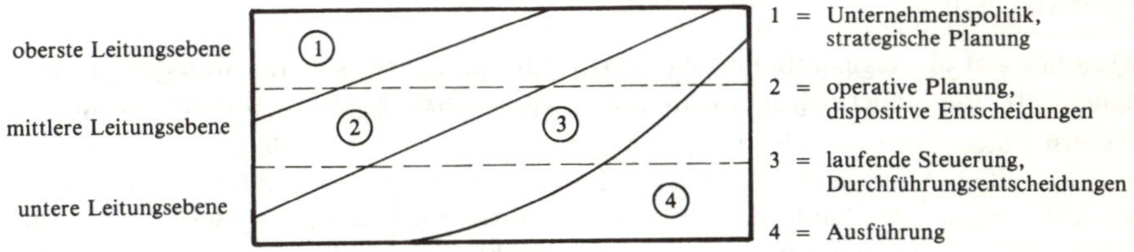

Abb. D 2: Funktionen der Leitungsebenen

2.2.3 Leitungshilfsstellen (Unterstützungseinheiten)

Ein weiterer Bestandteil des Lenkungssystems sind Leitungshilfsstellen, die zumeist als Stäbe bezeichnet und dem Liniensystem gegenübergestellt werden. Die *Linie* umfaßt nach traditionellem Konzept die unmittelbar realisationsbezogenen Aufgaben, vor allem der Produktion und des Verkaufs; sie ist gekennzeichnet durch durchgehende Anordnungslinien von der Spitze bis zu den ausführenden Stellen. Die *Stäbe* unterstützen die Linieninstanzen bei der Entscheidungsvorbereitung und Kontrolle, sind aber selbst nicht entscheidungs- und weisungsbefugt. Die Linie trägt die Entscheidungsverantwortung, die Stäbe die Informations- und Beratungsverantwortung (Höhn 1969a).

Dieses *Stab-Linien-Konzept* wird zunehmend kritisiert. Die Prämisse, daß vorbereitende Handlungen und Entschlußfassung im Entscheidungsprozeß sich trennen ließen und voneinander unabhängig seien, ist nicht haltbar (Hoffmann F. 1976, S. 179). Die einfache Zweiteilung von Linie und Stab bzw. Leitungsstellen mit Entscheidungs- und Weisungsbefugnissen und Stabstellen lediglich mit Beratungskompetenz geht an der Organisationswirklichkeit vorbei. Es ist erforderlich, hier weiter zu differenzieren. Wir finden heute innerhalb des Lenkungssystems *Unterstützungseinheiten mit unterschiedlicher Kompetenzausprägung,* wobei hierunter alle jene Stellen verstanden werden, die die Leitung bei der Systemgestaltung und -steuerung unterstützen. Im folgenden werden idealtypisch drei *Grundformen von Unterstützungseinheiten* dargestellt, nämlich Dienstleistungsstellen, Stabstellen (im engeren Sinne) und zentrale Dienststellen (s. *Abb. D 3*).

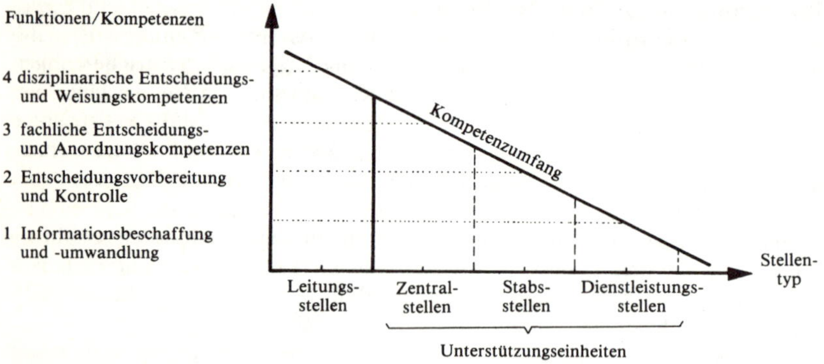

Abb. D 3: Kompetenzumfang der Unterstützungseinheiten

Dienstleistungsstellen

Die *Funktion* dieser Stellen besteht darin, für Leitungsstellen und für andere Leitungshilfsstellen Informationen zu sammeln und zu verarbeiten (vgl. Grochla 1972, S. 69 ff). Sie liefern Daten, die in den Entscheidungsprozessen benötigt werden, noch keine entscheidungsreifen Alternativen. Einen solchen Dienstleistungscharakter haben Stellen (bzw. Abteilungen) mit den Funktionen Datenverarbeitung, Rechnungswesen, Statistik und Marktforschung. Zu den Dienstleistungsfunktionen zählt auch die Abwicklung von Rechtsfällen und die Bearbeitung von Steuer- und Versicherungsfragen. Fast alle der genannten Stellen können aber auch in Einzelfällen Merkmale von Stabsstellen aufweisen. Die Grenze zu diesem Stellentyp ist fließend.

Die *Kompetenzen* der Dienstleistungsstelle sind begrenzt. Sie umfassen das Recht auf Informationseinholung und die Verfügung über die erforderlichen Sachmittel. Die Einordnung dieser Stellen in die Hierarchie richtet sich nach der überwiegenden Inanspruchnahme. Stellen, die hauptsächlich für einen bestimmten Unternehmungsbereich tätig sind, z. B. Marktforschung, werden auf Bereichsebene, die übrigen Stellen, wie z. B. Datenverarbeitung, auf Unternehmensebene eingegliedert.

Stabsstellen

Stabsstellen im engeren Sinne sind solche Einheiten, die Leitungsstellen bei der Willensbildung und -durchsetzung unmittelbar unterstützen. Sie sind mit der *Entscheidungsvorbereitung, Kontrolle der Ausführung und fachlichen Beratung von Leitungsstellen* betraut. Die Leitung ist heute mehr denn je auf Spezialisten angewiesen. Die Anwendung moderner Managementmethoden und der Einsatz komplizierter Technologien stellen Anforderungen an die Leitung, die nur mit Hilfe hochqualifizierter Fachkräfte erfüllt werden können.

Man kann folgende Formen des Stabes unterscheiden:

- Der *persönliche Stab* ist unmittelbar einer Linieninstanz zugeordnet, z. B. als Assistent. Dieser unterstützt den Leiter bei allen anstehenden Aufgaben, entlastet ihn von sekundären Arbeiten, hilft bei der Entscheidungsvorbereitung und führt Sonderaufträge aus. Es handelt sich also um eine *allgemeine Stabsfunktion,* bei der neben fundiertem Wissen vor allem auch Flexibilität gefordert werden.
- Der *spezielle Stab* dagegen befaßt sich mit einer bestimmten Teilaufgabe, die hohe fachliche Anforderungen stellt. Die Mitarbeiter in solchen Funktionen sind *Experten für einzelne Fachgebiete.* Spezialisierte Stäbe beraten die Leitungsstellen, sie führen Untersuchungen durch, arbeiten Lösungsvorschläge für schwierige Problemstellungen aus und erstellen Pläne. Typisch dafür sind Funktionen wie Unternehmungsplanung, Organisation und Operations Research. Spezialstäbe kontrollieren auch die Ausführungsprozesse, stellen Mängel fest und machen ggf. Verbesserungsvorschläge, so beispielsweise die Stellen Kostenkontrolle und Revision.
  Anders als persönliche Stäbe unterstützen Spezialstäbe in der Regel nicht eine bestimmte Person, sondern einen bestimmten Unternehmungsbereich oder verschiedene solcher Bereiche. Dementsprechend werden sie auf Bereichs- oder Unternehmensebene organisatorisch eingeordnet.

Die *Kompetenzen* der Stäbe gehen weiter als die der Dienstleistungsstellen; sie erstrecken sich auf Informationseinholung und Beratung. Im Normalfall haben Stabsstellen keine formellen Entscheidungsbefugnisse. Dies wird als ein wesentliches Merkmal der Stabsfunktion angesehen. Tatsächlich üben Stäbe aber durch Vorschläge und Mitsprache einen mehr oder weniger großen *Einfluß auf die Entscheidungsbildung* aus.

Die zunehmende Spezialisierung von Funktionen auf hohem qualitativem Niveau macht die formelle Autoritätsbasis der Vorgesetzten in Fachfragen oft fragwürdig und führt zu einer Abhängigkeit der Führungskräfte von Spezialisten (Wild 1973). Hier erweist sich das herkömmliche Stab-Linien-Konzept hinsichtlich Kompetenzverteilung und Kooperation als unzulänglich.

Ebenso wichtig wie eine adäquate Kompetenzregelung ist die *Kooperationsform* zwischen Stäben und Linieninstanzen. Das Zusammenspiel von Leitungs- und Stabsfunktionen, von Macht und Fachwissen ist ausschlaggebend für die Problemlösungsfähigkeit und die Entscheidungsqualität in einer Organisation. Aus der Erkenntnis, daß die Entscheidungsvorbereitung bereits einen Auswahlprozeß darstellt, der Teil des Entscheidungsprozesses ist und in dem wichtige Vor-Entscheidungen fallen können, folgt, daß sich die Entscheidungsinstanz nicht auf die abschließende Entscheidung beschränken darf, sondern daß sie mit den Stäben auch während der Entscheidungs-»vorbereitung« kooperieren sollte (vgl. Witte 1969a).

Man wird zu neuen Formen der Zusammenarbeit zwischen Leitungs- und Stabsstellen kommen und die Stäbe stärker in die Entscheidungsprozesse einbeziehen müssen. Dies kann in teamorientierten Organisationsformen geschehen (s. Abschnitt D 3.6 und 3.7).

Zentrale Dienststellen

Die Stabsfunktion wird zur fachlichen Lenkungsfunktion ausgeweitet, wenn bestimmte *Koordinations- und Verwaltungsaufgaben* in einer zentralen Dienststelle (auch Zentralstelle oder Fachdienststelle genannt), welche mit *funktional begrenzten Kompetenzen* ausgestattet wird, zusammengefaßt werden:

(1) Solche zentrale Dienststellen werden *beispielsweise für Personalverwaltung,* Unternehmensplanung und Rechtsangelegenheiten eingerichtet. Die Personalstelle bzw. -abteilung ist fachlich zuständig für die Beschaffung, Verwaltung, Betreuung, Förderung und Schulung des Personals sowie für das gesamte Sozialwesen. Disziplinarisch unterstehen die Mitarbeiter aber den Leitern der verschiedenen Bereiche, in denen sie tätig sind. Die Personalstelle muß in Personalfragen eng mit diesen Stellen zusammenarbeiten.

(2) Zentrale Dienststellen werden ferner zur *Koordination dezentralisierter Aufgaben* eingerichtet. Bei der funktionalen Organisation (Verrichtungsgliederung) können sie die Objektkoordination übernehmen (Bsp: Produktmanager). Bei der Spartenorganisation (Objektgliederung) obliegt ihnen die Verrichtungskoordination (Bsp: Zentralstellen für Forschung, Produktion, Vertrieb usw.). Solche Zentralstellen haben eine Richtlinienkompetenz gegenüber den dezentralen Fachbereichen.

2.2.4 Ausführungsstellen

Ein weiterer Stellentyp sind die Ausführungsstellen, denen *ausführende Sachaufgaben* (operative Funktionen) obliegen. Die Stelleninhaber tragen dafür die Handlungsverantwortung. Zu diesem Stellentyp gehören diejenigen Aktionseinheiten, die unmittelbar der Realisation des betrieblichen Leistungsprogramms dienen, beispielsweise im Produktionsbereich Montagearbeitsplätze am Fließband, Maschinenarbeitsplätze in der Stanzerei und Dreherei (man spricht hier mehr von Arbeitsplätzen als von Stellen) oder im Vertriebsbereich die Stellen von Verkäufern und Sachbearbeitern. Außerdem zählen hierzu die ausführenden Verwaltungsfunktionen, z. B. im Rechnungs- und Personalwesen.

Mit den Ausführungsaufgaben sind auch eine Reihe von Sachentscheidungen verbunden, z. B. bei der Auftragsprüfung hinsichtlich Konditionen oder Lieferterminen. Es handelt sich dabei in der Regel um programmierbare Entscheidungen, für die Entscheidungsregeln aufgestellt werden können. Weitreichende und nicht programmierbare Entscheidungen treffen dagegen die Leitungspersonen. Zur inhaltlichen Ausgestaltung dieser Stellen sei auf die Ausführungen zur Arbeitsstrukturierung (Abschnitt C 2.2.3) und Kompetenzdelegation (Abschnitt C 2.3.3) verwiesen.

2.3 Abteilungen, Hauptabteilungen und Unternehmensbereiche

Nach den Stellen sollen nun die institutionellen Subsysteme der Organisation betrachtet werden. An erster Stelle sind die Abteilungen bzw. Unternehmensbereiche zu nennen. Eine *Abteilung* ist eine *ständige Organisationseinheit,* die mehrere Stellen umfaßt und *regelmäßig anfallende Aufgaben* erfüllt. Sie bildet einen relativ geschlossenen, durch Aufgaben (mit Kompetenzen) und Ziele definierten Handlungs- und Entscheidungsbereich innerhalb einer Organisation mit einer für die Aufgabenerfüllung und Zielerreichung verantwortlichen Leitungsstelle (Instanz). Je nach Aufgabenstruktur und Organisationsgröße ist es erforderlich, die Bereichsgliederung mehrstufig vorzunehmen, d. h. weitere Subsystem- und damit auch Leitungsebenen zu schaffen (Hauptabteilung, Unternehmensbereiche).

Die Abteilungs- und Bereichsbildung innerhalb der Organisation dient zwei *Zwecken* (Kieser/Kubicek 1977, S. 59):

- Die Zusammenfassung von Stellen *vereinfacht die Koordination* dadurch, daß die Abstimmung zwischen den Stellen mit Hilfe der jeweiligen Instanz abteilungsintern erfolgen kann.
  Die abteilungsübergreifende Koordination kann sich auf globale Regelungen beschränken. Das gleiche gilt entsprechend auf höherer Ebene für die Zusammenfassung von Abteilungen in Hauptabteilungen und Unternehmensbereichen.
- Die mehrstufige Bereichsgliederung *entlastet die Unternehmensleitung durch Delegation* von Kompetenzen auf verschiedene Ebenen. Außerdem verringert sie die Leitungsspanne der Instanzen.

Auf die Möglichkeiten der Bereichs- und Abteilungsgliederung wird in den nächsten Kapiteln (D 3 und 4) bei der Behandlung der Organisationsmodelle eingegangen.

2.4 Projektgruppen

Neben den ständigen Organisationseinheiten, in denen die wiederkehrenden Aufgaben abgewickelt werden, können Projektgruppen als *temporäre Organisationseinheiten* für Vorhaben (Sonderaufgaben) eingerichtet werden, die folgende Merkmale aufweisen:

- Das Vorhaben ist *einmalig* (hinsichtlich der speziellen Anforderungen) und *zeitlich befristet;*
- *die Aufgaben sind relativ neuartig,* die Lösungen mit Unsicherheit verbunden;
- die *Aufgaben* sind *komplex* und erfordern die Zusammenarbeit von Spezialisten aus verschiedenen Fachgebieten.

Solche Vorhaben sind beispielsweise die Entwicklung und die Markteinführung eines neuen Produkts, Bauvorhaben, die Planung von Produktionsstätten sowie Organisationsgestaltungs- und -entwicklungsprojekte (z. B. Planung der Aufbaustruktur, Entwicklung von Planungs- und Kontrollsystemen, Trainingsprogramme). Zur Durchführung derartiger Vorhaben werden Projektgruppen gebildet, deren Mitglieder während der Dauer des Projekts voll- oder teilzeitlich zusammenarbeiten. Es gibt verschiedene Möglichkeiten der Gruppenbildung.

Rekrutierung der Gruppenmitglieder

Die Mitglieder einer Projektgruppe können aus verschiedenen Fachbereichen (Linien- und Stabseinheiten) stammen und für die Dauer des Projekts von ihren ständigen Aufgaben ganz oder teilweise entbunden werden. Es gibt aber auch Fachbereiche, deren Mitglieder überwiegend Projektarbeit praktizieren (z. B. Forschung und Entwicklung,

Organisation). In diesem Fall haben die Mitarbeiter überhaupt keinen gleichbleibenden Aufgabenbereich, sondern nur wechselnde Projektaufgaben. Schließlich können Projektgruppenmitglieder für bestimmte Vorhaben von außen engagiert werden.

Größe und Zusammensetzung der Gruppe

Als optimale Gruppengröße werden drei bis sieben (teilweise bis zehn) Mitglieder angesehen. Bei größeren Projekten werden mehrere Gruppen gebildet, die Teilprojekte übernehmen. Wesentlich für die Effizienz ist weiterhin die Gruppenzusammensetzung. Diese muß sich nach der Art der Aufgaben und der Projektphase richten (Kreativgruppen, Realisierungsgruppen). Bei Organisationsprojekten beispielsweise muß Fachwissen und Methodenwissen zusammenkommen, indem Fachkräfte der betroffenen Bereiche, Organisatoren bzw. Systemplaner und evtl. EDV-Spezialisten zusammenwirken.

Gruppenmitarbeit

Projektaufgaben sind zumeist sehr umfangreich. Der Normalfall ist daher, daß die Gruppenmitglieder Vollzeittätigkeit in der Projektgruppe ausüben und von Fachbereichsfunktionen während der Dauer des Projekts freigestellt werden. Ist das Projekt kleiner oder eine Freistellung nicht möglich, dann kann ein Projekt auch in Teilzeittätigkeit (Nebentätigkeit) durchgeführt werden.

Strukturierung der Gruppen

Idealtypisch lassen sich zwei Grundformen der Projektgruppe unterscheiden:

(1) Die *formell strukturierte Gruppe* hat einen formellen Leiter (Projektleiter), der den Einsatz der Gruppenmitglieder steuert und die Projektaktivitäten koordiniert. Er ist gegenüber dem Auftraggeber verantwortlich. Die Gruppenmitglieder haben spezielle Funktionen zu erfüllen, z. B. als Organisator oder Programmierer. Neben echter Gruppenarbeit wird hier auch in starkem Maße aufeinander abgestimmte Einzelarbeit geleistet.

(2) Das *Team* als formell nicht strukturierte Gruppe besteht aus gleichgestellten Mitarbeitern, die gemeinsam dem Auftraggeber gegenüber verantwortlich sind. Dieser Gruppentyp wird vor allem für die Lösung schlecht strukturierter Probleme, wo ein hohes Maß an Kreativität gefordert wird, angebracht sein.

2.5 Ausschüsse

Eine weitere Kooperationsform wird als Ausschuß, Komitee, Kommission, Arbeitskreis oder Konferenz bezeichnet. Kosiol (1959) hat den Sammelbegriff »Kollegium« eingeführt. Die Ausdrücke werden hier gleichbedeutend verwendet.

Merkmale

Ein Ausschuß besteht aus *mehreren Personen* (1), die *zeitweise* zusammenkommen (2), um *zugewiesene Aufgaben* (3) in *Gruppenarbeit* (4) zu lösen.

Er kann sich zusammensetzen aus Mitgliedern
- einer hierarchischen Ebene (*horizontale Ausschußbildung,* z. B. Abteilungsleiterkonferenz)
- oder verschiedener Hierarchieebenen (*vertikale Ausschußbildung, z. B.* Kommission für die Beurteilung von Verbesserungsvorschlägen).

Die Mitarbeit in einem Ausschuß ist eine *Nebentätigkeit.* Die Ausschußmitglieder haben primär eine Funktion im Stellengefüge der Organisation; sie sind also nur zeitweise in einem Ausschuß oder auch in mehreren Ausschüssen tätig. Hinsichtlich der Sitzungstermine ist zu unterscheiden zwischen
- Ausschüssen, die regelmäßig in bestimmten Abständen zusammenkommen (wöchentliche, monatliche Sitzungen) und
- Ausschüssen, die unregelmäßig (bei besonderen Anlässen) zusammentreten.

Zweck und Aufgaben

Zweck der Ausschüsse ist es, Aufgaben zu lösen, die die Zusammenfassung von Vertretern verschiedener Fachbereiche erfordern. Es geht um *bereichsübergreifende Probleme,* um *Sonderaufgaben,* die sich von der Routinetätigkeit abheben und die von einem einzelnen oder von einer Abteilung allein nicht gelöst werden können. Ein Ausschuß soll vor allem zwei Funktionen erfüllen (vgl. Hoffmann 1972):
- *Verknüpfungsfunktion.* In einem Ausschuß können Personen verschiedener Bereiche und Ebenen zusammengeführt und auch eine Integration von Linie und Stab erreicht werden. Die Stäbe können stärker in die Entscheidungsprozesse einbezogen werden. Die Willensbildung findet auf breiter Basis statt. Dies verstärkt die Motivation und trägt zur Konfliktlösung bei.
- *Wissensfunktion.* Durch die Zusammensetzung des Ausschusses soll ein möglichst hoher Informationsstand für Entscheidungen erreicht werden.

Hinsichtlich der Aufgaben und Kompetenzen eines Ausschusses sind drei Typen zu unterscheiden:
- Ein *Informationsausschuß* tauscht Informationen aus. Beispielsweise informiert die Vertriebsleitung in einer Vertreterversammlung die Außendienstmitarbeiter über absatzpolitische Ziele und beabsichtigte Maßnahmen, während diese über ihre Beobachtungen im Außendienst, über Wünsche der Kunden und Aktivitäten der Konkurrenz berichten. Die Grenze zur nächsten Ausschußart ist fließend.
- Der *Beratungsausschuß* erarbeitet Lösungsvorschläge bis zur Entscheidungsreife und macht Empfehlungen. Dies kann zusammen mit den Entscheidungsträgern geschehen oder auch ohne sie. Im zweiten Fall wird das fertige Ergebnis den Entscheidungsträgern präsentiert. Eine solche Funktion hat beispielsweise der Planungsausschuß, der Alternativpläne ausarbeitet und zur Entscheidung vorlegt.
- Ein *Entscheidungsausschuß* wird gebildet, wenn Organisationsmitglieder, die verschiedenen Bereichen angehören, gemeinsame Entscheidungen zu treffen haben. Einem solchen Ausschuß können Beratungsausschüsse oder Projektgruppen zugeordnet sein. Es sind verschiedene Ausprägungen der Entscheidungskompetenz möglich: volles Kollegialprinzip, Vetorecht des Vorsitzenden, lediglich Mitspracherechte der Ausschußmitglieder. Im letzten Fall handelt es sich eher um einen Beratungsausschuß, die Grenze ist fließend. Entscheidungsausschüsse können für die verschiedensten Zwecke gebildet werden. Als Beispiel sei der Investitionsausschuß genannt, der über das jährliche Investitionsprogramm zu entscheiden hat.

Die Aufgaben, die durch Ausschüsse zu lösen sind, können regelmäßig auftreten oder einmaliger Art sein:

- Für Daueraufgaben werden *ständige Ausschüsse* eingerichtet, z. B. Planungsausschuß, Investitionsausschuß, Finanzausschuß.
- Für einmalige Aufgaben werden sogenannte *Ad-hoc-Ausschüsse* gebildet, zum Beispiel zur Beratung der Unternehmensleitung hinsichtlich der Auswirkungen eines neuen Gesetzes.

Gruppenarbeit

Kennzeichnend für einen Ausschuß ist die Gruppenarbeit in Form der Konferenzmethode. Hierbei findet in der Gruppe eine Diskussion statt, es werden Meinungen ausgetauscht, Probleme erörtert, Lösungsvorschläge und Stellungnahmen erarbeitet und schließlich auch Entschlüsse gefaßt. Wesentlich für die Effektivität ist dabei

- eine klare Aufgabenstellung und Zielsetzung
- die richtige Größe (maximal 10–12 Mitglieder) und Zusammensetzung des Ausschusses (unter fachlichen und psycho-sozialen Aspekten)
- die Fähigkeit des Ausschußvorsitzenden (Konferenzleiters), die Mitglieder zu integrieren und den Ablauf zu steuern
- die Beherrschung von Konferenztechniken (Diskussionstechnik, Konfliktlösung, Protokollierung usw.) durch alle Mitglieder.

Weiterführende Literatur zu Kapitel D 2

zu 2.2
Stellen: Frese 1976 (S. 135 ff.), Grochla 1972 (S. 62 ff.), H. Schwarz 1976.

zu 2.3
Abteilungen: Bleicher 1969b, Kieser/Kubicek 1977 (S. 55 ff.).

zu 2.4
Projektgruppen: Dullien 1972, Zimmermann 1970.

zu 2.5
Ausschüsse: Bleicher 1975, Kosiol 1962 (S. 157 ff.).

3. Modelle der Aufbaustruktur

3.1 Modellansätze

3.1.1 **Überblick**

Nach der Betrachtung der Grundtypen der Organisationseinheiten soll nun der Zusammenhang der einzelnen Organisationseinheiten in einem sozio-technischen System dargestellt werden. Damit fassen wir die beiden Aspekte der Aufbaustrukturierung, nämlich die Gliederung der Unternehmung in eine Menge von Organisationseinheiten und die Verknüpfung dieser Einheiten durch eine Menge von Beziehungen, zusammen. *Abbildung D 4* läßt den Gestaltungsspielraum bei der Bildung und Verknüpfung der Organisationseinheiten erkennen. Dabei kann, wie aus der Darstellung ebenfalls hervorgeht, die Regelung der Aufbaubeziehungen nach zwei *Grundmustern* erfolgen: nach dem *hierarchischen Modell* oder nach dem *Teammodell.*

Gestaltungsaspekte -maßnahmen	Bildung von Organisationseinheiten	Verknüpfung von Organisationseinheiten
Aufgabenverteilung	verrichtungs-/objektorientierte Spezialisierung	
Kompetenzverteilung	Leitungskompetenzen: — Voll-/Teilkompetenzen — fachliche/disziplinarische Kompetenzen	Leitungsstruktur: — Ein-/Mehrliniensystem
	Delegation von Sachkompetenzen	Zentralisation/Dezentralisation von Entscheidungen
	Partizipation	autoritäre/kooperative Willensbildung
Kommunikationsregelungen		gebundene/freie Kommunikation
	↓	↓
Grundformen der Aufbaustruktur	ständige/nicht ständige Organisationseinheiten Vollzeit-/Teilzeittätigkeit	Hierarchiemodell/Teammodell

Abb. D 4: Gestaltungsaspekte der Aufbaustruktur

3.1.2 **Hierarchiemodell**

Unter Hierarchie versteht man eine auf *Über- und Unterordnung* basierende Organisationsform, eine Rangordnung, die in Form einer Pyramide dargestellt wird. Damit kann eine *Systemhierarchie* (Gesamtsystem mit Subsystemen verschiedener Ordnungsstufen) gemeint sein oder eine *Stellen- bzw. Personenhierarchie* (Leitungsstellen verschiedener Ebenen und Ausführungsstellen bzw. Vorgesetzte und Untergebene).

Hierarchisch-autoritäre Struktur

Der zuletzt genannte Hierarchiebegriff impliziert eine Machtstruktur, bei der zu den Merkmalen der Über- und Unterordnung noch diejenigen der *Befehls- und Sanktionsgewalt der Vorgesetzten* und des *Gehorsams der Unterstellten* kommen. Das ergibt eine abgestufte Autoritäts- und Leitungsstruktur mit einer Instanz an der Spitze, die die oberste Entscheidungs- und Weisungskompetenz besitzt, sowie mittleren und unteren Instanzen, die jeweils abgeleitete Befugnisse für Teilbereiche haben. Kennzeichnend für die strenge Form der Hierarchie ist die *autoritäre Führung*. Gerade dieser Aspekt hat zum Teil heftige Kritik ausgelöst, die bis zur völligen Ablehnung der Hierarchie geht. Dabei wird übersehen, daß es sich hier um eine spezifische Ausprägung der Hierarchie handelt.

In komplexen Organisationen kann auf hierarchische Strukturen nicht verzichtet werden. Diese werden als »eine notwendige Voraussetzung für das zeitliche Überdauern so-

zialer Systeme« (Grün 1969, Sp. 677) angesehen. Auch die strenge Form ist nicht schlechthin zu verwerfen. Sie ist *in bestimmten Situationen effizienter als andere Organisationsformen,* nämlich dann, wenn (1) die Umweltbedingungen relativ stabil und die Anpassungs- und Innovationsanforderungen gering sind, (2) es sich um repetitive, routinemäßig erfüllbare Aufgaben handelt und (3) die Entscheidungen schnell getroffen werden müssen (Wild 1973, S. 51).
In solchen Bedingungslagen kommen die Vorzüge wie Präzision, Sicherheit, Eindeutigkeit und Schnelligkeit der Entscheidungen zum Tragen. Allerdings ist diese Konstellation nur noch in bestimmten Bereichen anzutreffen. Außerdem haben sich die *personellen Bedingungen in jüngster Zeit verändert.* Das Modell basiert auf einem Informations- und Entscheidungsmonopol der Vorgesetzten und demzufolge einer Abhängigkeit der Untergebenen. Tatsächlich trifft aber weder die Modellannahme zu, daß die Vorgesetzten immer einen Informationsvorsprung haben und größere Problemlösungsfähigkeiten besitzen — in Wirklichkeit sind Führungskräfte in starkem Maße von Spezialisten abhängig —, noch verträgt sich die Abhängigkeit und völlige Fremdbestimmung der Mitarbeiter mit der Achtung der Menschenwürde und dem Recht auf Persönlichkeitsentfaltung. Die Mitarbeiter haben ein eigenes Urteilsvermögen und wollen am Entscheidungsprozeß beteiligt sein (vgl. G. Schwarz 1974).

Hierarchisch-partizipative Struktur

Diese Mängel haben zu einer Modifikation des hierarchischen Modells geführt. Moderne Ansätze laufen auf eine *Auflockerung der Hierarchie* und eine *stärkere Partizipation der Mitarbeiter am Entscheidungsprozeß* hinaus. Neben das Individualprinzip, das für das hierarchisch-autoritäre Modell kennzeichnend ist, tritt das *Teamprinzip.* Die autoritäre Personenhierarchie wird in der am weitesten entwickelten partizipativen Modellvariante durch eine *Gruppenhierarchie* ersetzt. Der Willensbildungsprozeß vollzieht sich hier in Gruppen. Das Lenkungssystem besteht aus hierarchisch miteinander verknüpften Führungsteams. Dieses Konzept, das ein hohes Maß an Kooperationsbereitschaft und -fähigkeit voraussetzt, verbindet das hierarchische Modell mit dem Teammodell.

3.1.3 Teammodell

Auch beim Teammodell gibt es verschiedene Ausprägungen, was schon damit zusammenhängt, daß der Teambegriff unterschiedlich definiert wird.

Reine Teamform

In reiner Form, als Idealtypus, ist das Team eine *hierarchiefreie Gruppe,* die folgende Merkmale aufweist:
- Statt Über- und Unterordnung wie bei der Hierarchie sind hier die Mitglieder gleichgestellt. Es gibt keine Abstufung in Vorgesetzte und Untergebene. Kennzeichnend ist also die *Gleichrangigkeit der Mitglieder.*
- Das Team ist *formell nicht strukturiert.* Die Rollen bilden sich in einem gruppendynamischen Prozeß heraus. Die Gruppe organisiert sich selbst.

- Die Teammitglieder wirken kooperativ zusammen. Die Aufgaben werden gemeinsam gelöst, in qualifizierter *Gruppenarbeit,* und die Entscheidungen gemeinsam getroffen (*Gruppenentscheidungen*).
- Kennzeichnend für die *Kommunikationsbeziehungen* ist die *Vollstruktur,* bei der jedes Mitglied mit jedem anderen Informationen austauscht, im Gegensatz zu der Vorgesetztenstruktur beim Hierarchiemodell, wo der Vorgesetzte eine zentrale Position im Kommunikationsnetz hat.
- Die Steuerung der Teamaktivitäten erfolgt im Wege der *Selbstregelung durch die Gruppe.* Die formelle Autorität eines »von oben« eingesetzten ständigen Leiters widerspricht dem Teamgedanken im strengen Sinne. Andererseits hat die Erfahrung gezeigt, daß ein Team ohne gezielte Steuerung und Koordination nicht leistungsfähig ist. Eine teamgemäße Lösung stellt der von den Mitgliedern *gewählte Teamleiter* dar, wobei die Funktion am besten im Wechsel von den einzelnen Teammitgliedern wahrgenommen werden sollte. Der Teamleiter ist weder Vorgesetzter noch hat er Führungsfunktionen im üblichen Sinne. Er soll nicht über andere bestimmen und Sachentscheidungen treffen, sondern Servicefunktionen für das Team erbringen. Er sorgt dafür, daß die Aktivitäten aller Teammitglieder auf das gemeinsam formulierte Gruppenziel ausgerichtet bleiben und daß die Zusammenarbeit möglichst reibungslos verläuft. Wegen dieser mehr integrativen als dominativen Verhaltensform wird häufig auch die Bezeichnung *Teamkoordinator* oder Teammoderator verwendet.

Varianten des Teammodells

Im weiteren Sinne umfaßt das Teamkonzept jede Form *organisierter Gruppenarbeit,* wobei als konstitutive Merkmale der Gruppe gemeinsame Gruppenziele, Gefühl der Gruppenzusammengehörigkeit, Gruppennormen und eine bestimmte Rollen- und Kommunikationsstruktur anzusehen sind. Die *Gruppen unterscheiden sich* durch
- Art und Umfang der Strukturierung und Formalisierung (formell festgelegte Aufgabenverteilung oder Selbstorganisation)
- die Art der Leitung (nur informeller Führer, wechselnde Teamkoordinatoren, von den Mitgliedern gewählter ständiger Teamleiter, »von oben« eingesetzter formeller Gruppenleiter)
- die Kooperationsform (ständige Gruppenarbeit, Wechsel von Gruppen- und Einzelarbeit, vorwiegend Einzelarbeit)
- die Kommunikationsform (Vollstruktur, Ringstruktur, Vorgesetztenstruktur)
- die Dauer der Zusammenarbeit und die Häufigkeit des Zusammentreffens
- die Eingliederung der Gruppe in die Gesamtorganisation.

3.1.4 Anwendungsaspekte

Das hierarchisch-autoritäre Modell und das reine Teammodell stellen Extrempositionen dar, deren Hauptmerkmale in *Abbildung D 5* zusammengefaßt sind. Dazwischen gibt es vielerlei strukturelle Ausprägungen, die teils Modifikation der Grundmodelle, teils auch Kombinationen beider Strukturtypen darstellen.

Für komplexe, zielorientierte soziale Systeme sind beide Grundmodelle gleichermaßen von Bedeutung:

(1) Die *hierarchische Anordnung* der Subsysteme und Stellen ist ein *unentbehrliches Mittel der Zielsteuerung und Komplexitätsbewältigung* innerhalb eines komplexen Systems. Damit ist nicht eine aus Eigentümerrechten abgeleitete Machtstruktur gemeint, sondern lediglich ein rein formales Ordnungsmuster, das regelungstechnisch gesehen ein *System hierarchisch miteinander verbundener* (über-, gleich- und untergeordneter) *Regelkreise* darstellt (vgl. Hoffmann F. 1976, S. 234 ff). Nach diesem Prinzip wird die Grundstruktur von Organisationen gestaltet. Die Realisierung des hierarchischen Prinzips in der autoritären Variante wird aber immer fragwürdiger. Man muß die Organisationsmitglieder stärker in den Willensbildungsprozeß einbeziehen und ihnen innerhalb der Hierarchie Mitbestimmungsmöglichkeiten und Entscheidungsspielräume verschaffen, was durch hierarchisch-partizipative Strukturen der Fall ist.

(2) Gleichzeitig gewinnt das *Teamprinzip* an Bedeutung. Dabei spielen sowohl Produktivitäts- als auch Humanaspekte eine Rolle.

Produktivitätsaspekt: Bei der Erarbeitung von *Problemlösungen* müssen Spezialisten aus verschiedenen Bereichen miteinander kooperieren. In streng hierarchischen Strukturen ist dies meist mit großen Reibungsverlusten verbunden. Man braucht hier flexible, teamartige Organisationsformen (z. B. Kreativteams, Planungsgruppen). Auch *Entscheidungen* verlagern sich in stärkerem Maße von Einzelpersonen auf Gruppen. Der einzelne wäre überfordert, wenn er allein komplexe Sachverhalte beurteilen und weitreichende Entscheidungen treffen müßte. In beiden Fällen bringt Teamarbeit eine Effizienzsteigerung durch Zusammenfassung von Kenntnissen und Fähigkeiten verschiedener Mitarbeiter und Abbau von Kommunikations-, Denk- und Willensbarrieren. Hier macht sich der »Leistungs-

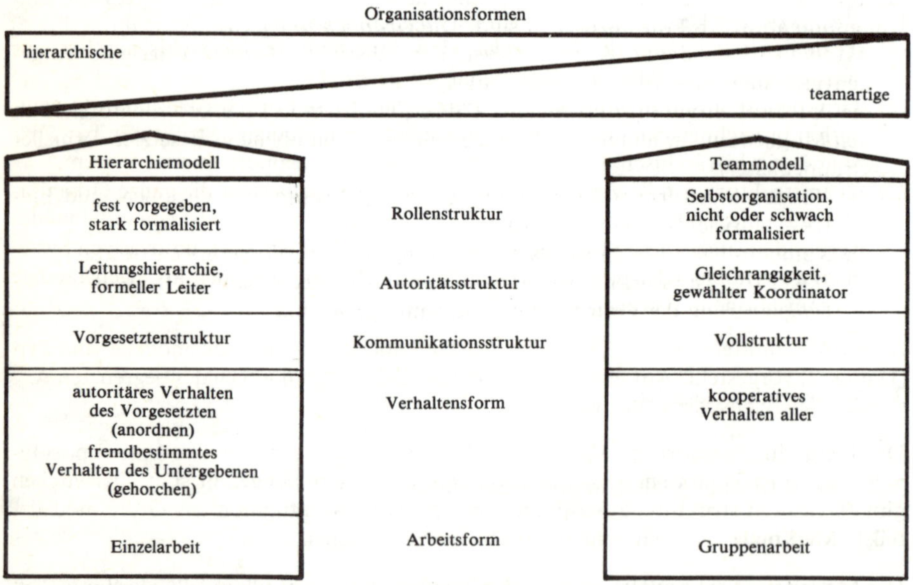

Abb. D 5: Organisationsformen

vorteil der Gruppe« bemerkbar. Aber auch bei *ausführender Arbeit* lassen die bisherigen Versuche mit teilautonomen Gruppen Produktivitätssteigerungen erkennen.

Humanaspekte: Das Teamprinzip dient aber auch der *Humanisierung des Arbeitslebens.* Es schafft *Mitbestimmungs- und Entfaltungsmöglichkeiten in Gruppen* und erhöht damit auch die Arbeitszufriedenheit. Gruppenarbeit kann aber auch dazu beitragen, die durch zunehmende Spezialisierung, ständigen Leistungsdruck, aufreibenden Konkurrenzkampf und Verlust sozialer Bindungen entstandene *Isolation und Entfremdung zu überwinden.* Im Hinblick auf diese Humanaspekte erscheint es sinnvoll, das Teamprinzip nicht nur zur Lösung von Innovations- und Entscheidungsaufgaben anzuwenden, sondern es auch stärker auf der ausführenden Ebene zu realisieren.

3.1.5 **Modellvarianten**

Aus den skizzierten Modellansätzen lassen sich verschiedene Strukturmodelle entwickeln. In den folgenden Abschnitten werden drei *hierarchisch aufgebaute Organisationsmodelle* diskutiert:
(1) Funktionale Organisation (Abschnitt 3.2)
(2) Divisionale Organisation (Abschnitt 3.3)
(3) Matrixorganisation (Abschnitt 3.5)
Außerdem werden noch Übergangsformen von der eindimensionalen zur mehrdimensionalen Organisation aufgezeigt (Abschnitt 3.4).

Die Modelle unterscheiden sich hinsichtlich der Aufgabenverteilung (verrichtungs- und/oder objektorientierte Gliederung) und der Leitungsstruktur (Einlinien/Mehrliniensystem).

Das *Teamkonzept* kann in drei Formen verwirklicht werden:
(1) Teamarbeit *innerhalb der Hierarchie,* d. h. innerhalb des hierarchischen Systems werden Teams gebildet und Gruppenarbeit geleistet.
(2) Gruppenorganisation *außerhalb der Hierarchie.* Diese Form wird als duale Organisation bezeichnet. Sie umfaßt zwei voneinander unabhängige Strukturen bzw. Systeme: ein hierarchisch aufgebautes System und ein teamorientiertes System.
(3) Teamstruktur *anstelle der Hierarchie.* In diesem Falle besteht die ganze Organisation aus einem oder mehreren Teams, die über ein Koordinationsteam miteinander verbunden sind. Diese Struktur ist nur bei kleineren, sehr stark innovativen Systemen anwendbar (Beispiel: Kreativteams oder Planungsgruppen als eigenständige Organisationen, Werbeagenturen).

In den Abschnitten 3.6 und 3.7 werden teamorientierte Organisationsmodelle vom Typ (1) und (2) vorgestellt. Auf eine Diskussion von Typ (3) kann wegen des begrenzten Anwendungsbereichs verzichtet werden.

3.2 Funktionale Stab-Linien-Organisation

3.2.1 **Merkmale**

Das Modell der funktionalen Stab-Linien-Organisation verbindet zwei Gestaltungskonzepte. Die Aufgabenverteilung wird auf der obersten Subsystemebene funktionsorientiert vorgenommen; es werden funktionsspezialisierte Organisationseinheiten gebildet (*Verrichtungszentralisation*). Das Leitungssystem wird nach dem *Einlinienprinzip* aufgebaut und durch *Stäbe* ergänzt. Nach diesem traditionellen Modell (Grundmuster siehe Abb. C 10) ist eine Vielzahl von Unternehmungen strukturiert.

Aufgabenverteilung

(1) *Hauptgliederung:* Die funktionsorientierte Hauptgliederung der Organisation läßt verschiedene Möglichkeiten hinsichtlich Art der Funktionsaufteilung und Umfang der Differenzierung zu:

- In der Regel werden die (in bezug auf den Systemzweck) *unmittelbaren Aufgaben* prozeßorientiert gegliedert in die *Funktionsbereiche*

  - Forschung und Entwicklung, Beschaffung, Produktion und Absatz.

  Die Lager- und Transportfunktionen im Zusammenhang mit Beschaffung, Produktion und Absatz können jeweils diesen Bereichen zugeordnet werden oder auch als logistische Funktion in einem eigenen Bereich zusammengefaßt werden, wobei dann die Logistik das gesamte Materialmanagement von der Beschaffung bis zum Absatz umfaßt. Die Logistik kann aber auch auf die Bereiche Absatz (für Fertigerzeugnisse) und Materialwirtschaft (Beschaffung zuzüglich Lagerung und Transport von Material und halbfertigen Erzeugnissen) aufgeteilt werden.
- Die (in bezug auf den Systemzweck) *mittelbaren Aufgaben* werden großenteils in den *Zentralbereichen*

  - Personalwesen sowie Finanz- und Rechnungswesen zusammengefaßt.

  Anlagenverwaltung und Hilfsdienste (z. B. Werksicherung) werden häufig in andere Hauptbereiche eingegliedert, ebenso wie vorwiegend bereichsbezogene Unterstützungsfunktionen (z. B. Marktforschung, Werbung).

(2) *Untergliederung:* Die Untergliederung der Hauptbereiche kann nach dem Verrichtungs- und/oder Objektprinzip erfolgen. Dies hängt von den spezifischen Anforderungen innerhalb eines Funktionsbereiches ab. Unabhängig wie die weitere Differenzierung vorgenommen wird, bleibt als Wesenszug dieser Organisationsform die verrichtungsorientierte Aufgabenzentralisation und damit zwangsläufig die objektbezogene Aufgabendezentralisation.

Kompetenzverteilung

Die *Leitungsstrukturierung* nach dem Einlinienprinzip trägt dem Grundsatz der Einheit der Leitung und Auftragserteilung Rechnung. Die Leitungsstellen haben volle disziplinarische und fachliche Kompetenzen gegenüber den unterstellten Mitarbeitern, die jeweils nur einer Instanz direkt unterstellt sind. Dadurch ergeben sich klare und eindeutige, allerdings auch längere Instanzenwege.

Dem Liniensystem stehen *Stäbe* oder, in weiterentwickelter Form, *Unterstützungseinheiten* zur Seite. Die Abgrenzung zwischen Linie und Stab ist nicht ganz einfach, da die Kompetenzausstattung der Unterstützungseinheiten sehr stark variieren kann und die Linieneinheiten neben den Hauptfunktionen (z. B. Produktion, Absatz) auch Stabsfunktionen (z. B. Beratung der Unternehmungsleitung) ausüben können.

Außer der Art der Leitungsstrukturierung (Festlegung von Linien- und Stabskompetenzen) spielt auch das *Ausmaß der Entscheidungsdelegation* eine Rolle. Da bei der funktionalen Organisation das Bedürfnis nach Koordination über die Leitungshierarchie stärker ausgeprägt ist als bei anderen Organisationsformen, besteht auch eine gewisse Neigung zur Entscheidungszentralisation in den oberen Rängen.

Kommunikationsregelungen

Die Kommunikationswege beschränken sich natürlich auch beim Einliniensystem nicht auf die Anordnungswege (Instanzenwege). Die Arbeitsbeziehungen erfordern direkte Kommunikation sowohl mit gleichrangigen Stellen verschiedener Bereiche als auch über verschiedene Ebenen hinweg. Die Kritik der langen und starren Kommunikationswege ist also nicht generell zutreffend.

Abbildung D 6 zeigt ein Beispiel einer funktionalen Organisationsstruktur.

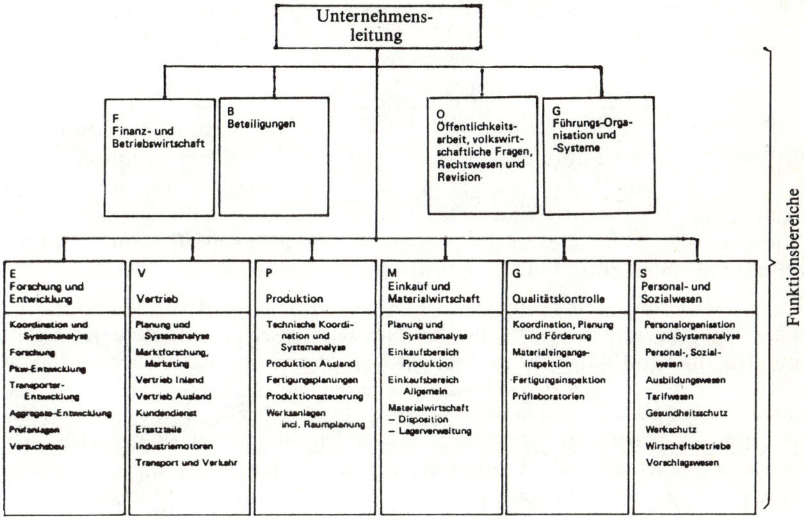

Abb. D 6: Funktionale Organisation: Beispiel einer Automobilfirma
(nach Hahn 1974, S. 650)

3.2.2 **Beurteilung**

Eine Beurteilung, ohne auf die spezifischen Anwendungsbedingungen abzuheben, ist problematisch. Es können daher nur einige allgemeine Gesichtspunkte herausgestellt werden.

Als *Einliniensystem* mit Stäben hat dieser Strukturtyp folgende Vor- und Nachteile:
- *Positiv* zu beurteilen sind die klare Kompetenzabgrenzung, die eindeutigen Anordnungslinien und die Möglichkeit, zur Entlastung und Unterstützung der Führung Stabsspezialisten heranzuziehen.
- *Nachteilig* wirkt sich die starke Hierarchisierung auf die Kommunikation und die Motivation aus. Außerdem besteht die Gefahr von Stab-Linien-Konflikten.

Nimmt man die spezifischen Eigenschaften, die sich aus der *Funktionsgliederung* ergeben, hinzu, so ergibt sich folgendes Bild (vgl. Fuchs-Wegner/Welge 1974; Hill u. a. 1974, S. 191 ff.):

(1) *Ausrichtung, Grundtendenz:* Die Subsystembildung ist am Betriebsprozeß orientiert. Es geht primär um die Spezialisierung von Abteilungen und Stellen auf gleichartige Verrichtungen an unterschiedlichen Objekten. Damit steht die *Rationalisierung durch Funktionsspezialisierung und prozeßgerechte Strukturierung* im Vordergrund. Der Rationalisierungseffekt wird aber nur eintreten, solange der Gesamtprozeß noch überschaubar und die Produktdifferenzierung nicht zu groß ist.

(2) *Leistungsaspekte:* Die Spezialisierung auf bestimmte Funktionen begünstigt die *Routinisierung* der Tätigkeiten und erlaubt in hohem Maße eine Verfahrensregelung (Standardisierung). Es ergeben sich *Kostenvorteile* durch höhere personelle Effizienz (geringerer Schulungsaufwand, größeres Erfahrungspotential) und eine rationelle Nutzung von Sachmitteln. Insgesamt ist also die mit der funktionalen Organisation verbundene Spezialisierung unter Leistungsaspekten vorteilhaft anzusehen.

(3) *Koordinationsmöglichkeit:* Dagegen entstehen mit zunehmender Organisationsgröße spezifische *Koordinationsprobleme.* Es besteht die Gefahr eines engstirnigen Ressortdenkens. Dem ist durch koordinierende Eingriffe höherer Instanzen entgegenzuwirken. Es bedarf aber noch zusätzlicher Koordinationsmechanismen zur Abstimmung der funktionsspezialisierten Teilbereiche, z. B. Planungssysteme. Die starke gegenseitige Abhängigkeit der Subsysteme erschwert die Ergebniskontrolle (Zurechnungsprobleme).

(4) *Konflikte:* Die Zusammenfassung gleichartiger Funktionen innerhalb einer Abteilung mindert die Konfliktgefahr in einer solchen Organisationseinheit. Umsomehr können *Konflikte zwischen den Abteilungen* entstehen. Das schon erwähnte Ressortdenken, ein gewisser Abteilungsegoismus, führt zu Zielkonflikten zwischen den Abteilungen, z. B. zwischen Vertrieb und Produktionsbereich. Die gegenseitige Abhängigkeit ist ein weiterer Konfliktherd. Es entstehen Verhaltenskonflikte, z. B. durch unzureichenden Informationsaustausch oder Störungen im Arbeitsfluß.

(5) *Stabilität und Flexibilität:* Die tendenziell starke Formalisierung, hierarchische Strukturierung, Entscheidungszentralisation und Verfahrensregelung sorgen für *größtmögliche Stabilität.* Insofern ist diese Organisationsform günstig bei relativ konstanten Bedingungen. Dagegen ist die *Flexibilität* eines solchen Systems *gering.* Sie reicht aus für operative Anpassungen bei quantitativen Veränderungen der Nachfrage. Wird dagegen höhere Flexibilität gefordert, so erweist sich die funktionale Organisation in ihrer Grundform als zu starr.

(6) *Personeller Aspekt:* Die funktionale Organisation bietet gute *Einsatzmöglichkeiten für Spezialisten.* Die Spezialisierung verstärkt das Erfahrungspotential der Mitarbeiter. Sie schränkt aber die Entfaltungsmöglichkeiten ein und vermindert die Mobilität der einzelnen. Die starke funktionale Spezialisierung und der dadurch oft nicht mehr erkennbare Leistungszusammenhang können sich nachteilig auf die Motivation auswirken.

Anwendungsbereich

Die funktionale Organisation dürfte vor allem unter folgenden Bedingungen geeignet sein:

- Kleine bis mittlere Betriebsgrößen. Bei größeren Unternehmungen sind Modifikationen und zusätzliche Strukturformen erforderlich.
- Das Produktionsprogramm ist nicht stark differenziert.
- Die Systemumwelt ist gekennzeichnet durch geringe Differenzierung (wenig Marktsegmente, homogener Abnehmerkreis) und relativ große Stabilität.

3.3 Divisionale Organisation

3.3.1 **Kennzeichen**

Die Beschränkungen der funktionalen Organisation, insbesondere deren offenkundige Schwächen bei größeren Organisationen, haben zur Entwicklung der divisionalen Organisation geführt, die folgende Merkmale aufweist (s. *Tab. D 2*):

- Die *Aufgabenverteilung* erfolgt *primär nach Objekten* (Produktgruppen und/oder Regionen). Die objektorientierten Subsysteme werden als *Unternehmens-(Geschäfts-) Bereiche* oder Divisionen bezeichnet. Bei der Produktgliederung spricht man auch von Sparten. Die Spartenorganisation ist demnach ein Spezialfall der divisionalen Organisation.
- Da sich bei einer solchen Unternehmensgliederung die Notwendigkeit der verrichtungsorientierten Koordination der (objekt-orientierten) Unternehmensbereiche ergibt, werden zusätzliche, *nach Funktionen* gegliederte *Zentralbereiche* geschaffen.
- Das *Leitungssystem* ist ein *Einliniensystem mit Stäben.* Während die Divisionen die Linienautorität besitzen, stellen die Zentralbereiche Unterstützungseinheiten mit erweiterter Stabskompetenz dar. Daneben sind auch noch Divisionsstäbe vorhanden.

Bereich / Gestaltungsmaßnahme	Unternehmensbereich (Division)	Zentralbereich
Aufgabenverteilung	primär nach Objekten	nach Funktionen
Leitungsstrukturierung	Einliniensystem mit Stäben	zusätzliche Unterstützungseinheiten mit funktional begrenzten Kompetenzen

Tabelle D 2: Merkmale der divisionalen Organisation

Abbildung D 7 zeigt die Grundstruktur einer divisionalen Organisation, *Abbildung D 8* ein Anwendungsbeispiel.

3.3.2 **Unternehmensbereiche**

Wesentliches Merkmal eines Unternehmensbereichs ist die relativ *große Autonomie.* Es handelt sich um ein wirtschaftlich weitgehend selbständiges Subunternehmen.

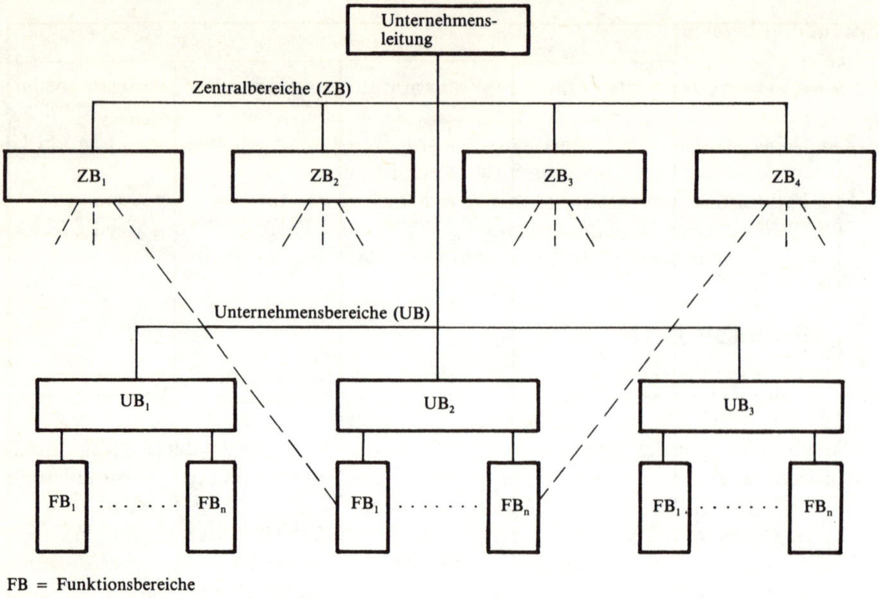

Abb. D 7: Grundstruktur der divisionalen Organisation

Aufgabenverteilung

Die *objektorientierte Systemgliederung* kann sich auf eine oder mehrere Ebenen erstrecken.

- Die *Produktgliederung* umfaßt auf der obersten Subsystemebene – den Unternehmensbereichen – in der Regel ein größeres Produktspektrum, das unter technischen und Marktgesichtspunkten zusammengefaßt wird. Die Unternehmensbereiche können, je nach Größe, weiter objektmäßig unterteilt werden in Geschäftsbereiche und Produktbereiche.
- Eine *Regionalgliederung* kann anstelle oder neben der Produktgliederung oder als deren Untergliederung vorgenommen werden. So können beispielsweise regionale Divisionen für die Aktivitäten im Ausland gebildet werden.

Neben der objektmäßigen Abgrenzung der Aufgaben ist weiter zu klären, *welche Funktionen* von den genannten Einheiten zu erfüllen sind. Ein produktorientierter Unternehmensbereich kann alle oder nur bestimmte Funktionsbereiche umfassen. In der Regel gehören die unmittelbaren Aufgaben (von Forschung und Entwicklung bis zum Absatz) in den Zuständigkeitsbereich einer Sparte. Für die mittelbaren Aufgaben (Personal-, Finanz- und Rechnungswesen) gibt es verschiedene Möglichkeiten der Dezentralisation in den Sparten und/oder der Zentralisation in Zentralbereichen. Der Schwerpunkt der regionalen Einheiten liegt bei den Vertriebsaktivitäten, jedoch können auch die weltweit verteilten Produktionsstätten und Forschungseinheiten den regionalen Divisionen zugeordnet werden.

Die weitere *Untergliederung* der objektorientierten Einheiten erfolgt nach dem Modell der funktionalen Organisation. Ein Unternehmensbereich, dem alle Hauptfunktionen

M A N -Vorstand	Unternehmensbereiche			
	Nutzfahrzeuge	Dieselmotoren und Druckmaschinen	Maschinen und Stahlbau	Maschinen und Anlagenbau GHH Sterkrade
Gesamtbereiche (Zentralbereiche): Marketing; Technik und Produktion; Organisation und Datenverarbeitung; Personal- und Sozialwesen; kaufm. Verwaltung; Finanzen; Materialwirtschaft; Produktunabhängige Forschung und Entwicklung	Werk Munchen Zweigwerke Penzberg, Salzgitter, Braunschweig	Werk Augsburg Werk Hamburg	Werk Nurnberg Werk Gustavsburg	Werk Sterkrade Rheinwerft Walsum Dockbauplatz Blexen
	Produkte und Leistungen Lastkraftwagen Kommunalfahrzeuge Omnibusse Fahrzeug-Dieselmotoren Einbau-Dieselmotoren Nutzfahrzeug-Service	**Produkte und Leistungen** Diesel- und Gasmotoren fur Schiffe und Kraftwerke Abgasturbolader Reparatur- und Ersatzteildienst für Schiffsantriebe Rollenrotations- und Bogenoffsetdruckmaschinen Öl- und Gasbrenner	**Produkte und Leistungen** Energieerzeugungsanlagen Fördertechnik Schienenfahrzeuge Allgemeiner Maschinenbau Stahlbau Aufzüge und Fahrtreppen Pumpen Verformungsteile Montagen	**Produkte und Leistungen** Anlagen u. Einrichtungen fur den Bergbau und die Huttenindustrie Verdichter und Turbinen Apparate für Kernenergie-Anlagen, Chemie und Mineralölindustrie See- und Binnenschiffe Schwimmdocks, Schmiedestücke Montagen

Unternehmensbereichsleitung		
Produktbereich A	Produktbereich B	Produktbereich C
Entwicklung Konstruktion Vertrieb Kundendienst	Entwicklung Konstruktion Vertrieb Kundendienst	Entwicklung Konstruktion Vertrieb Kundendienst
Betriebe		
Personal- und Sozialwesen		
Qualitätswesen		
kaufmännische Verwaltung		
Recht		
Organisation und Datenverarbeitung		

Abb. D 8: Divisionale Organisation: Beispiel der M.A.N.-Gruppe (Quelle: Detzer/Petit 1979, S. 194)

zugewiesen sind, entspricht damit weitgehend einem selbständigen Unternehmen vergleichbarer Größe, Produkt- und Marktstruktur.

Kompetenzverteilung und Koordinationsinstrumente

Der Unternehmensbereich als relativ selbständige Einheit ist gewissermaßen ein eigenständiges Unternehmen innerhalb eines größeren Ganzen. Er wird in der Regel als Profit Center, als Gewinnverantwortungsbereich, verstanden. Seine Leitung ist für das wirtschaftliche Ergebnis des Bereichs verantwortlich. Ein derartiges Führungskonzept erfordert umfassende Kompetenzen der Bereichsleitung und wirksame Koordinationsinstrumente.

(1) *Kompetenzverteilung:* Die Divisionsmanager benötigen weitgehende Handlungsfreiheit und volle Entscheidungskompetenzen hinsichtlich der kurz- und mittelfristigen Entwicklungs-, Fertigungs- und Vertriebsaktivitäten in ihrem Bereich im Rahmen der langfristigen Zielvorgaben. Beim Profit-Center-Konzept sind das in erster Linie Gewinnziele. Nach dem Investment-Center-Konzept werden den Divisionsmanagern zusätzlich noch Kompetenzen für Investitionsentscheidungen eingeräumt. Da die Finanzierungsmittel von der Gesamtunternehmung aufgebracht werden müssen, hat die Unternehmensleitung über die Mittelvergabe aber Einfluß auf die Investitionstätigkeit. Innerhalb eines Unternehmensbereichs erfolgt die Kompetenzverteilung nach dem Einlinienprinzip, ergänzt durch das Stabsprinzip, wie wir es von der funktionalen Organisation her kennen.

(2) *Koordinationsinstrumente:* Die weitgehende Autonomie, die sich günstig auf die Anpassungs- und Leistungsfähigkeit der Subsysteme auswirkt, wird nur dann auch für das Gesamtsystem vorteilhaft sein, wenn die Ziele und Aktivitäten der Subsysteme auf die Gesamtziele ausgerichtet sind. Dazu bedarf es entsprechender Koordinationsmechanismen:
- Die Unternehmensleitung lenkt durch *langfristige Zielvorgaben.* Diese Vorgaben müssen sowohl Sachziele bezüglich Markt-, Produkt-, Personal- und Investitionspolitik, als auch Formalziele hinsichtlich der Erfolgsentwicklung umfassen. Die Zielsetzungen sind Grundlage für die *strategische Planung,* die durch den Zentralbereich Unternehmensplanung in Zusammenarbeit mit den Divisionen vorgenommen wird.
- Die langfristigen Ziele und der strategische Plan werden konkretisiert durch die *mittel- und kurzfristigen Pläne und Budgets,* die von den einzelnen Divisionen autonom erstellt und in der zentralen Unternehmensplanung verdichtet und mit der Gesamtplanung abgestimmt werden. Dadurch entsteht ein *geschlossenes Planungs- und Budgetierungssystem.*

3.3.3 Zentralbereiche

Die primäre Gliederung der Unternehmensbereiche nach Objekten führt zu einer Funktionsdezentralisation. Die wesentlichen Funktionsbereiche sind in jeder Division vorhanden. Die Zentralbereiche, die nach dem Verrichtungsprinzip gegliedert sind, sollen nun erstens *die dezentralen Funktionseinheiten koordinieren* und zweitens *Aufgaben wahrnehmen, die aus den Sparten ausgegliedert und zentral zusammengefaßt werden.*

Im einzelnen haben sie folgende Aufgaben (in Anlehnung an Siemens 1970):

- *Unterstützung der Unternehmensleitung* bei der Entwicklung der Unternehmenskonzeption und Vorbereitung strategischer Entscheidungen, z. B. Vorschläge für die Formulierung der Unternehmensziele und für die Unternehmensstrategie
- Beratung und *Unterstützung der Unternehmensbereiche,* z. B. bei der Organisationsplanung, bei dem Aufbau von Planungssystemen, bei der Einführung neuer Fertigungsverfahren, Rechtsberatung
- *Koordination und Kontrolle dezentraler Aufgaben* (z. B. durch Erlaß von Richtlinien für Planungs- und Berichtswesen, Personalführung, Finanzierung), zentrale Planungs- und Kontrollfunktionen im Rahmen eines integrierten Planungs- und Kontrollsystems (Unternehmens-Controller)
- *Dienstleistungsaufgaben,* z. B. zentrale Datenverarbeitung
- *Zentrale Wahrnehmung bestimmter Grundfunktionen,* die nicht aufteilbar sind oder aus Wirtschaftlichkeitsgründen zusammengefaßt werden sollen, z. B. Grundlagenforschung, zentraler Einkauf.

Diese Übersicht zeigt, daß für alle Hauptfunktionen Zentralbereiche einzurichten sind. Die Größe und Untergliederung der Zentralbereiche richtet sich nach dem Umfang der zentralen Aufgabenwahrnehmung. Davon hängen auch die *Kompetenzen* der Zentralstellen ab. Im allgemeinen haben sie neben der Beratungskompetenz gegenüber den entsprechenden Einheiten der Unternehmensbereiche eine Richtlinienkompetenz oder, noch weitergehend, volle fachliche Weisungsrechte (z. B. Unternehmens-Controller gegenüber Bereichs-Controller).

3.3.4 **Gesamtleitung**

Die oberste Unternehmensleitung hat vornehmlich die Aufgabe, die Geschäftspolitik festzulegen und die Teilbereiche zu koordinieren. Das ist nicht einfach angesichts der breitgefächerten Unternehmensgliederung und der Autonomie der Unternehmensbereiche. Hierzu bedarf es geeigneter Organisationsformen und Führungsinstrumente:

- Für die *Organisation der Unternehmensspitze* eignen sich teamartige Strukturen:
  - Die oberste Unternehmensleitung wird als *Mehrpersoneninstanz* eingerichtet, die nach dem Kollegialprinzip arbeitet. Neben dem nicht mit einem bestimmten Ressort betrauten Vorsitzenden können Leiter oder Sprecher der Unternehmens- und Zentralbereiche der obersten Unternehmensleitung (z. B. Vorstand einer Aktiengesellschaft) angehören. Dadurch wird sichergestellt, daß die Interessen der Teilbereiche bei den unternehmenspolitischen Entscheidungen berücksichtigt werden und andererseits die Bereichsleiter Gesamtverantwortung für die Unternehmensziele und -strategien tragen.
  - Daneben können *Ausschüsse* (Komitees) für ständige und Sonderaufgaben aus Mitgliedern der obersten Unternehmensleitung und weiteren leitenden Mitarbeitern verschiedener Bereiche gebildet werden.
- Als *Führungsinstrument* ist vor allem ein gut ausgebautes, mehrstufiges Planungs- und Kontrollsystem erforderlich.

3.3.5 **Beurteilung**

(1) *Ausrichtung, Grundtendenz:* Die divisionale Organisation unterscheidet sich von der funktionalen nicht nur durch eine andere Art der Aufgabenverteilung, sondern auch hinsichtlich der Leitungsstruktur. Neben dem objektorientierten Liniensy-

stem der Divisionen ist ein funktionsorientiertes Unterstützungssystem mit erweiterter Stabskompetenz in Form der Zentralbereiche vorhanden. Das Stab-Linien-Konzept ist hier also weiterentwickelt. Im Vordergrund steht die *Produkt- und Marktorientierung* (vgl. Eisenführ 1970, Fuchs-Wegner/Welge 1974, Grochla 1972, S. 187 ff, Hill u. a. 1974, S. 186 f).

(2) *Leistungsaspekte:* Durch diese Ausrichtung auf Produkt- und Marktaspekte ist erstens eine *stärkere Ergebnisorientierung* der Unternehmensbereiche gegeben (Profit Center) und zweitens eine bessere Marktausschöpfung möglich.

Die oberste Leitung wird stärker vom laufenden Geschäft entlastet und ist frei für die strategischen Planungen und Entscheidungen. Die Divisionsmanager treffen dispositive und operative Entscheidungen für bestimmte Produktbereiche und Marktsegmente, die sie aufgrund der Objektspezialisierung besonders gut kennen. Damit wird das *Leitungssystem qualitativ verbessert.* Es werden in der Regel aber auch mehr qualifizierte Leitungskräfte benötigt. Aufgrund der Verrichtungsdezentralisation kann ein Mehraufwand in bezug auf Personal- und Sachmittelnutzung eintreten.

(3) *Koordinationsmöglichkeiten:* Die Dezentralisation und die starke Autonomie der Unternehmensbereiche erfordern *aufwendige Koordinationsmechanismen.* Neben den speziellen *Koordinationseinheiten* (Zentralbereiche, Ausschüsse) muß vor allem ein *umfassendes Planungs- und Kontrollsystem* eingerichtet werden. Dazu gehört auch die Lösung des Verrechnungsproblems zwischen den Unternehmensbereichen. Bei der Zielsteuerung und Ergebniskontrolle spielt der Bereichsgewinn eine wichtige Rolle. Innerhalb der Unternehmensbereiche entsprechen die Koordinationsprobleme denen der funktionalen Organisation.

(4) *Konflikte:* Die Konflikte zwischen den Funktionsbereichen werden auf Divisionsebene absorbiert. Zwischen den Divisionen entstehen vor allem *Verteilungskonflikte* um die knappen Mittel. Dazu kommen *Stab-Linien-Konflikte* zwischen Divisionen und Zentralbereichen. Die Unternehmensleitung muß vor allem strategische Konflikte lösen (Ziel- und Mittel-Konflikte zwischen den Divisionen).

(5) *Stabilität und Flexibilität:* Die *Anpassungsfähigkeit* ist *größer* als bei der funktionalen Organisation. Es sind nicht nur Voraussetzungen für eine operative (kurzfristige, quantitative) Anpassung, sondern auch für die strategische (langfristige, qualitative) Anpassung gegeben. Die größere Selbständigkeit der Unternehmensbereiche ermöglicht schnelle Anpassungsentscheidungen und eine ausgesprochene Produkt-Markt-Orientierung.

(6) *Personeller Aspekt:* Die divisionale Organisation bietet *mehr Entfaltungsmöglichkeiten für Führungskräfte;* es wird mehr Selbständigkeit gefordert und mehr Gelegenheit zur Ausbildung und Bewährung des Führungsnachwuchses geboten. Zusammen mit der stärkeren Ergebnisorientierung führt dies auch zu einer höheren Motivation, vor allem der Führungskräfte. Es werden allerdings auch höhere Anforderungen gestellt.

Anwendungsbereich

Die divisionale Organisation wird vor allem dann vorteilhaft sein, wenn folgende Bedingungen gegeben sind:

- Größe: Das Unternehmen hat eine bestimmte Größe erreicht. (In der dargestellten Form kommt die divisionale Organisation vornehmlich für größere Unternehmen infrage; für mittlere Unternehmen ist eine gewisse Modifikation erforderlich).
- Programm: Das Produktionsprogramm umfaßt hinsichtlich technischem Aufbau und Herstellungsverfahren sehr unterschiedliche Erzeugnisse.
- Umwelt: Es ist eine starke Marktdifferenzierung gegeben (verschiedene Märkte, uneinheitliche Abnehmerstruktur) und die Umweltbedingungen sind sehr dynamisch und unsicher.

3.4 Übergänge zur mehrdimensionalen Organisation

3.4.1 **Problematik**

Bei den bisher dargestellten Organisationsformen wird die Hauptgliederung eines Unternehmens nach einem von verschiedenen möglichen bzw. relevanten Aufgabenaspekten vorgenommen. Damit sind unterschiedliche Schwerpunkte in der Aufgabenorientierung der Hauptbereiche gesetzt; die anderen Aufgabenaspekte können erst in der Untergliederung berücksichtigt werden. Das bedeutet, daß bei der funktionalen Organisation die Ausrichtung der Organisationseinheiten auf spezifische Produkt- und Regionalaspekte erst auf niedrigerer Systemebene möglich ist, während dies bei der divisionalen Organisation hinsichtlich der Funktionen der Fall ist. Die einzelnen Aufgabenaspekte haben somit bei den genannten Organisationsformen unterschiedliches Gewicht.

Die Zusammenfassung der Aufgaben nach einem Merkmal hat zwangsläufig eine Dezentralisation nach den anderen Merkmalen zur Folge. Daraus ergeben sich Koordinationsprobleme. Bei der funktionalen Organisation können sich Schwierigkeiten hinsichtlich der Objektkoordination, bei der divisionalen Organisation hinsichtlich der Abstimmung und Kooperation gleichartiger Funktionsbereiche der verschiedenen Divisionen ergeben. Eine Abhilfe sind hier Stabs- und Zentralstellen, denen die Querschnittskoordination obliegt und die die dezentralen Organisationseinheiten unterstützen.

Mit diesen Zentralstellen vollzieht sich ein Übergang von einem reinen Einliniensystem (eindimensionale Organisation) zu einem Mehrliniensystem (mehrdimensionale Organisation). Bei der Matrixorganisation ist dieser Schritt vollzogen. Hier werden die angeschnittenen Probleme dadurch zu lösen versucht, daß bei der Aufbaustrukturierung bereits auf der obersten Systemebene Verrichtungs- und Objektaspekte gleichzeitig zum Tragen kommen. Die Matrixorganisation ist eine zweidimensionale oder, in weiterem Sinne, mehrdimensionale Organisationsform, deren Leitungsstruktur nach dem Mehrlinienprinzip aufgebaut ist.

3.4.2 **Übergangsformen**

(1) *Divisionale Organisation.* Als Vorstufe zur Matrixorganisation ist die divisionale Organisation in der in Abschnitt 3.3 dargestellten Form anzusehen, insofern, als neben objektorientierten Unternehmensbereichen noch verrichtungsorientierte Zentralbereiche zur Querschnittskoordination eingerichtet werden. Allerdings ist das Gewicht dieser beiden Säulen der divisionalen Organisation unterschiedlich:

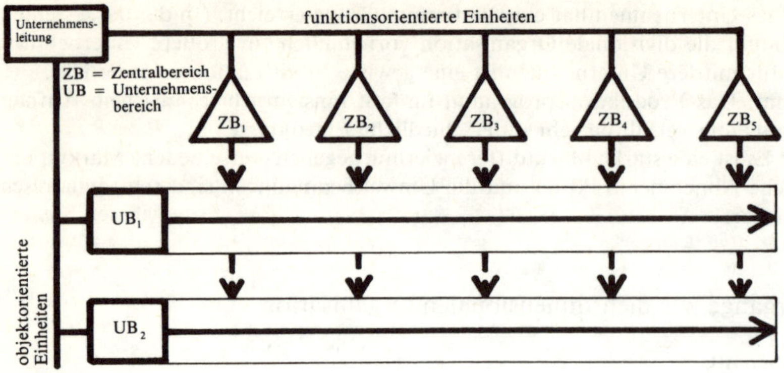

Abb. D 9: Divisionale Organisation

Die Unternehmensbereiche besitzen volle Linienkompetenz, die Zentralbereiche dagegen üben Stabsfunktionen mit Beratungs- und Richtlinienkompetenz gegenüber den Unternehmensbereichen aus (*vgl. Abb. D 9*).

(2) *Produktmanagement.* Aber auch bei der funktionalen Organisation sind Übergänge zur Matrixorganisation möglich. Das ist der Fall, wenn das funktionsorientierte System durch ein Produktmanagement ergänzt wird. Dabei sind zwei Formen zu unterscheiden (vgl. Wild 1972, S. 186 ff):

- erstens das *bereichsintegrierte* Produktmanagement, z. B. innerhalb des Absatzbereichs
- zweitens das *bereichsunabhängige* Produktmanagement in Form von Zentralstellen.

Die zweite Form stellt eine Vorstufe zur Matrixorganisation auf Unternehmensebene, die erste Form auf Bereichsebene dar. Das Produktmanagement soll die *Aktivitäten* innerhalb der Organisation *produktbezogen steuern und koordinieren* und die Produktinnovation vorantreiben (Wild 1972, S. 12).

In der Regel hat das Produktmanagement den Charakter einer *Stabsstelle;* die Kompetenzausstattung ist begrenzt. Es hat nur beschränkte Einwirkungs-

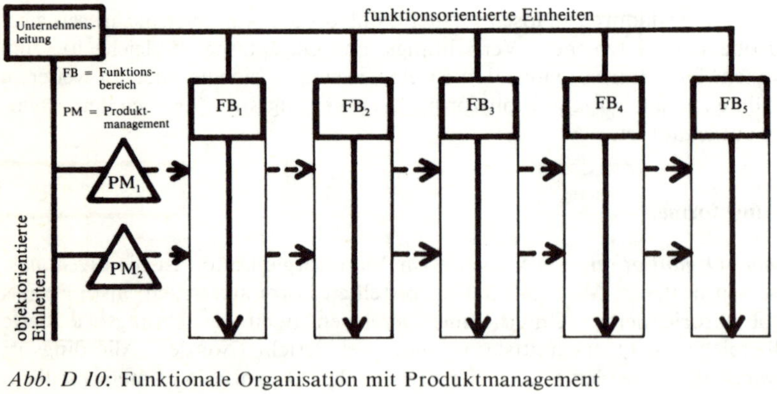

Abb. D 10: Funktionale Organisation mit Produktmanagement

möglichkeiten auf das Liniensystem. Das Schwergewicht liegt hier eindeutig bei den funktionsorientierten Linieneinheiten (s. *Abb. D 10*).

(3) *Projektmanagement.* Ähnlich sieht es aus, wenn zur Steuerung von Projekten, an denen Mitarbeiter verschiedener Funktionsbereiche beteiligt sind, *Projektkoordinatoren in Stabsfunktion* eingesetzt werden. Bei dieser *Stabs-Projektorganisation* unterstehen die Projektmitarbeiter weiterhin dem jeweiligen Funktionsbereichsleiter. Der Projektkoordinator besitzt gegenüber den am Projekt beteiligten Stellen keine Weisungsbefugnisse. Er hat gegenüber den Linienvorgesetzten Informations- und Beratungsrechte. Da es hier vor allem auf den persönlichen Einfluß und die Überzeugungskraft des Projektmanagers ankommt, wird diese Form der Projektsteuerung auch als *Einfluß-Projektmanagement* bezeichnet (s. *Abb. D 11*).

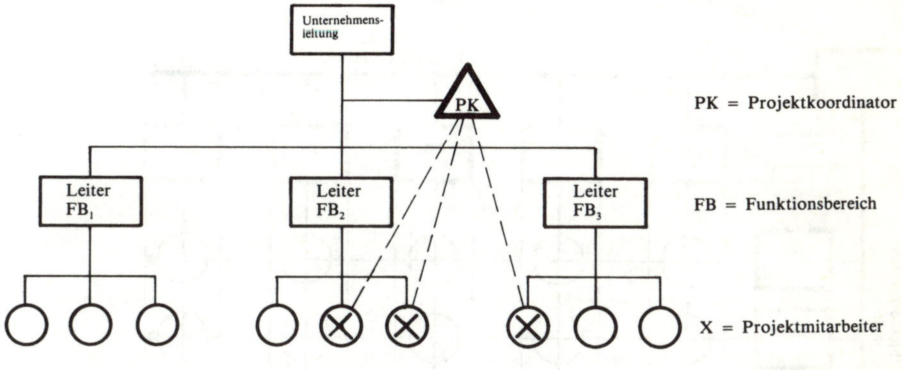

Abb. D 11: Stabs-Projektorganisation

Im Gegensatz dazu werden bei der *reinen Projektorganisation,* die auch als *Weisungs-Projektmanagement* charakterisiert wird, die beteiligten Mitarbeiter aus den Fachbereichen herausgelöst und für die Dauer des Projekts einem Projektleiter unterstellt, der ihnen gegenüber weisungsbefugt ist. Hier wird ein eigenständiger projektorientierter Teilbereich im hierarchischen System gebildet (s. *Abb. D 12*)

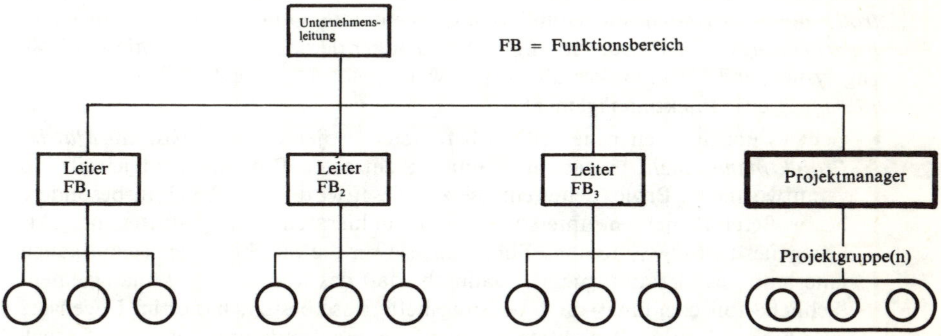

Abb. D 12: Reine Projektorganisation

3.5 Matrixorganisation

3.5.1 Kennzeichen der reinen Matrixorganisation

Kennzeichnend für die voll entwickelte Matrixorganisation ist,

- daß die beiden Aufgabenaspekte – Verrichtung und Objekt – gleichzeitig berücksichtigt und *zwei gleichrangige Gliederungssysteme* gebildet werden, von denen das eine *funktionsorientiert* und das andere *objektorientiert* ist;
- auf diese Weise entstehen *zwei sich überschneidende Leitungssysteme,* auf die die Entscheidungs- und Weisungskompetenzen aufgeteilt werden; im Gegensatz zu den Vorstufen der Matrixorganisation liegt ein echtes Mehrliniensystem mit Kompetenzteilung und Mehrfachunterstellung vor.

Es ergibt sich hier also ein Gleichgewicht zwischen verrichtungs- und objektorientiertem System (s. *Abb. D 13*).

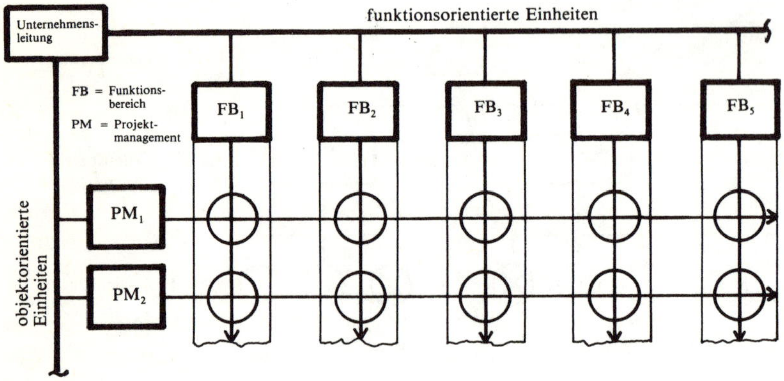

Abb. D 13: Matrixorganisation

Aufgaben- und Kompetenzverteilung

Das Ineinandergreifen von zwei Leitungssystemen kann nur funktionieren, wenn eine genaue Aufgaben- und Kompetenzabgrenzung erfolgt:

- Dem *Objektmanagement* obliegt im allgemeinen die *Planung, Steuerung und Kontrolle der Aktivitäten* im Hinblick auf bestimmte Objekte. Es hat *fachliche Entscheidungs- und Weisungsbefugnisse* gegenüber dem funktionsorientierten Vollzugssystem und bestimmt vor allem, was wann gemacht werden muß. Es gibt zwei *Varianten* des Objektmanagements:
  - Geht es um die Steuerung zeitlich befristeter Projekte, dann wird ein *Matrix-Projektmanagement* eingerichtet. Für die einzelnen Projekte wird jeweils ein verantwortlicher Projektleiter eingesetzt. Dieser wird in der Regel, insbesondere bei größeren Projekten, unterstützt durch ein hierarchisch abgestuftes, projektbezogenes Leitungssystem mit Submanagern für die verschiedenen Teilaufgaben innerhalb des Gesamtprojekts. Dadurch, daß das Matrix-Projektmanagement fachliche Entscheidungs- und Weisungsbefugnisse besitzt, hat es im Gegensatz zum bloßen Einfluß-Projektmanagement weitergehende und vor allem formell fixierte Einwirkungsmöglichkeiten auf das Vollzugssystem. Es fehlen aber die

disziplinarischen Kompetenzen gegenüber dem Ausführungspersonal, wie sie beim Weisungs-Projektmanagement gegeben sind. Disziplinarisch sind die Ausführungseinheiten nämlich den Funktionsmanagern unterstellt.

- Eine zweite Variante ist das *Matrix-Produktmanagement.* Diese Form wird gewählt, wenn es darum geht, ständige Leitungseinheiten mit der produktbezogenen Koordination aller Aktivitäten, also nicht beschränkt auf ein einzelnes Projekt, zu betrauen

– Das *Funktionsmanagement* ist *verantwortlich für das Vollzugssystem.* Die einzelnen Funktionsmanager sind zuständig für bestimmte Funktionsbereiche, z. B. Forschung und Entwicklung, Beschaffung, Produktion und Absatz. Sie sind Disziplinarvorgesetzte der Ausführungs- und Dienstleistungsstellen und verfügen über die zum Leistungsvollzug erforderlichen Sachmittel. Ihre Aufgabe ist es, die zur Projektdurchführung bzw. zur Entwicklung, Erstellung und Vermarktung eines Produktes erforderlichen Personen und Betriebsmittel bereitzustellen und für den optimalen Einsatz der Aktionsträger und -mittel zu sorgen. Ihre *Kompetenzen* erstrecken sich darauf, zu bestimmen, wer welche Aktivitäten in einem Projekt bzw. an einem Produkt durchzuführen hat — in dieser Hinsicht wird allerdings auch eine Abstimmung mit den Objektmanagern erforderlich sein —, und festzulegen, wie die Realisierung erfolgen soll.

3.5.2 Zusammenwirken von Objekt- und Funktionsmanagement

Die bei der eindimensionalen Organisation nur in vertikaler Richtung laufende Koordination durch die Leitungshierarchie wird bei der Matrixorganisation ergänzt durch eine Querschnittskoordination über ein zweites Leitungssystem. Die Steuerung der Aktivitäten durch zwei sich kreuzende Lenkungssysteme zwingt zur ständigen Abstimmung zwischen objekt- und funktionsbezogenen Belangen. Das erfordert ein hohes Maß an *Kooperation zwischen Objekt- und Funktionsmanagement;* beide Leitungssysteme müssen sich ergänzen. Die Projekt- und Produktmanager müssen ihre Anforderungen an das Vollzugssystem mit den Funktionsbereichsleitern abstimmen. Da keine Seite alleinige Entscheidungs- und Weisungskompetenzen hat, müssen die beiderseitigen Interessen, soll nicht eine übergeordnete Instanz eingeschaltet werden, durch Verhandlung zum Ausgleich gebracht werden. Dieser Interessenausgleich ist sicher nicht einfach.

Bei der Matrixorganisation sind *Konflikte* gewissermaßen institutionalisiert. Das hat durchaus Vorteile. Es entsteht ein produktives *Spannungsverhältnis zwischen objekt- und funktionsorientierter Leitung,* das anspornt und zwingt, Konflikte offen und sachlich auszutragen. Das verhindert die Konfliktverlagerung in die persönliche Sphäre. Die Konfliktlösung erfolgt unmittelbar zwischen den tangierten Leitungsstellen auf derselben Systemebene und nicht auf umständlichem Wege über die Hierarchie. Der Abstimmungszwang führt weiter dazu, daß Konfliktsituationen rechtzeitig erkannt und bereinigt werden. Diese Organisationsform setzt natürlich voraus, daß die Objekt- und Funktionsbereichsleiter nicht nur kooperationswillig sind, sondern auch Kooperations- und Konfliktlösungstechniken beherrschen (vgl. Quiske u. a. 1975; Krüger 1973).

Schwerpunktverlagerung und Strukturwechsel

Das zweidimensionale Leitungssystem ermöglicht eine größere Flexibilität als ein eindimensionales. Es erlaubt eine strukturelle Anpassung durch Schwerpunktverlagerung im Laufe eines Projekts vom Objektmanagement, das in der Planungsphase federführend

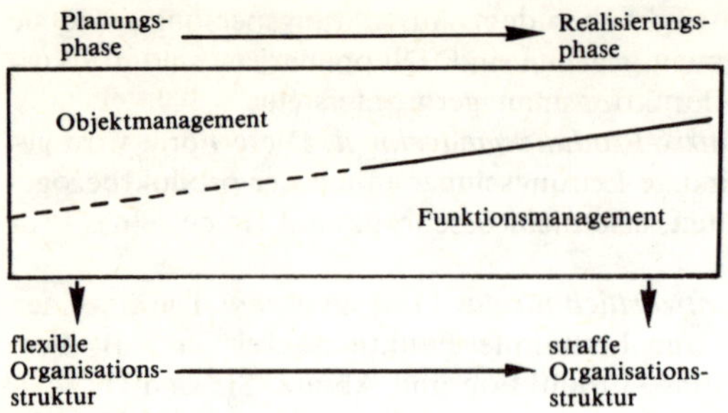

Abb. D 14: Schwerpunktverlagerung bei der Matrixorganisation

ist, zum Funktionsmanagement, das die Hauptverantwortung für die Realisierung trägt. Damit ist auch ein Wechsel von der flexiblen Organisationsstruktur mit temporären Planungsgruppen zu einer strafferen Organisationsstruktur innerhalb der ständigen Funktionseinheiten verbunden. Auf diese Weise lassen sich die innovativen Aufgaben innerhalb einer gering formalisierten Organisationsstruktur mit offener Kompetenzabgrenzung zwischen den Leitungssystemen und die programmierbaren Ausführungsaufgaben im Rahmen einer stärker formalisierten Struktur mit genau festgelegter Kompetenzabgrenzung lösen (s. *Abb. D 14*).

3.5.3 **Beurteilung**

Die Matrixorganisation versucht den verschiedenen Problemaspekten dadurch besser gerecht zu werden, daß zwei sich überlagernde Leitungssysteme errichtet werden, von denen eines für die Objektkoordination, das andere für die funktionsbezogene Steuerung zuständig ist. Das Prinzip der Einheit der Auftragserteilung wird hier also bewußt aufgegeben zugunsten eines Mehrliniensystems in Form einer Doppelhierarchie (vgl. Fuchs-Wegner/Welge 1974, Grochla 1972, S. 205 ff, Hill u. a. 1974, S. 209 ff).

(1) *Ausrichtung, Grundtendenz:* Die Matrixlösung gestattet die gleichzeitige Berücksichtigung von Objekt- und Funktionsbelangen in *zwei gleichberechtigten, spezialisierten Leitungssystemen.* Das Funktionssystem umfaßt verrichtungsspezialisierte Leitungs- und Ausführungseinheiten wie bei einer funktionalen Organisation, während das Objektsystem auf die Projekt- oder Produktsteuerung spezialisiert ist. Eine solche Konstruktion erlaubt es auch, den verschiedenen Strukturanforderungen gerecht zu werden, d. h. sowohl der Flexibilitäts- als auch der Stabilitätsforderung zu genügen. Das Objektmanagement sorgt für *Innovation und Dynamik*, das Funktionsmanagement sichert die *ständige Leistungsbereitschaft* der zum Vollzug erforderlichen Funktionseinheiten.

(2) *Leistungsaspekte:* Durch die Spezialisierung der Leitung nach Objekt- und Funktionsaspekten und den gleichzeitigen Zwang zur Kooperation der beiden Leitungssysteme läßt sich die *Qualität der Entscheidungs- und Lenkungsprozesse* erhöhen. Der direkte Kontakt zwischen verschiedenen Leitungseinheiten derselben Ebene ersetzt langwierige Instanzenwege. Damit kann auch die Unternehmensleitung entlastet werden. Diesen Vorteilen steht allerdings ein größerer Bedarf an Leitungskräften gegenüber.

(3) *Koordinationsmöglichkeiten:* Da Objekt- und Funktionskoordination gleichberechtigt nebeneinander stehen, entsteht ein *effizientes und ausgewogenes strukturelles Koordinationssystem.* Durch den aus der Teilung der Leitungssysteme sich ergebenden Kooperationszwang wird die Koordination allerdings *stärker personenabhängig.* Die Entscheidungsprozesse werden schwieriger und evtl. zeitraubender. Es bedarf einer hinreichenden Regelung der Kompetenzkreuzungen.

(4) *Konflikte:* Das *Konfliktpotential* ist zweifellos hoch. Die unterschiedliche Interessenlage und Denkweise von Objekt- und Funktionsmanagement läßt Zielkonflikte, Verteilungskonflikte um knappe Mittel und verhaltensbedingte Konflikte entstehen. Im Grunde schafft aber nicht die Matrixorganisation diese Konflikte, sondern führt nur zu deren *Offenlegung.* Als positiv ist dabei der Zwang zu offener und sachlicher *Konfliktaustragung* anzusehen. Produktiv kann dies aber nur sein, wenn die Führungskräfte die Technik der Konfliktlösung beherrschen.

(5) *Anpassungsfähigkeit:* Die Matrixorganisation zeichnet sich durch eine *große Flexibilität* aus. Sie ermöglicht in hohem Maße eine strukturelle Anpassung an unterschiedliche Anforderungen (Strukturwechsel). Deshalb ist diese Organisationsform vor allem dort angebracht, wo die Aufgabenstellungen und Umweltbedingungen ständigen Veränderungen unterworfen sind.

(6) *Personenbezogene Aspekte:* Positiv in personeller Hinsicht ist der Abbau der Hierarchie durch Aufteilung auf zwei Leitungssysteme, der Zwang zur Kooperation und damit der Trend zu stärkerer Teamarbeit. Der stark dynamische Charakter dieser Strukturform bietet mehr Möglichkeiten zu persönlicher Entfaltung und wirkt insgesamt stärker motivierend. Die personellen Anforderungen an Flexibilität, Kooperations- und Konfliktlösungsfähigkeit der Mitarbeiter sind hier am größten.

Anwendungsbereich

Die Matrixorganisation ist die geeignete Strukturform für relativ komplexe und sich wandelnde Aufgaben. Das trifft vor allem in folgenden Situationen zu:
— Das Produktionsprogramm ist sehr differenziert und verändert sich laufend, die Innovationsrate ist hoch.
— Die Umweltbedingungen sind relativ unsicher, die Anforderungen an die strukturelle Apassungsfähigkeit sind groß.

Eine solche Bedingungskonstellation ist kennzeichnend für entwicklungsintensive Unternehmen, z. B. Raum- und Luftfahrtindustrie, Computerbranche.

Nach dem Matrixmodell können strukturiert werden:
— die gesamte Unternehmungsorganisation
— oder bei der divisionalen Organisation einzelne Unternehmensbereiche (ab einer bestimmten Unternehmensgröße wird zunächst eine spartenmäßige Aufteilung erforderlich und erst auf der nächsten Ebene eine Matrixstruktur sinnvoll sein)
— oder bei funktionaler und divisionaler Organisation einzelne Funktionsbereiche, z. B. Entwicklungs- oder Vertriebsbereich (beides sind Bereiche, die durch starke Dynamik und das Zusammentreffen sehr unterschiedlicher Anforderungen gekennzeichnet sind).

3.6 Teamorientierte Organisationsformen innerhalb der Hierarchie

Innerhalb des hierarchischen Systems kann das Teamprinzip zum einen in Form partieller Gruppenbildung und zum anderen durch eine umfassende Gruppenorganisation realisiert werden.

3.6.1 **Partielle Gruppenbildung**

Darunter wird die *teilweise Anwendung des Teamkonzepts* innerhalb des hierarchischen Systems verstanden. Eine solche partielle Gruppenbildung findet man in allen Unternehmungen. Es lassen sich drei Bereiche der Gruppenorganisation unterscheiden: das Lenkungs- oder Führungssystem, das Innovationssystem und das Ausführungssystem.

Gruppen im Führungssystem

Im Führungsprozeß ist man in zunehmendem Maße auf Teamwork angewiesen. »Die Entscheidungen im modernen Geschäftsleben sind . . . nicht das Ergebnis einzelner, sondern von Gruppen. Diese Gruppen sind sehr vielfältig, manchmal formell, manchmal informell aufgebaut« (Galbraith 1970, S. 67). In diesem Zusammenhang interessieren nur die formellen Gruppen, wobei grob zwischen Führungsteams bzw. Entscheidungsgruppen und Unterstützungs- bzw. Beratungsteams unterschieden werden kann.

(1) *Führungsteams:* Ein Führungsteam entsteht, wenn mehrere Personen gemeinsam eine Führungsaufgabe wahrnehmen. Eine Variante davon ist die *Kollegialinstanz* (= Zusammenfassung gleichrangiger Instanzen zu einem einheitlichen Leitungsorgan), welche hauptsächlich auf der *obersten Unternehmensebene* (*Vorstand, Geschäftsführung*) anzutreffen ist. In der Regel steht jedes Mitglied, mit Ausnahme des Vorsitzenden, einem Ressort vor. Die Mitglieder haben also eine Doppelfunktion (vgl. Hill u. a. 1974, S. 133 f):

- Im Rahmen der Kollegialinstanz sind sie für Entscheidungen zuständig, die das Gesamtsystem betreffen. Sie erfüllen Leitungsaufgaben, welche alle direkt unterstellten Bereiche angehen, gemeinsam und tragen gemeinsam die Verantwortung.
- Als Bereichsleiter sind sie einzeln zuständig für Fragen, die nur ihre jeweiligen Bereiche betreffen.

Ein echtes Team wird aus der Kollegialinstanz, wenn deren Mitglieder solidarisch und kooperativ zusammenwirken.

Auch auf *Bereichsebene* können entsprechende Führungsteams gebildet werden, bestehend aus dem Bereichsleiter und den ihm unterstellten Abteilungs- bzw. Gruppenleitern. Eine solche *Bereichs-Führungsgruppe* ersetzt in der Regel nicht die Einzelinstanzen, sondern tritt neben sie. Es handelt sich um einen Führungskreis *in Form eines Ausschusses* (s. Abschnitt D 2.5), der für die Gesamtabstimmung in einem Bereich, z. B. im gesamten Fertigungsbereich oder in einem Meisterbereich, zuständig ist und in dem die grundlegenden Bereichsentscheidungen gemeinsam getroffen werden, während die laufenden, routinemäßigen Geschäfte den Einzelinstanzen obliegen.

Außerdem werden innerhalb des Führungssystems *Enscheidungs- und Koordinationsausschüsse* für bestimmte Aufgabenzusammenhänge gebildet, die mehrere oder alle Bereiche tangieren und daher eine gegenseitige Abstimmung und einen Interessenausgleich erfordern, z. B. Investitionsplanungen und -entscheidungen, Produktions- und Absatzplanung, Unternehmensplanung.

(2) *Beratungsteams:* Entscheidungseinheiten können durch Beratungsteams unterstützt werden. Das können *Ad-hoc-Ausschüsse* sein, die bestimmte Vorschläge ausarbeiten sollen, oder es sind regelmäßig zusammentretende *Ausschüsse bzw. Konferenzen als ständige Einrichtungen*, die zumeist noch die Funktion des Informationsaustausches haben, z. B. Verkaufskonferenz mit Verkaufsleiter und Außendienstmitarbeitern.

Gruppen im Innovationssystem

Von besonderer Bedeutung ist das Teamwork für das Innovationssystem. Dieses umfaßt Aufgabengebiete wie Forschung und Entwicklung, Organisationsplanung, Produktgestaltung und Sonderaufgaben wie die Einführung neuer Produkte. Es handelt sich hier um komplexe, gering strukturierte Probleme, die kaum in Einzelarbeit, sondern zumeist nur in Teams gelöst werden können. Häufig müssen Experten mehrerer Fachbereiche zusammenarbeiten. Solche Problemlösungsteams können in Form von *Projektgruppen*, die zeitlich begrenzte, einmalige Aufgben erfüllen, etabliert werden (s. Abschnitt D 2.4).

Die Innovationsfähigkeit einer Organisation hängt wesentlich davon ab, wie diese Projektgruppen in das hierarchische System eingeordnet und gesteuert werden. Wir haben bereits die *drei Grundformen der Projektorganisation* kennengelernt (s. Abschnitt D 3.4 und 3.5):

- *Stabs-Projektorganisation* (Einfluß-Projektmanagement) mit einer Stabsstelle für die Projektkoordination
- *Reine Projektorganisation* (Weisungs-Projektmanagement) mit einem gegenüber den Gruppenmitgliedern weisungsbefugten Projektleiter
- *Matrix-Projektorganisation* mit einer Kompetenzaufteilung zwischen projektbezogenem und funktionsorientiertem Leitungssystem.

Welche dieser Organisationsformen anzuwenden ist, richtet sich u. a. nach der Größe und den fachlichen Anforderungen eines Projekts in sachlicher und methodischer Hinsicht. Davon hängt auch ab, wie das Projektmanagement mit den Projektgruppen *in das hierarchische System einzugliedern* ist. Es gibt zwei Möglichkeiten:

- Es wird *innerhalb eines Funktionsbereichs*, z. B. Forschung und Entwicklung oder Absatz, ein bereichsbezogenes Projektmanagement installiert
- oder das Projektmanagement wird *direkt der Unternehmens- bzw. Spartenleitung unterstellt.*

Eine weitere Variable der Projektorganisation ist die *Leitungstiefe:*

- Das *einstufige Projektmanagement* besteht aus Projektgruppenleitern, die unmittelbar einer Linieninstanz (Unternehmens-, Sparten- oder Fachbereichsleitung) unterstellt sind.
- Das *mehrstufige Projektmanagement* umfaßt mehrere projektbezogene Leitungsebenen, z. B. Gesamt-Projektmanagement, verschiedene Projektleiter und Projektgruppenleiter.

Die Projektorganisation bietet die zur Lösung innovativer Aufgaben erforderliche Flexibilität. Die verschiedenen Organisationsformen ermöglichen eine Anpassung an die spezifischen Projektanforderungen. Es können Gruppen

- innerhalb des funktionsorientierten Liniensystems gebildet und über Projektstäbe oder ein Matrix-Management gesteuert werden,
- in Form der reinen Projektorganisation aus den Fachbereichen herausgelöst und in eigenständige projektorientierte Teilbereiche eingegliedert werden.

Schließlich können Projektgruppen gänzlich von der Hierarchie gelöst werden, wie dies in Abschnitt 3.7 als duale Organisation gezeigt wird.

Gruppen im Ausführungssystem

Im Ausführungssystem wird bis auf einige technologisch bedingte Formen der Gruppenarbeit überwiegend Einzelarbeit bei weitgehender Arbeitsteilung geleistet. Aber auch hier gewinnen Gruppenarbeitsformen an Bedeutung. Mit den neuen Konzepten der Arbeitsstrukturierung, die im Zuge der Humanisierungsbestrebungen entwickelt wurden (s. Abschnitt C 2.2.3.3), wird beispielsweise im Produktionsbereich versucht, anstelle von Einzelarbeitsplätzen und Fließbändern Gruppenarbeitsplätze zu schaffen und teilautonome Gruppen einzurichten. Die Erweiterung des Handlungsspielraums, die Mitbestimmungs- und Kommunikationsmöglichkeiten in solchen Gruppen tragen wesentlich zur Verbesserung der Qualität des Arbeitslebens bei (Ulich u. a. 1973, S. 91). Die bisherigen Versuche mit dieser Arbeitsform zeigen aber nicht nur positive Wirkungen auf die Arbeitszufriedenheit, sondern auch Produktivitätsverbesserungen. Allerdings ist es noch zu früh zu einer generellen Wertung. Anwendungsbereich und -bedingungen müssen noch genauer erforscht werden.

3.6.2 Umfassende Gruppenorganisation

Eine umfassende Gruppenorganisation liegt vor, wenn die traditionelle Personenhierarchie durch eine *Hierarchie von Gruppen* ersetzt wird. Auf diese Weise entsteht ein durchgängiges Gruppensystem, eine *gruppenorientierte Gesamtstruktur*. Unter den verschiedenen Vorschlägen in dieser Richtung verdient das Modell von *Likert* (1972, 1975) besondere Beachtung. Likert mißt den Arbeitsgruppen eine zentrale Rolle in der Organisation zu. Aus empirischen Untersuchungen zieht er den Schluß, daß eine Organisation die vorhandenen Fähigkeiten ihrer Mitarbeiter erst dann ausschöpft, wenn jeder einer oder mehreren funktionierenden Gruppen angehört, die einen hohen Grad an Kohäsion, gute zwischenmenschliche Beziehungen und weitgesteckte Leistungsziele aufweisen, und wenn weiterhin ein dichtes vertikales und horizontales Kommunikationsnetz die einzelnen Gruppen verbindet. Auf diesen Grundannahmen basiert sein Organisationskonzept, das anstelle der traditionellen Hierarchie ein *System überlappender Gruppen* vorsieht. Jede *Gruppe* stellt ein *relativ selbständiges Subsystem* dar, dessen Mitglieder gemeinsame Ziele verfolgen und zusammen eine Handlungs- und Entscheidungseinheit bilden. Untereinander sind die Gruppen durch *Verbindungsglieder* (linking pins), d. h. Personen, die gleichzeitig zwei Gruppen angehören, miteinander verknüpft:

- Die *vertikale Verbindung* erfolgt durch den Leiter der Gruppe, der gleichzeitig Mitglied der hierarchisch übergeordneten Führungsgruppe ist. Er sorgt für die vertikale Koordination, indem er gleichzeitig an den Beschlüssen der übergeordneten und der von ihm geleiteten Gruppe mitwirkt.

– Als *horizontale Verbindungsglieder* zu anderen ranggleichen Gruppen können beliebige Gruppenmitglieder fungieren. Sie können als Mitglieder zweier oder mehrerer Gruppen die Entscheidungsprozesse in mehreren Fachbereichen beeinflussen und so für die horizontale Abstimmung zwischen diesen Fachbereichen sorgen. So kann beispielsweise ein Personalreferent als Mitglied der Personalführungsgruppe und der Absatzführungsgruppe dafür sorgen, daß bei grundlegenden Entscheidungen im Absatzbereich Personalfragen genügend beachtet werden und umgekehrt bei Entscheidungen der Personalführung Belange des Marketing berücksichtigt werden. Dadurch wird die Kommunikation zwischen den Fachbereichen intensiviert. Jeder Fachbereich wird über die Probleme und Vorhaben der anderen Bereiche, mit denen er zu tun hat, rechtzeitig informiert.

Abbildung D 15 zeigt den Aufbau der Organisation in Form ineinandergreifender Gruppen.

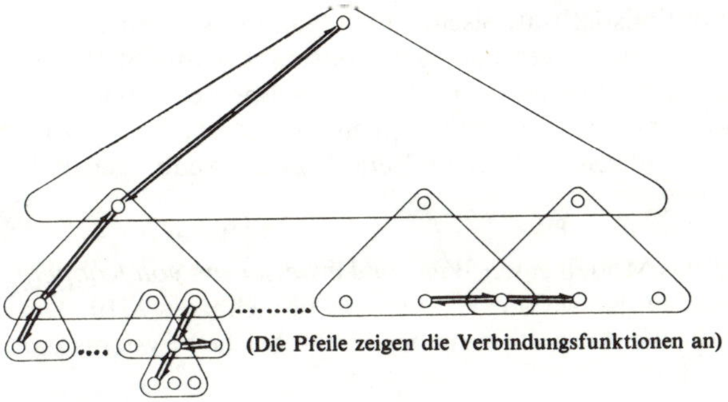

Abb. D 15: Likert-Modell der überlappenden Gruppen (nach Kast/Rosenzweig 1974, S. 224)

Die mehrfach überlappende Gruppenstruktur ist also gekennzeichnet durch mehrfache Gruppenmitgliedschaft der Organisationsmitglieder. Die Zusammenarbeit in Gruppen muß nach Likert (1972, S. 101 f; 1975, S. 57 ff) drei Forderungen erfüllen:

– Von grundlegender Bedeutung ist das *Prinzip der unterstützenden Beziehungen* zwischen den Gruppenmitgliedern. Es fordert, daß gegenseitiges Vertrauen besteht und die Mitglieder sich gegenseitig unterstützen. Gute zwischenmenschliche Beziehungen sind die Voraussetzung dafür, daß die Gruppenmitglieder ihre Fähigkeiten entfalten und voll einsetzen können. Wesentlich sind dabei die Beziehungen zwischen dem Vorgesetzten und seinen Mitarbeitern. Sie sollten unterstützend und dem Selbstwertgefühl des Mitarbeiters förderlich sein.
– Nach den *Prinzipien der Gruppenentscheidung und der Gruppenführung* sollen alle Gruppenmitglieder gleichberechtigt und aktiv an den die gesamte Gruppe betreffenden Entscheidungsprozessen mitwirken. Das bedeutet, daß Entscheidungen in der Gruppe kollegial getroffen werden. Nur bei Meinungsverschiedenheiten oder größerer Dringlichkeit kann der Gruppenleiter allein entscheiden. Er trägt auch die Verantwortung für die Qualität der Entscheidung und für ihre Verwirklichung gegenüber seinem Vorgesetzten.
– Das dritte Prinzip geht davon aus, daß eine Unternehmung wirtschaftlich erfolgreich sein muß, um den Mitarbeitern das geben zu können, was sie von ihrer Arbeit erwarten: Entfaltungs- und Aufstiegsmöglichkeiten, Stolz auf ihre Arbeit, Arbeits-

platzsicherheit, angemessene Bezahlung. Dem kann man nur gerecht werden, wenn die Organisation, ihre Abteilungen und ihre Mitglieder hohe Leistungsziele haben. Das *Prinzip des Strebens nach hoher Leistung* fordert, daß Vorgesetzte und Mitarbeiter sich hohe Leistungsziele setzen. Diese Leistungsziele sollen jedoch dem Mitarbeiter nicht aufgezwungen werden; er muß vielmehr die Möglichkeit haben, an der Festsetzung der hochgesteckten Ziele, die auch für die Befriedigung seiner eigenen Bedürfnisse erforderlich sind, mitzuwirken.

Beurteilung: Das Modell basiert auf Idealvorstellungen einer produktiven und zugleich menschengerechten Organisation. Es kann als Leitbild für die Verbindung hierarchischer und partizipativ-teamartiger Strukturen angesehen werden.

— Als Grundmodell der Organisation ist es aber zu einseitig: das Schwergewicht liegt auf den Gruppenaufgaben; der situationsabhängige Wechsel von Einzel- und Gruppenarbeit wird vernachlässigt; die für eine bestimmte Bedingungskonstellation zutreffenden Aussagen werden verallgemeinert.
— Das Konzept ist durch eine optimistisch-utopische Grundhaltung gekennzeichnet: das Menschenbild wird allzu idealisiert gesehen; das Konsensprinzip läßt sich bei Entscheidungs- und Konfliktlösungsprozessen in kleinen Gruppen eher realisieren als in komplexen Organisationen; die mehrfache Gruppenmitgliedschaft kann zu einer Überlastung der Manager führen (vgl. dazu Kempf 1978, Neuberger 1977, Staehle 1973).

Trotz dieser Einseitigkeiten zeigt das Modell einen *Weg zur Verbesserung von Kooperation und Kommunikation* in einer Organisation. Es stellt ein brauchbares »Hilfskonzept« (Ulrich W. 1975, S. 168) für die Ausgestaltung des hierarchischen Systems dar.

Es bedarf aber der *Modifikation.* Statt der einseitigen Betonung des Gruppenaspektes kann die Realisierung des Konzeptes in der Weise erfolgen, daß das hierarchische Stellensystem und das entsprechende Gruppensystem miteinander verflochten werden und ein Wechsel von Einzel- und Gruppenarbeit erfolgt. Innerhalb einer Abteilung werden Gruppenbesprechungen durchgeführt (Abteilungskonferenzen) und darüber hinaus Ausschüsse (Führungskreise) gebildet, in die Bindeglieder aus anderen Bereichen oder Ebenen aufgenommen werden. So entsteht ein die ganze Organisation überziehendes Komiteesystem, das Steuerungs- und Koordinationsaufgaben erfüllt. Damit nähert man sich bereits dem, was anschließend als duale Organisation behandelt wird.

3.7 Teamorientierte Organisationsformen außerhalb der Hierarchie

Man kann auch einen Teil der Aufgaben ganz aus der Hierarchie lösen und dafür ein Gruppensystem neben dem hierarchischen System aufbauen. Das führt zu einer *dualen Organisation* (Hoffmann F. 1976, S. 341). Selbstverständlich kann dabei das hierarchische System ebenfalls mehr oder weniger umfangreiche teamorientierte Strukturen, wie sie im vorhergehenden Abschnitt dargestellt wurden, aufweisen. Die Ansätze zu einer eigenständigen Gruppenorganisation gehen in zwei Richtungen:

— Aus Produktivitätsgründen wird außerhalb der relativ stabilen und oft auch starren hierarchischen Strukturen ein flexibleres Gruppensystem geschaffen. Dieses mit größerer Handlungsfreiheit ausgestattete System soll hauptsächlich Problemlösungen erarbeiten und Grundlagen für Innovationen schaffen. Wir bezeichnen es als *innovatives Gruppensystem.*

– Aus emanzipatorischen Gründen wird daneben versucht, über ein *partizipatives Gruppensystem* dem einzelnen mehr Mitbestimmungsmöglichkeiten zu verschaffen, was in der herkömmlichen Personenhierarchie nur schwer zu realisieren ist.

3.7.1 **Innovatives Gruppensystem**

Neuartige Aufgaben sind in der hierarchischen Bereichsgliederung nicht ohne weiteres unterzubringen. Sie erfordern die Kooperation von Mitarbeitern verschiedener Funktionsbereiche und -ebenen. Dazu kommt, daß hierarchische Strukturen tendenziell mehr auf Stabilität und Routine ausgerichtet sind und daher eher innovationsfeindlich sind. Erst die Einrichtung eines weiteren, projektorientierten Leitungssystems und die Schaffung von Projektgruppen innerhalb der Hierarchie wie im Falle der Matrix-Organisation verbessert die Flexibilität einer Organisation. Aus Effizienzgründen kann es aber angebracht sein, innovative Aufgaben, die umfangreiche Untersuchungen und Planungen erfordern, ganz aus der Hierarchie herauszunehmen. Es gibt verschiedene Vorschläge zur Etablierung von Problemlösungsgruppen außerhalb der Hierarchie. So schlagen Schnelle (1966) und daran anknüpfend eine Reihe von Autoren (Bendixen/Kemmler 1972, Siemens-Autorengruppe 1974, Musiol 1974) folgende Aufgabenteilung zwischen Hierarchie und Gruppensystem vor(s. *Abb. D 16*):

— Die *Hierarchie* ist für die regelmäßig anfallenden Aufgaben zuständig (*Routinesystem)*.
– Das herausgelöste *Gruppensystem* dient der Lösung einmaliger und neuartiger Aufgaben (*Innovationssystem*).

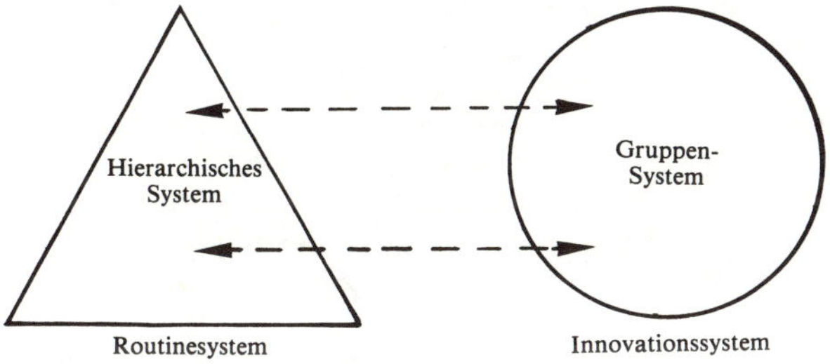

Abb. D 16: Duale Organisation

Für die Abwicklung von Planungs- und Entwicklungsaufgaben außerhalb der Hierarchie werden zwei Strukturformen vorgesehen:

– *Projektgruppen-Organisation* mit strukturierten Projektgruppen und einem Weisungs-Projektmanagement
– *Teamwork-Organisation* mit auch intern hierarchiefreien Planungsteams.

Welche Organisationsform im Einzelfall anzuwenden ist, hängt von der Komplexität und dem Strukturierungsgrad der Aufgaben und damit von der Determinierung der Aufgabenerfülllung (des Lösungsweges) ab. Mit zunehmender Komplexität und zunehmender Unbestimmtheit der Aufgaben empfiehlt es sich, von der Hierarchie zu der aus der Hierarchie herausgelösten Projektgruppen-Organisation und schließlich zur Teamwork-Organisation überzugehen (s. *Abb. D 17*).

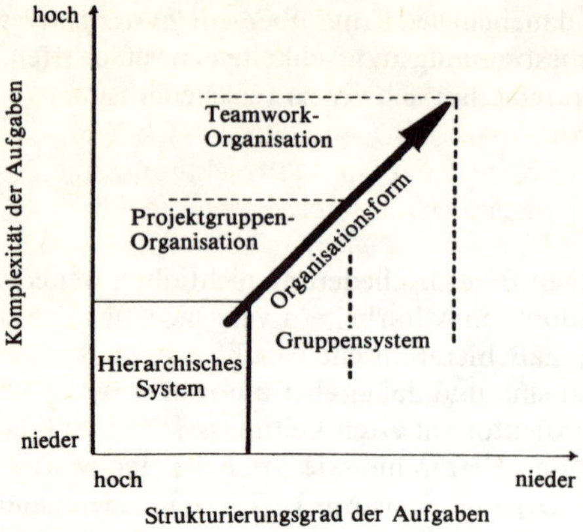

Abb. D 17: Organisationsformen für Problemlösungsaufgaben

Projektgruppen-Organisation außerhalb der Hierarchie

Diese Form entspricht der reinen Projektorganisation innerhalb des hierarchischen Systems. Die Herauslösung schafft aber mehr Handlungsspielraum. Die Projektgruppen-Organisation ist für die Lösung komplexer Planungs- und Entwicklungsaufgaben, bei denen das zugrundeliegende Ziel genau definiert, die zugrundeliegenden Probleme bekannt und die Lösungswege weithin determiniert sind, geeignet. Hier ist eine zielstrebige Steuerung und Koordination der Aktivitäten der Projektgruppen und ein systematisches Vorgehen erforderlich (vgl. Musiol 1974, S. 196 ff).

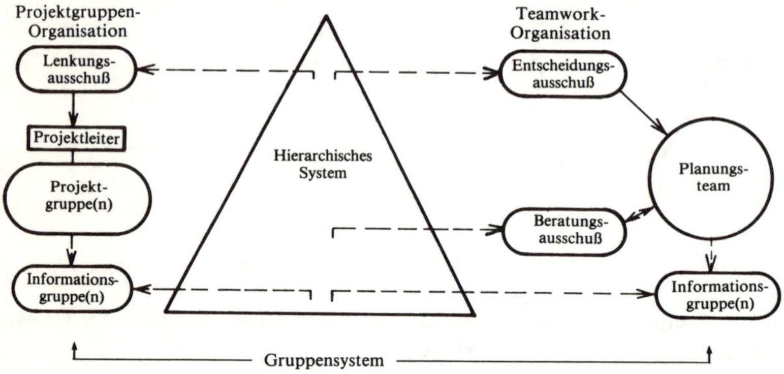

Abb. D 18: Innovatives Gruppensystem: Formen der Gruppenorganisation

(1) *Aufgaben- und Kompetenzverteilung.* Die Projektgruppenorganisation umfaßt folgende Einheiten (s. *Abb. D 18*):

– Projektträger ist ein *Lenkungsausschuß*, der sich aus Entscheidungsträgern des Planungsfeldes zusammensetzt und die Verbindung zur Hierarchie herstellt. Er beruft den Projektleiter und evtl. auch die Mitglieder der Projektgruppe, erteilt den Planungsauftrag, definiert die Anforderungen, überwacht das Projekt und verabschiedet die Arbeitsergebnisse.

- Die *Projektleitung* erhält vom Projektträger die Kompetenz und Verantwortung für die Aufgabenlösung. Wenn mehrere Projektgruppen innerhalb eines Projekts zusammenarbeiten, werden zusätzliche Projektgruppenleiter eingesetzt, die für Teilprojekte (Teilaufgaben) zuständig und dem Projektleiter gegenüber verantwortlich sind. Die Projektleiter und Projektgruppenleiter steuern die Vorgehensweise (sie sind gegenüber den übrigen Gruppenmitgliedern weisungsbefugt) und sorgen dafür, daß sachlich richtige Lösungen erarbeitet werden. Es versteht sich von selbst, daß sie dabei nicht autoritär, sondern möglichst kooperativ führen sollten.
- Die *Projektgruppen* setzen sich aus verschiedenen Spezialisten (z. B. Organisatoren, Programmierer) zusammen und erarbeiten die Problemlösungen.
- Bei Organisationsplanungs- und -entwicklungsprojekten können zur Verbesserung der Kommunikation zwischen der Projektgruppe und den Mitgliedern der betroffenen Fachbereiche *Informationsgruppen* gebildet werden. Auf diese Weise kann ein laufender Informationsaustausch erfolgen, und die Fachbereiche können bereits im Planungsstadium an die angestrebten organisatorischen Lösungen herangeführt werden.

Der Projektleiter und die übrigen Projektgruppenmitglieder sind in der Regel vollzeitlich für das Projekt tätig und für die Dauer des Projekts von ihren Funktionen innerhalb des hierarchischen Systems entbunden. Allerdings ist es auch möglich, daß Gruppenmitglieder noch teilweise Linien- oder Stabsfunktionen ausüben. Die Mitglieder des Lenkungsausschusses und der Informationsgruppen üben ihre Funktion in gelegentlichen Sitzungen neben ihrer Hauptfunktion im hierarchischen System aus.

(2) *Kommunikationsregelung:* Kennzeichnend für die Kommunikation innerhalb der Projektgruppe ist die Radstruktur, bei der die Mitglieder miteinander direkt kommunizieren, aber zugleich alle wesentlichen Informationen beim Projektleiter zusammenlaufen, der eine Zentralposition im Kommunikationssystem hat und die Aktivitäten auf die Planungsziele ausrichtet.

Beurteilung: Diese Strukturform hat den Vorteil klarer Kompetenzen, guter Koordination und schneller Entscheidungen. Die formelle Strukturierung und Rangdifferenzierung engt aber den Handlungsspielraum der Gruppenmitglieder ein, behindert die Selbständigkeit und hemmt die Kreativität. Sie ist daher für stark kreative und innovative Aufgaben nicht geeignet.

Teamwork-Organisation

Für die zuletzt genannte Art von Aufgaben, zu denen etwa die strategische Planung, die Konzeption neuartiger organisatorischer Lösungen oder neuer technischer Systeme gehören, empfiehlt sich die Teamwork-Organisation. In solchen Fällen braucht man *hierarchiefreie Planungsteams,* in denen genügend Sachverstand vereinigt ist und die Kreativität sich ungehindert entfalten kann, wo aber auch das kritische Urteil aller Mitglieder Beachtung findet.

(1) *Aufgaben- und Kompetenzverteilung* (s. *Abb. D 18*). Das *Planungsteam* hat keinen formellen Leiter. Es erhält als ganzes den Planungsauftrag und ist auch zusam-

men für die Aufgabenlösung verantwortlich. Anstelle der Einzelverantwortung des Projektleiters bei der Projektgruppen-Organisation tritt hier die *Gruppenverantwortung* des Planungsteams dem Auftraggeber gegenüber. Die Organisation des Planungsteams entspricht weitgehend dem reinen Teammodell. Die Rollendifferenzierung erfolgt in einem gruppendynamischen Prozeß; es werden *wechselnde Teamkoordinatoren* gewählt und die Gruppenprozesse selbst organisiert.

Auftraggeber ist ähnlich wie beim vorhergehenden Organisationstyp ein *Entscheidungsausschuß,* der sich aus Entscheidungsträgern des Planungsfeldes zusammensetzt. Er schafft die Voraussetzungen für die Planungstätigkeit, legt Leitlinien fest, beurteilt Zwischenergebnisse und verabschiedet schließlich die Planungsergebnisse.

Das Planungsteam kann durch einen *Beratungsausschuß,* dem mittlere Führungskräfte und wichtige Fachkräfte aus dem hierarchischen System angehören, unterstützt werden. Dieser Ausschuß soll Anregungen geben, neue Lösungsideen einbringen, mit Fachwissen beratend zur Seite stehen, die Planungsergebnisse auf Realisierbarkeit prüfen und auch Mittler zwischen Planungsteam und hierarchischem System sein. Weiterhin können *Informationsgruppen* gebildet werden, die dieselbe Funktion haben wie bei der Projektgruppen-Organisation.

Auch der Umfang der Mitarbeit der genannten Personengruppen entspricht dem ersten Organisationstyp, d. h. nur das Planungsteam übt Projektarbeit als Vollzeittätigkeit aus.

(2) *Kommunikationsregelungen:* Die Kommunikation im Planungsteam ist nicht gebunden. Jeder kann mit jedem kommunizieren. Die Kommunikationsstruktur entspricht also dem Vollstrukturtyp.

Beurteilung: Diese Organisationsform schafft günstige Voraussetzungen für kreatives Arbeiten, besitzt aber auch Sicherungen gegen unrealisierbare Höhenflüge und ermöglicht über Zwischensysteme (Entscheidungsausschuß, Beratungsausschuß, Informationsgruppen) eine Kopplung mit dem hierarchischen System.

3.7.2 Partizipatives Gruppensystem

Während des innovative Gruppensystem aus temporären Problemlösungsgruppen besteht, die für einmalige Aufgaben eingerichtet werden, bildet das partizipative Gruppensystem als ständige Einrichtung den *institutionellen Rahmen für die Mitwirkung der Mitarbeiter an der Willensbildung in der Unternehmung.* Es geht hier primär um eine Partizipation aller Mitarbeiter an den betrieblichen Entscheidungsprozessen. Im Rahmen der traditionellen Hierarchie ist dies nur beschränkt möglich. Zwar wird versucht, durch Aufgabenbereicherung und Entscheidungsdelegation den Entscheidungs- und Kontrollspielraum der Mitarbeiter zu erweitern. Diese Maßnahmen betreffen aber nur die mit der Aufgabenerfüllung verbundenen routinemäßigen Sachentscheidungen. Weitere Mitwirkungsmöglichkeiten bringt der kooperative Führungsstil, der unterschiedlich stark ausgeprägt sein kann (z. B. Information der Mitarbeiter über wesentliche Vorgänge, Begründung von Entscheidungen, Anhörung der Mitarbeiter vor Entscheidungen und möglicherweise auch Mitentscheidung). Die Realisierung dieses Führungsstils ist aber stark personenabhängig, wenn nicht die Einbeziehung der Mitarbeiter in die Entscheidungsprozesse institutionalisiert wird, und zwar in der Weise, daß ein Teil der Zuständigkeiten von Einzelpersonen auf Gruppen übergeht, die eigens zum Zwecke der Partizipation geschaffen werden. Obwohl sich das partizipative Gruppensystem teilweise mit dem Aufbau des hierarchischen Systems deckt, ist es nicht mit diesem gleichzusetzen.

Hinsichtlich der Ausdehnung und der Einflußmöglichkeiten mitbestimmender Gremien und Gruppen sind zu unterscheiden:
- Mitbestimmung auf betrieblicher und Unternehmensebene und Mitbestimmung am Arbeitsplatz
- Indirekte Mitbestimmung über gewählte Vertreter und direkte Mitbestimmung der einzelnen Mitarbeiter
- Mitbestimmung in personellen und sozialen Fragen und Mitbestimmung auch in ökonomisch-technischen Fragen.

Die *weitestgehende Form* der Partizipation ist ein System, das *sowohl die direkte Mitbestimmung am Arbeitsplatz,* d. h. die Mitentscheidung innerhalb der Arbeitsgruppe, in der der einzelne tätig ist, *als auch die indirekte Mitbestimmung über gewählte Sprecher auf mittlerer und der obersten Ebene* ermöglicht. Bisher sind nur vereinzelt Ansätze zu einem solchen umfassenden Mitbestimmungssystem anzutreffen (vgl. Vilmar 1973 a,Gottschall 1974, Glasl/de la Houssaye 1975, Hoppmann 1975, Lehrner 1976). Hierbei handelt es sich um Versuche, die Mitwirkungsmöglichkeiten der Mitarbeiter zu verbessern, die in mittelgroßen Unternehmen durchgeführt wurden. Ohne näher auf Varianten einzugehen, seien die Umrisse eines solchen partizipativen Gruppensystems skizziert (s. *Abb. D 19*):

(1) Auf der *untersten Ebene* werden *Arbeitsgruppen* (Basisgruppen) gebildet, die alle Mitarbeiter dieser Ebene umfassen, wobei in der Regel die unmittelbaren Vorgesetzten miteinbezogen werden. Diese haben aber in der Gruppe keine Vorgesetztenfunktion. Die Gruppe wählt stattdessen einen Sprecher, der zu den Arbeitsgruppenbesprechungen einlädt, die Sitzungen leitet, Kontakte zu anderen Gruppen pflegt und die Gruppenbeschlüsse den zuständigen Leitungskräften mitteilt. Die Funktion dieser Arbeitsgruppen besteht darin,
- Informationen auszutauschen, gemeinsame Interessen zu formulieren, Probleme am Arbeitsplatz zu lösen, persönliche Schwierigkeiten mit Vorgesetzten und untereinander zu klären, Verbesserungsvorschläge auszuarbeiten, Absprachen über den Arbeitsablauf zu treffen, Entscheidungen vorzubereiten und betriebliche Maßnahmen gemeinsam mit den Vorgesetzten zu entscheiden (Hoppmann 1978).

(2) Je nach Größe des Unternehmens können auf *mittlerer Ebene Bereichsgruppen* gebildet werden, in denen die Basisgruppen durch Delegierte vertreten sind. Diese Gruppen treffen die wesentlichen Bereichsentscheidungen.

(3) Auf betrieblicher und *Unternehmensebene* schließlich werden die gesetzlich vorgeschriebenen *Mitwirkungsorgane* (Betriebsrat, in bestimmten Unternehmen Arbeitnehmervertreter im Aufsichtsrat) installiert. Es wird aber vereinzelt auch über die gesetzlichen Verpflichtungen hinaus eine *oberste Führungsgruppe* (Führungskreis, Wirtschaftsausschuß) eingerichtet, die neben dem Top-Management Vertreter der Arbeitnehmer umfaßt und die wesentlichen unternehmenspolitischen Entscheidungen trifft.

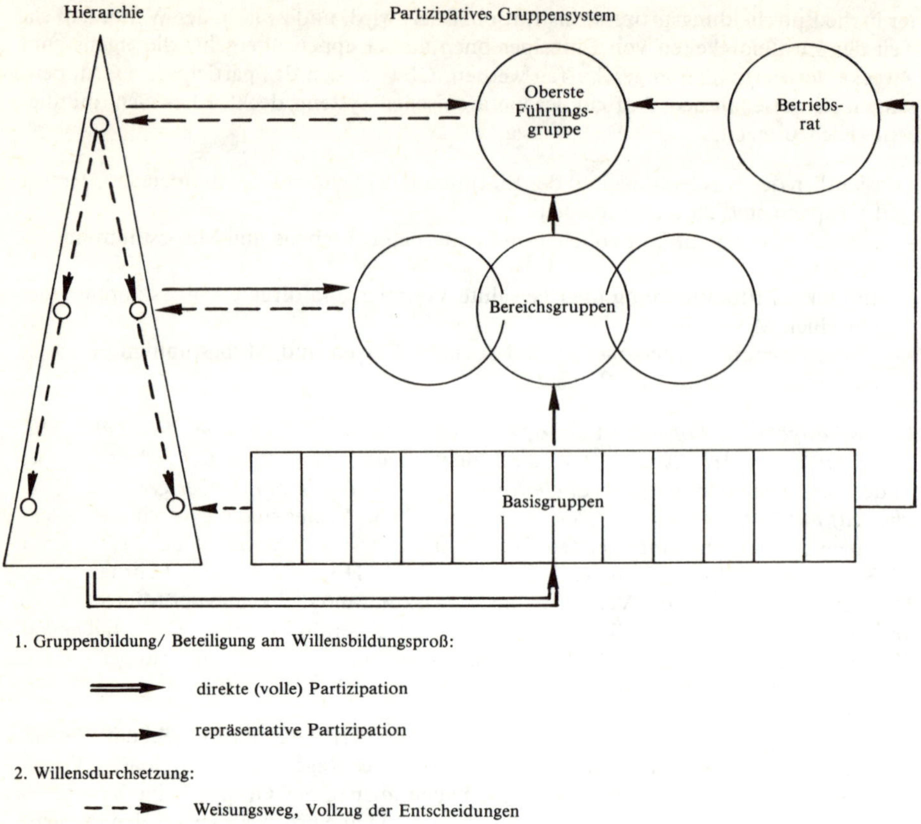

Abb. D 19: Partizipatives Gruppensystem

Gesetzliche und organisatorische Regelungen, d. h. Veränderungen der formellen Machtstrukturen, allein genügen aber nicht, um eine wirksame und volle Partizipation zu erreichen. Es sind vielmehr langwierige Lernprozesse erforderlich, um die Möglichkeiten der Mitbestimmung und Mitverantwortung auszudehnen. Organisatorisch-strukturelle Maßnahmen müssen daher durch gruppenpädagogische Maßnahmen ergänzt werden. Das Konzept der Organisationsentwicklung (s. Kapitel F 3), in dessen Mittelpunkt sozialwissenschaftlich fundierte Lernstrategien stehen, hat sich als ein brauchbarer Weg zu einer stärkeren Beteiligung der Organisationsmitglieder an den Problemlösungs- und Entscheidungsprozessen erwiesen.

Weiterführende Literatur zu Kapitel D 3

zu 3.1
Grundmodelle der Organisation: Bosetzky 1974, Häusler 1969, G. Schwarz 1974, Wild 1973.

zu 3.2 bis 3.5 *Hierarchische Organisationsstrukturen:*
Verschiedene Strukturformen: Fuchs-Wegner/Welge 1974, Grochla 1972 (S. 181 ff.) und 1974b.
Funktionale und divisionale Organisation: Eisenführ 1970, Poensgen 1973, Welge 1975.

Matrixorganisation und Projektmanagement: Bloch 1974, Brings 1976, Drumm 1974, Dullien 1972, Frese 1976 (S. 207 ff.), Galbraith 1973, Schröder 1970.
Produktmanagement: Wild 1972.

zu 3.6 und 3.7 *Teamorientierte Organisationsformen:*
Andressen/Dust 1976 (S. 174 ff.), Grochla 1972 (S. 214 ff.), Lehrner 1976, Likert 1972, Musiol 1974, Neumann 1974, Schnelle 1966.

4. Grundformen der Aufbaustruktur eines Funktionsbereichs (Absatzbereich)

4.1 Problemaspekte

Bei den vorhergehenden Betrachtungen hatten wir das Gesamtsystem im Auge. Dabei konnten wir uns nur mit Strukturierungsansätzen für die Gesamtorganisation befassen (Grobstrukturierung), nicht mit der Durchstrukturierung der verschiedenen Bereiche bis zu den einzelnen Stellen (Feinstrukturierung). Dies würde den Rahmen dieses Buches sprengen. Zu viele Varianten sind hier möglich. Es soll aber doch wenigstens am Beispiel eines Funktionsbereichs, nämlich des Absatzbereichs, die Weiterführung der Strukturierung auf Abteilungsebene in groben Zügen aufgezeigt werden. Dabei sind dieselben Instrumente der Aufgaben- und Kompetenzverteilung sowie der Kommunikationsregelung anzuwenden, wie bei der Unternehmensstrukturierung.

Bidlingmaier (1973, S. 178 ff) fordert von einer effizienten Marketing-Organisation, daß sie
– eine wirksame Koordination der verschiedenen Marketingaktivitäten ermöglicht
– flexibel genug ist, um auf die sich rasch ändernden Marktverhältnisse schnell reagieren zu können
– günstige Bedingungen für Kreativität und Innovation schafft.

Die Schwierigkeit liegt nun darin, daß schon Koordinations- und Flexibilitätsanforderungen nicht leicht auf einen Nenner zu bringen sind. Dazu kommt, daß verschiedene Gliederungsaspekte miteinander konkurrieren. *Eine Marketing-Organisation muß markt- und produktorientiert und außerdem funktionsspezialisiert sein:*
– Die *Marktorientierung* kann erreicht werden
  • durch Ausrichtung auf bestimmte Absatzgebiete (Regionen, Verkaufsbezirke) und/oder
  • durch Ausrichtung auf bestimmte Kundengruppen (Industrie, Handel, Behörden usw.).
– Die *Produktorientierung* ist insbesondere dann bedeutsam, wenn verschiedene Produkte vertrieben werden, die unterschiedliche Vertriebssysteme und -methoden und spezifische Fachkenntnisse für die technische Beratung erfordern.
– Zur *Funktionsspezialisierung* zwingen die zunehmende Bandbreite absatzvorbereitender und durchführender Funktionen, die steigenden fachlichen Anforderungen hinsichtlich einzelner Funktionen und die Nutzung technologischer Hilfsmittel.

In einer eindimensionalen Marketing-Organisation werden die verschiedenen Aspekte soweit als möglich bzw. nötig nacheinander berücksichtigt. Im Vordergrund steht ein

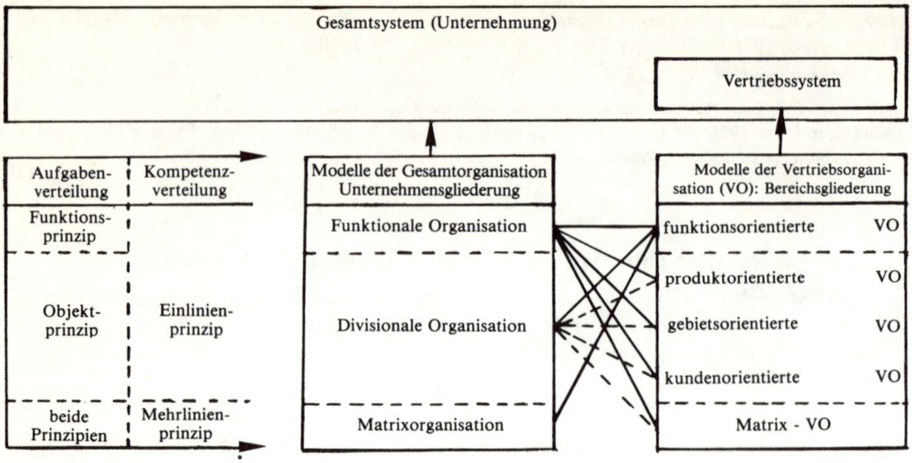

Abb. D 20: Unternehmens- und Bereichsmodelle der Aufbaustruktur.

Aspekt. Wir können daher vier verschiedene Typen der *eindimensionalen Organisation* unterscheiden: funktionsorientierte, produktorientierte, kundenorientierte und gebietsorientierte Marketing-Organisation. Bei einer *mehrdimensionalen Organisation* werden mehrere Aspekte gleichzeitig berücksichtigt. Diese verschiedenen Untergliederungen des Vertriebs können theoretisch in jedem der Gesamtstrukturmodelle, die wir kennengelernt haben, auftreten. *Abbildung D 20* deutet die Kombinationsmöglichkeiten verschiedener Unternehmens- und Bereichsgliederungsmodelle an; praktisch gibt es natürlich gewisse Einschränkungen.

Bei der funktionalen Gesamtorganisation bieten sich alle Formen der Vertriebsorganisation als Gliederungsalternativen an. Bei der divisionalen Organisation ist der Vertrieb in der Regel als Funktionsbereich in jeder Sparte etabliert. Die Untergliederung wird hier nur bei Sparten mit umfangreichen Produktprogrammen primär produktorientiert sein, ansonsten wird man eher die anderen Gliederungsmöglichkeiten antreffen. Bei der Matrix-Gesamtorganisation ist die Vertriebsorganisation als Teil des Funktionssystems in der Regel primär funktionsorientiert gegliedert; außerdem kann sie zusätzlich nach den Anforderungen des Objektsystems projekt- bzw. produktbezogen aufgefächert werden.

Neben den hierarchischen sind im Vertrieb auch die teamorientierten Organisationsformen von Bedeutung. Die folgende Darstellung beschränkt sich aber aus Platzgründen auf die oben erwähnten hierarchischen Strukturformen.

4.2 Funktionsorientierte Vertriebsorganisationen

Wie bei der Gesamtorganisation beginnt in der Regel auch im Absatzbereich die Systemdifferenzierung mit der *Funktionsspezialisierung*. Damit versucht man, den unterschiedlichen funktionalen Anforderungen gerecht zu werden. Bei größeren Organisationen wird man anstelle einer bloßen Aneinanderreihung verschiedene Funktionen zu Funktionsbereichen zusammenfassen, z. B. Absatzvorbereitung (einschl. -kontrolle)

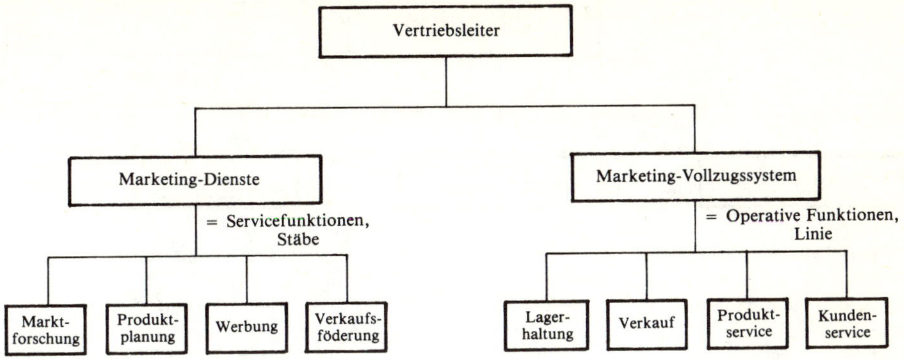

Abb. D 21: Funktionsorientierte Vertriebsorganisation
(in Anlehnung an Bidlingmaier 1973, S. 182)

und Absatzdurchführung. Man unterscheidet damit zwischen *Service-Funktionen* und *operativen Funktionen.* Letztere hängen unmittelbar mit dem Verkauf zusammen, während die ersteren durch Bereitstellung von Informationen, Erarbeitung von Plänen und Werbemaßnahmen die Marketingleitung und die Absatzdurchführung unterstützen. *Abbildung D 21* zeigt eine mögliche Gliederung.

Diese Art der Strukturierung empfiehlt sich, wenn regionale oder Produktaspekte weniger dringlich sind oder bereits bei der Unternehmensgliederung berücksichtigt wurden und es in erster Linie auf den Einsatz von Funktionsspezialisten im Vertrieb ankommt.

Produktmanagement in einer funktionsorientierten Organisation

Ein Übergang zu einer produktorientierten Organisation stellt die Einrichtung von *Stabsstellen für das Produktmanagement* dar. Diese Stellen haben die Aufgabe, die Aktivitäten in den einzelnen funktionsorientierten Abteilungen, Gruppen und Stellen im Hinblick auf bestimmte Produkte oder Produktgruppen zu koordinieren, ohne direkte Weisungsbefugnisse gegenüber diesen Organisationseinheiten zu haben (s. Abschnitt D 3.4.2).

4.3 Produktorientierte Vertriebsorganisationen

In Unternehmungen, die sehr unterschiedliche Produkte an verschiedene Abnehmergruppen vertreiben und wo für die Kundenberatung umfangreiche technische Kenntnisse erforderlich sind, wird es angebracht sein, die Vertriebsorganisation primär produktbezogen zu gliedern. Zwei Möglichkeiten seien hier genannt:

(1) In der am weitestgehenden Form wird der *Gesamtvertrieb nach Produktbereichen aufgeteilt.* Jeder produktbezogene Vertriebsbereich umfaßt also sämtliche Vertriebsfunktionen. Wir haben es hier mit einem *Produktmanagement in Form eines reinen Liniensystems* zu tun.

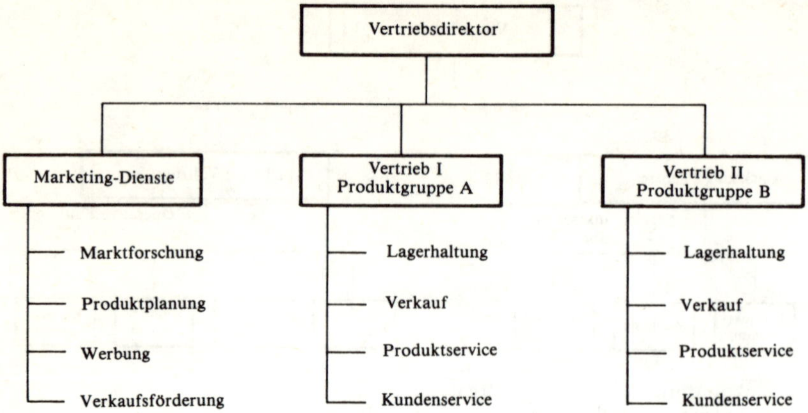

Abb. D 22: Produktorientiertes Marketing-Vollzugssystem

Eine solche Gliederung ist nur dann empfehlenswert, wenn zwei oder drei völlig verschiedene Produktgruppen vertrieben werden. Bei einer größeren Anzahl von Produkten bzw. Produktgruppen würde ein solches Konzept zu einer sehr starken Aufblähung der Vertriebsorganisation führen.

(2) Im zuletzt genannten Falle eignet sich eher eine Mischform, bei der die *Marketing-Dienste (Servicefunktionen) nach Funktionen* und das *Marketing-Vollzugssystem (operative Funktionen) primär nach Objekten* und erst in zweiter Linie nach Funktionen gegliedert wird (s. *Abb. D 22*).

4.4 Gebietsorientierte Vertriebsorganisation

Die Marktorientierung der Vertriebsorganisation verlangt eine intensive Bearbeitung und Betreuung der einzelnen Absatzgebiete. Dort wo die Kundenstruktur innerhalb der Absatzgebiete relativ homogen ist, aber zwischen den Absatzgebieten nicht unerheblich Unterschiede bestehen (Sprache, Recht, Währung, Wirtschaftsstruktur, Mentalität) liegt es nahe, die Vertriebsorganisation gebietsorientiert aufzubauen. Dies gilt vor allem für das Auslandsgeschäft. Aber auch im Inland sind spezielle Subsysteme für die einzelnen Verkaufsgebiete von Nutzen.

Von den verschiedenen Gliederungsmöglichkeiten seien zwei erwähnt:

(1) Die Gebietsgliederung kann Teile der Vertriebsorganisation umfassen. So wird der *Außendienst* zumeist *gebietsbezogen* strukturiert. Es werden Gebietsverkaufsleiter für die einzelnen Länder und Bezirke eingesetzt. Die *Innenorganisation* erfolgt *nach anderen Gesichtspunkten*.

(2) Eine noch stärkere Gebietsorientierung ist zu verzeichnen, wenn *auch der Innendienst* entsprechend strukturiert wird, wobei ähnlich wie bei der produktorientierten Organisation die Gebietsgliederung sich entweder auf die gesamte Vertriebsorganisation erstrecken kann oder nur das Marketing-Vollzugssystem, d. h. den Verkauf, umfaßt, während die absatzvorbereitenden Funktionen als Marketing-Dienste in zentralen Stabseinheiten zusammengefaßt werden (s. *Abb. D 23*). In

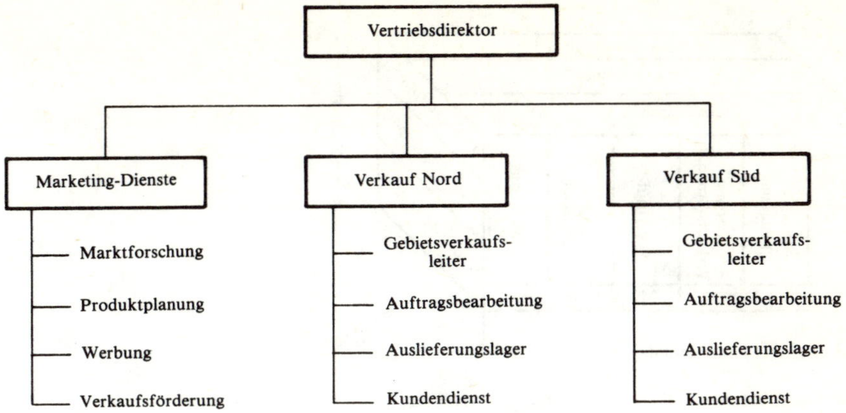

Abb. D 23: Gebietsorientiertes Marketing-Vollzugssystem

beiden Fällen ist eine weitgehende Kongruenz von Außen- und Innendienst im Verkauf vorhanden und eine *eindeutige Gebietsverantwortung und Kundenzuständigkeit* gegeben.

4.5 Kundenorientierte Vertriebsorganisation

Für Unternehmen, deren Abnehmer sich hinsichtlich der Kaufgewohnheiten oder der Verwendungsarten der Produkte stark unterscheiden, kann es geboten sein, die Vertriebsorganisation auf die verschiedenen Kundengruppen, z. B. Industriekunden, Behörden, auszurichten. Dadurch ist es möglich, für die verschiedenen Marktsegmente adäquate Subsysteme der Vertriebsorganisation einzurichten. Analog zur gebietsorientierten Vertriebsorganisation können dabei sämtliche Vertriebsfunktionen oder nur Teile davon in kundenorientierten Organisationseinheiten zusammengefaßt werden.

4.6 Matrix-Vertriebsorganisation

Einliniensysteme führen trotz ihrer unbestreitbaren Vorteile (einfacher Aufbau, klare Kompetenzabgrenzung) gerade im Vertriebsbereich nicht selten zu Schwierigkeiten. Das liegt daran, daß der Vertrieb im Spannungsfeld zwischen Markt und Produktion mehrere Gesichtspunkte gleichzeitig und gleichrangig berücksichtigen muß. Die drei Anforderungen *Marktorientierung* + *Produktorientierung* + *Funktionsspezialisierung* können am besten in einer mehrdimensionalen Organisation erfüllt werden. Als Idealtypus würde dem das Würfelmodell entsprechen (s. *Abb. D24*).

In der Praxis wird dieser dreidimensionale Ansatz zumeist in eine zweidimensionale Organisationsform transformiert, und zwar in der Weise, daß in einer Dimension zwei Gliederungsaspekte nebeneinander oder über- und untergeordnet auftreten. *Abbildung D 25* zeigt eine solche Gliederungsmöglichkeit.

Weiterführende Literatur zu Kapitel D 4

Bidlingmaier 1973 (S. 178 ff.), Daeglin 1975, Linnert 1975, Berekoven 1976.

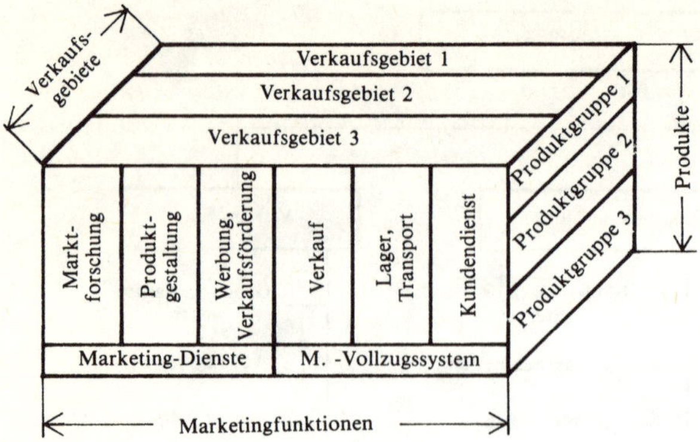

Abb. D 24: Würfelmodell des Vertriebs

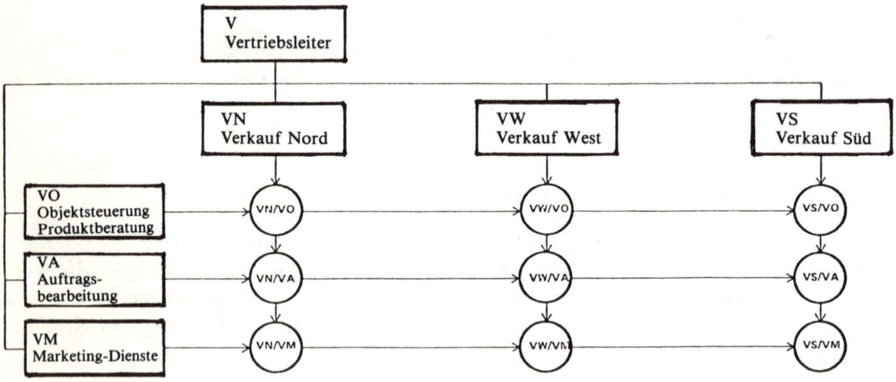

Abb. D 25: Matrix-Vertriebsorganisation (in Anlehnung an Hungenberg 1974, S. 319)

5. Darstellung der Aufbaustruktur

5.1 Organisationsplan

Organisatorische Regelungen müssen in geeigneter Form fixiert werden. Während des Planungs- und Entwicklungsprozesses sind die Gestaltungsüberlegungen und -ergebnisse festzuhalten und für die anschließende Realisierung in einer allgemein verständlichen und verbindlichen Dokumentation der geplanten Ordnung zusammenzufassen. Die grundlegende Darstellungsform der Aufbaustruktur ist der Organisationsplan, auch Organigramm genannt. Er zeigt in grafischer Form
– die *institutionelle Gliederung* einer Organisation und
– die *Leitungsstruktur*
als Ergebnis der Aufgaben- und Kompetenzverteilung (Beispiele siehe Abb. D 6 – 13 und D 21 – 25).

Der hierarchische Aufbau der Organisation wird in einem Graphen abgebildet, dessen Knoten die Organisationseinheiten und dessen Kanten (verbindende Strecken) die Ordnungsrelationen zwischen diesen Organisationseinheiten (Über- und Unterordnung, Weisungslinien) darstellen. Die Organisationseinheiten werden zumeist in rechteckigen Blöcken dargestellt. Diese können Geschäftsbereiche, Abteilungen oder Leitungs- und Ausführungsstellen repräsentieren. Für Stabsstellen bzw. -Abteilungen verwendet man teilweise zur Unterscheidung von Linieneinheiten auch Dreiecke oder Kreise. Bei den Verbindungslinien unterscheidet man zum Teil zwischen disziplinarischer Unterstellung (durchgehende Linie) und fachlichen Weisungswegen (gestrichelte Linie).

Die Beschriftung der einzelnen Blöcke kann in drei Formen erfolgen:
(1) Bezeichnung der Organisationseinheit (Aufgabengebiet, z. B. Buchhaltung)
(2) zusätzlich Rang des Stelleninhabers (z. B. Buchhaltungsleiter)
(3) zusätzlich Namen des Stelleninhabers.

Die Stellenbesetzung kann aber auch in einem besonderen Stellenplan festgehalten werden.

5.2 Aufgaben- und Kompetenzdiagramm

Das Aufgaben- und Kompetenzdiagramm, in der Literatur zumeist Funktionendiagramm bezeichnet,
— vermittelt einen *Überblick über die Aufgaben- und Kompetenzverteilung auf verschiedene Stellen eines Teilbereichs* der Organisation
— und zeigt die *funktionale Abhängigkeit verschiedener Stellen* bei der Aufgabenerfüllung.

Die Darstellung erfolgt in einer Matrix, bei der in einer Dimension die Aufgaben und in der anderen die Stellen eingetragen werden. In den Schnittpunkten stehen die Teilaufgaben und/oder Teilkompetenzen der einzelnen Stellen bei der Erfüllung bestimmter Aufgaben eines Organisationsbereichs.

Die von Nordsieck eingeführte Bezeichnung »Funktionendiagramm« basiert auf einem engen und vom üblichen Sprachgebrauch abweichenden Funktionsbegriff. Da dieser Funktionsbegriff hier nicht verwendet wird und um Verwechslungen mit dem Funktionsplan (Blockschaltbild) zu vermeiden, wird die aussagefähigere Bezeichnung Aufgaben-und Kompetenzdiagramm gewählt (ebenso Zbinden 1973). *Abbildung D 26* zeigt ein Beispiel eines solchen Diagramms.

Zur Kennzeichnung der Teilaufgaben bzw. Teilkompetenzen empfehlen sich Buchstabensymbole, jedoch sollten nicht zuviele Zeichen verwendet werden. Die teilweise vorgeschlagenen grafischen Symbole sind verwirrend.

Aus diesen Hinweisen geht hervor, daß sich das Aufgaben- und Kompetenzdiagramm nur für eine *Grobübersicht* eignet. Für die detaillierte Darstellung sind Stellenbeschreibungen erforderlich. Das Aufgaben- und Kompetenzdiagramm ist ein *Bindeglied zwischen Organisationsplan und Stellenbeschreibung*. Differenzierter als der Organisationsplan und übersichtlicher als die Stellenbeschreibung läßt es das *Zusammenwirken verschiedener Stellen bei der Aufgabenerfüllung* erkennen und vermittelt ein *Querschnittsbild der jeweiligen Teilaufgaben und Teilkompetenzen*. Es ist damit ein hervorragendes Hilfsmittel für die Koordination der verschiedenen Stellen bei der Erfüllung einer Aufgabe, das bei stärkerer Aufgaben- und Kompetenzteilung, insbesondere bei mehrdimensionalen Organisationsformen unentbehrlich ist.

Stellen → / Sachaufgaben ↓			Inland			Export							
	Geschäftsleitung	Verkaufsdirektor	Verkaufschef	Verkaufsbüro	Vertreter	Verkaufschef	Verkaufsbüro	Vertreter	Dessinateur	Mustererste	Orderbüro	Fertiglager	Spedition
1 Verkaufspolitik	E_G	E_M	B		B	B		B	B				
2 Verkaufsprogramm	$E_{G/w}$	E_N	E_M		B	E_M		B	B				
3 Marktforschung	E_G	E_M	E_N	A	A	E_N	A	A					
4 Musterdessins	Ew	E_N	E_M		B	E_M		B	B/A	B			
5 Verkaufsmusterung	Ew	E_N	E_M		B	E_M		B	B	B/A			
6 Preiskalkulation	$E_{G/w}$	Ew	E_N	A		E_N	A						
7 Werbung	E_G	Ew	E_N	A	B/A	E_N	A	B/A					
8 Kundenbesuche	Ew/Aw	Ew/Aw	E_N/Aw		A	E_N/Aw		A	Aw				
9 Kundenempfänge	Ew/Aw	Ew/Aw	E_N/Aw	A	Aw	E_N/Aw	A	Aw	Aw				
10 Verkaufskorrespondenz	Ew	Ew	E_N	A		E_N	A						
11 Verkaufsstatistik	Ew	E	K	A		K	A						
12 Auftragsabwicklung		Ew	E_M			E_M					E_N/A		
13 Fertiglager		Ew	E_M			E_M						E_N/A	
14 Spedition		Ew	E_M			E_M							E_N/A
15 Fakturierung		E_A	E_N	A		E_N	A						
16 Kundenreklamationen	Ew	Ew	E_N	A		E_N	A						

E_G = Entscheidung in Grundsatzfragen
E_N = Entscheidungsbefugnis im Normalfall
E_W = Entscheidungsvorbehalt für wichtige Fälle
E_M = Mitentscheidungsrecht
B = Beratungs- oder Vorschlagsrecht
A = Ausführung oder Sachbearbeitung
A_W = Ausführungsvorbehalt für wichtige Fälle
K = Ergebniskontrolle und -auswertung

Abb. D 26: Aufgaben- und Kompetenzdiagramm (nach Ulrich/Staerkle 1962, S. 44)

5.3 Stellenbeschreibung

Die Stellenbeschreibung ist eine detaillierte verbale *Darstellung der Aufgaben und Kompetenzen einer Stelle* sowie der *Einordnung der Stelle in die Organisation*. Im einzelnen enthält die Stellenbeschreibung folgende Punkte:

(1) Bezeichnung der Stelle, Rang des Stelleninhabers
(2) Einordnung der Stelle in die Gesamtorganisation (Über- und Unterordnung)
(3) aktive und passive Stellvertretung
(4) Hauptaufgabe, Zielsetzung
(5) Beschreibung
  – der Einzelaufgaben
  – der Kompetenzen

Weitere Angaben können sein:
(6) Berichtswesen (ein- und ausgehende Berichte)
(7) Zusammenarbeit mit anderen Stellen
(8) Mitarbeit in Ausschüssen und Arbeitskreisen
(9) Anforderungen an den Stelleninhaber.

Die Stellenbeschreibung erfüllt verschiedene Funktionen:
- Sie sorgt für eine klare Aufgaben- und Kompetenzabgrenzung und macht zusammen mit Organisationsplan und Aufgaben- und Kompetenzdiagramm die Organisation für die Mitglieder transparenter.
- Sie ist eine wichtige Voraussetzung für die Anwendung moderner Führungskonzepte, wie Management by Delegation und Management by Objectives.
- Sie bietet eine Grundlage für die Gehaltsfindung, Personalplanung, Personalbeurteilung und Personalentwicklung.

Für die zuletzt genannten Aufgaben wird die Stellenbeschreibung teilweise noch ergänzt durch eine Arbeitsplatzbewertung und zu einer Arbeitsplatzbeschreibung erweitert.
So nützlich die Stellenbeschreibung ist, man darf auch mögliche Nachteile nicht übersehen. Eine zu ausgedehnte Stellenbeschreibung, d. h. eine zu starke Formalisierung, führt zu einer Bürokratisierung und zu einem Verlust an Flexibilität. Außerdem ist der Aufwand für die Erstellung von Stellenbeschreibungen groß.

5.4 Kommunikationspläne

Ein weiteres Darstellungsmittel sind die Kommunikationspläne. Sie kommen für verschiedene Kommunikationsarten in Betracht. An erster Stelle steht das Berichtswesen. In Tabellen bzw. Diagrammen in Matrixform können Absender und Empfänger der verschiedenen Berichtsarten eingetragen werden. Gegenüber der getrennten Zusammenstellung ein- und ausgehender Berichte in den einzelnen Stellenbeschreibungen bieten solche Kommunikationstabellen bzw. -diagramme einen Gesamtüberblick über das Berichtswesen eines Bereichs.

Kommunikationspläne sind weniger bekannt als die anderen Darstellungsmittel. Lediglich das Harzburger Führungsmodell sieht verschiedene Kommunikationspläne vor. Es haben sich auf diesem Gebiet bislang noch keine einheitlichen Darstellungstechniken herausgebildet. Es ist jedoch zu erwarten, daß diesem Aspekt in Zukunft mehr Beachtung geschenkt wird.

Weiterführende Literatur zu Kapitel D 5

Hub/Fischer 1977 (S. 42 ff.), G. Schmidt 1973 (S. 111 ff.).

Teil E: Gestaltung der Organisationsstruktur: Grundformen der Prozeßgestaltung

1 Grundfragen der Prozeßstrukturierung

1.1 Problemaspekte

Die Modelle der Aufbaustruktur, die wir im vorhergehenden Teil kennengelernt haben, stellen den statischen Beziehungszusammenhang der Organisation dar. Sie zeigen Möglichkeiten der Unternehmensgliederung, der Bildung institutioneller Subsysteme, der Festlegung der Leitungs- und der grundlegenden Kommunikationsbeziehungen. Nunmehr betrachten wir die *Organisation als dynamisches System* und beschäftigen uns mit *funktionalen Subsystemen, Prozeßstrukturen und Prozeßabläufen.*

Die Literatur zu Fragen der Prozeßgestaltung weist eine große Mannigfaltigkeit auf. Es fällt schwer, die Gestaltungsmöglichkeiten auf wenige Grundmodelle zurückzuführen wie bei der Aufbaustrukturierung. Im Rahmen der Organisationslehre werden sehr unterschiedliche Aspekte behandelt: allgemeine Prinzipien der Prozeßabwicklung, Methodik der Prozeßstrukturierung, Fragen des Einsatzes technischer Mittel, Formen der Arbeitsgestaltung. Die Systematik ist weniger ausgeprägt als auf dem Gebiet der Aufbaustrukturierung. Ein theoretisches Gesamtkonzept hat sich noch nicht herausgebildet. Das liegt an der Vielfalt der Prozesse und der Vielschichtigkeit der damit verbundenen Probleme. Insofern können auch in diesem Buch nur Ansätze aufgegriffen werden. Dabei geht es um zweierlei:

- Erstens braucht der Praktiker ein *Beschreibungssystem*, das ihm hilft, die Hauptaspekte der Prozeßorganisation herauszuarbeiten und zu dokumentieren.
- Zweitens sind *Modelle* für die Gestaltung und Regelung von Prozessen erforderlich. Angesichts des Variantenreichtums können hier allerdings nur einige ausgewählte Modelle dargestellt werden. Im Vordergrund stehen Modelle des Führungsprozesses.

1.2 Systembeschreibung

1.2.1 **Ordnungs- und Beschreibungsaspekte**

Es ist zweckmäßig, bei der Prozeßgestaltung und -beschreibung vom Systembegriff auszugehen und die Funktions- und Aktionszusammenhänge als *funktionale Subsysteme* der Organisation zu betrachten (zur Abgrenzung institutioneller und funktionaler Subsysteme s. Abschnitt B 5.2). Ein solches System umfaßt die Gesamtheit der Faktoren und Aktivitäten zur Erfüllung einer bestimmten Aufgabe (Funktion), beispielsweise Unternehmensplanung oder Auftragsabwicklung. Es handelt sich um eine abgegrenzte Menge von aktiven und passiven Elementen (menschliche Aktionsträger, Sachmittel, Verfahren bzw. Programme, Informationen und Stoffe), die einen geordneten Beziehungszusammenhang bilden. Den *dynamischen Aspekt*, die Realisierung der Systemfunktion durch Aktivierung bzw. Transformation der Systemelemente, bezeichnen wir als *Prozeß*.

Der Begriff des funktionalen Subsystems ist also der umfassendere. Er bezieht sich auf statische und dynamische Aspekte und schließt den Aufbau von Aktionssystemen und die Prozeßabläufe ein. Er bildet die Grundlage für eine systemorientierte, d. h. ganzheitliche und zugleich differenzierte Betrachtung der Aktionszusammenhänge in einer Organisation. Dabei sind folgende Ordnungs- und Beschreibungsaspekte zu unterscheiden:

(1) *Systemabgrenzung und Aufgabendefinition* (Funktionsbeschreibung): Ein funktionales Subsystem ist keine konkrete Organisationseinheit, sondern ein Aktionszusammenhang, der innerhalb der Gesamtmenge ineinandergreifender Aktivitäten als Teilmenge abgegrenzt und für sich betrachtet und gestaltet wird. Die Systembeschreibung beginnt mit der Beschreibung der Aufgaben oder Funktionen eines Systems. Die einfachste Form ist die bloße Aufzählung der Systemfunktionen. Ein besserer Überblick ergibt sich, wenn Aufgabenstrukturen herausgearbeitet werden, z. B. die sich durch schrittweise Aufteilung der Gesamtaufgabe ergebende Aufgabenhierarchie, dargestellt in Baumstrukturdiagrammen, oder die Zusammenstellung der Teilaufgaben nach verschiedenen Ordnungsmerkmalen (Funktionsarten, Objekte, Aktionsträger, Aktionsmittel, Verfahren) in Tabellen.

(2) Eine neue Ordnungsebene stellt die *Bestimmung und Beschreibung der zur Funktionserfüllung erforderlichen aktiven Systemelemente (einschließlich der Hilfsmittel)* dar. Damit sind sowohl die Aktionsträger als auch die Aktionsmittel und Verfahren gemeint. Es ist zu präzisieren,
   - welche *Aufgaben* durch welche personellen Aktionseinheiten (Stellen, Abteilungen) erfüllt werden
   - welche *Sachmittel* eingesetzt werden und welche Funktionen sie erfüllen
   - welche *Verfahren* angewandt werden.

   Die relevanten Gestaltungsmaßnahmen auf dieser Ordnungsebene sind die Aufgaben- und Arbeitsverteilung, die ja nicht nur ein Instrument der Aufbaustrukturierung ist, sondern auch die Prozeßstrukturierung berührt, und die Sachmittel- und Verfahrensbestimmung.

(3) Die Detaillierung und Konkretisierung der Prozeßordnung erfolgt durch die *Beschreibung der Aktionsobjekte und der einzelnen Aktivitäten* (Objekt- und Ablaufbeschreibung):
   - Die *Objektbeschreibung* umfaßt bei Informationsprozessen die zu verarbeitenden bzw. zu speichernden Informationen. Analog der Aufgabenbeschreibung kann die Objektbeschreibung durch bloße Aufzählung der Daten bzw. Informationen geschehen. Die weitere Formalisierung erfolgt durch Herausarbeiten der Zustandsstrukturen der Aktionsobjekte (z. B. Datenbankstrukturen, Berichtsstrukturen).
   - Die *Ablaufbeschreibung* beinhaltet Art und Reihenfolge der auszuführenden Aktivitäten und den jeweiligen Informationsinput und -output. Eine erste grobe Darstellung des Funktionszusammenhangs zwischen den einzelnen Teilaufgaben (Teilfunktionen) kann in Form von Funktionsplänen (= Blockschaltbil-

der, s. *Abb. E 11*) erfolgen. Der Funktionsplan bildet die Schnittstelle zwischen der statischen Aufgabenbeschreibung und der dynamischen Prozeßordnung eines Systems. Letztere schlägt sich dann nieder in Flußdiagrammen (Arbeitsablaufpläne, Datenflußpläne, Programmablaufpläne) und Arbeitsanweisungen. Damit wird in der Regel die Ablaufstruktur unabhängig vom exakten Zeitverhalten fixiert. Schließlich kann das Zeitverhalten von Prozessen beschrieben werden durch präzise Aussagen über die Ablaufbedingungen, nämlich zeitliche und räumliche Bedingungen, Arbeitsmengen und Verarbeitungskapazitäten (vgl. Grochla u. Mitarb. 1974a, S. 139 ff); eine solche Beschreibung ist insbesondere bei technischen Prozessen erforderlich.

Die relevanten Gestaltungsmaßnahmen auf dieser Ordnungsebene sind die Daten- und Belegorganisation sowie die Ablaufstrukturierung.

1.2.2 **Detaillierungsgrad der Beschreibung**

Weiter unterscheiden sich die Beschreibungen im Detaillierungsgrad. So schlägt Wedekind (1973, S. 51 ff) drei Hauptdetaillierungsstufen vor:
- Übersichtsbeschreibungen
- Teilübersichtsbeschreibungen
- Detailbeschreibungen.

Die Beschreibung auf verschiedenen Detaillierungsstufen bedeutet, daß die Anzahl der Einzelheiten von Stufe zu Stufe wächst. Zwangsläufig beschränken sich dann die einzelnen Darstellungen auf immer kleinere Ausschnitte des Gesamtsystems. *Tabelle E 1* verdeutlicht mögliche Detaillierungsmerkmale in bezug auf die vorher dargestellten Beschreibungsaspekte.

	Ordnungs- und Beschreibungsaspekte		
	Funktionsbeschreibung	Objektbeschreibung	Ablaufbeschreibung
Detaillierung ↓	Funktionskomplex	Datenbank	Prozeß
	Funktionen	Dateien	Teilprozesse
	Teilfunktionen	Datensätze	Vorgänge
	Elementarfunktionen	Datenfelder	Operationen

Tabelle E 1: Detaillierungsstufen

1.3 Regelkreismodell

Als grundlegendes Modell der Prozeßabwicklung ist das Regelkreismodell anzusehen. Es besteht aus Regler (= Lenkungssystem) und Regelstrecke (= Ausführungssystem, Ausführungsprozeß). Die Regelung von Prozessen kann in zwei Grundformen erfolgen (s. *Abb. E 1*), nämlich
- nach dem Prinzip der *Rückkopplung* (feedback, Rücklaufsteuerung, Regelung i.e.S.) oder
- nach dem Prinzip der *Vorkopplung* (feed-forward, Vorwärtssteuerung).

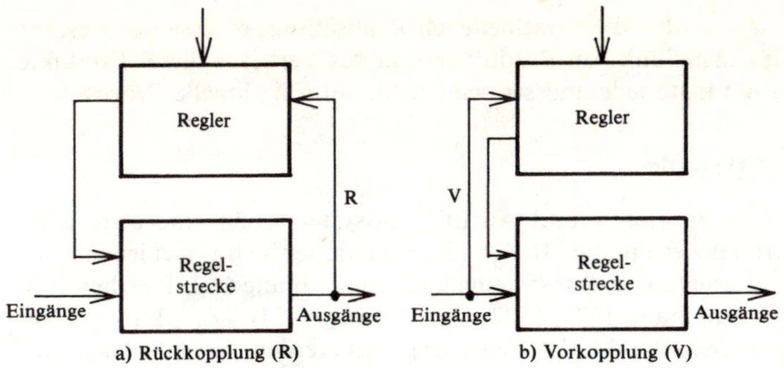

Abb. E 1: Grundformen der Regelung

Aus der Kombination beider Regelformen ergibt sich das in *Abbildung E 2* dargestellte Grundmodell der Prozeßregelung. Wir haben nach diesem Modell zwei Teilsysteme zu unterscheiden, nämlich
- das Lenkungssystem und
- das Ausführungssystem.

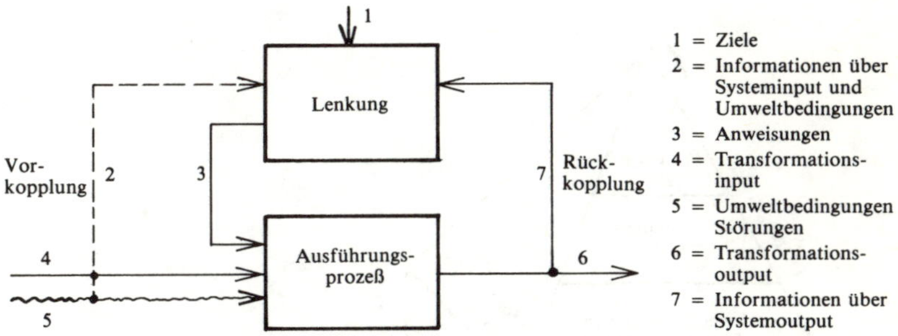

Abb. E 2: Gesamtmodell der Prozeßregelung

Das *Lenkungssystem* ist gleichbedeutend mit dem Führungs- oder Leitungssystem bzw. dem Führungs- oder Leitungsprozeß. Die Lenkung besteht aus der Kombination verschiedener Informations- und Entscheidungsprozesse, die sich in kybernetischer Sicht als Formen der Vorkopplung oder Rückkopplung verstehen lassen:
- Durch die *Vorkopplung* werden Informationen über den Systeminput und die Umweltbedingungen erfaßt, bevor diese in den Transformationsprozeß eingehen bzw. als Einflußgrößen oder Störfaktoren wirksam werden. Aufgrund dieser Informationen können rechtzeitig mögliche Wirkungen auf die Prozeßabwicklung und den Systemoutput erkannt und entsprechende Lenkungsmaßnahmen vorgenommen werden.
- Bei der *Rückkopplung* werden Informationen über den Systemoutput, also über die Handlungsergebnisse erfaßt. Diese Informationen werden mit den Zielgrößen (Soll-Daten) verglichen. Bei Zielabweichungen (Soll/Ist-Abweichungen) wird durch Lenkungsmaßnahmen der Systeminput so verändert, daß der gewünschte Output erreicht wird. Da die Lenkungsmaßnahmen mit einer gewissen zeitlichen Verzögerung erfolgen und inzwischen wieder neue Störfaktoren einwirken können, sind laufende Rückkopplungen und entsprechende Anpassungsmaßnahmen erforderlich.

Zum *Ausführungssystem* zählen die verschiedenen Realisationsprozesse der Beschaffung von Material, der Erstellung von Produkten und des Vertriebs dieser Produkte. Dabei handelt es sich um materielle und sie begleitende informationelle Prozesse.

1.4 Funktionale Subsysteme

Die Unterscheidung von Führungs- und Ausführungssystem stellt eine erste grobe funktionale Systemdifferenzierung dar. In der Literatur finden sich verschiedene Vorschläge zur weiteren Unterteilung in Subsysteme niederer Ordnung (vgl. Bleicher 1970, 1973; Bleicher/Meyer 1976, Hahn 1971, 1972; Ulrich/Krieg 1974). Die Aktionszusammenhänge können nach mehreren Merkmalen abgegrenzt werden, so daß sich je nach Gliederungsaspekt verschiedene »Aufrisse« der Prozeßorganisation ergeben. *Abbildung E 3* verdeutlicht dies in einer mehrdimensionalen Systemdarstellung, bei der zunächst die beiden Handlungsebenen der Führung (Lenkungssystem) und der Ausführung (Realisationssystem) unterschieden werden.

– Das *Führungssystem* kann zum einen verrichtungsorientiert nach Führungsstufen unterteilt werden in das Zielbildungs- oder politische System, das Planungssystem und das Steuerungssystem. Objektbezogen kann außerdem das Führungsinformationssystem abgegrenzt werden.

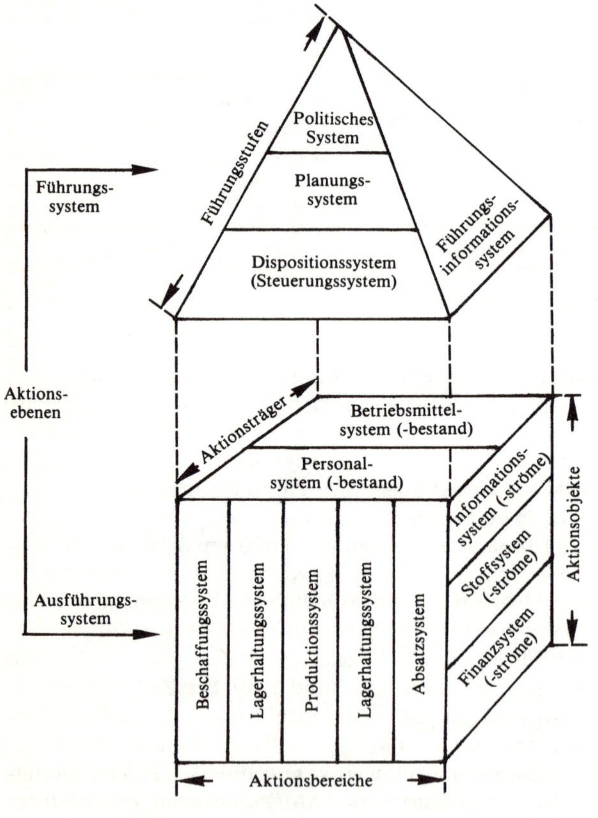

Abb. E 3: Funktionale Subsysteme (vgl. Hahn 1972, S. 270)

– Das *Ausführungssystem* läßt sich gliedern
  - nach Aktionsbereichen (Beschaffungs-, Lagerhaltungs-, Produktions-, Absatzsystem)
  - nach Aktionsträgern (Personal-, Betriebsmittelsystem)
  - nach Aktionsobjekten (Informations-, Stoff-, Finanzsystem).

– Weiterhin empfiehlt es sich sowohl wegen der Bedeutung als auch wegen der spezifischen organisatorischen Anforderungen, das *Innovationssystem* (Konzeption und Entwicklung von Produkten, Verfahren, Strukturen usw.) als dritten Hauptbereich zu betrachten, der zusammen mit dem Ausführungssystem das *Leistungssystem* der Unternehmung bildet.

Zu beachten ist, daß es sich bei den Beispielen durchweg um funktionale Subsysteme handelt, die nicht mit institutionellen Systemgliederungen verwechselt werden dürfen, auch wenn in Einzelfällen die Systemgrenzen zusammenfallen. In diesem Zusammenhang interessiert aber nur die Realisierung der Funktionen in Aktionssystemen und Prozeßabläufen, also der prozessuale Aspekt.

1.5 Prozeßarten

Entsprechend der funktionalen Systemdifferenzierung lassen sich verschiedene Prozeßtypen unterscheiden. Die wichtigsten sind in *Tabelle E 2* zusammengefaßt.

<table>
<tr><th>Nach Aktionsobjekten
Nach Aktionsebenen</th><th>Informationsprozesse</th><th>Materielle Prozesse</th></tr>
<tr><td>Führungssystem</td><td>Führungsprozesse</td><td></td></tr>
<tr><td rowspan="2">Leistungssystem</td><td>Innovationsprozesse</td><td rowspan="2">Produktionsprozesse</td></tr>
<tr><td>Administrative Prozesse</td></tr>
</table>

Tabelle E 2: Prozeßarten

Außerdem sind noch im Hinblick auf die Aktionsträger zu unterscheiden:
– *personelle* Arbeitsprozesse
– *maschinelle* (automatisierte) Prozesse.

Wir wollen im folgenden nur die Organisation informationeller Prozesse betrachten. Bezüglich der materiellen Transformationsprozesse sei auf die technische und arbeitswissenschaftliche Literatur verwiesen.

1.6 Gestaltungsmaßnahmen und -aspekte

Die verschiedenen Systemtypen und Prozeßarten werfen sehr unterschiedliche Gestaltungsprobleme auf. Die spezifischen organisatorischen *Maßnahmen zur Prozeßstrukturierung*, nämlich

Gestaltungsmaßnahmen		Sachmittel- und Verfahrensbestimmung	Daten- und Belegorganisation	Ablaufstrukturierung
Gestaltungsaspekte	A	Aktionsmittel	Aktionsobjekte	Aktivitäten
Dokumentationsformen / Gestaltungsbereiche	B	Dokumentation der Sachmittel und Verfahren	Dokumentation der Daten- und Belegorganisation	Dokumentation der Abläufe
Funktionale Systemdifferenzierung	A			Differenzierung eines Funktionskomplexes, Zusammenhang der Teilfunktionen
	B			Funktionspläne (Blockschaltbilder)
Gestaltung von Führungsprozessen	A	Führungstechniken	Führungsinformationen	Führungsregeln Führungssubsysteme
	B	Verfahrensbeschreibungen	Informationskataloge Kommunikationspläne, Datenbankdiagramme	Führungsanweisungen Systembeschreibungen
Gestaltung von Innovationsprozessen	A	Kreativitätstechniken Arbeitsmittel		Teamspielregeln
	B	Methodenbeschreibungen		Arbeitsrichtlinien
Ausführungsprozesse: Gestaltung personeller Arbeitsprozesse	A	technische Hilfsmittel und Verfahren, Arbeitsräume, Einrichtungen	Belegwesen, Listen Karteien, Nummernsysteme	Arbeitsablaufregelungen
	B	Sachmittelspezifikationen Raumpläne	Formular, Nummern } Übersichten + Beschreibg.	Arbeitsablaufpläne Arbeitsanweisungen
Ausführungsprozesse: Gestaltung maschineller Prozesse	A	Anlagenkonfiguration Systemsoftware	Belegwesen, DV-Ausgabeformate Nummernsysteme, Dateiorganisation	maschinenexterne/interne Abläufe
	B	Konfigurationspläne Systemsoftwarespezifikationen	Beleg, Nummern, Datei, Satz } Übersichten u. Beschreibg	Datenflußpläne Programmbeschreibungen

Tabelle E 3: Prozeßgestaltung

– Sachmittel- und Verfahrensbestimmung
– Daten- und Belegorganisation
– Ablaufstrukturierung

müssen daher sehr stark variiert werden. *Tabelle E 3* zeigt in einer gedrängten Übersicht für die Hauptgestaltungsbereiche,

– welche Gestaltungsaspekte (A) bei den einzelnen Gestaltungsmaßnahmen im Vordergrund stehen
– und welche Beschreibungs- bzw. Dokumentationsformen (B) für die Fixierung der jeweiligen Gestaltungsergebnisse in Betracht kommen.

Dabei ist zu beachten, daß Prozeßgestaltung eine gewisse Aufbaustrukturierung voraussetzt, d. h. daß Aufgaben- und Arbeitsverteilung, Kompetenzverteilung und Kommunikationsregelungen teils der Prozeßstrukturierung vorausgehen, teils mit ihr einhergehen müssen.

Außerdem umfaßt die Prozeßgestaltung in erheblichem Umfange *technologische Maßnahmen*. Dies ist die Folge einer Entwicklung, die durch zunehmende Rationalisierung und Technisierung nicht nur der Produktionsprozesse, sondern auch der Verwaltungs- und Führungsprozesse gekennzeichnet ist. Es werden erstens mehr und mehr rationale Methoden, formalisierte betriebswirtschaftliche, mathematische und ingenieurtechnische Verfahren angewendet, und zweitens auch in immer stärkerem Maße technische Mittel eingesetzt und Teilprozesse automatisiert. In der oben erwähnten Tabelle sind die Übergänge von den organisatorisch-strukturellen zu den technologischen Maßnahmen erkennbar.

Wichtig ist es auch, daß bei der Arbeitsstrukturierung nicht nur psycho-soziale Aspekte berücksichtigt werden, sondern daß darüber hinaus die Strukturierungsmaßnahmen durch *personale Maßnahmen* unterstützt werden. Das gilt für gering formalisierte Führungs- und Innovationsprozesse ebenso wie für die stärker formalisierbaren Ausführungsprozesse. Im ersten Fall kann man beispielsweise durch Verhaltensinterventionen das Führungs- und Problemlösungsverhalten beeinflussen, im zweiten Fall durch Schulungsmaßnahmen die Voraussetzungen für bestimmte Ausführungshandlungen verbessern. Außerdem sollten nach Möglichkeit die Organisationsmitglieder an der Prozeßgestaltung beteiligt werden, um deren Erfahrung nutzbar zu machen und die Motivation zu erhöhen.

Weiterführende Literatur zu Kapitel E 1

Grundlegende Fragen der Prozeßgestaltung behandeln: Lindemann 1970, H. Schwarz 1973 (S. 141 ff.), H. Ulrich 1968 (S. 215 ff., S. 297 ff.), Wedekind 1973.

2. Führungssystem (Führungsprozesse)

2.1 Problemaspekte

2.1.1 **Begriffliche Abgrenzung**

Bei der Darstellung der Aufgaben- und Kompetenzverteilung, insbesondere der Leitungsstrukturierung, und bei der Behandlung der Leitungsstellen wurden bereits Führungsfragen diskutiert. Dort ging es um institutionelle Aspekte der Führung. Jetzt soll die Betrachtung unter *prozessualen Aspekten* weitergeführt werden. Dabei werden folgende Ausdrücke gleichbedeutend verwendet: Führung = Leitung = Management = Lenkung = Regelung (s. Abschnitt D 2.2.2)

Führung im engeren Sinne bedeutet: auf andere Menschen einwirken, sie beeinflussen, sie veranlassen, etwas zu tun, sie auf Ziele hinsteuern (Häusler 1966, S. 79). Diese Funktion wird hier als *Menschenführung* oder Personalführung bezeichnet.

Der weite Führungsbegriff, der hier zugrunde gelegt wird, bezieht sich auf die *Führung bzw. Leitung von Systemen*; er schließt die Menschenführung ein. Unter Führung verstehen wir *die zielorientierte Gestaltung und Steuerung sozialer bzw. sozio-technischer Systeme* (vgl. Wild 1974 b, S. 150 ff).

Führung ist also als ein Prozeß aufzufassen,
- in dem auf die Bildung von Unternehmungszielen
- sowie auf die Gestaltung der Struktur und die Steuerung sachlich-ökonomischer Vorgänge und personaler Verhaltensweisen im Hinblick auf die optimale Zielerreichung
- bewußt Einfluß genommen wird (in Anlehnung an Hecking-Binder 1974, S. 24).

In dieser Definition wird sowohl der Sachaspekt als auch der personenbezogene Aspekt der Führung angesprochen, worauf bei der Betrachtung der Führungsfunktionen noch näher eingegangen wird.

2.1.2 **Modell des Führungsprozesses**

Ein *Führungsmodell* bildet den komplexen Sachverhalt des Führungsprozesses vereinfachend ab (Hecking-Binder 1974, S. 55). Es ist ein *Handlungskonzept*, das eine Menge von Handlungsempfehlungen zur Unternehmensführung enthält und darüber etwas aussagt, wie Führung in der Unternehmung vollzogen werden sollte (vgl. Baugut/Krüger 1976, Baumgarten 1977, Bleicher/Meyer 1976, Wild 1974 b). Ein Führungsmodell sollte, wenn man die verschiedenen Auffassungen in der Literatur zusammenfaßt, Aussagen über folgende Punkte enthalten:
Ziele und Prämissen, Führungsprinzipien, Führungsfunktionen (Führungstätigkeiten), Führungsstile, Führungstechniken (Methoden und Instrumente) und Führungssubsysteme.

Führungsmodelle sind auch eine *Gestaltungshilfe* für die mit der Systemgestaltung und -entwicklung befaßten Personen (Leitungs- und Unterstützungseinheiten, externe Berater). Sie beinhalten Empfehlungen zur Gestaltung von Führungssystemen und dienen als Grundlage für die Entwicklung situationsspezifischer Gestaltungskonzepte.

Im folgenden werden zunächst einzelne Aspekte des Führungssystems betrachtet, um dann auf zwei bekannte Führungsmodelle einzugehen.

2.2 Führungsfunktionen

2.2.1 **Sachaspekt der Führung**

Unter dem Sachaspekt der Führung verstehen wir diejenigen Funktionen, die primär auf die *Sachaufgabenerfüllung* ausgerichtet sind. Sie umfassen

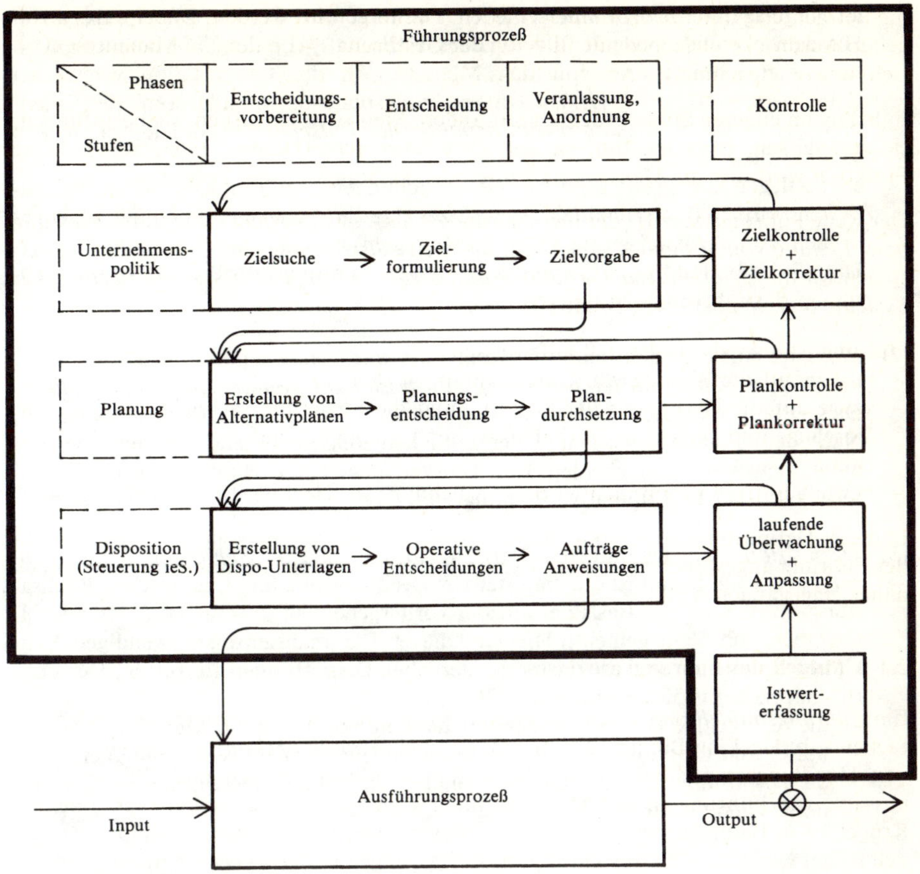

Abb. E 4: Modell des Führungsprozesses

- die *Phasen* der Willensbildung (Entscheidungsvorbereitung und Entscheidung) und der Willensdurchsetzung (Veranlassung und Kontrolle der Durchführung)
- auf den verschiedenen *Stufen* des Lenkungssystems. Als Lenkungsstufen lassen sich unterscheiden: Unternehmenspolitik (Zielsetzung), Planung und Disposition (Steuerung im engeren Sinne). Die einzelnen Stufen unterscheiden sich durch die zeitliche Reichweite und den Konkretisierungsgrad der zu treffenden Entscheidungen sowie das Ausmaß der Unsicherheit (vgl. Ulrich/Krieg 1974, S. 28 f).

Führungsstufen

Abbildung E 4 zeigt den Führungsprozeß in einem zweidimensionalen Regelkreismodell, wobei nach Führungsstufen und Führungsphasen differenziert wird. Betrachten wir zunächst die Führungsstufen.

(1) *Unternehmenspolitik*: Auf der obersten Führungsstufe wird die Unternehmenspolitik bestimmt. Teilweise wird in der Literatur noch die Unternehmensphilosophie

als vorgelagerter Bereich unterschieden. Darunter wird das Wertsystem, das allem Handeln zugrunde liegende Bild von der Gesellschaft, von der Unternehmung (Unternehmensleitbild) und von den Menschen in der Organisation verstanden (Ulrich/Fluri 1975, S. 49 ff). Die Unternehmensphilosophie bildet somit den Orientierungsrahmen für die *unternehmenspolitischen Entscheidungen*. Diese erstrecken sich auf das

- Festlegen der grundlegenden Zielvorstellungen, der grundsätzlichen Verhaltensnormen (Unternehmensgrundsätze, Handlungsmaximen) und der allgemeinen Vorgehensweisen (langfristige Strategien).

Das sind die Hauptpunkte eines langfristigen Führungskonzeptes der Unternehmung, das schriftlich zu fixieren ist.

(2) *Planung*: Auf der nächsten Stufe werden die unternehmenspolitischen Leitvorstellungen *in der lang-, mittel- und kurzfristigen Planung konkretisiert und detailliert.* Diese Pläne umfassen Ziele und Maßnahmen (*Ziel- und Maßnahmenplanung*). Nach dem Planungszweck und der zeitlichen Reichweite sind verschiedene Planungsebenen zu unterscheiden. Eine gebräuchliche Unterteilung ist die in strategische, taktische und operative Planung.

(3) *Disposition:* Auf der untersten Führungsstufe erfolgt die *Steuerung der Ausführungsprozesse*. Damit ist die unmittelbare Beeinflussung und Lenkung der Realisationsprozesse auf der Basis der auf der vorhergehenden Führungsstufe entwickelten Operationspläne gemeint. Hier sind die zur Planrealisierung notwendigen Aktivitäten einzuleiten und die dazu erforderlichen Dispositionen zu treffen. Der Führungsprozeß auf dieser Stufe umfaßt

- die rechtzeitige Disposition der Beschaffung von Personal, Material, Betriebsmittel und Geldmittel gemäß den entsprechenden operativen Teilplänen
- die Dispositionen hinsichtlich Personaleinsatz, Materialbereitstellung, Betriebsmittel- und Geldmittelverwendung.

Führungsphasen

Auf jeder Stufe des Führungssystems läuft ein Prozeß der Willensbildung und -durchsetzung ab, der die Aktivitäten Entscheidungsvorbereitung, Entscheidung, Veranlassung bzw. Anordnung und Kontrolle umfaßt.

(1) Träger des *Willensbildungsprozesses zur Bestimmung der Unternehmenspolitik* ist die oberste Führungsgruppe (Kerngruppe). Das Führungskonzept der Unternehmung wird bestimmt von den Wertvorstellungen der Mitglieder dieser Führungsgruppe. Da verschiedene Interessengruppen versuchen, ihre Vorstellungen durchzusetzen, ist das Ergebnis eine Frage der *Machtverteilung*. Es kommt also darauf an, welche Mitbestimmungsmöglichkeiten die verschiedenen Interessengruppen innerhalb der Kerngruppe einer Organisation haben. Der Willensbildungsprozeß endet mit der Entscheidung über die langfristigen Unternehmensziele und das Führungskonzept. Mit der Inkraftsetzung des Führungskonzeptes beginnt die *Willensdurchsetzung*, zu der auch die Kontrolle gehört, die darin besteht, daß im Zusammenhang mit der Planung und Plankontrolle eine Prüfung der langfristigen Zielvorstellungen der obersten Führungsgruppe erfolgt, die evtl. auch eine Korrektur des Führungskonzeptes erforderlich machen kann.

(2) In ähnlicher Weise vollzieht sich der *Willensbildungs- und -durchsetzungsprozeß auf der Planungsstufe*, nur mit dem Unterschied, daß es sich hier um einen *mehrstufigen Prozeß* handelt (strategische, taktische, operative Planung), der immer mehr Detailarbeit erfordert. Damit treten Machtfragen gegenüber reinen Sachaspekten mehr und mehr zurück.

Im Laufe des Planungsprozesses werden zunächst Daten gesammelt, Berechnungen und Schätzungen durchgeführt und alternative Pläne erstellt (Entscheidungsvorbereitung). Die Planung schließt ab mit der Planungsentscheidung, d. h. der Entscheidung darüber, welche Planalternativen ausgewählt und realisiert werden sollen. Zum Durchsetzungsprozeß gehört auch hier außer der Veranlassung der Planerfüllung die Plankontrolle in monatlichen, vierteljährlichen und in jährlichen Abständen. Dies kann eine Korrektur bestehender Pläne und/oder Anpassungsentscheidungen auf der dispositiven Ebene zur Folge haben.

(3) Der *Dispositionsprozeß* beginnt mit der Erstellung der Dispositionsunterlagen. Dazu gehören z. B. im Produktionsbereich die Ermittlung des Materialbedarfs und die Erstellung von Kapazitätsauslastungs-Übersichten für die nächsten Perioden (Wochen, Monate) oder im Vertriebsbereich die Erstellung von Tourenplänen für Reisende. Dies bildet die Grundlage für dispositive bzw. operative Entscheidungen über Erteilung und Terminierung von Fertigungsaufträgen, Bestellungen bei Lieferanten, Verwendung von Finanzmitteln usw. Die Realisation wird sodann durch einzelne Aufträge, Anweisungen und Verfügungen ausgelöst.

Als nächster Schritt ist eine laufende Istwert-Erfassung *(Ergebniserfassung)* der eingeleiteten Realisationsprozesse erforderlich, die Ausgangsdaten für den *Kontrollprozeß* liefert. Dieser umfaßt auf der untersten Stufe einen laufenden Soll/Ist-Vergleich, um bei Abweichungen rasch Dispositionsänderungen vornehmen zu können. Die gesammelten und verdichteten Ergebnisdaten fließen zurück an die nächst höheren Regelkreise und ermöglichen dort eine periodische Plankontrolle und letztlich auch eine Kontrolle der Unternehmenskonzeption.

2.2.2 Personenbezogener Aspekt der Führung

Bei der vorausgegangenen Betrachtung wurde Führung als rein sachbezogene Gestaltung und Steuerung sozio-technischer Systeme verstanden. Führung ist also so gesehen ein sach-rationaler Lenkungsprozeß, bei dem es um die Festsetzung von Zielen und um die Bestimmung, Einleitung und Kontrolle von Maßnahmen zur Zielerreichung geht. Führung hat es aber immer, direkt oder indirekt, mit Menschen zu tun. *Lenkung von Organisationen* heißt vor allem *Führung von Personen*. Damit ist die Beeinflussung und Lenkung des Verhaltens der Organisationsmitglieder gemeint (Menschenführung).

Aufgabe der Führung ist es,
- die Aktivitäten der Organisationsmitglieder auf die Organisationsziele hinzulenken (Lokomotionsfunktion)
- den Zusammenhalt der Mitarbeiter zu fördern (Kohäsionsfunktion)
- die persönlichen Motive der Organisationsmitglieder anzusprechen, d. h. auf die Bedürfnisse der Mitarbeiter einzugehen und dafür zu sorgen, daß bei der Verfolgung der Organisationsziele auch die individuellen Ziele und Erwartungen in hohem Maße realisiert werden können.

Es geht also um die zielorientierte Ausrichtung der Aktivitäten, die soziale Integration, die persönliche Betreuung und Unterstützung der Organisationsmitglieder. Zur *sachrationalen Komponente* tritt die *sozio-emotionale Komponente* der Führung hinzu.

Die personenbezogenen Funktionen der Führung lassen sich unter verschiedenen Aspekten betrachten. Unter fachlichen Aspekten des Personalmanagements kann man folgende Funktionen unterscheiden:
- *Personaleinsatz* (Festlegen von Aufgaben, Zuteilung von Arbeiten, Einweisung, Unterweisung usw.)
- *Personalerhaltung* (Sorge dafür, daß der Mitarbeiter sich in der Organisation wohlfühlt und seine Mitgliedschaft aufrecht erhält)
- *Personalbeurteilung* (Beurteilung der Leistungsbeiträge der Organisationsmitglieder)
- *Personalförderung* bzw. -entwicklung (planvolle Förderung der Mitarbeiter, aufbauend auf der Personalbeurteilung).

Unter dem Aspekt der Verhaltensbeeinflussung sind elementare Funktionen wie Instruktion, Motivation, soziale Integration hervorzuheben. Dabei kann zwischen Aktivitäten, die primär auf das individuelle Verhalten und solchen, die auf die sozialen Beziehungen einwirken, unterschieden werden. Im folgenden werden einige wichtige Funktionen aufgeführt, wobei sich Überschneidungen nicht vermeiden lassen:

(1) *Information und Instruktion*: Eine wesentliche Funktion der Personalführung ist es, die Mitarbeiter hinreichend zu informieren und zu instruieren. Instruktion heißt, die Mitarbeiter in ihre Aufgabengebiete einweisen, sie anweisen, d. h. ihnen Aufträge erteilen, und sie unterweisen, wie die Arbeitsausführung zu erfolgen hat. Es muß aber auch dafür gesorgt werden, daß die Mitarbeiter hinreichend Informationen über alle für die Aufgabenerfüllung relevanten Sachverhalte bekommen.

(2) *Motivation*: Eine weitere Aufgabe besteht darin, die Mitarbeiter zu motivieren, d. h. ihnen genügend Anreize zu verschaffen, damit die Aufgabenerfüllung für sie befriedigend ist und deren eigene Ziele sich mit den Leistungszielen der Organisation verknüpfen lassen. Ein wesentlicher Faktor ist, daß der Arbeitsinhalt für den einzelnen attraktiv ist. Es kommt aber auch auf die Arbeitsbedingungen und den Führungsstil an. Die Erkenntnisse der Motivationspsychologie sind dabei eine wichtige Hilfe für das Management.

(3) *Überzeugung*: Anstelle bloßer Machtausübung mit Hilfe von Sanktionen tritt heute die Notwendigkeit, die Mitarbeiter zu überzeugen. „Von Überzeugung ist immer dann zu sprechen, wenn eine Person einer anderen Informationen zuleitet und der Empfänger die darin enthaltenen Schlußfolgerungen freiwillig — also ohne Drohung und Zwang — als Entscheidungsprämisse akzeptiert" (Klis 1971, S. 7). Im Gegensatz zur Motivation steht hier der kognitive (urteils- und verstandesmäßige) Aspekt im Vordergrund. Jedoch ist der Überzeugungsprozeß kein rein rationaler Vorgang. Es gilt, einstellungsbedingte Hindernisse (andere Zielvorstellungen, Meinungen, Überzeugungen, Vorurteile usw.) abzubauen und eine positive Beziehung der Mitarbeiter zu den Organisationszielen herzustellen. Dies ist verknüpft mit einer Änderung der Einstellung der Mitarbeiter zu bestimmten Sachverhalten.

(4) *Betreuung und Unterstützung*: Führungshandeln ist nicht nur mit einer Verantwortung gegenüber dem eigenen Vorgesetzten, sondern auch gegenüber den unterstellten Mitarbeitern verbunden — ein Aspekt, der bei der Diskussion von Füh-

rungsproblemen häufig zu kurz kommt. Diese Verpflichtung beschränkt sich nicht nur auf die sach-rationale Dimension, sie schließt die menschliche Dimension ein. Der Personalführung obliegt es, die Mitarbeiter bei der Aufgabenerfüllung und bei der beruflichen Entwicklung zu unterstützen, wobei diese Unterstützung auch darin besteht, sie zur Selbständigkeit anzuleiten. Es gehört aber auch Verständnis für die menschlichen Probleme der Mitarbeiter dazu.

(5) *Soziale Integration*: Wenn wir von den mehr individuellen Aspekten zu den sozialen übergehen, dann ist an erster Stelle die soziale Integration der Mitarbeiter zu nennen. Aufgabe der Führung ist es, den Gruppenzusammenhalt und die Kooperation zu fördern.

(6) *Konfliktlösung*: Soziale Integration bedeutet nicht Konfliktlosigkeit. Überall, wo Menschen zusammenwirken, entstehen Konflikte. Die Führung sollte diese Konflikte nicht einfach unterdrücken, ihnen auch nicht ängstlich aus dem Wege gehen oder sie unter allen Umständen zu vermeiden suchen, sondern sie sachlich austragen und auch die Mitarbeiter dazu bringen, daß sie untereinander in gleicher Weise Konflikte lösen können. Das Konfliktmanagement wird immer noch zu wenig in der Führungstheorie berücksichtigt und in der Führungspraxis beherrscht (vgl. dazu Krüger 1973).

2.3 Führungsverhalten (Führungsstil)

2.3.1 Problemaspekte

Die Art und Weise, wie die Menschenführung ausgeübt wird, bezeichnet man als *Führungsstil*. Man versteht darunter ein durch spezifische Ausprägungen bestimmter Merkmale beschreibbares Führungsverhalten. Führungsstile unterscheiden sich
— in der Zielorientierung (auf Leistungsziele/Sachaufgaben oder auf soziale Ziele/Mitarbeiter ausgerichtet)
— in den Machtquellen (Positions-, Fach- oder Persönlichkeitsautorität)
— in der Betonung bestimmter Funktionen (Lokomotion, Kohäsion, Motivation, Überzeugung usw.)
— im Einsatz von Führungsmitteln (Information, Sanktionen usw.)
— in der Art der Kommunikation (überwiegend einseitig, wechselseitig) und Interaktion (Dominanz, Abhängigkeit, Aufeinandereingehen).

Je nachdem, von welchen dieser Merkmale man ausgeht, gelangt man zu unterschiedlichen Klassifikationen von Führungsstilen. Wir wollen einige wesentliche Aspekte herausgreifen.

2.3.2 Aufgaben- und personenorientierter Führungsstil

Von besonderer Bedeutung ist die *Zielorientierung*. Aus einer Reihe von Untersuchungen schälten sich zwei Aspekte des Führungsverhaltens heraus, die sich kennzeichnen lassen als
— *Aufgabenorientierung* (Ausrichtung auf Produktivitätsziele = Leistung, concern for production, initiating structure = Sachaufgabenhaltung, Strukturierung der Aktivitäten der Mitarbeiter durch die Führung)

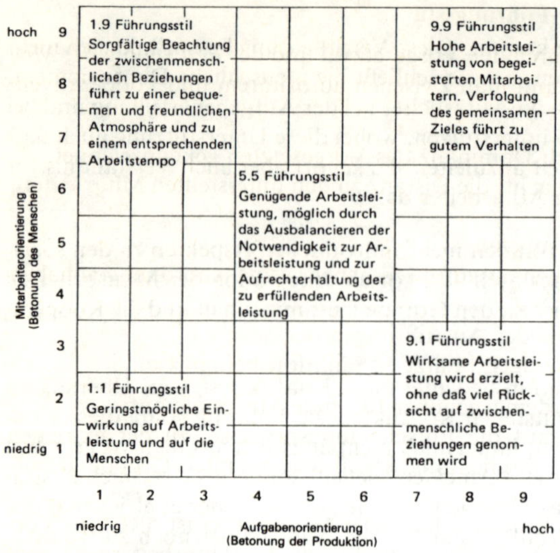

Abb. E 5: Verhaltensgitter (nach Blake/Mouton 1968, S. 33)

– *Mitarbeiterorientierung* (Ausrichtung auf Humanziele = Arbeitszufriedenheit, concern for people, consideration = Eingehen auf die Bedürfnisse der Mitarbeiter).

Dabei handelt es sich um zwei *voneinander unabhängige Merkmale*, deren Ausprägungen in einem zweidimensionalen Schema dargestellt werden können, d. h. daß die beiden Verhaltensweisen einander nicht ausschließen, sondern von einer Person gleichzeitig gezeigt werden können. Eine der bekanntesten Darstellungen und Interpretationen dieser Verhaltensformen stammt von Blake/Mouton (1968). In dem sogenannten *Verhaltensgitter* (managerial grid, s. *Abb. E 5*) werden in jeder Dimension neun Merkmalsausprägungen unterschieden (1 = minimale, 9 = maximale Intensität der Aufgaben- bzw. Mitarbeiterorientierung). Von den somit 81 unterscheidbaren Verhaltensalternativen werden fünf markante herausgehoben. Diese fünf Verhaltenstypen werden durch ein Bündel von Annahmen, wie sich Führungspersonen in Organisationen verhalten können, charakterisiert.

Nicht allen diesen Typen kommt aber dieselbe Bedeutung zu. Die Verhaltensvariante 1.1 kann kaum mehr als Führung bezeichnet werden. Sie kann daher hier außer Betracht bleiben. Auch die Variante 1.9 ist keine echte Alternative, weil die Aufgabenorientierung ein unabdingbares Merkmal der formellen Führerrolle ist. Diese Kennzeichnung trifft also mehr auf informelle Führerrollen in Gruppen zu, z. B. wenn neben dem aufgabenorientierten formellen Führer noch ein sozio-emotionaler Führer auftritt, der sich mehr auf die zwischenmenschlichen Probleme konzentriert und auch die Sympathie der Gruppe genießt. Als relevante Verhaltenstypen bleiben somit nur die Stile 9.1 und 9.9 sowie 5.5 als mittlere Ausprägung.

Beurteilung: Das Verhaltensgitter kennzeichnet idealtypische Verhaltensweisen. Es dient der Orientierung über mögliche Formen des Führungsverhaltens und zur systematischen Einordnung des tatsächlichen Führungsverhaltens in einer Organisation. Das Konzept hat normativen Charakter dadurch, daß der 9.9-Stil als erstrebenswert, als Leitbild also, herausgestellt wird. Eine Schwäche dieses Konzeptes ist es, daß situative Aspekte vernachlässigt werden und der 9.9-Stil generell als vorteilhaft angesehen wird (vgl. Ulrich/Fluri 1975, S. 195 f).

2.3.3 **Autoritärer und kooperativer Führungsstil**

Nach der *Art der Machtausübung* durch den Vorgesetzten und der *Beteiligung der Mitarbeiter am Entscheidungsprozeß* kann man zwischen autoritärem und kooperativem Führungsverhalten unterscheiden.

Der *autoritäre Führungsstil* ist durch Dominanz des Vorgesetzten gekennzeichnet:
- Dieser hat eine starke Positionsmacht, die Distanz zu den unterstellten Mitarbeitern ist groß;
- er hat alleinige Entscheidungskompetenz;
- er ordnet an, was die Untergebenen auszuführen haben, seine Anordnungen haben verbindlichen Charakter;
- er übt eine weitgehende Kontrolle der Ausführungsprozesse aus;
- zur Durchsetzung seiner Anordnungen besitzt er Sanktionsbefugnisse.

Der *kooperative Führungsstil* weist demgegenüber folgende Merkmale auf:
- Die Mitarbeiter haben Einfluß auf die Entscheidungsprozesse. In der extremen Form werden alle wesentlichen Entscheidungen von der gesamten Gruppe getroffen.
- Der Vorgesetzte stützt sich mehr auf seine fachliche Autorität; er ist offen für Vorschläge und Kritik seiner Mitarbeiter; der Kontakt mit den Mitarbeitern ist eng.
- Anstelle bloßer Anordnung tritt die Überzeugung der Mitarbeiter durch den Vorgesetzten.
- Die Fremdkontrolle durch den Vorgesetzten wird durch Selbstkontrolle bzw. gemeinsame Kontrolle durch die Gruppe ersetzt.

Die aufgezeigten Führungsstile stellen Extrempositionen dar. Sie sind als *Endpunkte eines Kontinuums* anzusehen, sind also im Gegensatz zur Aufgaben- und Mitarbeiterorientierung Ausprägungen einer Dimension, was heißt, daß sie einander ausschließen. Ein Mehr an kooperativer Führung bedeutet ein Weniger an autoritärer Führung. Tannenbaum/Schmidt (1958) haben einzelne Spielarten des autoritären und kooperativen Führungsstils unter dem Aspekt abnehmender Machtbefugnisse des Vorgesetzten und zunehmender Entscheidungsspielräume der Mitarbeiter herausgearbeitet und dabei sieben Verhaltensweisen näher beschrieben. *Abbildung E 6* zeigt die verschiedenen Verhaltensmöglichkeiten.

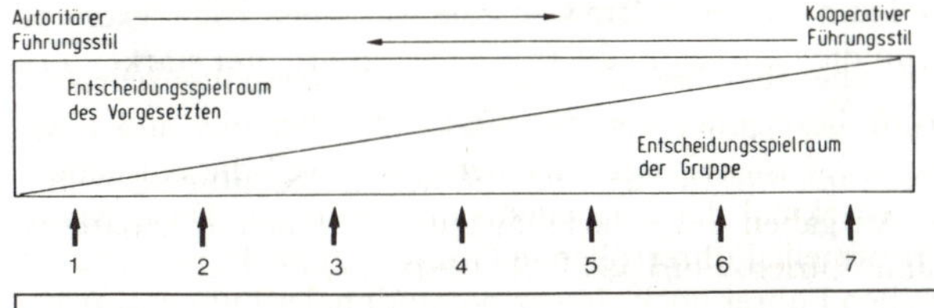

1 = Der Manager trifft die Entscheidungen und teilt sie mit.
2 = Der Manager „verkauft" seine Entscheidungen.
3 = Der Manager präsentiert seine Ideen und fordert zu Fragen auf.
4 = Der Manager präsentiert eine vorläufige Entscheidung, die geändert werden kann.
5 = Der Manager stellt das Problem dar, nimmt Vorschläge an und trifft dann seine Entscheidung.
6 = Der Manager setzt die Grenzen fest und überläßt es der Gruppe, eine Entscheidung zu treffen.
7 = Der Manager erlaubt der Gruppe, die Entscheidung innerhalb von oben vorgegebener Grenzen zu treffen.

Abb. E 6: Skala des Führungsverhaltens (nach Tannenbaum/Schmidt 1958)

Vergleicht man den autoritären Führungsstil mit dem Verhaltensgitter, so zeigt sich, daß er dem 9.1-Stil nahe kommt, d. h. primär aufgabenorientiert ist und auf die Bedürfnisse der Mitarbeiter weniger Rücksicht nimmt. Der kooperative Führungsstil zeichnet sich dagegen durch gleichzeitige Berücksichtigung von Produktivitäts- und Mitarbeiterzielen aus, tendiert also mehr zu einem 5.5- bzw. 9.9-Stil; allerdings kommt hier noch eine spezifische Gruppenorientierung hinzu.

2.3.4 **Effizienz von Führungsstilen**

Welcher Führungsstil ist optimal, das heißt, welches Führungsverhalten wirkt sich sowohl günstig auf die Leistung als auch auf die Zufriedenheit der Mitarbeiter aus? In der Literatur wird vor allem der kooperative Führungsstil angepriesen, und auch in der Praxis gilt er als fortschrittlich. Nach einer Befragung von Managern erhofft man sich von ihm (nach der Häufigkeit der Nennungen geordnet): Verbesserung der Entscheidungsqualität, bessere Kommunikation (besseres Problemverständnis), Erhöhung der Zufriedenheit der Mitarbeiter, bessere Mitarbeiterfortbildung und die Möglichkeit, Neuerungen leichter durchzusetzen (Wilpert 1977, S. 104). Damit ist aber nur gesagt, was man vom kooperativen Führungsstil erwartet, nicht, was er tatsächlich bewirkt.

Empirische Untersuchungen erlauben keine eindeutige Aussage. Kritische Analysen bisheriger Untersuchungen führen zu dem Ergebnis, daß es keine generelle Überlegenheit eines bestimmten Führungsstiles gibt, sondern daß die Wirksamkeit der Führungsform von der jeweiligen Bedingungslage (Art und Anforderungen der Aufgaben, Fähigkeiten und Bedürfnisse der Mitarbeiter, Gruppengröße und -erwartungen, Führungsebene usw.) abhängt (Neuberger 1976, S. 141 ff).

Aus den vorliegenden Ergebnissen läßt sich ableiten (Baumgarten 1977, S. 85 ff; Neuberger 1976, S. 141 ff),
- daß eine *aufgabenorientierte Führung* (9.1-Stil) unter bestimmten Bedingungen, vor allem bei repetitiven Aufgaben zwar positiv auf die Leistung, aber weniger günstig auf die Zufriedenheit wirkt,
- während *Aufgaben- und Mitarbeiterorientierung* (9.9-Stil) eher Leistung und Zufriedenheit zugleich erhöhen kann, insbesondere wenn die Aufgaben komplexer und weniger strukturiert und wenn die höheren Bedürfnisse der Mitarbeiter stärker ausgeprägt sind.

Letzteres gilt sinngemäß für den *kooperativen Führungsstil,* der an Bedeutung gewinnt, je höher die Anforderungen der Aufgaben sowie die Fähigkeiten und die Partizipationserwartungen der Mitarbeiter sind (Ulrich/Fluri 1975, S. 196ff.).

2.3.5 **Situative Anpassung des Führungsverhaltens**

Die Ausführungen über die Effizienz von Führungsstilen haben die Notwendigkeit der situativen Anpassung des Führungsverhaltens deutlich gemacht. Die Frage ist, inwieweit eine solche Anpassung möglich ist. Autoritäres oder kooperatives Verhalten sind natürlich durch Erziehungsstile in Familie und Schule und durch die bisherige berufliche Erfahrung geprägt. Es bedarf neuer *Lernprozesse*, um solche Verhaltensweisen zu verändern. Ein kooperativer Führungsstil kann nicht einfach „verordnet" werden. Dazu sind personale Entwicklungsmaßnahmen erforderlich. Als unzulänglich erweist sich aber die Schulung im üblichen Sinne, d. h. in Form von Wissensvermittlung über Führungsverhalten und Führungsstile. Wirksamer sind *gruppendynamische Trainingsformen*, z. B. Verhaltenstraining (in bezug auf Kooperation, Konfliktlösung, Kommunikation), Sensitivitätstraining und Rollenspiele. Außerdem müssen *geeignete Strukturformen* geschaffen werden, z. B. teamorientierte Organisationsformen (Ausschüsse, Projektgruppen), Einführung von Arbeitsgruppenbesprechungen, Mitarbeiterbesprechungen.

2.4 Führungstechniken

2.4.1 **Problemaspekte**

Die Führungspraktiken haben sich in jüngster Zeit stark gewandelt. Die herkömmlichen Arbeits- und Führungstechniken reichen zur Bewältigung der überaus komplexen und sich ständig wandelnden Aufgaben und Probleme ganz einfach nicht mehr aus. Es müssen verfeinerte rationale Methoden und formale Instrumente angewendet werden. Diese *Methoden und Instrumente, deren sich die Führung bei der Erfüllung ihrer Aufgaben bedient*, werden hier als Führungstechniken bezeichnet. Es handelt sich dabei um Techniken der Problemlösung, Entscheidungsfindung und Menschenführung. Die Wirksamkeit des Führungsprozesses hängt wesentlich von der Beherrschung und Anwendung dieser *»intellektuellen Management-Werkzeuge«* ab.

Der Unternehmensführung steht heute ein reichhaltiges Arsenal von Führungstechniken zur Verfügung. Es ist nicht beabsichtigt, auf die Vielzahl von Methoden und Instrumenten einzugehen. Darüber gibt es eine umfangreiche Spezialliteratur. Hier soll nur eine Übersicht gebracht werden und auf die Bedeutung dieser Techniken im Rahmen des Führungsprozesses hingewiesen werden.

Es fällt schwer, die Führungstechniken zu klassifizieren. Schon die Abgrenzung, was überhaupt dazu zählt, kann unterschiedlich vorgenommen werden (vgl. Baugut/Krüger 1976, Baumgarten 1977). Insofern kann die folgende Übersicht nur einige Schwerpunkte zeigen, wobei weder Vollständigkeit angestrebt wird, noch Überschneidungen ausgeschlossen werden können. Es lassen sich zum einen sach-rationale Methoden der Informationsgewinnung, Problemlösung und Entscheidungsfindung, kurz *Informations- und Entscheidungstechniken*, und zum anderen psycho-soziale Techniken der Menschenführung, kurz *Sozialtechniken*, unterscheiden. Dazwischen stehen die *organisatorischen Gestaltungstechniken*.

2.4.2 **Informations- und Entscheidungstechniken**

Zu den Informations- und Entscheidungstechniken, die man auch als *Managementtechniken i. e. S.* bezeichnet, gehören die Instrumente und Methoden der Datensammlung und -aufbereitung, der Problemanalyse, Prognose, Planung, Entscheidungsfindung und Kontrolle. Ganz grob kann man die Informations- und Entscheidungstechniken drei Ebenen zuordnen, wobei die Grenzen fließend sind (*s. Abb. E 7*).

Die dritte Stufe stellt die Einbeziehung der Informations- und Entscheidungstechniken in umfassende Informations- und Planungssysteme dar, die mit technischen Hilfsmitteln (Computer etc.) von Menschen realisiert werden. Diese Systeme rechnen wir nicht mehr zu den Führungstechniken im engeren Sinne. Wir betrachten sie als Subsysteme des Führungssystems (s. Abschnitt 2.5).

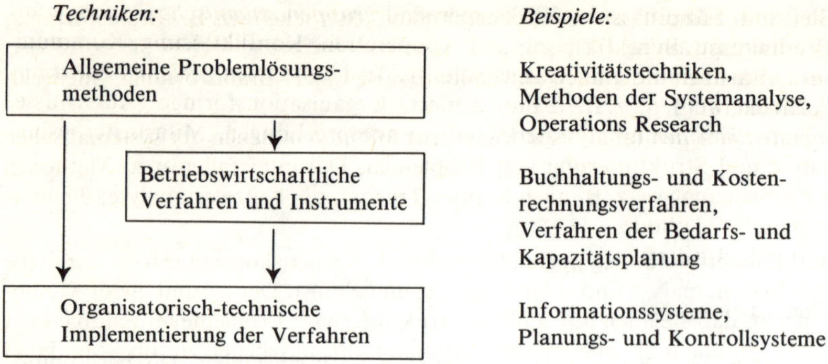

Abbildung E 7: Informations- und Entscheidungstechniken

Allgemeine Problemlösungsmethoden

Hier sind exakte und inexakte Methoden zu unterscheiden:

(1) *Exakte Methoden* sind solche, bei denen die einzelnen Verfahrensschritte präzise, detailliert und vollständig beschrieben sind, die m. a. W. soweit formalisiert sind, daß sie auch programmierbar und damit automatisierbar sind.

Hier sind vor allem die Verfahren des *Operations Research* (OR) zu nennen. Darunter versteht man die Anwendung mathematischer Methoden auf komplexe Führungs- und Entscheidungsprobleme. OR ist eine spezifische Form des »Problemlösens durch Problemstrukturieren« (Müller-Merbach 1974), wobei die Probleme in Modellen abgebildet und mit Hilfe dieser Modelle untersucht werden. Da die Strukturierung von Problemen in der formalen Sprache der Mathematik erfolgt, ist OR auch zu verstehen als »Problemlösen mit Hilfe mathematischer Methoden und Modelle« (Müller-Merbach 1974). Durch die Entwicklung der EDV wurden die Voraussetzungen für eine breite Anwendung dieser Verfahren in der betrieblichen Praxis geschaffen. Die bekanntesten OR-Anwendungsgebiete sind Lagerhaltungs-, Zuteilungs-, Warteschlangen-, Reihenfolge-, Ersatz- und Konkurrenzprobleme. Als wichtigste Methoden seien erwähnt: lineare Optimierung, nichtlineare Optimierung, dynamische Optimierung, Spieltheorie, Simulation und (formalisierte) heuristische Methoden.

Von Bedeutung sind auch die *statistischen Verfahren*, z. B. die Zeitreihenanalyse und die Regressionsanalyse als Hilfsmittel für die Prognoserechnung.

(2) Für die unmittelbare Anwendung durch Führungskräfte eher noch bedeutsamer sind die *inexakten Methoden*. Darunter sind solche Methoden zu verstehen, bei denen die Verfahrensschritte nur vage und/oder unvollständig beschrieben sind. Sie geben eine grobe Handlungsanweisung und lassen dem einzelnen bei der Ausführung einen gewissen Spielraum. Es sind *heuristische Methoden*, die auf Erfahrungsregeln beruhen. Sie zeigen Lösungswege auf, bieten aber keine Lösungsgarantie. Dazu gehören zwei Arten von Techniken:

- Die *intuitiven Methoden* unterstützen und fördern die Ideenproduktion. Es sind *Kreativitätstechniken*, die auf der Methode der freien Assoziation beruhen.

- Sie sind zumeist als Gruppentechniken entwickelt (z. B. Brainstorming, Brainwriting, Synektik),
- sind aber auch individuell anwendbar (z. B. Einzel-Brainstorming, Suchfeld-Auflockerung).

— Die *systematischen* (analytisch-logischen) *Methoden* dienen der systematischen Analyse und Strukturierung von Problemen. Darunter fallen u. a. Methoden der Problemanalyse (z. B. nach Kepner-Tregoe), die Nutzwertanalyse, die morphologische Methode.

Die Integration dieser Methoden in ein allgemeines Vorgehenskonzept erfolgt durch die Methodik der Systemanalyse und -planung (Systemtechnik). Der Vorteil dieser Methoden besteht darin, daß sie auch auf schlecht strukturierbare Probleme anwendbar sind — damit haben vor allem die oberen und mittleren Führungsebenen zu tun — und daß sie in der Regel weniger aufwendig sind als die exakten Methoden.

Betriebswirtschaftliche Verfahren und Instrumente

Eine Reihe weiterer Führungstechniken sind im betriebswirtschaftlichen Fachbereich entwickelt worden. Dabei handelt es sich zum Teil um eigenständige betriebswirtschaftliche Verfahren und Instrumente, zum Teil um Adaptionen der vorher aufgeführten Problemlösungs- und Entscheidungstechniken. Eine grobe Einteilung läßt sich vornehmen in Verfahren und Instrumente zur Erfassung und Dokumentation des Betriebsgeschehens (*Abrechnungs- und Kontrollverfahren*) und in *Planungs- und Dispositionsverfahren*. Zur ersten Gruppe sind zu rechnen: Buchhaltungs- und Bilanzierungsverfahren, Kennzahlensysteme, Kostenrechnungsverfahren. Zur zweiten Gruppe gehören: Verfahren der strategischen und operativen Planung, Methoden der Bedarfs- und Kapazitätsplanung und -disposition, Budgetierungsverfahren.

2.4.3 Organisatorische Gestaltungstechniken

Bei der organisatorischen Strukturierung bedienen sich die Führungs- und deren Unterstützungseinheiten ebenfalls der genannten Problemlösungstechniken. Die Systemtechnik findet in einer spezifischen Ausprägung als Methodik der *Organisationsplanung* Anwendung (s. Kapitel F 2). Während bei dieser Methodik der rationale Planungsprozeß im Vordergrund steht, unterstützt die sozialwissenschaftlich orientierte Methodik der *Organisationsentwicklung* (s. Kapitel F 3) mit Hilfe von Lernstrategien die aktive Einbeziehung der Mitarbeiter in die organisatorischen Änderungsprozesse.

Weiterhin gehören hierher die schon behandelten *Instrumente der Strukturgestaltung* (s. Kapitel C 2) sowie die verschiedenen *Dokumentationsformen* organisatorischer Regelungen (z. B. Führungsanweisungen, Stellenbeschreibungen).

2.4.4 Sozialtechniken (Strategien der Menschenführung)

Führung bedeutet Einflußnahme auf das individuelle und soziale Verhalten in einer Organisation. Dazu sind neben einem Wissen über psycho-soziale Zusammenhänge vor allem *soziale Fähigkeiten* (soziale Kompetenz) erforderlich. Darunter verstehen wir

- soziale Sensibilität, Einfühlungsvermögen, eine gute Wahrnehmungsfähigkeit des eigenen und des fremden Verhaltens
- und soziale Fertigkeiten in bezug auf Kooperation, Kommunikation, Motivation und Konfliktlösung.

Diese Fertigkeiten können durch Anwendung bestimmter Techniken oder, wie andere sagen, Strategien der Menschenführung verbessert werden. Die Techniken umfassen Verhaltens- oder Spielregeln sowie eine Reihe von Hilfsmitteln. Weit entwickelt sind die *Kommunikationstechniken*, etwa in Form von Konferenz- und Diskussionstechniken, Verhandlungsstrategien, Visualisierungsmöglichkeiten. Als *Kooperationstechniken* sind vor allem gruppenorientierte Arbeitsmethoden zu nennen. Weiter ausgebaut und verfeinert werden auch die *Motivationsstrategien* und die *Konfliktlösungsstrategien*.

2.5 Führungssubsysteme

Mit der isolierten Anwendung einzelner Führungstechniken ist es nicht getan. Immer wichtiger wird es, *Systemkonzeptionen* für die Erfüllung bzw. Unterstützung von Führungsfunktionen zu entwickeln, die es ermöglichen, die verschiedenen Elemente in Führungssubsystemen zusammenzufassen und koordiniert einzusetzen. Grundlage solcher Systeme bilden Modelle des zu steuernden oder zu beeinflussenden Objektbereichs (z. B. Markt-, Produktions-, Finanz- und Personalführungsmodelle) und betriebswirtschaftliche, mathematische und verhaltenswissenschaftliche Methoden und Verfahren zur Lösung der anstehenden Probleme. Daraus werden unterschiedlich spezifizierte Handlungskonzepte bzw. -programme für Menschen und Automaten entwickelt. Bei einem *Führungssubsystem* handelt es sich also um einen *relativ komplexen, geordneten (formalisierten) Zusammenhang, der neben den Modellen, Methoden und Verfahrenstechniken die Menschen und Automaten sowie die erforderlichen Daten bzw. Informationen einschließt*. Zweck der Systemkonzeption ist es, möglichst umfassend alle Beziehungen und Interaktionen zwischen diesen Elementen zu regeln (vgl. Kirsch/Klein 1977a, S. 22ff).

Es können unterschieden werden
- *sachbezogene Subsysteme*: Zielbildungs-, Planungs- und Steuerungssysteme (einschließlich Kontrollsysteme), Informationssysteme
- *personenbezogene Subsysteme*: Anreiz- und Belohnungssysteme, Personalbeurteilungs- und -entwicklungssysteme.

Jedes dieser Systeme besteht selbst wieder aus einer Anzahl Untersysteme. Einige Subsysteme seien kurz erläutert.

Führungsinformationssysteme

Die Abgrenzung funktionaler Subsysteme ist eine Zweckmäßigkeitsfrage. Wenn man von den sozio-emotionalen Aspekten absieht, stellt das ganze Führungssystem ein Informations- und Entscheidungssystem dar. Es empfiehlt sich aber, die Systemgrenzen enger zu ziehen und unter einem Informationssystem bestimmte *formalisierte Informationsprozesse* zu verstehen. Ein Informationssystem ist dann
- in *dynamischer* Sicht eine geordnete Gesamtheit von Informationsprozessen
- in *statischer* Sicht ein organisierter Zusammenhang von Menschen, Maschinen und Methoden zum Zwecke der Aufnahme, Speicherung, Verarbeitung und Abgabe von Informationen.

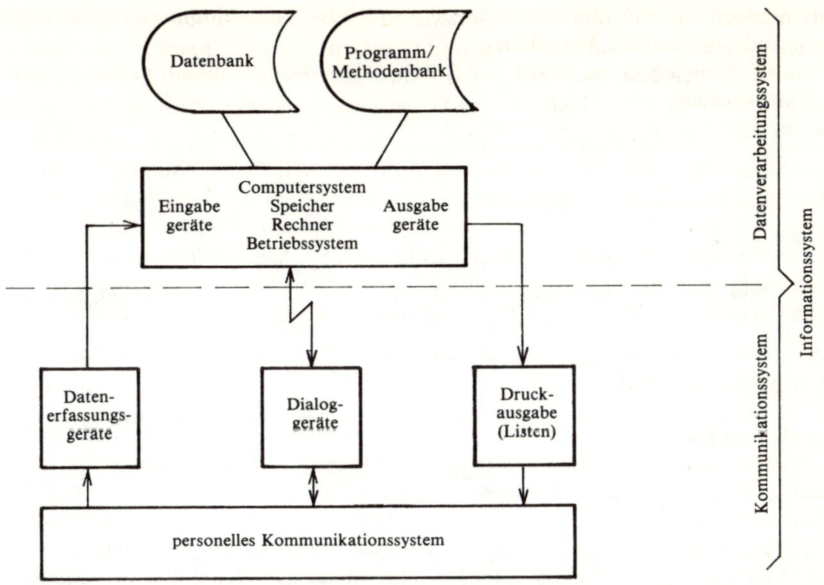

Abb. E 8: Computergestütztes Informationssystem

Häufig wird der Begriff eingeengt auf *computergestützte Informationssysteme*. Ein solches System umfaßt (s. *Abb. E 8*)

- ein *Datenverarbeitungssystem*, bestehend aus EDV-Anlage(n), Datenbeständen (Datenbank) und einer Menge von Programmen und Methoden (Programm- bzw. Methodenbank)
- ein *Kommunikationssystem* mit technischen Kommunikationseinrichtungen (Kommunikationsnetze mit Datenstationen) und Kommunikationsteilnehmern (Systembenutzern).

Man kann computergestützte Informationssysteme grob unterteilen in

- *Führungsinformationssysteme*, die das Management durch Gewinnung und Bereitstellung entscheidungsrelevanter Informationen unterstützen
- *Operative Informationssysteme*, die ausführende informationelle Prozesse (z. B. Verkaufsabrechnung, Lohnabrechnung) umfassen.

Unter kommunikativen Aspekten sind folgende *Typen von Führungsinformationssystemen* zu unterscheiden:

- *Berichtssysteme*, die im Stapelbetrieb periodische Berichte für die Führung ausdrucken
- *Auskunftssysteme*, die Dialogabfragen von Datenbeständen ermöglichen
- *Interaktive Systeme*, die die Lösung von Planungs- und Entscheidungsaufgaben im Dialogbetrieb ermöglichen.

Auch inhaltlich lassen sich verschiedene Arten von Führungsinformationssystemen unterscheiden, beispielsweise

- Marketing-, Produktions-, Personal-Informationssysteme
- Planungs-, Steuerungs- und reine Kontroll-(Informations-)systeme.

Dabei ist zu beachten, daß hier die *informationelle bzw. informationstechnologische Seite* der genannten Sachzusammenhänge im Vordergrund steht. Diese Systeme führen zu einer zunehmenden Rationalisierung des Führungsprozesses, deren Auswirkungen noch gar nicht abzusehen sind (vgl. zur Problematik der Führungsinformationssysteme Kirsch/Klein 1977 a und b).

Planungssysteme

Die zuletzt genannten Systeme lassen sich auch unter rein *betriebswirtschaftlichen Sachaspekten* betrachten. Beim Planungssystem stehen dann die Planungsinhalte und Planungsmethoden im Vordergrund. *Das Planungssystem besteht aus einer Menge aufeinander abgestimmter Teilpläne*:

- Hinsichtlich der zeitlichen Reichweite werden strategische, taktische und operative Pläne unterschieden.
- Funktional lassen sich Absatz-, Produktions-, Beschaffungs-, Personal-, Finanzpläne usw. unterscheiden.

Planungssysteme gewinnen immer mehr an Bedeutung. Die Notwendigkeit einer vorausschauenden Lenkung von Unternehmen durch Planung wird allgemein erkannt. Planung ist als ein systematisch-methodischer Prozeß der Erkenntnis und Lösung von Zukunftsproblemen (Wild 1974c, S. 13) ein unentbehrliches Instrument einer rationalen Unternehmensführung. Bezüglich der Gestaltung von Planungssystemen sei auf die einschlägige Literatur verwiesen. (Ein Bild von Theorie und Praxis der Unternehmensplanung vermitteln Wild (1974c), der mit den Grundlagen der Unternehmensplanung vertraut macht, und Hahn (1974), der ein umfassendes Gesamtkonzept und verschiedene Praxissysteme vorstellt.)

Personalbeurteilungs- und Personalentwicklungssysteme

Hierbei handelt es sich um zwei Subsysteme, die eng miteinander zusammenhängen:

(1) *Personalbeurteilung* ist unverzichtbar. Wird sie nicht formell geregelt, erfolgt sie willkürlich, stark subjektiv und kaum nachprüfbar. Durch ein Personalbeurteilungssystem soll eine Objektivierung der Bewertung, eine Einheitlichkeit der Bewertungsverfahren sowie Transparenz und Nachprüfbarkeit der Bewertungsergebnisse erreicht werden. Es sollen nicht Charaktereigenschaften, sondern beobachtbare Verhaltensweisen und Arbeitsergebnisse festgestellt werden (Leistungsbewertung).

Zweck der Personalbeurteilung ist

- die Förderung und Beratung der Mitarbeiter (= Grundlage für die Personalentwicklung)
- die Leistungsmotivation
- die Objektivierung der Lohn- und Gehaltsbemessung (in Verbindung mit der Arbeitsbewertung)
- die Hilfe bei personellen Auswahlentscheidungen.

Die systematische Personalbeurteilung erfolgt
— für genau definierte *Tätigkeitsarten* bzw. Funktionsgruppen
— nach bestimmten *Kriterien* (z. B. Arbeitsergebnisse, Arbeitseinsatz, Arbeitssorgfalt, fachliches Können, Zusammenarbeit, Mitarbeitereinsatz, Mitarbeiterbehandlung), deren *Ausprägungsgrade* festgestellt werden (*Einstufungsverfahren*).

(2) Darauf baut das *Personalentwicklungssystem* auf. Darunter ist die systematische Förderung und Entwicklung der Mitarbeiter zu verstehen, wobei es darum geht, daß diese ihre persönlichen Ziele und Bedürfnisse im Rahmen der organisatorischen Zielsetzungen möglichst gut verwirklichen können. Grundlage der Personalentwicklung ist das jährliche Beurteilungs- und Förderungsgespräch. Personalentwicklungsinstrumente sind persönliche Entwicklungs- und Schulungspläne sowie interne und externe Aus- und Weiterbildungsmaßnahmen. Dazu gehört auch ein systematischer Arbeitsplatzwechsel.

In einem umfassenden Entwicklungskonzept werden personale Entwicklungsmaßnahmen durch *Organisationsentwicklungsmaßnahmen* (s. Kapitel F 3) ergänzt.

2.6 Praxisrelevante Führungsmodelle

2.6.1 **Führungsprinzipien und Führungsmodelle**

Den gängigen Führungsmodellen liegen unterschiedliche Führungsprinzipien zugrunde. Dabei handelt es sich um *allgemeine Verhaltensregeln* für Vorgesetzte und Mitarbeiter, z. B. die Empfehlung, Kompetenzen zu delegieren oder nur im Abweichungsfalle einzugreifen. Es werden bestimmte Aspekte des Führungsprozesses herausgestellt und zu allgemeinen Prinzipien erhoben. Am bekanntesten sind die verschiedenen Prinzipien in der Form »Management by . . .«. Neben anspruchsvollen und brauchbaren Prinzipien finden sich aber auch viele Schlagworte. Nur einige der Prinzipien sind hinreichend präzisiert. Hierher gehören: Management by Exception (Führung nach dem Ausnahmeprinzip), by Delegation (Führung durch Delegation von Aufgaben und Kompetenzen), by Objectives (Führung durch Zielsetzung oder Zielvereinbarung). Andere Prinzipien sind zu unbestimmt (z. B. Management by Participation, by Motivation, by Systems) oder drücken Selbstverständlichkeiten aus (z. B. Management by Coordination, by Communication).

Alle diese Prinzipien sind für sich genommen einseitig und unzulänglich. Sie besagen auch ohne Angabe der Anwendungsbedingungen wenig. Sie müssen also weiter spezifiziert und durch andere Prinzipien ergänzt werden. Aus einigen Prinzipien wurden auf diese Weise umfassende Führungsmodelle entwickelt. So ist das Delegationsprinzip Kernstück des Harzburger Modells. Teilweise werden Führungsmodelle nach dem maßgeblichen Führungsprinzip benannt, so das Konzept des Management by Objectives. Das kann dazu verleiten, Führungsprinzipien generell als Führungskonzepte oder -modelle anzusehen. Zu dieser Verwirrung tragen Veröffentlichungen und Mangementkurse bei, in denen einige Führungsprinzipien geschickt garniert als Führungsmodelle, ja sogar als *das* Führungsmodell angeboten werden. Von einem Führungsmodell kann jedoch erst gesprochen werden, wenn — wie in Abschnitt 2.1.2 dargestellt — ein umfassendes Aussagesystem über den Prozeß der Führung vorliegt. Im folgenden werden zwei bekannte und viel diskutierte Modelle kurz dargestellt, nämlich das Harzburger Modell (HM) und das Management by Objectives-Konzept (MbO).

2.6.2 **Harzburger Modell (HM)**

Das HM, dessen Leitbild die »*Führung im Mitarbeiterverhältnis*« ist, beruht auf dem Prinzip der *Delegation von Aufgaben, Kompetenzen und Verantwortung*, das von Höhn/Böhme (1970, S. 9) so charakterisiert wird: »Der Mitarbeiter erhält einen fest begrenzten Aufgabenbereich mit entsprechenden Kompetenzen, innerhalb dessen er verpflichtet ist, selbständig zu handeln und zu entscheiden . . . Der Vorgesetzte darf in den Aufgabenbereich seines Mitarbeiters prinzipiell nicht eingreifen und dort keine Entscheidungen treffen . . . Dagegen obliegt ihm die Führung des . . . delegierten Bereichs. Der Schwerpunkt der Führung liegt in der Kontrolle.«

Ziele und Prämissen

Nach Höhn/Böhme (1970, S. 6) sollen die betrieblichen Entscheidungen jeweils von den Mitarbeitern auf den Ebenen, zu denen sie ihrem Wesen nach gehören, getroffen werden. Die *Zielvorstellungen* sind dabei (Höhn 1970, S. 14ff, Höhn 1973, S. 340):
- mehr Handlungsspielraum für Mitarbeiter auf allen Ebenen, Förderung der Selbständigkeit und Stärkung der Verantwortung und Motivation der Mitarbeiter
- Entlastung der Vorgesetzten, die sich auf wesentliche Führungsaufgaben konzentrieren sollen, Verbesserung des Verhältnisses von Vorgesetzten und Mitarbeitern, Abbau autoritärer Verhaltensweisen
- klare Abrenzung der Zuständigkeiten, Schaffung einer festen und stabilen Ordnung.

Dazu müssen folgende *Voraussetzungen* gegeben sein:
- Klarheit über delegierbare und nicht delegierbare Aufgaben
- Delegationsbereitschaft der Vorgesetzten
- Bereitschaft der Mitarbeiter zur Übernahme von Verantwortung, verbunden mit der Fähigkeit, Aufgaben selbständig zu lösen.

Führungsprinzipien

Kernstück der »Führung im Mitarbeiterverhältnis« ist das schon dargestellte *Prinzip der Delegation von Verantwortung*. Dabei werden, anstatt dauernd Einzelaufträge zu erteilen, den Mitarbeitern feste Aufgabenbereiche übertragen, in denen sie selbständig und eigenverantwortlich handeln können und sollen. Der Mitarbeiter übernimmt für seine Tätigkeit die volle Handlungsverantwortung; der Vorgesetzte trägt die Führungsverantwortung. Dieses Prinzip schließt ein: das Verbot der Rücknahme und Rückdelegation von Verantwortung und das Verbot des Eingreifens des Vorgesetzten in den Handlungsbereich des Mitarbeiters (Höhn/Böhme 1970, S. 9ff).

Das Prinzip wird weiter spezifiziert und ergänzt durch Aussagen über die Aufbaustruktur der Organisation und über die Zusammenarbeit von Vorgesetzten und Mitarbeitern, die als Organisations- und Führungsgrundsätze anzusehen sind. Es werden postuliert:
- *sachbezogene Organisation*, d.h. die Aufgabenverteilung nach rein sachlichen Gesichtspunkten (Höhn/Böhme 1970, S. 24)
- Organisationsaufbau nach dem *Stab-Linien-Prinzip* (ebenda S. 195ff)

- *schriftliche Festlegung* allgemeinverbindlicher Führungsprinzipien und Verhaltensregeln für Vorgesetzte und Mitarbeiter, deren Beachtung Bedingung für die Mitgliedschaft in der Organisation ist (ebenda S. 320 ff).

Führungsfunktionen und Führungsstil

Das HM betont die *sachbezogenen Führungsfunktionen*, wobei die Steuerungs- und Koordinationsfunktionen im Vordergrund stehen. Auf die Bedeutung der Zielsetzung wird erst in späteren Veröffentlichungen, wohl angeregt durch das MbO-Konzept, näher eingegangen (Höhn/Böhme 1970, S. 167 ff). Die Zielbestimmung erfolgt aber allein durch die oberste Unternehmensleitung bzw. die jeweiligen Vorgesetzten, die »Einschaltung der Mitarbeiter« ist rein informativ (ebenda S. 183 ff). Über die Planungsfunktion, die die Ziele konkretisiert und die zu treffenden Maßnahmen spezifiziert, wird nur wenig ausgesagt. Die Gestaltung der persönlichen Beziehungen erfolgt grundsätzlich über sachbezogene organisatorische Regelungen (Bleicher/Meyer 1976, S. 227). Sozio-emotionale Aspekte werden damit nur sehr begrenzt berücksichtigt.

Hauptanliegen des HM ist die Ablösung autoritärer Führungsformen. Da der Partizipationsgrad jedoch gering ist und noch stark bürokratisch-autoritäre Züge vorhanden sind, stellt die »Führung im Mitarbeiterverhältnis« eine Zwischenstufe zum kooperativen Führungsstil dar (vgl. Reber 1970, S. 633 ff, Hecking-Binder 1974, S. 110).

Führungstechniken und Führungssubsysteme

Die beiden wichtigsten Instrumente sind die Stellenbeschreibung und die allgemeine Führungsanweisung:

- Die *Stellenbeschreibung* schafft durch Festlegung der Aufgaben und Kompetenzen für jede Stelle Ordnung im Unternehmen (Höhn 1969b Sp. 570).
- Die *»Allgemeine Führungsanweisung«* enthält die Hauptgrundsätze der »Führung im Mitarbeiterverhältnis« sowie die wichtigsten Regeln für die Anwendung der verschiedensten Führungsmittel (Höhn/Böhme 1970, S. 323). Es werden vor allem folgende Punkte geregelt:
  - *Kommunikation*: Informationsaustausch zwischen Vorgesetzten und Mitarbeitern und zwischen gleichberechtigten Stellen sowie spezielle Formen der mündlichen Kommunikation (Dienstbesprechungen/-gespräche, Mitarbeiterbesprechungen/-gespräche)
  - *Kontrolle* in Form von (handlungsorientierter) Dienstaufsicht — mit der Variante der verschärften Dienstaufsicht (!) — und (ergebnisorientierter) Erfolgskontrolle
  - Anwendung von *Kritik und Anerkennung.*

- Der Informationsaustausch wird darüber hinaus detailliert geregelt durch *Informationspläne* (Vorgesetzter informiert Mitarbeiter), Informationskataloge (Mitarbeiter informieren Vorgesetzten) und Querinformationskataloge (gegenseitige Information der Mitarbeiter).
- Die Handlungs- und Erfolgskontrolle erfolgt nach (geheim zu haltenden) *Kontrollplänen* und wird in Kontrollakten festgehalten.

Während für Kommunikation und Kontrolle eingehende Regelungen und differenzierte Führungstechniken entwickelt werden, fehlen Konzeptionen für die Organisation des Zielbildungsprozesses und den Einsatz von umfassenden Planungssystemen. Für Anreizsysteme, Personalbeurteilungs- und Personalentwicklungssysteme gibt es einige Ansatzpunkte, aber ebenfalls kein Gesamtkonzept.

Beurteilung

Das HM hat die Diskussion über Führungsprobleme im deutschen Sprachraum stark befruchtet und einen wichtigen Beitrag zur Veränderung und Weiterentwicklung der Führungsformen geleistet. Als *bewährte Grundsätze* werden angesehen (s. Baugut/Krüger 1976, Bleicher/Meyer 1976, Guserl/Hofmann 1976, Hecking-Binder 1974, Schubert 1972, Steinle 1975a + b, Wild 1971):

- Übertragung fester Aufgabenbereiche an die Organisationsmitglieder statt Führung durch Einzelaufträge
- Forderung nach stärkerer Kompetenzdelegation und mehr Entscheidungsdezentralisation, Schaffung von Handlungs- und Entscheidungsspielräumen für Vorgesetzte und Mitarbeiter auf allen Ebenen
- Betonung von Information und Beratung
- sowie — mit gewissen Einschränkungen — die klare Zuständigkeitsordnung und Transparenz durch Stellenbeschreibungen.

Es mehren sich allerdings die kritischen Stimmen. *Beanstandet* wird vor allem folgendes (s. obige Literatur):

- Das HM ist zu formalistisch; es besteht die Gefahr bürokratischer Schwerfälligkeit; die Perfektion der Stellenbeschreibung führt zur Überorganisation.
- Es wird ein hoher Bestimmtheits- oder Konkretisierungsgrad der Aufgaben vorausgesetzt, was nur für Routineaufgaben zutrifft; für innovative Aufgaben ist das Modell weniger geeignet.
- Das Modell basiert im wesentlichen auf den Vorstellungen der traditionellen Organisationslehre. Es ist auf die Stab-Linien-Organisation ausgerichtet. Moderne Organisationskonzepte werden zu wenig berücksichtigt.
- Das Konzept der »Führung im Mitarbeiterverhältnis« ist nicht, wie es vorgibt, kooperativ, sondern enthält starke dirigistische oder autoritäre Elemente. Es findet keine echte Partizipation der Mitarbeiter im Rahmen der Zielbildung und des Planungsprozesses statt. Dazu kommt die weitgehende Fremdkontrolle.
- Individual-psychologische und gruppendynamische Aspekte werden vernachlässigt. Das Modell setzt bestimmte Einstellungen und Eigenschaften der Mitarbeiter voraus, die nicht generell vorhanden sind. Verhaltensänderungen lassen sich aber mit den angegebenen Mitteln nur in Grenzfällen erreichen.
- Situative Aspekte werden nicht berücksichtigt; die Aussagen werden nicht situationsbezogen relativiert.
- Das Modell hat vorwiegend statischen Charakter. Es weist zuwenig Flexibilität auf und ist mehr für stabile Verhältnisse geeignet.
- Und schließlich beschränkt sich das Modell auf Teilaspekte der Führung. Es fehlen, wie die Ausführungen über Führungsfunktionen und Führungstechniken gezeigt haben, Aussagen über wesentliche Elemente moderner Unternehmensführung.

Insgesamt kann das Konzept als *Übergangsmodell* zwischen autoritärer und kooperativer Führung angesehen werden. Es schafft Voraussetzungen für das anschließend zu besprechende Konzept.

2.6.3 Management by Objectives (MbO)

Einen Schritt weiter geht das MbO-Konzept. Während das HM den Handlungsspielraum innerhalb der Delegationsbereiche wieder einengt durch bürokratische Koordinationsmechanismen (weitgehend gebundene Kommunkation, starke Fremdkontrolle, auch in Form der Verfahrenskontrolle), tritt beim MbO-Konzept anstelle dieser ausgeprägten Verfahrensorientierung der Führung eine stärkere *Zielorientierung*. Die Ausrichtung der Aktivitäten auf das Gesamtziel erfolgt durch Zerlegung in operationale Teilziele für die Subsysteme und Stellen. Die Koordination erfolgt über Zielsetzungen und Ergebniskontrolle, nicht über detaillierte Verfahrensregelungen und -anweisungen. Entscheidend ist das Ergebnis, das erzielt wird, nicht der Weg dahin. Hier haben die Bereiche oder die einzelnen Mitarbeiter größtmögliche Handlungsfreiheit.

Im Gegensatz zum HM, das von einer Lehr- und Ausbildungsinstitution entwickelt und publiziert worden ist, geht das MbO-Konzept auf verschiedene Quellen zurück und wurde von den verschiedensten Autoren weiterentwickelt. Es gibt demgemäß keine autorisierte Gesamtdarstellung, sondern eine Vielzahl von Beiträgen, in denen verschiedene Aspekte des Konzepts herausgearbeitet werden. Es lassen sich auch verschiedene *Richtungen* unterscheiden, so die *pragmatische*, die von Drucker (1956), und die *verhaltenstheoretische*, die von Arbeiten von Mc Gregor (1957) ausgeht. Brightford (1974) spricht von *planungsorientierten und personalorientierten Verfahren*. Heute wird versucht, diese beiden Ansätze miteinander zu verbinden.

Weiter kann nach der Art der Zielbildung unterschieden werden zwischen Systemen mit (autoritärer) Zielvorgabe und solchen mit (kooperativer) Zielvereinbarung. Soll MbO mehr als eine neue Variante des Taylorismus sein, dann kommt eigentlich nur die kooperative Zielbildung infrage.

Ziele und Prämissen

Über die Ziele des HM hinaus, die auch durch MbO angestrebt werden, liegen diesem Konzept folgende *Intentionen* zugrunde:

- Zielorientierte Führung versucht, *präzise Leistungsziele* für alle Bereiche und für alle Ebenen der Unternehmung explizit zu formulieren. Dadurch soll eine Zielausrichtung aller Aktivitäten bei größtmöglicher Freiheit in der Mittelwahl erreicht werden, also eine Steuerung unter weitgehendem Verzicht auf Reglementierung, eine Leistungsorientierung ohne schwerfällige Koordinationsinstrumente.
- *Leistungsziele* sollen *mit den Mitarbeiterzielen* in einem kooperativen Zielbildungsprozeß *abgestimmt* werden. Dadurch soll eine stärkere Identifikation der Mitarbeiter mit den Unternehmenszielen erreicht werden. Außerdem soll die Motivation erhöht werden, indem der einzelne mehr Möglichkeiten zur Selbstverwirklichung erhält.
- Durch Zielvorgaben und Ergebnisanalysen soll eine *objektive Beurteilung der Mitarbeiter*, eine *leistungsgerechte Bezahlung* und eine *systematische Förderung der Mitarbeiter* ermöglicht werden.

Voraussetzungen für die Anwendung des MbO-Konzepts sind:

- Schaffung klar abgegrenzter Aufgabenbereiche entsprechend den Forderungen des HM

- Entscheidungsdezentralisation durch Delegation von Kompetenzen
- ein hohes Maß an Selbständigkeit der Mitarbeiter
- Kongruenz von Zielsystem und Organisationsstruktur, d. h. daß die Subsysteme unter dem Gesichtspunkt der eindeutigen Teilzielbestimmung gebildet werden müssen.

Führungsprinzipien

Das *Prinzip der Zielorientierung* schließt folgende Grundsätze ein:
- Grundsatz der Vereinbarkeit der Teilziele mit dem Gesamtziel sowie der Vereinbarkeit der Leistungsziele mit den Humanzielen (auf der Problematik der Zielkonflikte, insbesondere in bezug auf den letzten Punkt, sei nur hingewiesen)
- Grundatz der operationalen Zielformulierung und der realistischen Zielvorgabe
- Grundsatz der kooperativen Zielbildung, d. h. der Zielvereinbarung zwischen Vorgesetzten und Mitarbeitern.

Das *Prinzip der Zielkontrolle* umfaßt:
- Grundsatz der weitgehenden Selbststeuerung und Selbstkontrolle im Rahmen der Zielsetzung
- Grundsatz der periodischen Ergebniskontrolle anstelle laufender Verfahrenskontrolle
- Grundsatz der Ergebnisanalyse und der Beurteilungsgespräche (hierbei ist auf die motivationspsychologische Bedeutung des Feedback hinzuweisen).

Das *Prinzip der Zielanpassung* besagt, daß die festgesetzten Ziele den veränderten Bedingungskonstellationen anzupassen sind.

Führungsfunktionen und Führungsstil

Die planungsorientierte Variante des MbO macht vor allem Aussagen über die *sachbezogenen Führungsfunktionen*. Bei den Führungsstufen stehen natürlich Zielsetzung und Planung im Vordergrund, worüber anders als im HM sehr detaillierte Vorschläge gemacht werden. Die Umsetzung und Realisierung der Ziele und Pläne soll vor allem durch Selbststeuerung der Organisationseinheiten erfolgen.

Die *personenbezogenen Führungsfunktionen* werden besonders in der personenorientierten Variante des MbO betont (Mitarbeiterziele, Personalbeurteilungsgespräche, Personalentwicklung). Durch die Beteiligung der Mitarbeiter am Zielbildungsprozeß trägt das Modell der Forderung nach Partizipation in einem entscheidenden Punkt Rechnung. Die kooperative Zielformulierung ist ein wesentliches Element des in diesem Modell deutlich ausgeprägten kooperativen Führungsstils, der sich auch in der Förderung des Teamgedankens und in den Mitarbeitergesprächen (Beurteilungs- und Beratungsgesprächen) zeigt.

Führungstechniken und Führungssubsysteme

(1) Im Rahmen des *personenorientierten Ansatzes* kommen vor allem folgende Führungstechniken zur Anwendung:
   - Grundlage bildet eine eindeutige *Stellenbeschreibung* hinsichtlich Aufgaben und Kompetenzen.

- Vorgesetzter und Mitarbeiter vereinbaren gemeinsame *Stellenziele*, in der Regel für ein Jahr. Dazu gehören Leistungsziele (z. B. Verkaufsumsatz, Durchführung bestimmter Projekte) und persönliche Entwicklungsziele. Die Ziele sollen meßbar, errechenbar und herausfordernd sein.
- Neben den Zielen werden *Leistungsstandards* (Leistungsmaßstäbe) für die laut Stellenbeschreibung zu erfüllenden Aufgaben gemeinsam festgesetzt. Diese Standards bleiben für einen längeren Zeitraum bestehen, werden also nicht wie die Ziele jährlich neu festgesetzt.
- In bestimmten Abständen (jährlich oder halbjährlich) findet eine *Leistungsergebnisanalyse* statt. In einem *Personalbeurteilungs- und Beratungsgespräch* werden die Ergebnisse diskutiert. Die Ergebnisanalyse ist die Grundlage für die Leistungsentlohnung und für Personalentwicklungsmaßnahmen sowie für die neue Zielvereinbarung.
- In Verbindung mit der Arbeitsplatzbewertung ermöglicht die Leistungsbeurteilung eine Objektivierung des *Entlohnungssystems* und eine leistungsgerechte Bezahlung.
- Ein weiterer wichtiger Bestandteil des MbO-Konzepts ist die *Personalentwicklungsplanung,* die systematische Personalförderungsmaßnahmen beinhaltet.

Diese Instrumente können zu umfassenden Führungssubsystemen ausgebaut werden, nämlich einem Personalbeurteilungs- und Personalentwicklungssystem einerseits und einem Anreiz- und Motivationssystem andererseits.

(2) Beim *planungsorientierten Ansatz* geht es um den Aufbau eines umfassenden Planungs- und Kontrollsystems:
- Im Mittelpunkt steht ein *mehrstufiger Zielsetzungs- und Planungsprozeß*, bei dem zunächst die langfristigen Unternehmensziele und die Grundzüge der Unternehmenspolitik festgelegt werden.
- Das Gesamtziel muß in operationale Teilziele aufgelöst, das Unternehmensziel durch Bereichs- und Abteilungsziele spezifiziert werden. Dies geschieht ebenfalls im Wege der kooperativen Zielbestimmung zwischen Unternehmens- und Bereichsleitern.
- Die vereinbarten Ziele sind Ausgangspunkte und Richtgröße für die einzelnen Planungen. Sie werden in einem mittel- und kurzfristigen *Planungssystem* (operative Planung) und einem kurzfristigen *Budgetierungssystem* konkretisiert.
- Die Koordination der Aktivitäten der einzelnen Bereiche erfolgt durch Zielabstimmung und aufeinander abgestimmte Teilpläne innerhalb der Unternehmens-Gesamtplanung. Die einzelnen Bereiche und Abteilungen arbeiten im Rahmen dieser Sollvorgaben, an deren Bestimmung sie selbst mitgewirkt haben, selbständig (*Selbststeuerung und laufende Selbstkontrolle*).
- Periodisch erfolgt eine *Ergebniskontrolle* (Feststellung und Analyse der Soll/Ist-Abweichung). Sie bildet die Grundlage für die Leistungsbeurteilung der Bereichsleitung, die Ergebnisverantwortung für ihren Bereich trägt.

(3) MbO im dargestellten Sinne erfordert eine geeignete Organisationsstruktur, einen kooperativen Führungsstil, den Einsatz moderner Führungstechniken und den Aufbau umfassender Führungssubsysteme. All dies ist nur stufenweise zu realisieren. Man rechnet mit einem Zeitraum von drei bis fünf Jahren. *Abbildung E 9* zeigt beispielhaft, in welchen Schritten eine MbO-Einführung vorgenommen werden kann.

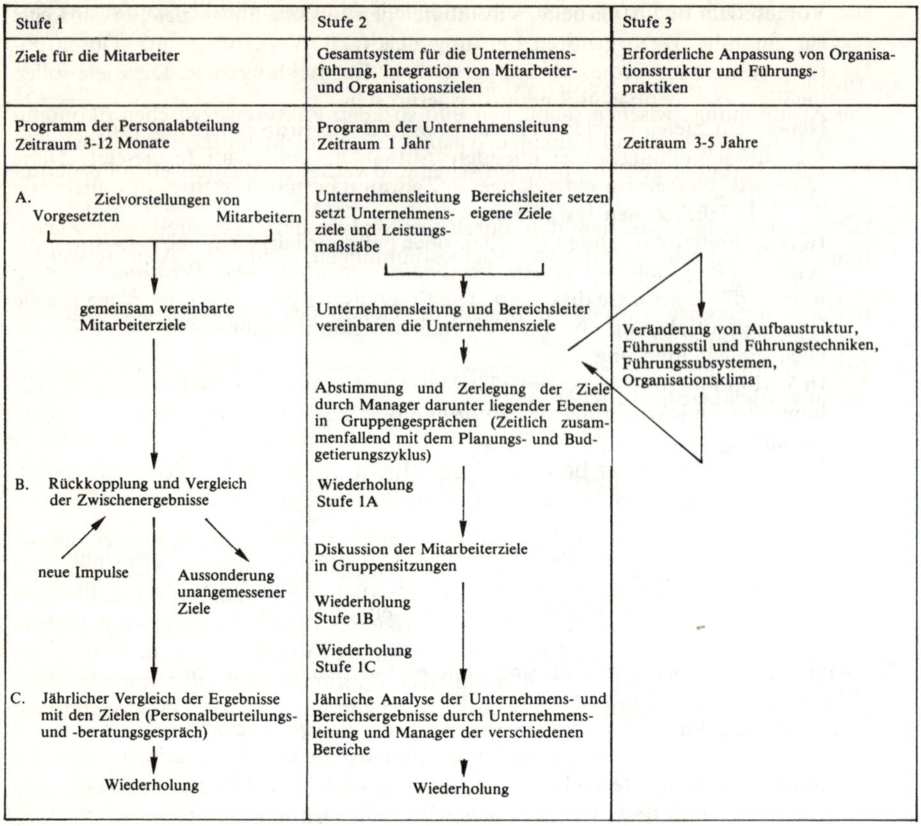

Abb. E 9: Realisierung des MbO-Konzeptes in Stufen
(in Anlehnung an Kast/Rosenzweig 1974, S. 172)

Beurteilung

MbO stellt derzeit das wohl umfassendste und fortschrittlichste Führungskonzept dar, das die Zielsetzungen zum wichtigsten Führungsinstrument macht. Als Vorteile seien erwähnt (vgl. Bleicher/Meyer 1976, Brightford 1974, Frese 1971, Grochla 1972, Hecking-Binder 1974, Wild 1971):

– MbO ist ein integratives Konzept, das Leistungs- und Mitarbeiterziele sowie sachbezogene und personenbezogene Führungsfunktionen einbezieht und weitgehend alle Führungsstufen und -phasen abdeckt.
– Es ist ein dynamisches Konzept, das Personalentwicklungs-, Lern- und Innovationsprozesse berücksichtigt.
– Es ist flexibel, weil die Zielsteuerung eine so weitgehende Formalisierung wie im HM entbehrlich macht und mehr Möglichkeiten der Selbststeuerung und Selbstkontrolle gibt.
– MbO ist vorausschauend; die Analyse und Planung künftiger Entwicklungen ist ein Kernstück des Konzepts.
– Das Konzept fördert die Handlungsautonomie, die Partizipation und die Eigenkontrolle. Tätigkeitsorientierte Dienstaufsicht wird durch Ergebniskontrolle abgelöst.

Dies kommt dem Bedürfnis nach Selbständigkeit und Persönlichkeitsentfaltung entgegen.

Als Probleme oder Mängel werden genannt:
- Die Abstimmung zwischen sachlichen und sozialen Faktoren, zwischen ökonomischen Erfordernissen und humanen Ansprüchen ist nicht hinreichend gelöst. Die Frage der Vereinbarkeit von pragmatischen und verhaltenstheoretischen Forderungen bleibt offen.
- Der Zwang zu operationalen, d. h. durch eine Meßvorschrift beschreibbaren Zielen, führt häufig zu rein quantitativen Zielbestimmungen; qualitative Aspekte werden vernachlässigt.
- Bei unsachgemäßer Anwendung besteht die Gefahr des Leistungsdrucks mit Frustration und Streßfolgen.
- Offen bleibt auch, wie ein Gleichgewicht zwischen individueller und Gruppenverantwortlichkeit herzustellen ist.

2.7 Fixierung der Führungsnormen und -verfahren

Obwohl der Führungsprozeß nur beschränkt formalisiert werden kann, müssen die wesentlichen Aspekte schriftlich fixiert werden. Es genügt nicht, nur die Aufgaben- und Kompetenzverteilung in Organisationsplänen und Stellenbeschreibungen festzuhalten, das Management braucht auch ein schriftlicht fixiertes Führungskonzept mit Richtlinien für das Führungsverhalten. Nach dem Harzburger Modell werden die Verhaltensgrundsätze und -richtlinien in einer »Allgemeinen Führungsanweisung« sowie in »Speziellen Führungsanweisungen« niedergelegt. Man kann noch weitere Dokumentationsformen unterscheiden:

(1) Grundlage des Führungskonzepts sind die *unternehmenspolitischen Leitsätze*, die die obersten Unternehmensziele und das Führungsleitbild umfassen.
(2) Daraus werden die *»Allgemeinen Führungsrichtlinien«*abgeleitet, die die Grundsätze des Führungsverhaltens beschreiben, die für alle Bereiche gelten. Damit werden Verhaltenserwartungen formuliert hinsichtlich der Art und Weise der Willensbildung und -durchsetzung in einer Organisation, der Mitwirkungsmöglichkeiten der Mitarbeiter, der Kommunkation und der Konfliktbewältigung.
(3) Die *»Speziellen Führungsrichtlinien«* enthalten weitergehende Regelungen für einzelne Bereiche, z. B. Führungsrichtlinien und Verhaltensgrundsätze für den Absatzbereich.
(4) Diese Richtlinien müssen ergänzt werden durch *Verfahrensbeschreibungen* von einzelnen Führungssubsystemen, z. B. des Planungssystems, des Personalbeurteilungssystems und des Personalentwicklungssystems.

Weiterführende Literatur zu Kapitel E 2

Gesamtbereich der Führung: Baugut/Krüger 1976, Bleicher/Meyer 1976, Buth 1977, Heinen 1978, Korndörfer 1976, Ulrich/Fluri 1975.
Führungsstil und Führungstechniken: Baumgarten 1977.
Informationssysteme: Kirsch/Klein 1977 a + b, Mertens/Griese 1972.
Harzburger Modell: Guserl/Hofmann 1976, Höhn/Böhme 1970.
Management by Objectives: Brightford 1974, Humble 1972 und 1973, Lattmann 1977, Odiorne 1967.

3. Innovationssystem (Innovationsprozesse)

3.1 Begriff und Problemaspekte

Der Begriff Innovation ist in diesem Zusammenhang weit zu fassen. *Entwicklung und Einführung von Neuerungen* sollen darunter verstanden werden. Damit sind alle *Änderungsprozesse* gemeint, die in einer Organisation erstmalig durchgeführt werden (Kieser 1969, Sp 742). In groben Zügen lassen sich folgende Innovationsbereiche unterscheiden: Produkt-, Verfahrens-, Struktur- und Sozialinnovationen. In all diesen Bereichen arbeiten Organisationsmitglieder mehr oder weniger planmäßig, dauernd oder fallweise, an Innovationen. Die Gesamtheit der Faktoren und Aktivitäten, durch die Innovationen hervorgebracht werden, kann als funktionales Subsystem der Unternehmung betrachtet werden. Eine solche Gesamtschau ist zwar noch relativ abstrakt, sie erlaubt aber, die grundlegenden Aspekte des Innovationsgeschehens herauszuarbeiten und ein Gesamtkonzept für Gestaltungsmaßnahmen auf diesem Sektor zu entwickeln. Ein hohes Maß an Innovationsfähigkeit ist entscheidend für das Überleben und die Erfolgs- und Wachstumschancen von privatwirtschaftlichen Unternehmungen. Die Verstärkung des Innovationspotentials ist daher heute ein vordringliches Gestaltungsziel.

Die Mehrzahl der diesbezüglichen Vorschläge ist auf die *Aufbaustruktur* der Organisation gerichtet, d. h. auf die *Bildung institutioneller Subsysteme für innovative Aufgaben*, und zwar in Form von permanenten und temporären Organisationseinheiten. Beispiele für permanente Organisationseinheiten auf diesem Sektor sind die Forschungs- und Entwicklungsabteilung und die Organisationsabteilung. Temporäre Organisationseinheiten können projektbezogen gebildet werden. Als *Merkmale innovationsfreundlicher Organisation* werden angesehen: Abbau hierarchisch-autoritärer Strukturen, Entscheidungsdelegation und -dezentralisation, Partizipation und Autonomie. Als besonders geeignet gelten teamorientierte Organisationsformen. Im Rahmen der Hierarchie bieten Ausschüsse, Projektgruppen und die Matrixstruktur zweckentsprechende, flexible Lösungen. Noch flexibler ist ein außerhalb der Hierarchie etabliertes innovatives Gruppensystem.

Hinsichtlich des *Prozeßablaufes* wird gefordert, möglichst wenig zu formalisieren. Eine Standardisierung der Arbeitsverfahren und des Arbeitsablaufs wie im Bereich der Routineaufgaben würde, soweit überhaupt möglich, die Kreativität und die Initiative hemmen. Jedoch genügt es im allgemeinen nicht, nur den institutionellen Rahmen zu schaffen; man muß darüber hinaus den Innovationsprozeß unmittelbar fördern. Dies kann durch organisatorisch-strukturelle Maßnahmen und, unterstützend und ergänzend, durch personale Maßnahmen geschehen.

3.2 Prozeßgestaltung

Obwohl Innovationsprozesse in hohem Grade Handlungsfreiheit und Selbständigkeit erfordern, kann auf Prozeßregelungen nicht verzichtet werden. Dabei kann es sich allerdings nur um *allgemeine Verfahrensregelungen* handeln, nicht um detaillierte objektspezifische Ablaufregelungen. Diese Regelungen sollten vor allem folgende Punkte umfassen:

- *Steuerung von Innovationsprozessen*. Dabei können die in der einschlägigen Literatur diskutierten Lenkungsmodelle und Handlungsstrategien aufgegriffen werden.
- *Spielregeln* für Kooperation, Kommunikation und Konfliktlösung sowie *Verfahrensregeln* für die Anwendung von Problemlösungstechniken.

Von den verschiedenen Vorschlägen zur Gestaltung von Problemlösungs- und Innovationsprozessen seien zwei herausgegriffen: das Teamarbeitskonzept und das Promotorenmodell von Witte. Ein weiterer Aspekt, auf den hier nicht weiter eingegangen wird, wäre die Regelung des betrieblichen Vorschlagswesens.

3.2.1 Teamarbeitskonzept

Das Teamarbeitskonzept umfaßt Verfahrensvorschläge für die Problemlösung in Teams (vgl. Quiske u. a. 1975/1973, Siemens 1974). Dazu gehören:

(1) *Handlungsstrategien*. Als Beispiel sei ein *Vorgehensmodell* von Quiske u. a. (1975 S. 137 ff) angeführt. Es umfaßt Vorschläge für
- die Vorbereitung einer Sitzung eines Problemlösungsteams mit Aussagen über Zusammensetzung des Teams, Dauer der Teamsitzung, technische Voraussetzungen, Festlegung der Problemstellung und des Rahmenplanes
- die Durchführung der Teamsitzung in folgenden Phasen: Rollen des Teammoderators und der Teilnehmer klären, Verabschiedung des Rahmenplans, Problemdarstellung und -klärung, spontane kritikfreie Ideenproduktion, Problemformulierung und -auswahl, kreative Ideenproduktion, Strukturierung des Ideenmaterials in Individual- und Gruppenarbeit, Konkretisierung von Alternativen und Erarbeitung von Maßnahmenplänen, Feststellung von Gemeinsamkeiten in den Vorschlägen und Verabschiedung des Ergebnisses
- die Auswertung einer Teamsitzung durch Prozeßanalyse (Überprüfen der Spielregeln, Analyse des Gruppenverhaltens, Analyse des Verhaltens des Teammoderators).

(2) *Regeln für die Teamkoordination* durch einen Teammoderator. Dieser übernimmt Servicefunktionen für die Teammitglieder: Er sorgt für den reibungslosen Ablauf entsprechend dem gemeinsam festgelegten Vorgehensplan, für die Einhaltung der Spielregeln und für die Dokumentation.

(3) *Spielregeln für die Zusammenarbeit* im Team. Beispiel (Siemens 1974, S. 144): Jeder erkennt den anderen als gleichwertigen Partner an. Meinungen sollen ständig herausgefordert und geäußert werden. Konflikte nicht verschleiern, sondern aufdecken und diskutieren. Innerhalb des Teams soll kritisiert, aber nicht getadelt werden. Entscheidungen, Diskussions- und Arbeitsergebnisse sind laufend festzuhalten und durch Darstellungen sichtbar zu machen.

Voraussetzung für eine derartige Arbeitsweise ist die Beherrschung von Problemlösungstechniken und die Anwendung geeigneter Kooperations- und Kommunikationsstrategien.

3.2.2 Promotoren-Modell

Nach Witte (1973 a und b) gilt es bei Innovationen vor allem Denk- und Willensbarrieren zu überwinden. Dazu bedarf es *Personen, die den Innovationsprozeß aktiv und intensiv fördern*. Witte nennt sie Promotoren. Sie starten den Prozeß und treiben ihn unter Überwindung der genannten Barrieren bis zum Innovationsentschluß voran (1973 a,

S. 15 f). Entsprechend den zwei verschiedenen Arten von Barrieren lassen sich auch zwei Arten von Promotoren unterscheiden:

- Diejenigen, die aufgrund ihrer formellen Macht und ihres hierarchischen Potentials den Innovationsprozeß nachhaltig fördern und vorantreiben, werden als *Machtpromotoren* bezeichnet.
- Diejenigen, die durch objektspezifisches Fachwissen den Prozeß aktiv und intensiv fördern, werden als *Fachpromotoren* bezeichnet.

Die Promotor-Funktion ergibt sich nicht zwangsläufig aus der Aufgaben- und Kompetenzverteilung bzw. einer speziellen Auftragserteilung. Sie bedarf des *eigenen Antriebs und Engagements* von Personen im Rahmen des ihnen gegebenen Handlungsspielraums. Je nachdem, wer die treibende Kraft in Innovationsprozessen ist, lassen sich folgende *Strukturtypen* unterscheiden:

- Gespannstruktur (Förderung von Innovationsprozessen durch Zusammenwirken von Machtpromotor und Fachpromotor)
- einseitige Machtpromotoren-Struktur (Förderung nur durch Machtpromotoren)
- einseitige Fachpromotoren-Struktur (Förderung nur durch Fachpromotoren)
- Personalunion-Struktur (eine Person ist gleichzeitig Macht- und Fachpromotor)
- Prozesse, die nicht durch Mitwirkung von Promotoren geprägt sind.

In empirischen Untersuchungen fand Witte eine deutliche *Überlegenheit der Gespannstruktur*. Es würde zu weit führen, diese Ergebnisse und ihre Interpretation hier zu referieren. Zum Verständnis der Gespannstruktur wäre nur noch anzuführen, daß diese keineswegs gleichzusetzen ist mit der Zusammenarbeit von Linieninstanz und Stabstelle. Promotorengespanne treffen sich über Bereiche und Rangebenen hinweg. Im Promotorenmodell verschmelzen formelle und informelle Aspekte. Das Modell läßt sich weder im Rahmen einer strengen und alles umfassenden Prozeßordnung realisieren, noch durch völlig unstrukturiertes Innovationsverhalten.

Wittes Vorschläge zum Ausbau dieses Ansatzes zielen darauf ab, anstelle der Verfeinerung der Stellenbeschreibung zu einer Prozeßanalyse und -beschreibung vorzudringen und *Prozeßmodule* als isolierbare, mit hoher Regelmäßigkeit in Problemlösungs- und Entscheidungsprozessen auftretende Aktivitätsfolgen zu definieren. Problemlösungsprozesse bestehen dann in der Verkettung solcher Module, wobei zu den standardisierbaren Modulen völlig neue, bisher unbekannte Module hinzutreten. Einige Module sind an bestimmte Personen gebunden, andere sind personell ungebunden. Witte nennt diesen Ansatz (prozeßorientierte) *Modularorganisation*.

3.3 Personale Maßnahmen

Die strukturellen Maßnahmen müssen ergänzt werden durch personale Maßnahmen. Ein wichtiges Instrument zur Innovations- und Kreativitätsförderung sind *Schulungs- und Trainingsmaßnahmen*. Ohne diese Begriffe weiter zu differenzieren, soll darunter ein bewußt vollzogener systematischer Prozeß der Erlebnis- und Verhaltensänderung von Organisationsmitgliedern mit dem Ziel erhöhter Effizienz der Aufgabenlösung verstanden werden (vgl. Stocker-Kreichgauer 1978, S. 173 ff). Dabei geht es nicht nur um die Förderung der individuellen Kreativität, sondern auch der Gruppenkreativität (zur Kreativitätsförderung in der Unternehmung s. Ulrich W. 1975, Quiske u.a. 1975, Schlicksupp 1977). Ein solches Training muß sich auf zwei Bereiche erstrecken:

– Erwerb von Wissen und Kenntnissen, Verbesserung der Denkmethoden, Beherrschung allgemeiner und spezieller Problemlösungstechniken
– Erwerb sozialer Sensibilität, Verbesserung des mitmenschlichen Verhaltens, Vermittlung von Kooperations- und Kommunikationstechniken.

Dazu müssen die herkömmlichen, inhaltsorientierten Trainingsverfahren, die primär der Wissensvermittlung dienen, durch prozeßorientierte, gruppendynamische Methoden, durch die die Wahrnehmungsfähigkeit verbessert wird und bestimmte Verhaltensweisen eingeübt werden, ergänzt bzw. ersetzt werden. Von den gruppendynamischen Ansätzen ist vor allem das Verhaltenstraining relevant. Bödiker/Lange (1975, S. 188 ff) unterscheiden hierbei folgende Trainingsrichtungen, die alle in diesem Zusammenhang infrage kommen:
– aufgabenorientiertes Training
  • Innovations- und Kreativitätstraining zum Einüben von Problemlösungsstrategien
  • Planungs- und Entscheidungstraining
– beziehungsorientiertes Training
  • Kommunikationstraining
  • Kooperations- und Konfliktlösungstraining.

3.4 Schriftliche Fixierung von Regelungen für Innovationsprozesse

Entsprechend der Aufgabenstruktur sind im Innovationsbereich natürlich nur in beschränktem Maße schriftliche Prozeßregelungen möglich. Es wäre aber falsch, wegen der geringeren Strukturierbarkeit der Innovationsprozesse ganz auf Regelungen zu verzichten. Anstelle verbindlicher Arbeitsvorschriften treten häufig Arbeitsanleitungen für Problemlösungsprozesse, die den Charakter von Empfehlungen haben. Die schriftlichen Regelungen können umfassen:
(1) Richtlinien für das betriebliche Vorschlagswesen,
(2) Zusammenstellung von Teamspielregeln,
(3) Beschreibungen einzelner Prozeßmodule (Verfahrensbeschreibungen), z. B. der Problemanalyse, der Ideenproduktion und Problemstrukturierung.
(4) Die Punkte 2 und 3 können auch in einem Handbuch der betrieblichen Gruppenarbeit zusammengefaßt werden.

Weiterführende Literatur zu Kapitel E 3

Empirische Untersuchungen und Folgerungen: Witte 1973 a + b.
Teamarbeit und Kreativitätsförderung: Quiske u. a. 1975, Schlicksupp 1977, W. Ulrich 1975.

4. Ausführungssystem (Realisationsprozesse)

4.1 Begriffliche Abgrenzung

Ein weiteres funktionales Subsystem ist das Ausführungssystem. Darunter versteht man die *Gesamtheit der operativen Prozesse* in einer Organisation. Das sind hauptsächlich die *Realisationsprozesse* innerhalb der Funktionsbereiche Beschaffung, Produktion und Absatz, d. h. die Ausführungshandlungen zur Erstellung und Verwertung betrieblicher Leistungen (z. B. Bestellabwicklung, Lagerhaltung, Fertigungsvorgänge in der Werkstatt, Auftragseinholung und -abwicklung, Versand von Erzeugnissen). Zum Ausführungssystem gehören auch die mit den betrieblichen Realisationsprozessen zusammenhängenden *Verwaltungsfunktionen* einschließlich Personal-, Finanz- und Anlagenverwaltung, soweit sie reinen Ausführungscharakter haben (z. B. Lohn-, Material-, Anlagen- und Verkaufsabrechnung).

Man kann innerhalb des Ausführungssystems ganz grob zwischen *Produktionsprozessen* und *administrativen Prozessen* unterscheiden. Im Zentrum der Aktivitäten stehen im einen Fall materielle Objekte (Einsatzstoffe, Halb- und Fertigerzeugnisse) und Dienstleistungen (z. B. Transportleistungen), im anderen Fall Informationen. Wir wollen uns auf administrative bzw. informationelle Prozesse beschränken. Im folgenden werden unter *administrativen Funktionen* oder Prozessen *alle operativen informationsverarbeitenden Tätigkeiten* verstanden. Darunter fallen sowohl Büro- als auch Außendiensttätigkeiten. Im wesentlichen handelt es sich um routinisierte Sachbearbeitung, Erfassungs-, Schreib-, Registratur- und Sekretariatstätigkeiten sowie Verkaufstätigkeiten. Dazu kommen eine Reihe von Hilfs- und Nebentätigkeiten.

Zu beachten ist, daß die hier vorgenommene Trennung funktionaler Subsysteme rein analytisch ist, in Wirklichkeit überschneiden sich die Systeme, und zwar nicht nur auf einer Funktionsebene, sondern auch vertikal. So sind die dispositiven Funktionen der untersten Lenkungsebene (wie Fertiglager-, Material- und Kapazitätsdisposition) eng mit den operativen Verwaltungsfunktionen (wie Auftragsabwicklung, Verkaufs- und Lagerabrechnung) verknüpft, denen sie auch in der Aufgabenstruktur entsprechen. Bei der Gestaltung der operativen Ebene sind daher in der Regel auch die Routineprozesse der laufenden Disposition mit einzubeziehen. Die folgenden Ausführungen gelten auch für sie.

4.2 Administrative Prozesse

4.2.1 **Aufgabenstruktur und Gestaltungsziele**

Die *Aufgaben* im Verwaltungsbereich sind *repetitiv und gut strukturiert* (was heißt, daß Problemaspekte, Ziele und Lösungswege jeweils bekannt sind); sie können zum Großteil routinemäßig abgewickelt werden. Im Gegensatz zu Innovationsprozessen können *Verwaltungstätigkeiten* in hohem Maße *formalisiert* (= formell geregelt), *mechanisiert* (= mit technischen Mitteln ausgeführt bzw. unterstützt) und, in etwas geringerem Umfange, auch *automatisiert* werden.

Formalisierung und Technisierung sind Mittel zur Rationalisierung der Büroarbeit. Sie müssen aber auch unter den Humanaspekten der Zumutbarkeit und des Beitrags zur Arbeitszufriedenheit gesehen werden. *Ziel der Büroarbeitsgestaltung* ist es

- durch formelle Regelungen und Einsatz technischer Mittel
  - eine rationelle (= zweckmäßige, einfache, kostengünstige . . .)
  - wirksame (= schnelle, sichere, qualitativ und quantitativ ergiebige . . .)
  - und damit möglichst produktive und wirtschaftliche Abwicklung der sich wiederholenden Arbeiten zu erreichen
- und zugleich für die einzelnen Mitarbeiter befriedigende Arbeitsfelder zu schaffen, was nur dann der Fall sein wird, wenn die Arbeitsfelder inhaltlich attraktiv sind und die formellen Regelungen dem einzelnen ausreichend Handlungsspielraum offenlassen.

4.2.2 Technologische Entwicklung und Gestaltungsmöglichkeiten

Die Art der Arbeitsgestaltung hängt natürlich sehr stark von den jeweiligen technologischen Möglichkeiten ab. Lange Zeit wurden funktionell eng begrenzte Bürotechniken isoliert nebeneinander eingesetzt, zum Teil trifft das heute noch zu. Das hat zu einer starken Arbeitszerlegung, Standardisierung und einer Verringerung der qualitativen Anforderungen geführt. Die *moderne Informationstechnologie* schafft eine neue Situation. Der Computer übernimmt immer mehr Routinearbeiten. Die Ausbreitung des Dialogbetriebs ermöglicht nunmehr eine arbeitsplatznahe maschinelle Datenverarbeitung; personelle Tätigkeiten und automatisierte Datenverarbeitung können im ständigen Wechsel durchgeführt werden. Tiefgreifende Veränderungen zeichnen sich auch in der Textverarbeitung sowie in der Kommunikationstechnik ab. Durch die Entwicklung der Mikroelektronik wachsen die verschiedenen Bereiche der Informationstechnologie immer mehr zusammen und eröffnen neue Mechanisierungs- und Automatisierungsmöglichkeiten.

Dabei ist zu beachten, daß die Formalisierungs- und damit auch die Automatisierungsmöglichkeiten für die einzelnen Tätigkeitsfelder unterschiedlich sind. Es sind im wesentlichen drei Tätigkeitsarten zu unterscheiden:

(1) Gewinnung und Verarbeitung von Informationen (Daten-, Text-, Bildverarbeitung)
(2) Speicherung und Archivierung von Informationen (Daten-, Text-, Bild-, Sprachspeicherung), Dokumentation
(3) Austausch und Übertragung von Informationen = Kommunikation (Daten-, Text-, Bild-, Sprachkommunikation).

In welchem Umfange die unter Punkt 1 und 2 genannten Tätigkeitsarten (ohne Bildverarbeitung und -speicherung) in den verschiedenen Aufgabengebieten formalisiert und mit den derzeit vorhandenen oder in absehbarer Zeit realisierbaren Mitteln automatisiert werden können, läßt eine Untersuchung der Firma Siemens (Morgenbrod/Schwärtzel 1978) erkennen, deren Ergebnisse in *Abbildung E 10* gekürzt dargestellt sind.

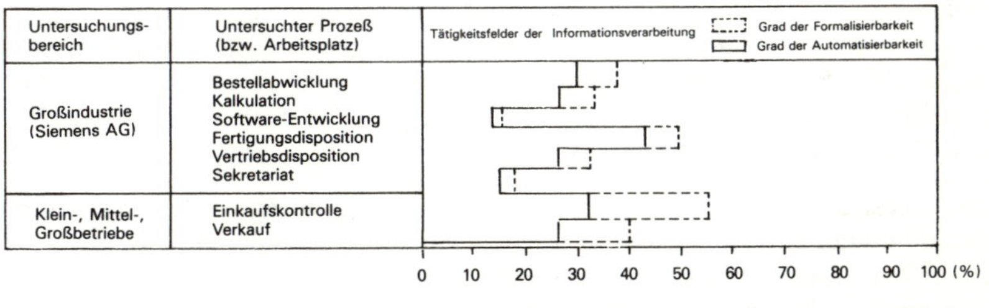

Abb. E 10: Formalisierungs- und Automatisierungsmöglichkeiten der Informationsverarbeitung und -speicherung (ohne Bildverarbeitung und -speicherung)

Die neuen Arbeitstechniken bieten die Chance, die Mitarbeiter von einfachen, schematischen Routinearbeiten zu entlasten, die Arbeiten qualitativ anzuheben und mehrere zusammenhängende Verrichtungen zu überschaubaren Arbeitsabschnitten zusammenzufassen. Dadurch kann dem einzelnen das Erlebnis einer ganzheitlichen, sinnvollen Arbeit vermittelt werden.

Im folgenden kann nur ganz allgemein auf die Gestaltung von Ausführungsprozessen eingegangen werden. Es würde zu weit führen, spezifische Modelle einzelner Subsysteme und die inhaltliche Ausgestaltung dieser Systeme darzustellen. Wir wollen uns lediglich auf einige formale Gestaltungs- und Beschreibungsaspekte beschränken.

4.2.3 **Systemabgrenzung und Grobstrukturierung**

Die administrativen Aufgaben in der Unternehmung weiten sich aus, sie werden differenzierter und anspruchsvoller. Es genügt daher nicht mehr, einige Arbeitsvorgänge mehr oder weniger isoliert zu gestalten. Ähnlich den Führungssubsystemen sind auf der operativen Ebene *aufeinander abgestimmte formalisierte Subsysteme* zu entwickeln. Dazu ist eine umfassende Systemkonzeption erforderlich, die sich nicht nur auf die operativen Bereiche beschränkt, sondern auch die dispositiven Prozesse einschließt.

(1) Dabei sind zunächst die zu gestaltenden *Subsysteme* gegeneinander *abzugrenzen* und deren Aufgaben (Funktionen) zu beschreiben.

(2) Es ist sodann zu klären, *welche Aufgaben personell* und *welche maschinell* abgewickelt werden und welchen *Organisationseinheiten* (Stellen, Abteilungen) die Aufgaben zugeordnet werden (= Aufgaben- und Arbeitsverteilung) bzw. welche *Sachmittel und Verfahren* für die maschinelle Abwicklung infrage kommen (= Sachmittel- und Verfahrensbestimmung). Diese Entscheidungen hängen von der Art der Tätigkeiten ab. Die Technisierungsmöglichkeiten sind, wie im vorhergehenden Abschnitt gezeigt wurde, für die einzelnen Tätigkeitsarten sehr verschieden. Aufgaben, bei denen es — wie beispielsweise bei der Auftragsbearbeitung — darum geht, standardisierte Daten zu verarbeiten und zu speichern, lassen sich natürlich in stärkerem Maße automatisieren als solche, die einen hohen Kommunikationsanteil haben, insbesondere wenn es sich um mündliche Kommunikation handelt wie bei der Verkaufstätigkeit.
In *Tabelle E 4* sind die auf dieser Gestaltungsstufe vorzunehmenden Spezifikationen für den Fall einer Kundenauftragsabwicklung in einer gedrängten Aufgabenübersicht beispielhaft dargestellt.

(3) In Verbindung mit diesen Festlegungen ist das Zusammenspiel der einzelnen Subsysteme bzw. der *Zusammenhang der verschiedenen Funktionen* zu klären und festzulegen. Die Funktionszusammenhänge lassen sich in *Funktionsplänen* (= Blockschaltbilder) darstellen. *Abbildung E 11* zeigt einen groben Funktionsplan für das in Tabelle E 4 beschriebene Auftragsabwicklungssystem.

(4) Außerdem sind die *Grundzüge der Daten- und Belegorganisation* zu konzipieren. Ausgehend von der Informationsanalyse eines Aufgabenbereichs sind dabei die informationellen Hauptaspekte herauszuarbeiten und Nummernsysteme, Belegarten, Dateien, Berichtsarten usw. zu bestimmen.

(5) Die Punkte 3 und 4 bilden die Grundlage für den Entwurf von *Datenflußplänen* (s. *Abb. E 12*), die den Ablauf bereits etwas genauer aufzeigen.

Das Ergebnis der Grobstrukturierung schlägt sich nieder in einer *Systembeschreibung* mit folgenden Hauptpunkten:

— Aufgabenbeschreibung (Art und Zuordnung der Aufgaben) in freier verbaler Form und/oder in strukturierter Form in Tabellen und Listen

Aufgaben \ Arbeitsform	Personelle Arbeiten	EDV-Dialogbetrieb	EDV-Stapelbetrieb
Auftragseingangs-bearbeitung	Vorprüfung und Ergänzung der Kundenaufträge	Auftragsdaten-erfassung und -prüfung mit Verfügbarkeitskontrolle und Dateiführung (Auftragsbestand, Artikel- und Kundenstamm)	Auftragseingangs-statistik Schreiben von Auftragsbestätigungen bzw. Lieferscheinen und Rechnungen (Vorfakturierung)
Auftragsbestands-überwachung	Durchsicht von Fälligkeitslisten Bearbeitung von Rückständen	Auskunftsbearbeitung (Auftragsbestand, Artikel- und Kundenstammdaten)	Fälligkeits- und Verfügbarkeits-rechnung Ermitteln lohnender Sendungen Schreiben von Lieferscheinen und Rechnungen Schreiben von Auftragsbestands- und Fälligkeitslisten
Auslieferung von Waren	Bereitstellung von Waren aufgrund von Lieferscheinen, Versand		
Berichtswesen			Umsatzstatistik

Tabelle E 4: Aufgabenübersicht: Auftragsabwicklung

- Sachmittel- und Verfahrensspezifikation in entsprechenden Darstellungsformen
- Funktionspläne
- Daten- und Belegübersichten und -beschreibungen in Form von Listen und Tabellen
- Datenflußpläne.

Bei der weiteren Systemgestaltung ist zu unterscheiden zwischen personellen Tätigkeiten bzw. Prozessen und automatisierten Prozessen.

4.2.4 **Detailbeschreibung personeller Arbeitsprozesse**

Die endgültige Gestaltung erfordert gegebenenfalls eine weitere Detaillierung der Aufgabenbeschreibung und eine weitergehende Sachmittelspezifikation. Vor allem sind die Daten- und Belegorganisation und die Ablaufstruktur administrativer Systeme hinreichend detailliert auszuarbeiten und zu beschreiben. Beispielsweise sei vorgesehen, die Arbeiten der Auftragsabwicklung teils rein personell, teils im Dialogbetrieb und teils im EDV-Stapelbetrieb durchzuführen, wie dies Tabelle E 4 zeigt. Die weitere Systembeschreibung umfaßt dann die folgenden Punkte.

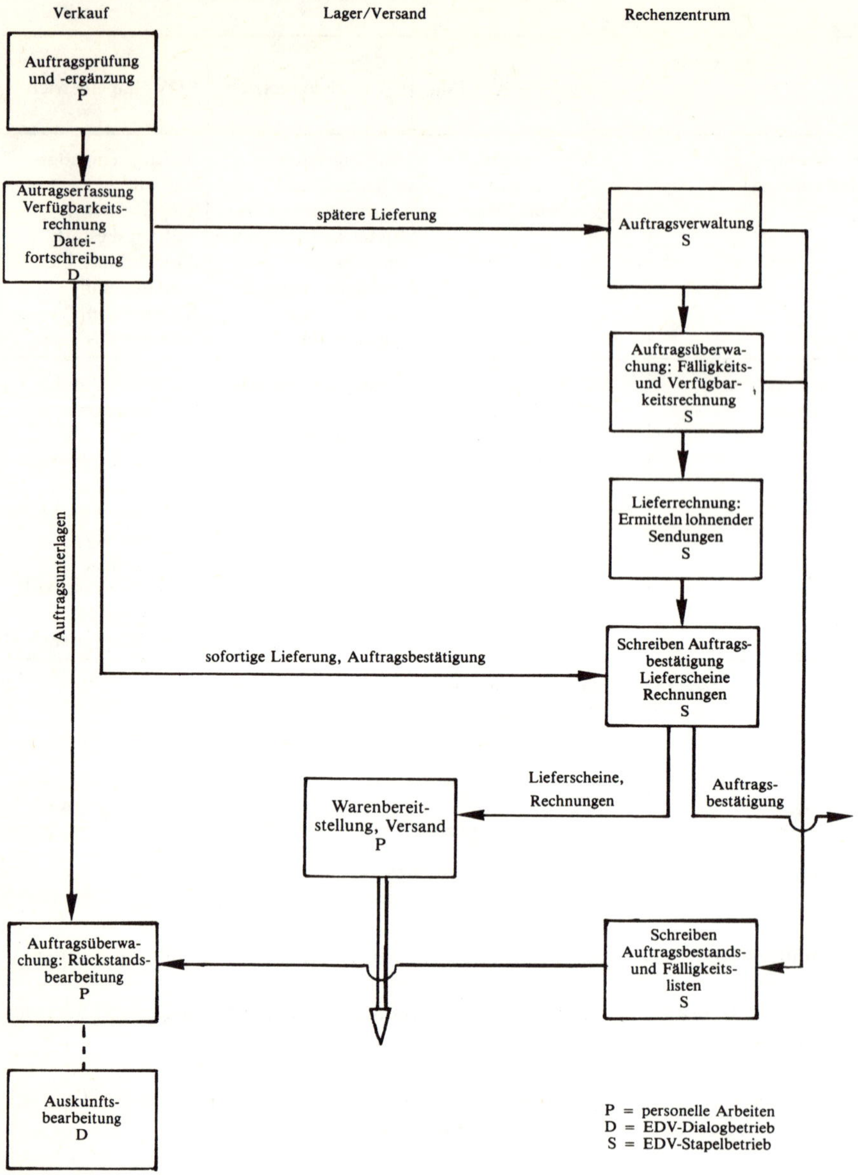

Abb. E 11: Funktionsplan für Auftragsabwicklung

Daten- und Belegorganisation

Die Daten- und Belegorganisation umfaßt Bestandteile, die (a) nur für die personelle Bearbeitung oder (b) nur für die maschinelle Bearbeitung relevant sind, und (c) Bestandteile, die in beiden Bereichen benötigt werden. Man kann das eine nicht isoliert vom anderen sehen, sondern muß stets den Gesamtzusammenhang im Auge haben. Hier interessieren zunächst nur die Teile a und c. Die Detailgestaltung umfaßt dabei:

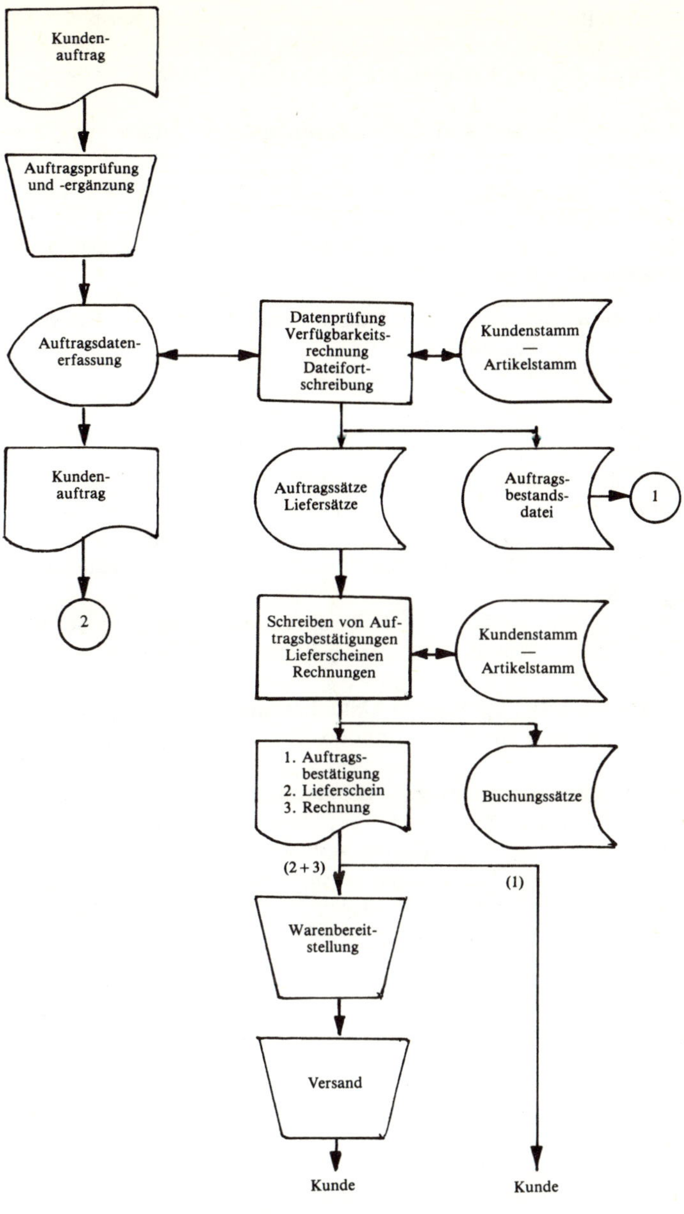

Abb. E 12: Datenflußplan für Auftragsabwicklung
(ohne Auftragsbestandsverwaltung und -überwachung)

(1) Festlegung und Ausarbeitung der *Nummernsysteme*. Für obiges Beispiel sind Kunden-, Artikel-, Auftrags-, Versand- und Rechnungsnummern sowie eine Reihe von Schlüsseln für Vorgangsarten, Versand- und Zahlungskonditionen, Mehrwertsteuer usw. festzulegen.
(2) Entwurf von *Formularen*: Auftrags- und Rechnungsformulare, Lieferscheine, Lagerbewegungsscheine usw.
(3) Festlegung von Inhalt und Aufbau des periodischen *Berichtswesens* (Tages-, Wochen- und Monatsberichte).
(4) Eventuell Erarbeitung von *Textbausteinen* für die Korrespondenz im Zusammenhang mit der Auftragsbearbeitung.

Die *Ergebnisse dieser Tätigkeit* sind: detaillierte Nummernbeschreibungen, Belegentwürfe, Berichtsentwürfe und evtl. Texthandbücher.

Ablaufstrukturierung

Die Festlegung und Beschreibung der Arbeitsobjekte (Daten, Texte, Belege) bildet die Grundlage für die *Detailplanung und -beschreibung der durchzuführenden Aktivitäten* (Arbeitsabläufe). Dabei ist in unserem Beispiel zu unterscheiden zwischen *rein personellen Arbeiten* und *Bearbeitung im Dialog mit dem Computer*. Die wesentlichen Nutzungsformen im Dialogbetrieb sind:
– Datenerfassung im Dialog, z. B. Auftrags- und Versanddatenerfassung mit sofortiger Datenprüfung und Fehlerkorrektur. Die Verarbeitung erfolgt anschließend im Stapelbetrieb.
– Auskunftsbearbeitung im Dialog. Es werden Datenbestände von Datenstationen aus abgefragt und Informationen am Bildschirm oder über Terminaldrucker ausgegeben.
– Direktverarbeitung im Dialog. Mit der Eingabe der Bewegungs- und Änderungsdaten erfolgt eine sofortige Verarbeitung und eine Fortschreibung der Datenbestände, z. B. Auftragseingangsverbuchung, Lagerabgangsverbuchung. Damit sind die Datenbestände immer aktuell. Außerdem können sofort von dezentralen Terminaldruckern oder später im Stapelbetrieb vom zentralen Drucker Auftragsbestätigungen, Lieferscheine und Rechnungen geschrieben werden.

Für die Dialogverarbeitung sind zum einen die Tätigkeiten an den Datenstationen festzulegen und zu beschreiben und zum anderen Dialogprogramme zu erstellen. Letzteres gehört zu den im nächsten Abschnitt skizzierten rein technologischen Gestaltungsmaßnahmen.

Die Ergebnisse der Feinstrukturierung der Arbeitsabläufe schlagen sich in folgenden *Dokumentationsformen* nieder:
– detaillierte *Arbeitsablaufpläne* (Datenflußpläne)
– *Arbeitsanweisungen, Bedieneranweisungen, Verfahrensbeschreibungen.*

Die Arbeitsanweisung ist eine verbale oder tabellarische Beschreibung von Arbeitsvorgängen und -abläufen, die den schaubildlichen Arbeitsablaufplan ergänzt. Sie hat eine Anweisungs- und eine Beschreibungsfunktion. Häufig empfiehlt sich eine Trennung dieser beiden Funktionen dergestalt, daß die wesentlichen Punkte, die per Anordnung verbindlich festzulegen sind, in einer Arbeitsanweisung festgehalten werden und zusätzliche Erläuterungen, die zum Verständnis des Gesamtablaufs erforderlich sind, in einer Verfahrensbeschreibung erfolgen.

4.2.5 **Detailbeschreibung automatisierter Prozesse (EDV-Prozesse)**

Auf die Darstellung der Detailentwicklung eines DV-Systems muß hier verzichtet werden. Es soll lediglich in einer gedrängten Übersicht gezeigt werden, welche Punkte eine vollständige *Beschreibung eines DV-Komplexes* umfassen sollte (s. *Abb. E 13*).

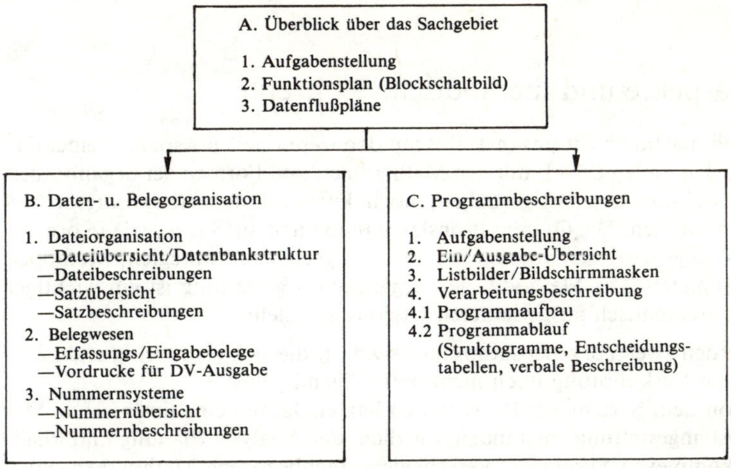

Abb. E 13: Beschreibung eines Informationssystems (DV-Teil)

Weiterführende Literatur zu Kapitel E 4

DV-Organisation im administrativen Bereich: Grochla u. a. 1974a, M.J.A. Hoffmann 1976, Mertens 1978.

Teil F: Methodik der Organisationsgestaltung

1. Problemaspekte und methodische Konzepte

Im letzten Teil soll, nachdem wir uns in Teil B mit den wesentlichen Aspekten einer Organisation und in den Teilen C – E mit den Maßnahmen und Formen der organisatorischen Strukturgestaltung beschäftigt haben, noch kurz auf den *Gestaltungsprozeß* selbst eingegangen werden. Die Organisationslehre muß auch aufzeigen, wie in organisatorischen Änderungsprozessen vorzugehen ist, und geeignete Strategien, Methoden und Techniken anbieten. Die Methodik der Organisationsgestaltung ist ein wichtiger Bestandteil einer pragmatisch ausgerichteten Organisationslehre.

Im folgenden werden zwei Vorgehenskonzepte skizziert, die sich gegenseitig ergänzen. Allerdings ist deren Verknüpfung noch nicht befriedigend gelöst.

- Ausgehend von dem Systemdenken ist in den letzten Jahren eine umfassende Methodik der Systemgestaltung entstanden. Sie dient der Analyse, Planung und Realisierung von komplexen Systemen. Verschiedene fachbezogene Methodiken, etwa der Ingenieurarbeit und des Organisierens, wurden weiterentwickelt zu der allgemeinen Methodenlehre der *Systemtechnik* (Systems Engineering), in die auch verschiedene Konzepte der Systemanalyse einflossen (vgl. Zangemeister 1970, Gomez u. a. 1975, Ropohl 1975). Die Systemtechnik kann heute als das am weitesten entwickelte Vorgehenskonzept für die Organisationsplanung angesehen werden. Während diese Planungsmethodik auf formell-strukturelle und technologische Gestaltungsprobleme ausgerichtet ist
- versucht das Konzept der *Organisationsentwicklung*, durch sozialwissenschaftlich orientierte Strategien und Interventionstechniken individuelle und soziale Lernprozesse auszulösen und zu steuern, das Problemlösungspotential einer Organisation zu verbessern und die Organisationsmitglieder in die Lage zu versetzen, in ihren Bereichen erforderliche organisatorische Änderungen zu planen und durchzuführen (vgl. Ulrich P. 1975, Sievers 1975, 1978).

2. Organisationsplanung mit Hilfe der Systemtechnik

2.1 Komponenten der Systemtechnik

Die Systemtechnik bietet leistungsfähige methodische Konzepte für die Planung von Sach- und Handlungssystemen unterschiedlichster Art. Sie ist eine generelle Methodik zur Lösung komplexer, schlecht strukturierter Probleme. In diesem Zusammenhang interessiert jedoch nur die Anwendung auf Organisationsprobleme. Im folgenden wird daher ein auf die *Organisationsplanung* ausgerichtetes Konzept der Systemtechnik dargestellt.

Abbildung F 1 zeigt ein Modell des Gestaltungsprozesses mit den unterstützenden Komponenten der Systemtechnik.

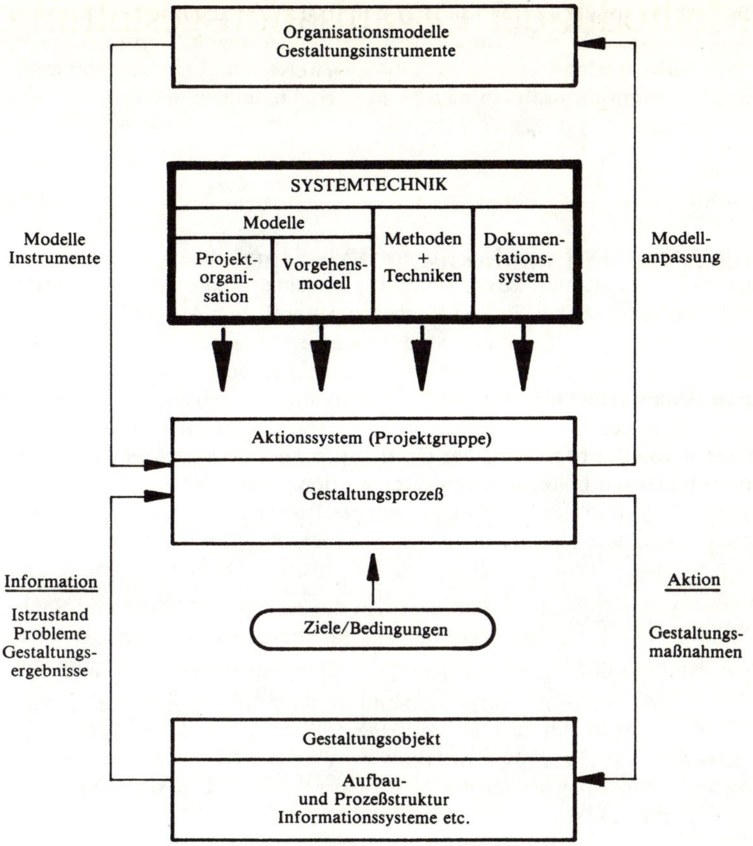

Abb. F 1: Organisationsgestaltung mit Hilfe der Systemtechnik

Die einzelnen Punkte können hier nur kurz umrissen werden. Es soll lediglich ein Überblick über die Vorgehensweise gegeben werden. Wer sich näher mit Systemtechnik beschäftigen möchte, sei auf die einschlägige Literatur verwiesen. Da es sich bei der Systemtechnik um Gestaltungsheuristiken und nicht um exakte Verfahren wie beim Operations Research handelt, sind natürlich eine Vielzahl von Lösungswegen möglich, die sich in unterschiedlichen Konzepten niederschlagen (z. B. Wedekind 1973, Siemens 1974, Daenzer 1976, Grochla/Meller 1977).

2.2 Projektorganisation

Organisationsplanung wird in der Regel nur in *Teamarbeit* durchgeführt werden können. Da es sich jeweils um Aufgaben handelt, die in der speziellen Problemstellung einmalig und zeitlich befristet sind, kommen als Organisationsformen die *verschiedenen Varianten der Projektorganisation* infrage, wie wir sie bereits kennengelernt haben. Für stark innovative Aufgaben wird eine aus dem hierarchischen System herausgelöste Gruppenorganisation mit strukturierten und unstrukturierten Gruppen (Projektgruppen-Organisation und Teamwork-Organisation) empfohlen. Nur einfache Probleme (z. B. kleinere Änderungen, Aktualisierung von Arbeitsanweisungen, Formularwesen, Einsatz von Arbeitshilfsmitteln) werden zweckmäßigerweise innerhalb des hierarchischen Systems in der Organisationsabteilung oder in Fachabteilungen in Gruppen- oder Einzelarbeit direkt gelöst.

2.3 Vorgehensmodell

Im Mittelpunkt des Konzepts steht das Vorgehensmodell. Es umfaßt Aussagen über die Gestaltungsphasen, die Gestaltungsaktivitäten in den einzelnen Phasen und die Gestaltungsstrategien.

Gestaltungsphasen (Phasenschema)

Organisationsplanung ist ein Prozeß, bei dem *schrittweise vom Groben zum Detail* vorgehend Problemlösungen erarbeitet und realisiert werden. Dieser Prozeß läßt sich in *Abschnitte* gliedern, die sich in der Konkretisierung der Problemlösung unterscheiden. Die Einteilung richtet sich nach den wesentlichen *Entscheidungspunkten*. Danach können unterschieden werden: Voruntersuchung, Systementwurf, Detailentwicklung und Systemeinführung. Daran schließt sich die Systembetriebsphase an, in die teilweise die Systemgestaltung noch hineinreicht.

Jede Phase ist durch *Startentscheidungen* (Auftragserteilung, Zielsetzung) und *Abschlußentscheidungen* (Akzeptierung oder Ablehnung der Planungsergebnisse, Auswahl einer Alternative, Entscheidung über den weiteren Fortgang des Projekts, was gleichzeitig die neue Startentscheidung sein kann) eingegrenzt. Die genannten Phasen können bei komplexen Aufgaben weiter unterteilt, bei kleineren Aufgaben aber auch teilweise zusammengefaßt werden.

(1) Die *Voruntersuchung* hat den Zweck,
  – *Problemfelder zu untersuchen* (Ist-Erhebung, Soll-Vorstellungen = Ziele und Anforderungen, Abweichungsanalyse) und
  – *Lösungsmöglichkeiten aufzuzeigen* (in der Weise, daß Lösungsansätze skizziert und Realisierbarkeit und Nutzen analysiert werden).

  Die Voruntersuchung liefert damit die Grundlagen für die Entscheidungen über die weiteren organisatorischen Aktivitäten. Erst wenn das Problemfeld genügend analysiert, Ziele und Anforderungen für die Systemgestaltung genau bestimmt sowie Art, Umfang und Nutzen organisatorischer Maßnahmen hinreichend untersucht sind, kann entschieden werden, ob mit der Planung und Entwicklung eines neuen Systems begonnen werden soll. Damit sollen voreilige und nicht genügend durchdachte Entwicklungsarbeiten vermieden werden.

(2) In der Phase *Systementwurf* sind – ausgehend von den Untersuchungsergebnissen und Lösungsansätzen der Voruntersuchung – *Grobentwürfe (Konzeptionen)* der zu gestaltenden Bereiche zu erstellen. Dazu ist ggf. eine *weitergehende Ist-Erhebung* und eine *vertiefte Problemanalyse* erforderlich.

  Die *Entwürfe* selbst müssen soweit ausgearbeitet sein, daß alle wesentlichen Aspekte geklärt und die Grundzüge des Systems fixiert sind, so daß (a) Zweckmäßigkeit, Realisierbarkeit und Wirtschaftlichkeit des Systems genau beurteilt werden können

— dies ist Voraussetzung für die Entscheidungen über die Realisierung des Projekts und die evtl. erforderlichen Investitionen — und (b) alle für die anschließende Detailentwicklung und Realisierung notwendigen Festlegungen getroffen sind. Eine zu grobe Planung läßt wesentliche Probleme unberücksichtigt. Eine zu große Detaillierung ist nicht nur zeitaufwendig, sondern erschwert unter Umständen auch durch die fortgeschrittene Determinierung die Optimierung der Konzeption.

Bei sehr komplexen Aufgabenstellungen kann die *Systemkonzeption in mehreren Stufen* erfolgen, z. B. Gesamtkonzeption für das Rechnungswesen, Detailkonzeptionen für Buchhaltung, Kostenstellen- und Kostenträgerrechnung.

Die wichtigsten *Ergebnisse* dieser Phase sind
- bezüglich der *Aufbaustruktur*: Organisationsplan, Aufgaben- und Kompetenzverteilungsplan, Kommunikationspläne
- bezüglich der *Prozeßstrukturierung*: Aufgabenbeschreibung und Funktionspläne, Bestimmung der wesentlichen Sachmittel und Verfahren, Grundzüge der Daten-und Belegorganisation, (Grob-) Datenflußpläne.

Die *Bedeutung* der Entwurfsphase liegt darin, daß verschiedene Modelle und Konzepte der Unternehmensorganisation bzw. von Teilbereichen entworfen und auf ihre Konsequenzen analysiert werden, so daß der Nutzeffekt von organisatorischen Maßnahmen genau beurteilt werden kann, bevor mit der Detailentwicklung und Realisierung begonnen wird. Die Qualität der Konzeption bestimmt das Niveau und die Güte der späteren Lösung.

(3) In der Phase *Detailentwicklung* ist aus der Konzeption ein reales System zu entwickeln, das in der nächsten Phase eingeführt werden kann. Das konzipierte System ist weiter auszugestalten und hinreichend detailliert zu beschreiben. Die organisatorischen Regelungen sind soweit auszuarbeiten, wie dies von der Aufgabenstellung und Zielsetzung und damit vom gewünschten bzw. erforderlichen Formalisierungsgrad her geboten ist.

Im Rahmen der Detailentwicklung sind in der Regel *zusätzliche Detailuntersuchungen* zur Klärung von Detailfragen und Sonderproblemen erforderlich. Bei der anschließenden *Detailplanung und -ausarbeitung* wird
- die *Aufbaustruktur* näher beschrieben (Stellenbeschreibung)
- und die Durchführung *personeller Arbeitsprozesse* präzisiert (Regelung des Sachmitteleinsatzes, Festlegung des Belegwesens, detaillierte Arbeitsablaufpläne und Arbeitsanweisungen).
- Für *maschinelle Informationsprozesse* sind zum einen die Daten- und Belegorganisation im Detail festzulegen und zum anderen die einzelnen Verarbeitungsprogramme zu entwerfen und zu beschreiben (Programmbeschreibung) sowie zu codieren und zu testen (Programmerstellung).

Die Aufgaben in dieser Phase sind, im Gegensatz zur vorherigen, im hohen Maße determiniert, erfordern oft umfangreiche Detailarbeiten und sind daher auch wesentlich zeitaufwendiger. Daraus ergeben sich andere Anforderungen an Projektmitarbeiter und Projektorganisation.

(4) Im Anschluß an die Detailentwicklung kann die *Systemeinführung* vorgenommen werden. Diese umfaßt die Schulung der Mitarbeiter, die Umstellungsvorbereitun-

gen (z. B. Beschaffung von Geräten, Maschineninstallation, Anlegen von Dateien) und das Inkrafttreten der neuen Regelungen bzw. die Inbetriebnahme des neuen Systems.

(5) Die erste Zeit der anschließenden *Systembetriebsphase* dient der *Konsolidierung des Systems*. Es ist ein Lern- und Anpassungsprozeß erforderlich, um die Mitarbeiter mit dem System vertraut zu machen und noch auftretende Mängel zu beseitigen. Dabei ist es besonders wichtig zu prüfen, ob die gesetzten Ziele erreicht worden sind, damit ggf. Korrekturen vorgenommen werden können. In dieser Anlaufzeit überschneiden sich also Systemgestaltung und Systembetrieb.

Gestaltungsaktivitäten (Vorgehenszyklus)

Das Problemlösen und Gestalten innerhalb der einzelnen Phasen sollte sich nach einer gewissen *Ablauflogik* vollziehen, die grundsätzlich für alle Phasen gilt. Diese logische Folge von Aktivitäten wird als *Vorgehenszyklus* bezeichnet. Die *Hauptschritte* sind:

- Projektinitiierung — Problemerfassung — Entwickeln von Problemlösungen — Test, Bewertung und Auswahlentscheidung — begleitende und abschließende Dokumentation.

Jeder dieser Problemlösungs- und Gestaltungsschritte, ausgenommen die Dokumentation, die hier lediglich als Fixierung von Informationen verstanden wird, umfaßt informatorische (informationssammelnde), analytische und synthetisch-konstruktive Tätigkeiten. Unterteilt man die Hauptschritte nach diesen Tätigkeitsarten, so ergeben sich die in *Tabelle F 1* dargestellten Teilschritte.

Hauptschritte	Teilschritte		
Projekt-initiierung	Aufgabenstellung	Situationsanalyse	Vorgehensplan
Problem-erfassung	Erhebung: Ist / Anforderungen	Analyse: Ist / Anforderungen / Probleme	Problembeschreibung
Entwicklung von Problemlösungen	Informationssammlung über Lösungsmöglichkeiten	Konstruktion, Synthese: Ideengewinnung Strukturierung Ausarbeitung	Lösungsanalyse: Zweck-Mittel-Analyse
Test, Bewertung	Zusammenstellung von Kriterien + Daten	Bewertung Nutzwertanalyse	Entscheidung
Dokumentation	begleitende + abschließende Dokumentation		

Tabelle F1: Gestaltungsaktivitäten (Vorgehenzyklus)

Das Schema stellt lediglich ein Grobraster dar. Für konkrete Aufgabenstellungen sind *nach diesem allgemeinen Vorgehensmuster phasen- und problemspezifische Vorgehenspläne (Aktivitätenpläne) aufzustellen.* Dabei ist zu beachten, daß der Schwerpunkt der Aktivitäten in den einzelnen Phasen unterschiedlich ist und daß das Aktivitätenschema lediglich ein logisches Vorgehensmuster, keine streng zeitliche Abfolge darstellt. Es bildet keinen linearen Ablauf ab, eher handelt es sich um ein zyklisches Vorgehen auch innerhalb einer Phase, d. h. daß im Verlauf der Entwicklung von Problemlösungen immer wieder die Problemerfassung vertieft werden muß.

Gestaltungsstrategien (Vorgehensrichtung)

Zum Vorgehensmodell gehören auch Gestaltungsstrategien oder Vorgehensrichtungen. Damit ist gemeint, wie ein bestimmtes Problemfeld (Gestaltungsobjekt) anzugehen ist, welche Problemaspekte nacheinander aufgegriffen werden. Dabei gibt es verschiedene Möglichkeiten, einige seien hier genannt.

(1) Die *Top-down-Strategie* (Vorgehensrichtung von oben nach unten) geht vom Gesamtsystem (Gesamtproblem) aus, zergliedert es in Teilsysteme (Teilprobleme) erster bis n-ter Ordnung, die jeweils analysiert und strukturiert werden, bevor auf die nächstniedere Ebene übergegangen wird. Diese Strategie eignet sich vor allem für Systementwürfe.

Die *Bottom-up-Strategie* (Vorgehensrichtung von unten nach oben) geht umgekehrt von den Komponenten aus und entwickelt durch Zusammenbau von Komponenten Systeme höherer Ordnung. Eine solche Strategie eignet sich beispielsweise für die Systemrealisierung. Man kann aber auch bei Entwürfen die Komponentenstrategie anwenden.

(2) Die *Outside-in-Strategie* geht von außen (Beziehungen zwischen System und Systemumwelt, Input-Output-Beziehungen) nach innen (interne Strukturen und Prozesse) vor, die *Inside-out-Strategie* umgekehrt.

(3) Weiter läßt sich zwischen *ist-orientierter* und modell-orientierter *Vorgehensweise* unterscheiden. Erstere geht vom Ist-Zustand aus, analysiert diesen, ermittelt Schwachstellen und sucht Verbesserungsmöglichkeiten. Diese Vorgehensweise eignet sich zur Ausarbeitung von Verbesserungsvorschlägen für bestehende Systeme.

Die *modell-orientierte Vorgehensweise* geht von Idealvorstellungen und Prinzipien aus, entwickelt Ideal-Modelle, prüft die realen Anwendungsbedingungen und paßt das Modell an. Dieser Prozeß der Konkretisierung und Anpassung setzt sich solange fort, bis ein reales System entsteht. Eine solche Vorgehensweise ist dann angebracht, wenn es sich um völlig neue Systeme handelt, z. B. die Entwicklung eines neues Vertriebsinformationssystems. Häufig müssen aber die beiden Vorgehensweisen kombiniert werden.

(4) Für die *Systemeinführung* kommen folgende Strategien in Betracht:
- hinsichtlich des Realisierungsumfanges: sofortige Gesamtumstellung oder stufenweise Umstellung
- hinsichtlich der Erprobung und Absicherung des neuen Verfahrens: vorgeschalteter Test (einer repräsentativen Teilmenge) oder völlige Parallelarbeit von altem und neuem System in der Anfangszeit.

2.4 Methoden und Techniken

Bei den vorher genannten Gestaltungsaktivitäten (z. B. Problemanalyse, Ideengewinnung, Bewertung) sind bestimmte Methoden und Techniken anzuwenden. Die Systemtechnik faßt eine Reihe von Problemlösungsmethoden und Gestaltungstechniken, die in verschiedenen Bereichen unter unterschiedlichen Aspekten entwickelt wurden, zusammen. Dabei handelt es sich teils um allgemeine Planungsmethoden, teils um spezifische Methoden und Techniken für bestimmte Stufen der Systemgestaltung. Diese Methoden wurden bereits im Zusammenhang mit den Führungstechniken gestreift. Daran anknüpfend sei hier noch ein knapper Überblick über die für die Systemgestaltung relevanten Problemlösungsmethoden gegeben:

(1) *Erhebungsmethoden*: Am Anfang stehen die Erhebungsmethoden zur Ist-Aufnahme und Ermittlung von Aufgaben und Anforderungen. Diese Methoden sind sehr weit entwickelt, lange Zeit standen sie im Vordergrund der Organisationsarbeit. Dazu gehören:
- *mündliche Befragung* in Form von
  - Einzelbefragungen, die strukturiert (mit Interviewleitfaden) oder unstrukturiert durchgeführt werden können
  - Gruppenbefragungen
- *schriftliche Befragungen* mit
  - Aufgaben- und Tätigkeitslisten, wobei letztere aufgrund von Tätigkeitskatalogen vorstrukturiert sein können
  - detaillierten Fragebogen
- *Berichtsmethoden* = Arbeitsaufschreibungen (Tätigkeitsberichte) hinsichtlich Verrichtungen, Arbeitsmengen und -zeiten für einen gewissen Zeitraum
- *Beobachtungsmethoden*
  - Arbeitsstudien als Vollerhebung
  - Multimomentaufnahme als Stichprobenerhebung
- *Dokumentenerfassung* (Erfassung von Unterlagen).

(2) *Analysemethoden*:Darunter sind Methoden zu verstehen, deren Schwerpunkt in der Analyse von Problemen und Lösungsmöglichkeiten liegt. Da Analyse und Synthese (Konstruktion) im Gestaltungsprozeß eng miteinander verknüpft sind und im ständigen Wechsel auftreten, sind die Übergänge zu den Planungsmethoden im engeren Sinne fließend. Die Analyse kann unterstützt werden durch Frageschemata, Prüflisten (check lists), die Methode der Problemanalyse nach Kepner-Tregoe und die morphologische Methode.

(3) Als *Planungsmethoden* im engeren Sinne werden solche Methoden verstanden, die vor allem die planerisch-konstruktive Komponente des Gestaltungsprozesses unterstützen.

- Der Art der Gestaltungsprobleme entsprechend kommen vorzugsweise inexakte Methoden zur Anwendung:
  - Kreativitätstechniken (Brainstorming, Brainwriting) zur Förderung der Ideenproduktion
  - systematische Methoden zur Strukturierung und Gestaltung: morphologische Methode, iterative Planungsmethode (schrittweise Verfeinerung), Black-Box-Methode.
- Nur für bestimmte Teilprobleme können exakte Methoden des Operations Research eingesetzt werden.

(4) *Bewertungsmethoden* sind spezielle Methoden zur Entscheidungsanalyse und -vorbereitung. Dabei können unterschieden werden
- *quantitative* Methoden: Leistungsvergleich, Kostenvergleich, Wirtschaftlichkeitsanalyse
- *qualitative* Methoden: Punktbewertung und (in stärker formalisierter Form) Nutzwertanalyse und Kosten-Nutzen-Analyse.

(5) Die *Darstellungstechniken* umfassen
- verbale Darstellungen: z. B. Stellenbeschreibungen, Arbeitsanweisungen
- schaubildliche Darstellungen: z. B. Organisationsplan, Funktionsplan, Datenflußplan, Struktogramme
- tabellarische Darstellungen: einfache Tabellen, Entscheidungstabellen.

(6) *Programmiertechniken*: Hierunter fallen spezifische Entwurfs- und Dokumentationstechniken für die Zwecke der Programmierung. Beispiele:
- Entwurfsmethoden: Top-down-Ansatz, Modulartechnik, strukturierte Programmierung, normierte Programmierung
- Darstellungstechniken: HIPO-Technik, Entscheidungstabellentechnik, Struktogramme, Pseudocode.

2.5 Dokumentationssysteme

Schließlich werden innerhalb der Systemtechnik auch Konzepte entwickelt, wie die Ergebnisse der Erhebung, Analyse und Planung der Gestaltungsobjekte (z. B. Aufbaustrukturen, Arbeitsprozesse, DV-Systeme und -Prozesse) zu dokumentieren sind. Aufgrund der Vielfalt der Problemaspekte haben sich natürlich sehr unterschiedliche Dokumentationskonzepte herausgebildet. Ein Beispiel eines Konzeptes für die Dokumentation von Informationssystemen wurde in Abschnitt E 4.2.5 gezeigt (Abb. E 13).

Weiterführende Literatur zu Kapitel F 2

Grundlagen, Methoden und Anwendungsgebiete: Daenzer 1976, Ropohl 1975.
Methodik der Organisationsplanung: G. Schmidt 1973, Siemens 1974.
Methodische Konzepte für die Gestaltung von DV-Systemen: Grochla/Meller 1977, Heinrich 1976, Splettstößer 1977, Wedekind 1973.

3. Organisationsentwicklung (OE)

3.1 Kennzeichen

Einen zweiten methodischen Ansatz für organisatorische Änderungsprozesse bilden sozialwissenschaftliche Konzepte, die unter den Bezeichnungen »Organisationsentwicklung« (organization development) und »,geplanter organisatorischer Wandel« (planned organizational change) bekannt wurden. Die theoretischen und praktischen Beiträge zur Organisationsentwicklung sind vielfältig. Die verschiedenen Gestaltungskonzepte und Änderungsstrategien unterscheiden sich im theoretischen Bezugsrahmen, in den Zielvorstellungen, in den Änderungsdimensionen (menschliches Verhalten, Struktur, Technologie), der Organisation des Änderungsprozesses und der Art und Reichweite der Maßnahmen. Ohne auf einzelne Richtungen und Ausprägungen einzugehen, werden im folgenden einige *Grundzüge* der Organisationsentwicklung dargestellt:

— OE-Konzepte gehen von der Notwendigkeit der *permanenten Veränderung und Anpassung* von Organisationen an die sich wandelnden Bedingungslagen aus.
— Dabei werden zwei *Hauptziele* verfolgt:
  erstens die Leistungsfähigkeit und Flexibilität einer Organisation zu erhöhen, wobei es vor allem darauf ankommt, das Problemlösungs- und Innovationspotential einer Organisation zu vergrößern und die Organisationsmitglieder zu befähigen, die Anpassungsprobleme selbst zu lösen;
  zweitens die Arbeitssituation der Menschen in der Organisation zu verbessern und dem einzelnen mehr Möglichkeiten zu persönlicher Entfaltung und zur Selbst- bzw. Mitbestimmung zu verschaffen.
— Organisationen werden in erster Linie als *soziale Systeme* betrachtet. Ansatz- und Mittelpunkt der OE-Bemühungen ist die psycho-soziale Dimension innerhalb der Organisation. Es geht darum, das menschliche Potential zu entwickeln, individuelle und soziale Lernprozesse in Gang zu bringen, um Einstellungen und Verhaltensweisen der Organisationsmitglieder im Hinblick auf die genannten Ziele zu verändern, Motivation und Problemlösungsfähigkeiten zu erhöhen und die zwischenmenschlichen Beziehungen zu verbessern. Hauptbestandteil aller OE-Konzepte sind demgemäß Lern- und Ausbildungsstrategien und -methoden. Häufig wird OE damit gleichgesetzt (*personenbezogener OE-Ansatz*).
— Über die unmittelbare Verhaltensänderung der einzelnen Organisationsmitglieder und Gruppen hinaus müssen aber auch Organisationsstrukturen und technische Prozesse verändert werden. OE bezieht daher *auch strukturelle und technologische Gestaltungsmaßnahmen* ein, allerdings nicht isoliert, sondern eingeleitet und unterstützt durch personenbezogene Entwicklungsmaßnahmen. Diese bilden den Kern der OE.
— Aus den Grundideen ergibt sich, daß OE nicht Sache weniger Experten ist, sondern *von allen Mitgliedern* des änderungsbedürftigen Systems bzw. Subsystems *getragen* werden muß. Die Ziele der OE können nur erreicht werden, wenn es sich nicht um mehr oder weniger zufällige, sondern um *bewußt geplante und gesteuerte Prozesse* handelt.

Unter OE verstehen wir also einen bewußt gelenkten organisatorischen Änderungsprozeß, der von allen betroffenen Organisationsmitgliedern getragen wird (vgl. Guserl/Hofmann 1976, S. 255) *und mit individuellen und sozialen Lernprozessen verbunden ist.*

OE-Konzepten liegen bestimmte normativ-ideologische Prämissen (Ziele, Wertvorstellungen, Normen, Menschenbilder) und, daraus abgeleitet, bestimmte Modellvorstellungen organisatorischer Zusammenhänge zugrunde, die hier nicht weiter erörtert werden können. Es soll lediglich ein Überblick über wesentliche Aspekte der *Methodik der OE* gegeben werden.

Im folgenden werden die Hauptkomponenten der OE-Methodik skizziert, nämlich das Modell der Projektorganisation, das Vorgehensmodell und die Sozialtechniken.

3.2 Projektorganisation

OE erfordert gemeinsame Anstrengungen aller Mitglieder eines änderungsbedürftigen Systems; diese sind nicht einfach Objekt, sondern Subjekte der Veränderung, wobei sie von Beratern unterstützt werden können. Auf diese Weise entsteht ein *temporäres Anpassungssystem* (Dienstbach 1972), das folgende Komponenten umfaßt:

(1) Das *Klientensystem* ist derjenige Teil der Organisation, in dem Veränderungen durchgeführt werden. Dessen Mitglieder werden in doppeltem Sinne in die Änderungsprozesse einbezogen, einmal, indem sie am Problemlösungsprozeß beteiligt werden (sei es mitgestaltend und mitentscheidend, sei es durch regelmäßige Information und Konsultation), zum anderen, indem deren Problemlösungs- und Sozialverhalten durch Schulungsmaßnahmen und Verhaltenstraining verbessert wird.

(2) Die *OE-Berater (change agents)* — dies können externe Berater oder interne Führungs- und Fachkräfte sein — helfen dem Klientensystem, z. B. durch Prozeßberatung und Trainingsprogramme, seine Probleme zu lösen. Ihr Beitrag besteht in der »*Hilfe zur Selbsthilfe*« und weniger darin, daß sie inhaltliche Lösungen aufzeigen. Eine solche Beschränkung der Beratungstätigkeit ist aber nicht durchweg sinnvoll. Je mehr OE über personale Maßnahmen (Vehaltensinterventionen) hinausgeht, desto mehr müssen die Berater auch Informationen über Lösungsmöglichkeiten einbringen.

Entsprechend dem Fortschritt des OE-Projekts ist das Anpassungssystem zu strukturieren:

- Durch eine *Initiativgruppe* kann ein Problem aufgegriffen, das Anpassungssystem abgegrenzt und die Verbindung zum Berater hergestellt werden.
- Zur Weiterführung des Projekts können innerhalb des Anpassungssystems verschiedene Gruppen gebildet werden,
  - eine *OE-Steuerungsgruppe* (Lenkungskreis, Koordinationskomitee), die die Aktivitäten initiieren, steuern und überwachen soll,
  - eine oder mehrere *Arbeitsgruppen* (Problemlösungs-, Planungs-, operative Gruppen) als Träger der Änderungsaktivitäten
  - sowie *Informations- und Trainingsgruppen.*

3.3 Vorgehensmodelle

Phasenmodelle

Für den Ablauf des OE-Prozesses gibt es verschiedene Phasenmodelle, die sich mehr oder weniger an das Drei-Phasen-Modell von Lewin anlehnen. Dieses beginnt mit dem »Auftauen« (unfreezing) der verfestigten, eingefrorenen Verhaltensweisen und Strukturen. Daran schließt sich die eigentliche »Veränderung« (changing) an, die zu einem neuen Gleichgewicht des Systems auf höherer Ebene führt. In der dritten Phase wird das erreichte Gleichgewicht stabilisiert, die neuen Verhaltensweisen werden verfestigt, »eingefroren« (refreezing).

Die verschiedenen Vorschläge unterscheiden sich in der Differenzierung, Schwerpunktbildung und dem Beginn der Trainingsaktivitäten. Das in *Tabelle F 2* dargestellte Pha-

Hauptphasen	Unterteilung der Phasen	Erläuterung
1 Vorphase	11 Entstehung des Veränderungsbedürfnisses	Auftauchen eines Problems, Bilden einer Initiativgruppe
	12 Herstellung der Beziehung zum OE-Berater und Bestimmen der Änderungsbereiche	Besprechung mit dem Berater, Abgrenzen des Problemfeldes, Klären von Änderungszielen und Wertvorstellungen
	13 Involvierung der Betroffenen	Integration des Klientensystems in den OE-Prozeß, gruppendynamisches Training
2 Diagnosephase	21 Sammeln und Aufbereiten von Daten	Datenerhebung über Organisationsstruktur, Organisationsklima (Einstellungen, zwischenmenschliche Beziehungen usw.), Arbeitsprozesse sowie Rahmenbedingungen
	22 Feedback der aufbereiteten Daten an die Arbeitsgruppen	gemeinsame Diskussion und Analyse der Daten in OE-Gruppen, Ansätze für Änderungen, Teamentwicklung
3 Entwicklungsphase	31 Planung der erforderlichen Änderungen	gemeinsame Planung von personalen und strukturellen Maßnahmen in den Arbeitsgruppen, Differenzierungen und Konkretisierung der Maßnahmen
	32 Durchführung der Veränderungsaktion	Durchführung weiterer personaler Maßnahmen, z. B. Verbesserung der Gruppenbeziehungen, Ausbildungsmaßnahmen, Verhaltenstraining; Realisierung struktureller Änderungen
4 Stabilisierungsphase	41 Stabilisierung	Absicherung durch Trainingsmaßnahmen, Erfahrungsaustausch, Belohnungssystem
	42 Erfolgskontrolle	Feststellung der Veränderungsergebnisse, Bewertung und Beurteilung, evtl. zusätzliche Stabilisierungs- oder Anpassungsmaßnahmen

Tabelle F2: Phasen des OE-Prozesses

senschema zeigt beispielhaft den Ablauf eines OE-Prozesses (vgl. Borrmann 1973, Guserl/Hofmann 1976, S. 277 ff).

Das skizzierte Phasenmodell stellt den Ablauf eines OE-Prozesses innerhalb einer Entwicklungsstufe dar. Häufig werden aber organisatorische Veränderungen in einem mehrstufigen Prozeß durchzuführen sein. Ein solches mehrstufiges, zyklisches Modell zeigt *Abbildung F 2.* Die Erfolgskontrolle fällt hier zusammen mit dem Beginn einer neuen Entwicklungsstufe, die Stabilisierung erfolgt durch weitere Verbesserung des Systems auf der nächsten Stufe.

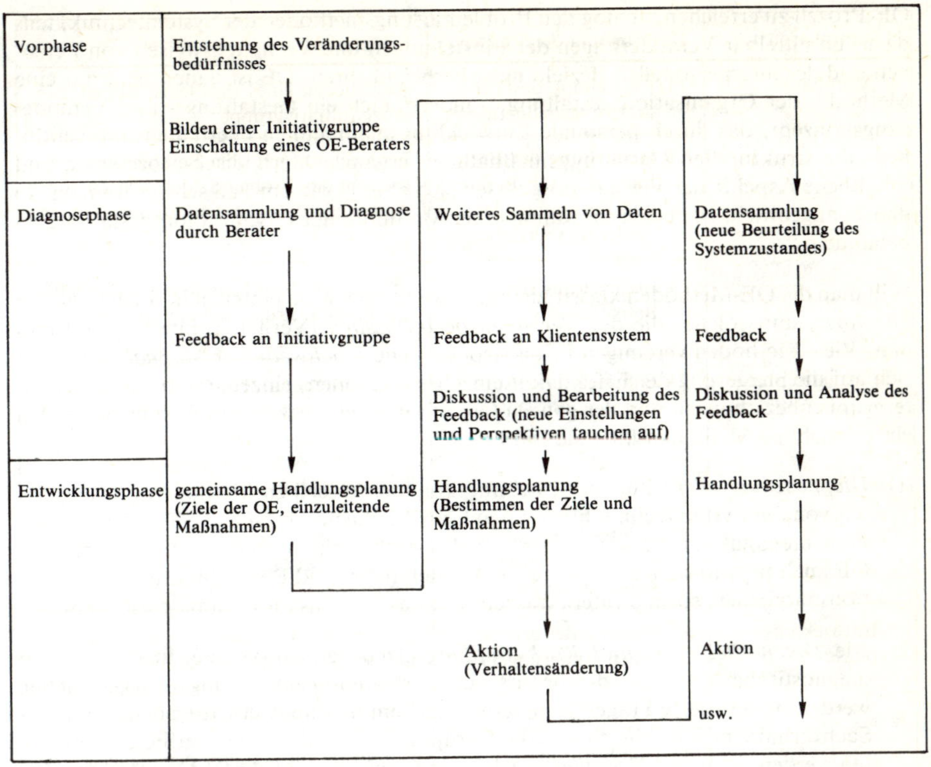

(in Anlehnung an W. French 1969, S. 26)

Abb. F 2: Phasen des OE-Prozesses: mehrstufiges Modell

Strategien

Hinsichtlich der allgemeinen Vorgehensrichtung wird überwiegend die Ansicht vertreten, daß OE an der Spitze beginnen und schrittweise nach unten weitergeführt werden müsse (*Top-down-Strategie*). In bestimmten Fällen können aber auch andere Strategien angebracht sein. Wenn dringliche Probleme an der Basis bestehen, empfiehlt es sich, nach der *Bottom-up-Strategie* von der Basis nach oben den Entwicklungsprozeß voranzutreiben oder die *bipolare Strategie* anzuwenden, d. h. auf der obersten und untersten Ebene gleichzeitig mit der Entwicklung zu beginnen. Als weitere Varianten werden die *Keil-Strategie*, die bei den mittleren Führungsschichten einsetzt und sich nach oben und unten ausbreitet, oder die *Strategie der mehrfachen Entwicklungszentren* auf verschiedenen Ebenen und in verschiedenen Bereichen genannt (vgl. Glasl/de la Houssaye 1975, S. 145 ff.).

3.4 Methoden der Organisationsentwicklung (OE)

Zur Einleitung und Förderung von Lern- und Änderungsprozessen werden im Rahmen der OE eine Reihe von sozialwissenschaftlich fundierten Methoden und Techniken angewandt. Diese Sozialtechniken dienen teils dazu, eine effektive Vorgehensweise im

OE-Prozeß zu erreichen, analog den Problemlösungsmethoden der Systemtechnik, teils dazu, unmittelbar Veränderungen der Einstellungen und Verhaltensweisen von Personen und der interpersonellen Beziehungen herbeizuführen. OE ist daher nicht nur eine Methodik der Organisationsgestaltung, sondern auch ein Gestaltungs- und Veränderungskonzept, das durch personale Entwicklungsmaßnahmen (Verhaltensinterventionen) die strukturellen Gestaltungsmaßnahmen ergänzt. Methodisch-prozessuale und inhaltliche Aspekte der Veränderung lassen sich aber in diesem Fall schwer trennen, so daß es angebracht ist, beide im Rahmen der Methodik der Organisationsgestaltung zu behandeln.

Will man die OE-Methoden klassifizieren, so kann man grob einteilen in solche, die der *Diagnose*, und solche, die der *Verhaltensbeeinflussung* (Verhaltensintervention) dienen. Viele Methoden vereinigen beide Aspekte. Die *Reichweite der Maßnahmen* kann sich auf die Steigerung der Effektivität einzelner Personen, einzelner Gruppen, der Intergruppenbeziehungen und der ganzen Organisation erstrecken. Im folgenden werden einige wichtige Methoden kurz skizziert.

(1) *Diagnosemethoden*: Für die Erhebung kommen dieselben Methoden infrage, die wir von der Systemtechnik her kennen (schriftliche und mündliche Befragung, Dokumentenanalyse). Verschieden ist nur das Untersuchungsfeld, das im Rahmen der OE auch psycho-soziale Aspekte wie Einstellungen und Bedürfnisse der Organisationsmitglieder, soziale Interaktionen und das Organisationsklima einschließt.

(2) Die *Datenerhebungs- und Rückkopplungs-Methode* (Survey-Feedback) ist eine diagnostische Methode, die bereits zur Verhaltensbeeinflussung übergeht. Hier werden strukturierte Fragebogen verwendet, um beispielsweise die obengenannten Sachverhalte in verschiedenen Arbeitsgruppen zu ermitteln. Die aufbereiteten Daten werden dann den Gruppen zugeleitet und mit ihnen diskutiert. Indem der einzelne in der Diskussion die Wirkung seines Verhaltens auf andere und die Organisation als Ganzes erkennt, werden Anstöße zur Veränderung gegeben.

(3) *Gruppendynamische Trainingsformen*: Die Entstehung des OE-Ansatzes ist eng mit der Entwicklung der Gruppendynamik verknüpft. Gruppendynamische Trainingsformen sind wichtige Instrumente der Verhaltensänderung. Im *Laboratoriumstraining* (bzw. Sensitivitätstraining) in T (= Trainings)-Gruppen sollen durch Feedback von anderen Gruppenmitgliedern die Wahrnehmungsfähigkeit für eigenes und fremdes Verhalten erhöht, soziale Mechanismen in der Gruppe sichtbar gemacht und über die gewonnenen Einsichten Einstellungen verändert und das Sozialverhalten verbessert werden. Stärker auf die Vermittlung bestimmter Fertigkeiten ausgerichtet ist das *Verhaltenstraining* in Form von Kreativitäts-, Entscheidungs-, Kommunikations-, Kooperations- und Konfliktlösungstraining.

(4) *Teamentwicklung* ist eine Methode zur Verbesserung der Zusammenarbeit in existierenden Arbeitsgruppen, wobei aufbauend auf eine Datenerhebung (s. oben) in Klausur ein Datenfeedback erfolgt, gemeinsam eine Diagnose erarbeitet wird und Handlungspläne für Veränderungsprozesse entwickelt werden.

(5) *Intergruppenarbeit*: Hier wird versucht, durch gemeinsame Aussprache zwischen Gruppen oder Abteilungen Kommunikationsbarrieren abzubauen, Konflikte offenzulegen und zu lösen und damit die Zusammenarbeit zwischen den Gruppen zu verbessern.

(6) *Konfrontationskonferenzen*: In diesen Konferenzen wird das Management mit aktuellen Organisationsproblemen konfrontiert, indem zunächst Probleme vorgetragen und zu Themengruppen zusammengefaßt werden. In Untergruppen werden hernach die Teilprobleme analysiert und Lösungsvorschläge erarbeitet, die anschließend im Plenum vorgetragen werden, wo dann gemeinsam ein Aktionsprogramm zur Lösung der Probleme erstellt wird.

(7) Die *Prozeßberatung* erstreckt sich auf die in Organisationen ablaufenden sozialen Prozesse. Der in Gruppensitzungen und Besprechungen anwesende Berater teilt den Mitgliedern des Klientensystems seine Beobachtungen mit und hilft ihnen, Prozeßabläufe zu durchleuchten. Dabei geht es nicht um inhaltliche Fragen, sondern um das »Wie« eines Prozesses, beispielsweise der Kommunikation, Kooperation, Problemlösung, Entscheidungsbildung und Konfliktaustragung. Der Berater drängt keine Lösungen auf, sondern will die Mitglieder befähigen, die Analyse und Lösung von Prozeßproblemen selbst zu übernehmen.

Weiterführende Literatur zu Kapitel F 3

Bennis u. a. 1975, French/Bell 1977, Gebert 1974, Glasl/de la Houssaye 1975, Huse 1975, Sievers 1977.

Literaturverzeichnis

Abkürzungen:

HWB Handwörterbuch der Betriebswirtschaft, 4. Aufl., hg. von E. Grochla und W. Wittmann
HWO Handwörterbuch der Organisation, hg. von E. Grochla
ZfB Zeitschrift für Betriebswirtschaft
ZfbF Zeitschrift für betriebswirtschaftliche Forschung (bis NF 15. Jg.: Zeitschrift für handelswissenschaftliche Forschung)
ZfO Zeitschrift für Organisation

Abegglen, W. E. (1971): Gedanken zu unternehmensorganisatorischen Problemen. In: ZfO 40. Jg., S. 117—125

Ackoff, R. L./Emery, F. E. (1975): Zielbewußte Systeme — Anwendung der Systemforschung auf gesellschaftliche Vorgänge. Dt. Ausg.: Frankfurt/New York

AGP Arbeitsgemeinschaft zur Förderung der Partnerschaft in der Wirtschaft (Hg.) (1975): Humanisierung der Arbeitswelt. Köln

Albach, H. (1959): Zur Theorie der Unternehmensorganisation. In: ZfbF, NF. 11. Jg., S. 238 ff

Alderfer, C. P. (1972): Existence, relatedness and growth — Human needs in organizational settings. New York/London

Alewell, K. (1971): Die Kopplung des Systems Unternehmung mit dem Umsystem, dargestellt am Beispiel des Absatzsystems. In: ZfO 40. Jg., S. 178 ff

Alexander, M. J. (1974): Information Systems Analysis. Chicago

Altfelder, K. (1965): Stabsstellen und Zentralabteilungen als Formen der Organisation der Führung. Berlin

Andressen, G./Dust, W. (1976): Menschengerechte Arbeitsbedingungen in der betrieblichen Praxis, Modelle humaner Arbeitsgestaltung. Heft 6 der cbs-Schriftenreihe „Dokumentation", Ahrensburg

Argyle, M. (1972): Soziale Interaktion. Dt. Ausg.: Köln

Barnard, Ch. I. (1970): Die Führung großer Organisationen. Dt. Ausg.: Essen

Bartölke, K. (1970): Betriebliche Organisation als System von Beziehungen. In: Industrielle Organisation, 39. Jg., S. 346—350

Bartram, P. (1969): Die innerbetriebliche Kommunikation. Berlin

Baumgarten, R. (1977): Führungsstile und Führungstechniken. Berlin/New York

Baugut, G./Krüger, S. (1976): Unternehmensführung — Modelle, Strategien, Techniken. Opladen

Beer, St. (1962): Kybernetik und Management. Dt. Ausg.: Hamburg

Beer, St. (1973): Kybernetische Führungslehre. Dt. Ausg.: Frankfurt/New York

Bendixen, P./Kemmler, H. W. (1972): Planung — Organisation und Methodik innovativer Entscheidungsprozesse. Berlin/New York

Bennis, W. G./Benne, K.D./Chin, R. (Hg.) (1975): Änderung des Sozialverhaltens. Dt. Ausg.: Stuttgart

Berekoven, L. (1976): Die Absatzorganisation — Planung, Aufbau, Führung. Herne/Berlin

Berthel, J. (1973): Zur Operationalisierung von Unternehmungs-Zielkonzeptionen. In: ZfB 43. Jg., S. 29 ff

Berthel, J. (1975): Betriebliche Informationssysteme. Stuttgart

Bidlingmaier, J. (1967): Zur Zielbildung in Unternehmungsorganisationen. In: ZfbF, NF. 19. Jg., S. 246—256

Bidlingmaier, J. (1973): Marketing, Bd. 1. Reinbek
Bihl, G. (1973): Von der Mitbestimmung zur Selbstbestimmung — Das skandinavische Modell der selbstgesteuerten Gruppen. München
Bisani, F. (1977): Personalführung. Wiesbaden
Blake, R. R./Mouton, J. S. (1968): Verhaltenspsychologie im Betrieb — Das Verhaltensgitter, eine Methode zur optimalen Führung in Wirtschaft und Verwaltung. Dt. Ausg.: Düsseldorf/Wien
Blau, P. M./Schoenherr, R. A. (1971): The Structure of Organizations. New York
Blau, P. M./Scott, R. W. (1963): Formal Organizations. London
Bleicher, K. (1969a): Zur Zentralisation und Dezentralisation von Entscheidungsaufgaben der Unternehmung. In: Die Unternehmung, 23. Jg., S. 123—139
Bleicher, K. (1969b): Abteilung. In: HWO, Stuttgart, Sp. 40—45
Bleicher, K. (1970): Die Entwicklung eines systemorientierten Organisations- und Führungsmodells der Unternehmung. In: ZfO 39. Jg., S. 3 ff, S. 59 ff, S. 111 ff, S. 166 ff
Bleicher, K. (1972a): Organisation und Führung. In: Industriebetriebslehre in programmierter Form, Bd. III, hg. von H. Jacob, Wiesbaden, S. 13—171
Bleicher, K. (Hg.) (1972b): Organisation als System. Wiesbaden
Bleicher, K. (1973): Auf dem Wege zu systemorientierten Organisationsformen. In: ZfO 42. Jg., S. 55—62
Bleicher, K. (1975): Kollegien. In: HWB, Stuttgart, Sp. 2157—2169
Bleicher, K. (1976): Unternehmungsentwicklung und Organisationsplanung. In: ZfO 45. Jg., S. 4 ff, S. 103 ff, S. 144 ff, S. 286 ff, S. 340 ff, S. 416 ff
Bleicher, K./Meyer, E. (1976): Führung in der Unternehmung — Formen und Modelle. Reinbek
Bloch, W. (1974): Projektorganisation — Beispiele für die praktische Anwendung. Berlin etc
Blohm, H. (1974): Die Gestaltung des betrieblichen Berichtswesens als Problem der Leitungsorganisation. 2. Aufl., Herne/Berlin
Bödiker, M. L. /Lange, W. (1975): Gruppendynamische Trainingsformen. Reinbek
Borrmann, W. A. (1973): Organization Development. In: Management-Enzyklopädie, Ergänzungsband, München, S. 633—649
Bosetzky, H. (1970): Grundzüge einer Soziologie der Industrieverwaltung. Stuttgart
Bosetzky, H. (1974): Veränderung der Organisationsstruktur im Wandel des Führungsverhaltens. In: Führungswandel in Unternehmung und Verwaltung, hg. von Macharzina/v. Rosenstiel, Wiesbaden, S. 229 ff
Bottler, J. (1972): Die Strukturierung eines branchenorientierten Systems informationeller Beziehungen der Unternehmung. In: ZfO, 41. Jg., S. 339—349
Brightford, E. (1974): Verhaltensorientiertes Management — Einführung in die Methoden der Unternehmensführung. Frankfurt/New York
Brings, K. (1976): Erfahrungen mit der Matrixorganisation. In: ZfO, 45. Jg., S. 72—80
Buckingham, W. (1963): Automation und Gesellschaft. Dt. Ausg.: Frankfurt
Bühner, R. (1975): Organisationsgestaltung von Informationssystemen der Unternehmung. Berlin
Bühner, R. (1977): Zum Situationsansatz in der Organisationsforschung. In: ZfO 46. Jg., S. 67 ff
Büschges, G. (Hg.) (1976): Organisation und Herrschaft. Reinbek
Buth, W. (1977): Unternehmensführung — Managementkonzepte und Entscheidungslehre. Stuttgart etc.
Coenenberg, A. G. (1966): Kommunikation in der Unternehmung. Wiesbaden
Correll, W. (1976a): Motivation und Überzeugung in Führung und Verkauf. München
Correll, W. (1976b): Führung als kommunikationspsychologisches Problem. ZfO 45. Jg., S. 33 ff
Daeglin, K. D. (1975): Möglichkeiten zur organisatorischen Einbeziehung der Marketing-Funktion. In: Handbuch Organisation, hg. von Linnert, Gernsbach, S. 389 ff
Daenzer, W. F. (Hg.) (1976): Systems Engineering. Köln/Zürich
Dahrendorf, R. (1959): Homo sociologicus. Köln/Opladen
Detzer, K. A./Petit K. (1979): Die Organisation der M.A.N.-Gruppe. In: ZfO 48. Jg., S. 191 ff
Dienstbach, H. (1972): Dynamik der Unternehmungsorganisation. Wiesbaden
Dressler, W./Keßler, A./Köhler, H. D./Widmann, U. (1975): Funktionendiagramme oder Stellenbeschreibungen? Eine vergleichende Analyse der Ziele und Anwendungsmöglichkeiten. In: ZfO 44. Jg., S. 191—198

Drucker, P. F. (1956): Praxis des Management. Dt. Ausg.: Düsseldorf
Drumm, H. J. (1974): Zur Koordinations- und Allokationsproblematik bei Organisationen mit Matrix-Struktur. In: Unternehmungsführung, hg. von Wild, Berlin, S. 323 ff
Dullien, M. (1972): Flexible Organisation — Praxis, Theorie und Konsequenzen des Projekt- und Matrix-Management. Opladen
Dullien, M. (1974): Zur Anatomie des Projekt-Management. In: ZfO 43. Jg., S. 261—265
Dullien, M. (1975): Perspektiven des Matrix-Projekt-Management. In: ZfO 44. Jg., S. 187—190
Dworatschek u. a. (1972): Management für alle Führungskräfte in Wirtschaft und Verwaltung, Bd. I + II. Begleitmaterial zur gleichnamigen Fernsehserie. Stuttgart
Eckardstein, D. v./Schnellinger, F. (1975): Betriebliche Personalpolitik. München
Eisenführ, F. (1970): Zur Entscheidung zwischen funktionaler und divisionaler Organisation. In: ZfB 40. Jg., S. 725—746
Euler, H. P. (1976): Zur Problematik der Arbeitszufriedenheit. In: Angewandte Arbeitswissenschaft, Mitteilungen des IfaA Nr. 61, S. 39—59
Fischer, G. (1975): Führungsdelegation. In: Handwörterbuch des Personalwesens, hg. v. Gaugler. Stuttgart
Freibichler, H. (1976): Praxis der Teamarbeit. Stuttgart
French, W. (1969): Organization Development: Objectives, Assumptions and Strategies. In: California Management Review XII, 2, Winter 1969, S. 23—34
French, W. L./Bell, C. H. (1977): Organisationsentwicklung. Dt. Ausg.: Bern/Stuttgart
Frese, E. (1971): Ziele als Führungsinstrument — Kritische Anmerkungen zum „Management by Objectives". In: ZfO 40. Jg., S. 227 ff
Frese, E. (1976): Aufbauorganisation. Gießen
Friedmann, G. (1959): Grenzen der Arbeitsteilung. Dt. Ausg.: Frankfurt
Fronz, M. (1972): Verhaltenswissenschaftliche Aspekte des Projekt-Managements. In: ZfO 41. Jg., S. 175 ff
Fuchs, H. (1973): Systemtheorie und Organisation. Wiesbaden
Fuchs-Wegner, G. (1971): Zur wissenschaftlichen Auseinandersetzung mit dem Problem der Systemgestaltung. In: ZfO 40. Jg., S. 263 ff
Fuchs-Wegner, G./Welge, M. K. (1974): Kriterien für die Beurteilung von Organisationskonzepten. In: ZfO 43. Jg., S. 71 ff, S. 163 ff
Fürst, R. (1970): Industrieller Führungsstil in nach-moderner Zeit. In: ZfB 40. Jg., S. 211—226
Gaitanides, M. (1976): Industrielle Arbeitsorganisation und technische Entwicklung. Berlin/New York
Gaitanides, M. (1977): Technik und Organisationsstruktur. In: Personalmanagement, Bd. II, hg. von Macharzina/Oechsler. Wiesbaden
Galbraith, J. K. (1970): Die moderne Industriegesellschaft. Dt. Ausg.: München/Zürich
Galbraith, J. R. (1973): Gestaltungsmöglichkeiten der Matrixorganisation. In: ZfO 42. Jg., S. 75—83
Gaugler, E./Kolb, M./Ling, B. (1977): Humanisierung der Arbeitswelt und Produktivität. Ludwigshafen (Rh)
Gebert, D. (1974): Organisationsentwicklung. Stuttgart etc.
Glasl, F./de la Houssaye, L. (1975): Organisationsentwicklung — Das Modell des NPI. Bern/Stuttgart
Golembiewski, R. T. (1972): Toward the Colleague Concept of Staff. In: Unternehmungsorganisation, Reader + Abstracts, hg. v. Grochla, Reinbek, S. 283—306
Gomez, P./Malik, F./Oeller, K. H. (1975): Systemmethodik — Grundlagen einer Methodik zur Erforschung und Gestaltung komplexer soziotechnischer Systeme, Teil I + II. Bern/Stuttgart
Gottschall, D. (1974): Kontrollierte Hierarchie. In: manager magazin, Heft 2/1974, S. 58—66
Greiner, L. E. (1972): Evolution and revolution as organizations grow. In: Harvard Business Review, Vol. 50, July-Aug., S. 37—46
Grieswelle, D. (1974): Allgemeine Soziologie — Gegenstand, Grundbegriffe und Methode der Soziologie. Stuttgart etc.
Grochla, E. (1966): Automation und Organisation. Wiesbaden
Grochla, E. (1969): Erkenntnisstand und Entwicklungstendenzen in der Organisationstheorie. In: ZfB 39. Jg., S 1—22

Grochla, E. (1970): Systemtheorie und Organisationstheorie. In: ZfB 40. Jg., S. 1—16
Grochla, E. (1972): Unternehmungsorganisation — Neue Ansätze und Konzeptionen. Reinbek
Grochla, E. (und Mitarbeiter) (1974a): Integrierte Gesamtmodelle der Datenverarbeitung — Entwicklung und Anwendung des Kölner Integrationsmodells. München etc.
Grochla, E. (1974b): Neue Konzepte der Unternehmungsorganisation — eine Strukturanalyse. In: Unternehmungsführung, hg. v. Wild, Berlin, S. 297—322
Grochla, E. (Hg.) (1974c): Management — Aufgaben und Instrumente. Düsseldorf/Wien
Grochla, E. (1975a): Organisation und Organisationsstruktur. In: HWB, Stuttgart, Sp. 2846 ff
Grochla, E. (Hg.) (1975b): Organisationstheorie, 1. Teilband. Stuttgart
Grochla, E. (Hg.) (1976): Organisationstheorie, 2. Teilband. Stuttgart
Grochla, E. (1977): Grundzüge und gegenwärtiger Erkenntnisstand einer Theorie der Organisationsgestaltung. In: ZfO 46. Jg., S. 421—432
Grochla, E. (1978): Einführung in die Organisationstheorie. Stuttgart
Grochla, E./Meller, F. (1974): Datenverarbeitung in der Unternehmung, Bd. 1: Grundlagen. Reinbek
Grochla, E./Meller, F. (1977): Datenverarbeitung in der Unternehmung, Bd. 2: Gestaltung und Anwendung. Reinbek
Grochla, E./Szyperski, N. (Hg.) (1971): Management-Informationssysteme. Wiesbaden
Grochla, E./Szyperski, N. (Hg.) (1975): Information Systems and Organizational Structure. Berlin/New York
Grün, O. (1966): Informale Erscheinungen in der Betriebsorganisation. Berlin
Grün, O. (1969): Hierarchie. In: HWO, Stuttgart, Sp. 677—683
Guserl, R./Hofmann, M. (1976): Das Harzburger Modell — Idee und Wirklichkeit. 2. A., Wiesbaden.
Häusler, J. (1966): Grundfragen der Betriebsführung. Wiesbaden
Häusler, J. (1969): Ist die Hierarchie noch zeitgemäß? In: Bürotechnik und Organisation, 17. Jg., S. 334 ff, 414 ff, 498 ff
Hahn, D. (1971): Führung des Systems Unternehmung. In: ZfO 40. Jg., S. 161—169
Hahn, D. (1972): Industrielle Fertigungswirtschaft in entscheidungs- und systemtheoretischer Sicht. In: ZfO 41. Jg., S. 269 ff, 369 ff, 427 ff
Hahn, D. (1974): Planungs- und Kontrollrechnung — PUK —. Wiesbaden
Hahn, D./Link, J. (1975): Motivationsfördernde Arbeitsfeldstrukturierung. In: ZfO 44. Jg., S. 65—71
Hansen, H. R. (1978a): Wirtschaftsinformatik I, Einführung in die betriebliche Datenverarbeitung. Stuttgart/New York
Hansen, H. R. (Hg.) (1978b): Entwicklungstendenzen der Systemanalyse — 5. Wirtschaftsinformatik-Symposium der IBM-Deutschland. München/Wien
Hansen, H. R./Wahl, M. P. (Hg.) (1973): Probleme beim Aufbau betrieblicher Informationssysteme. München
Heckhausen, H. (1965): Leistungsmotivation. In: Handbuch der Psychologie, hg. von Thomae, Göttingen, Bd. 2., S. 602 ff
Hecking-Binder, E. E. (1974): Führungsmodelle und Marketingorganisation. Wiesbaden
Hegner, F. (1976): Strukturelemente organisierter Handlungssysteme. In: Organisation und Herrschaft, hg. von Büschges, Reinbek, S. 226 ff
Heinen, E. (1968): Einführung in die Betriebswirtschaftslehre. München
Heinen, E. (1976): Das Zielsystem der Unternehmung — Grundlagen betriebswirtschaftlicher Entscheidungen. 3. A., Wiesbaden
Heinen, E. (Hg.) (1978): Betriebswirtschaftliche Führungslehre — Ein entscheidungsorientierter Ansatz. Wiesbaden
Heinrich, L. J. (1976): Systemplanung, Bd. 1: Analyse und Grobprojektierung von Informationssystemen. Berlin/New York
Herzberg, F. (1966): Work and the Nature of Man. Cleveland
Herzberg, F. (1968): One More Time: How Do You Motivate Employees? In: Harvard Business Review, Vol. 46, January-February, S. 53—62
Herzberg, F./Mausner, B. M./Snyderman, B. B. (1959): The motivation to work. New York

Hill, W./Fehlbaum, R./Ulrich, P. (1974): Organisationslehre — Ziele, Instrumente und Bedingungen der Organisation sozialer Systeme, Bd. 1 + 2. Bern/Stuttgart
Hoeffert, H. W. (1976): Psychologische und soziologische Grundlagen der Organisation. Gießen
Höhn, R. (1969a): Stabsstellen. In: HWO, Stuttgart, Sp. 1543 ff
Höhn, R. (1969b): Führungsanweisung. In: HWO, Stuttgart, Sp. 568—576
Höhn, R. (Hg.) (1970): Das Harzburger Modell in der Praxis — Rundgespräch über die Erfahrungen mit dem neuen Führungsstil in der Wirtschaft. Bad Harzburg
Höhn, R. (1973): Harzburger Modell. In: Management-Enzyklopädie Ergänzungsband, München, S. 339 ff
Höhn, R./Böhme, G. (1970): Führungsbrevier der Wirtschaft. 7. A. Bad Harzburg
Höhn, R./Böhme, G. (1971): Stellenbeschreibung und Führungsanweisung. 6. A., Bad Harzburg
Hoffmann, F. (1972): Merkmale der Führungsorganisation amerikanischer Unternehmen. In: ZfO 41. Jg., S. 3 ff, 85 ff, 145 ff
Hoffmann, F. (1976): Entwicklung der Organisationsforschung. 2. A., Wiesbaden
Hoffmann, F./Bühner, R. (1976): Organisationsgestaltung — Probleme, Konzeptmerkmale und Ereignisse. Wiesbaden
Hoffmann, M. J. A. (1974): Struktur und Leistungswirksamkeit innerbetrieblicher Gruppen. In: bürotechnik 22. Jg., S. 963 ff
Hoffmann, M. J. A. (1976): Betriebliche Informationswirtschaft und Datenverarbeitungsorganisation — Analyse und Konzeption von Organisationssystemen. Berlin etc.
Hofstätter, P. R. (1971): Gruppendynamik. Hamburg
Homans, G. C. (1968): Theorie der sozialen Gruppe. Dt. Ausg.: 3. A., Köln/Opladen
Hoppmann, K. (1975): Mitbestimmung am Arbeitsplatz. In: Humanisierung der Arbeitswelt, hg. von AGP, Köln, S. 272 ff
Hoppmann GmbH (Hg.) (1978): Handbuch der betrieblichen Gruppenarbeit. Siegen
Horney, H. L. (1976): Motivationstheorien und ihre Bedeutung für den Betriebsalltag. In: Angewandte Arbeitswissenschaft, Mitteilungen des IfaA Nr. 61, S. 20—38
Hoyos, C. Graf (1974): Arbeitspsychologie. Stuttgart etc
Hub, H./Fischer, W. (1977): Techniken der Aufbauorganisation. Stuttgart etc
Humble, J. (1972): Praxis des Management by Objectives. München
Humble, J. (1973): MBO-Fibel — Grundsätze des Management by Objectives. Frankfurt/New York
Hungenberg, W. (1974): Reorganisation des Vertriebsbereichs der VOKO-Franz Vogt & Co. In: ZfO 43. Jg., S. 315 ff
Huse, E. G. (1975): Organization Development and Change. St. Paul etc.
Huse, E. G./Bowditch, J. L. (1973): Behavior in Organizations — A Systems Approach to Managing. Reading/Mass etc
Irle, M. (1971): Macht und Entscheidungen in Organisationen. Frankfurt
Institut der deutschen Wirtschaft (Hg.) (1976): Die Humanisierung — Industriearbeit im Wandel. Köln
Kappler, E. (1972): Systementwicklung — Lernprozesse in betriebswirtschatlichen Organisationen. Wiesbaden
Kast, F. E./Rosenzweig, J. E. (1974): Organization and Management — A System Approach. 2. A., Tokyo etc
Katz, D./Kahn, R. L. (1966): The Social Psychology of Organizations. New York
Kempf, Th. (1978): Das Konzept der ,,Organisationsentwicklung" (OE). In: ZfO 47. Jg., S. 201—208
Kieser, A. (1969): Innovationen. In: HWO, Stuttgart, Sp. 741—750
Kieser, A. (1971): Zur wissenschaftlichen Begründbarkeit von Organisationsstukturen. In: ZfO 40. Jg., S. 239 ff
Kieser, A. (1974): Einfluß der Umwelt auf die Organisationsstruktur der Unternehmung. In: ZfO 43. Jg., S. 302—374
Kieser, A. (1976): Betriebswirtschaftliche Aspekte der Führungsorganisation. In: Personalmanagement I, hg. von Macharzina/Oechsler, Wiesbaden, S. 209—230
Kieser, A./Kubicek, H. (1977): Organisation. Berlin/New York

Kieser, A./Kubicek, H. (1978): Organisationstheorien I: Wissenschaftstheoretische Anforderungen und kritische Analyse klassischer Ansätze. Stuttgart etc

Kieser, A./Kubicek, H. (1979): Organisationstheorien II: Kritische Analyse neuerer sozialwissenschaftlicher Ansätze. Stuttgart etc

Kirsch, W. (1971): Entscheidungsprozesse, Bd. 3: Entscheidungen in Organisationen. Wiesbaden

Kirsch, W. (1973): Betriebswirtschaftliche Logistik — Systeme, Entscheidungen, Methoden. Wiesbaden

Kirsch, W. (1974): Betriebswirtschaftslehre — Systeme. Entscheidungen, Methoden. Wiesbaden

Kirsch, W./Klein, H. K. (1977a): Managementinformationssysteme I: Wege zur Rationalisierung der Führung. Stuttgart etc

Kirsch, W./Klein, H. K. (1977b): Managementinformationssysteme II: Auf dem Weg zu einem neuen Taylorismus. Stuttgart etc

Kirsch, W./Meffert, H. (1970): Organisationstheorien und Betriebswirtschaftslehre. Wiesbaden

Klaus, G. (1969): Wörterbuch der Kybernetik, Bd. 1 + 2. Frankfurt/Hamburg

Klein, L. (1975): Die Entwicklung neuer Formen der Arbeitsorganisation. Göttingen

Klis, M. (1971): Machttheoretische Grundlagen moderner Führungsstile. In: ZfO 40. Jg., S. 5—13

Korndörfer, W. (1976): Unternehmensführungslehre — Lehrbuch der Unternehmensführung. Wiesbaden

Kosiol, E. und Mitarbeiter (1959): Kollegien als Organisationsform der Entscheidung, Beratung und Information. In: Organisation des Entscheidungsprozesses, hg. von Kosiol, Berlin, S. 107 ff

Kosiol, E. (1962): Organisation der Unternehmung. Wiesbaden

Kosiol, E./Szyperski, N./Chmielewicz, K. (1965): Zum Standort der Systemforschung im Rahmen der Wissenschaften. In: ZfbF 17. Jg., S. 337—378

Krähe-Arbeitskreis (1957): Unternehmungsorganisation. 3. A.: Köln/Opladen

Kreikebaum, H. (1975): Die Anpassung der Betriebsorganisation. Wiesbaden

Krüger, W. (1973): Konfliktsteuerung als Führungsaufgabe. München

Krüger, W. (1976): Macht in der Unternehmung — Elemente und Strukturen. Stuttgart

Krüger, W. (1977): Organisationsstruktur und Machtstruktur. In: ZfO 46. Jg., S. 126—132

Kubicek, H. (1972): Der Zusammenhang zwischen Informationstechnologie und Organisationsstruktur. In: ZfO 41. Jg., S. 828—832

Kubicek, H. (1973): Ein Konzept zur Berücksichtigung organisatorischer und sozialer Aspekte beim Einsatz moderner Informationstechnologien. In: Online, Zeitschrift für Datenverarbeitung, 5. Jg., S. 606—619

Kubicek, H. (1975a): Empirische Organisationsforschung — Konzeption und Methodik. Stuttgart

Kubicek, H. (1975b): Informationstechnologie und organisatorische Regelungen. Berlin

Kübler, H. (1974): Organisation und Führung in Behörden. Stuttgart etc

Lattmann, Ch. (1974): Die Humanisierung der Arbeit und die Demokratisierung der Unternehmung. Bern/Stuttgart

Lattmann, Ch. (1977): Führung durch Zielsetzung. Bern/Stuttgart

Laurig, W. (1973): Arbeitswissenschaftliche Analyse und Gestaltung eines Arbeitssystems. In: Menschenwürde im Betrieb, hg. von Vilmar, Reinbek

Lawrence, P. R./Lorsch, J. W. (1969a): Organization and Environment. Homewood/Jll

Lawrence, P. R./Lorsch, J. W. (1969b): Developing Organizations — Diagnosis and Action. Menlo Park etc

Leavitt, H. J. (1965): Applied Organizational Change in Industry: Structural, Technological and Humanistic Approaches. In: Handbook of Organizations, hg. von March, Chicago, S. 1144 ff

Leavitt, H. J. (1974): Grundlagen der Führungspsychologie: Individuum — Gruppe — Organisation. Dt. Ausg.: München

Lehrner, R. (1976): Funktionale Mitbestimmung bei ,,Herz Armaturen AG''. In: Gruppendynamik 7. Jg., S. 108 ff

Lievegood, B. C. (1973): The Developing Organization. London

Likert, R. (1972): Neue Ansätze der Unternehmungsführung. Dt. Ausg.: Bern/Stuttgart

Likert, R. (1975): Die integrierte Führungs- und Organisationsstruktur. Dt. Ausg.: Frankfurt/New York

Lindemann, P. (1970): Unternehmensführung und Wirtschaftskybernetik. Neuwied

Linnert, P. (1975): Organisationsformen des Absatzbereichs. In: Handbuch Organisation, hg. von Linnert, Gernsbach, S. 700 ff

Luhmann, N. (1964): Funktionen und Folgen formaler Organisation. Berlin

Macharzina, K. (1977): Neue Entwicklungen in der Führungsforschung. In: ZfO 46. Jg., S. 7 ff, 101 ff

Mag, W. (1971): Grundfragen einer betriebswirtschaftlichen Organisationstheorie. Wiesbaden

March, J. G. (Hg.) (1965): Handbook of Organizations. Chicago

March, J. G./Simon, H. G. (1976): Organisation und Individuum — Menschliches Verhalten in Organisationen. Dt. Ausg.: Wiesbaden

Maslow, A. H. (1954): Motivation and Personality. New York

Maslow, A. H. (1962): Towards a psychology of being. Princeton

Mayer, A. (Hg.) (1978): Organisationspsychologie. Stuttgart

Mayntz, R. (1963): Soziologie der Organisation. Reinbek

Mayntz, R. (Hg.) (1968): Bürokratische Organisation. Köln/Berlin

Mayntz, R. (1974): Bürokratie. In: HWB, 1. Bd., Stuttgart, Sp. 1058—1063

Mayntz, R./Ziegler, R. (1977): Soziologie der Organisation. In: Handbuch der empirischen Sozialforschung, hg. von König, Bd. 9, Stuttgart

Mc Gregor, D. (1957): An Uneasy Look at Performance Appraisal. In: Harvard Business Review Vol. 35, May-June

Mc Gregor, D. (1970): Der Mensch im Unternehmen. Dt. Ausg.: Düsseldorf/Wien

Mellerowicz, K. (1963): Unternehmungspolitik, Bd. 1. Freiburg i. Br.

Mertens, P. (1978): Industrielle Datenverarbeitung, Bd. 1: Administrations- und Dispositionssysteme. 3. A., Wiesbaden

Mertens, P./Griese, J. (1972): Industrielle Datenverarbeitung, Bd. 2: Informations- und Planungssysteme. Wiesbaden

Miller, D. C./Form, W. H. (1957): Unternehmung, Betrieb und Umwelt. Soziologie des Industriebetriebs und der industriellen Gesellschaft. Dt. Ausg.: Köln/Opladen

Morgenbrod, H./Schwärtzel, H. (1978): Informations- und Kommunikationstechnik verändern den Büroarbeitsplatz. In: Siemens data report 13. Jg., S. 8—16

Müller-Merbach, H. (1974): Operations Research — Problemlösen durch Problemstrukturieren. Stichworte zu einem Referat. IBM-Unterlage zum Mannheimer Institut 1974

Musiol, A. (1974): Organisation von Organisationsprojekten in der Industrie. In: ZfO 43. Jg., S. 192 ff, 277 ff

Neuberger, O. (1974a): Theorien der Arbeitszufriedenheit. Stuttgart etc

Neuberger, O. (1974b): Wandel des Führungsverhaltens im Wandel der Ziele. In: Führungswandel in Unternehmung und Verwaltung, hg. von Macharzina/v. Rosenstiel, Wiesbaden, S. 69 ff

Neuberger, O. (1976): Führungsverhalten und Führungserfolg. Berlin

Neuberger, O. (1977): Organisation und Führung. Stuttgart etc

Neumann, K. H. (1974): Taschenbuch der Teamarbeit. Heidelberg

Nick, F. R. (1974): Management durch Motivation. Stuttgart etc

Nordsieck, F. (1961): Betriebsorganisation — Lehre und Technik. Stuttgart

Odiorne, G. S. (1967): Management by Objectives. München

Orr, K. T. (1977): Structured Systems Development. New York

Pfeifer, D. K. (1976): Organisationssoziologie — eine Einführung. Stuttgart etc

Poensgen, O. H. (1973): Geschäftsbereichsorganisation. Köln/Opladen

Prewo, R./Ritsert, J./Stracke, E. (1973): Systemtheoretische Ansätze in der Soziologie. Reinbek

Quiske, F. H./Skirl, St. J./Spiess, G. (1975): Arbeit im Team. Reinbek

Reber, G. (1970): Vom patriarchalisch-autoritären zum bürokratisch-autoritären Führungsstil? Bemerkungen zum Harzburger Modell. In: ZfB 40. Jg., S. 633—638

REFA (1975a): Methodenlehre des Arbeitsstudiums, Teil 1: Grundlagen. München

REFA (1975b): Methodenlehre des Arbeitsstudiums, Teil 3: Kostenrechnung, Arbeitsgestaltung. München

Reichwald, R. (1979): Zur empirischen betriebswirtschaftlichen Zielforschung. In: ZfB 49. Jg., S. 528—535

Rohmert, W. (1973): Psychische Beanspruchung. In: Ergonomie 1, hg. von Schmidtke, Mün- S. 225—255

Ropohl, G. (Hg.) (1975): Systemtechnik — Grundlagen und Anwendung. München

Rosenkranz, H. (1973): Soziale Betriebsorganisation. München

Rosenstiel, L. v. (1975a): Motivationale Grundlagen des Verhaltens in Organisationen — Leistung und Zufriedenheit. Berlin

Rosenstiel, L. v. (1975b): Arbeitsleistung und Arbeitszufriedenheit. In: Zeitschrift für Arbeitswissenschaft 29. Jg., S. 72—78

Rosenstiel, L. v. (1977a): Arbeitsmotivation und Anreizgestaltung. In: Personalmanagement I, hg. von Macharzina/Oechsler, Wiesbaden, S. 57—77

Rosenstiel, L. v. (1977b): Bedürfnisbefriedigung und Organisationsstruktur. In: Personalmanagement I, hg. von Macharzina/Oechsler, Wiesbaden, S. 231—246

Rosenstiel, L. v. (1978): Arbeitsgruppe. In: Organisationspsychologie, hg. von Mayer, Stuttgart, S. 236 ff

Rosenstiel, L. v./Molt, W./Rüttinger, B. (1972): Organisationspsychologie. Stuttgart etc

Rühl, G. (1973): Untersuchungen zur Arbeitsstrukturierung. In: Industrial Engineering 3. Jg., S. 147—197

Rühl, G./Zink, K. J. (1974): Zur Kritik an der Herzbergschen Motivationstheorie. In: Fortschrittliche Betriebsführung 23. Jg., S. 173—195

Rühli, E. (1973): Unternehmungsführung und Unternehmungspolitik, Bd. I. Bern/Stuttgart

Rüttinger, B./v. Rosenstiel, L./Molt, W. (1974): Motivation des wirtschaftlichen Verhaltens. Stuttgart etc

Sader, M. (1976): Psychologie der Gruppe. München

Sahm, A. (1979): Delegieren — aber wie? In: Datascope 10. Jg., Heft 29, S. 3—8

Schanz, G. (1977): Wege zur individualisierten Organisation. In: ZfO 46. Jg., S. 183 ff, 345 ff

Scharmann, Th. (1972): Teamarbeit in der Unternehmung. Bern/Stuttgart

Schein, E. H. (1965): Organizational Psychology. Englewood Cliffs/New Jersey

Scheuplin, H. (1977): Delegation. In: Personal-Enzyklopädie, Bd. 1, München

Schiemenz, B./Seiwert, L. (1979): Ziele und Zielbestimmung in der Unternehmung. In: ZfB 49. Jg., S. 581—603

Schlicksupp, H. (1977): Kreative Ideenfindung in der Unternehmung — Methoden und Modelle. Berlin/New York

Schmidt, G. (1970): Bestimmungsfaktoren organisatorischer Lösungen. In: ZfO 39. Jg., S. 335 ff

Schmidt, G. (1973): Organisation — Methode und Technik. Gießen

Schmidt, P. (1972): Matrixorganisation als geeignete Organisationsform für Mehrproduktunternehmen. In: ZfO 41. Jg., S. 183 ff

Schnaufer, E./Agthe, K. (Hg.) (1961): Organisation, TFB-Handbuchreihe. Berlin/Baden-Baden

Schnelle, E. (1966): Entscheidungen im Management — Wege zur Lösung komplexer Aufgaben in großen Organisationen. Quickborn

Schröder, H. J. (1970): Projekt-Management — eine Führungskonzeption für außergewöhnliche Vorhaben. Wiesbaden

Schubert, U. (1972): Management-Konzeptionen II. In: Dworatschek u. a., Management für alle Führungskräfte in Wirtschaft und Verwaltung, Stuttgart, S. 78 ff

Schulz, A. (1978): Methoden des Softwareentwurfs und Strukturierte Programmierung. Berlin/New York

Schwarz, G. (1974): Die Problematik der Gruppe. In: Gruppendynamik, hg. von Heintel, München, S. 60—117

Schwarz, H. (1973): Betriebsorganisation als Führungsaufgabe. 6. A., München

Schwarz, H. (1976): Stabsstellen. In: HWB, 3. Bd., Stuttgart, Sp. 3656—3661

Schweitzer, M. (1967): Methodologische und entscheidungstheoretische Grundfragen der betriebswirtschaftlichen Prozeßstrukturierung. In: ZfbF 19. Jg., S. 279—296

Schweitzer, M. (1974): Ablauforganisation. In: HWB, 1. Bd., Stuttgart, Sp. 1—8

Scott, W. G./Mitchell, T. R. (1976): Organization Theory — A Structural and Behavioral Analysis. 3. A., Homewood/Ill.
Siemens AG (1970): Die neue Organisation des Hauses Siemens. In: ZfO 39. Jg., S. 337 ff
Siemens AG (Hg.) (1974): Organisationsplanung — Planung durch Kooperation. Berlin/München
Sievers, B. (1975): Theorien und Methoden der Organisationsentwicklung in den USA. In: Gruppendynamik 6. Jg., S. 29 ff
Sievers, B. (Hg.) (1977): Organisationsentwicklung als Problem. Stuttgart
Sievers, B. (1978): Organisationsentwicklung als Aktionsforschung. In: ZfO 47. Jg., S. 209—218
Smith, P. B. (1976): Kleingruppen in Organisationen. Dt. Ausg.: Stuttgart
Splettstößer, D. (1977): Grobprojektierung von Informationssystemen. Würzburg/Wien
Staehle, W. H. (1971): Über den Realitätsbezug organisationstheoretischer Modelle. In: ZfO 40. Jg., S. 19 ff, 80 ff
Staehle, W. H. (1973): Organisation und Führung sozio-technischer Systeme. Stuttgart
Staehle, W. H. (1975): Die Stellung des Menschen in neueren betriebswirtschaftlichen Theoriesystemen. In: ZfB 45. Jg., S. 713—724
Staehle, W. H. (1977): Der situative Ansatz in der Organisations- und Führungslehre. In: Personalmanagement I, hg. von Macharzina/Oechsler, Wiesbaden, S. 81—107
Staerkle, R. (1961): Stabsstellen in der industriellen Unternehmung. Bern
Steiner, G. A. (Hg.) (1969): The Creative Organization. Chicago/London
Steinle, G. (1975a): Das Harzburger Modell — eine Führungsfassade. In: ZfO 44. Jg., S. 249 ff
Steinle, G. (1975b): Leistungsverhalten und Führung in der Unternehmung — Das Harzburger Führungsmodell im Vergleich mit einem motivationstheoretisch fundierten Leistungs-Verhaltensmodell. Berlin
Steinle, G. (1978): Führung — Grundlagen, Prozesse und Modelle der Führung in der Unternehmung. Stuttgart
Stocker-Kreichgauer, G. (1978): Ausbildung und Training in der Unternehmung. In: Organisationspsychologie, hg. von Mayer, Stuttgart, S. 170 ff
Tannenbaum, A. S./Kahn R. L. (1957): Organizational control structure. In: Human Relations, Vol. 10, No. 2, S. 127 ff
Tannenbaum, R./Schmidt, W. H. (1958): How to Choose a Leadership Pattern. In: Harvard Business Review Vol. 36, March-April, S. 95—101
Tenckhoff, Ph. (1977): Auswirkungen der Arbeitsstrukturierung in der Führungsorganisation. In: ZfO 46. Jg., S. 454—460
Timmermann, M. (1977): Personalführung — Führungsstil, Motivation, Mitbestimmung. Stuttgart etc
Türk, K. (Hg.) (1975): Organisationstheorie. Hamburg
Ulich, E. (1972): Arbeitswechsel und Aufgabenerweiterung. In: REFA-Nachrichten 25. Jg., S. 265—275
Ulich, E. (1973): Aufgabenerweiterung und autonome Arbeitsgruppen. In: Industrielle Organisation, 42. Jg., S. 355—358
Ulich, E. (1974a): Neue Formen der Arbeitsstrukturierung. In: Fortschrittliche Betriebsführung 23. Jg., S. 187—196
Ulich, E. (1974b): Die Erweiterung des Handlungsspielraums in der betrieblichen Praxis. In: Industrielle Organisation 43. Jg., S. 6—8
Ulich, E./Groskurth, P./Bruggemann, A. (1973): Neue Formen der Arbeitsgestaltung. Frankfurt
Ulrich, H. (1968): Die Unternehmung als produktives soziales System. Bern/Stuttgart
Ulrich, H. (1969): Delegation. In: HWO, Stuttgart, Sp. 433—437
Ulrich, H. (1975): Systemorientiertes Management. In: Datascope, 6. Jg., Heft 17, S. 3—13
Ulrich, H./Krieg, W. (1974): Das St. Galler Management-Modell. 3. A., Bern
Ulrich, H./Staerkle, R. (1962): Verbesserung der Organisationsstruktur von Unternehmungen. Bern
Ulrich, P. (1975): Organisationsentwicklung. In: Industrielle Organisation 44. Jg., S. 274—278
Ulrich, P./Fluri, E. (1975): Management — eine konzentrierte Einführung. Bern/Stuttgart
Ulrich, W. (1975): Die Kreativitätsförderung in der Unternehmung. Bern/Stuttgart

Vilmar, F. (Hg.) (1973a): Menschenwürde im Betrieb. Reinbek
Vilmar, F. (1973b): Strategien der Demokratisierung, Bd. I + II. Neuwied
Vilmar, F. (Hg.) (1975): Die industrielle Demokratie in Westeuropa. Reinbek
Wedekind, H. (1973): Systemanalyse — Entwicklung von Anwendungssystemen für Datenverarbeitungsanlagen. München
Wedekind, H. (1975): Datenorganisation. 3. A., Berlin/New York
Wegner, G. (1969): Systemanalyse und Sachmitteleinsatz in der Betriebsorganisation. Wiesbaden
Welge, M. K. (1975): Profit-Center-Organisation. Wiesbaden
Wild, J. (1966): Grundlagen und Probleme der betriebswirtschatlichen Organisationslehre. Berlin
Wild, J. (1971): Management-Konzeption und Unternehmungsverfassung. In: Probleme der Unternehmungsverfassung, hg. von R. B. Schmidt, Tübingen, S. 57 ff
Wild, J. (1972): Product Management — Ziele, Kompetenzen und Arbeitstechniken des Produktmanagers. 2. A., München
Wild, J. (1973): Organisation und Hierarchie. In: ZfO 42. Jg., S. 45—54
Wild, J. (Hg.) (1974a): Unternehmungsführung — Festschrift für Erich Kosiol. Berlin
Wild, J. (1974b): Betriebswirtschaftliche Führungslehre und Führungsmodelle. In: Unternehmungsführung, hg. von Wild, Berlin, S. 141—180
Wild, J. (1974c): Grundlagen der Unternehmungsplanung. Reinbek
Wilpert, B. (1977): Führung in deutschen Unternehmen. Berlin
Wirth, N. (1972): Systematisches Programmieren. Stuttgart
Witte, E. (1969a): Mikroskopie einer unternehmerischen Entscheidung. In: IBM-Nachrichten 19. Jg., Heft 193, S. 490—495
Witte, E. (1969b): Ablauforganisation. In: HWO, Stuttgart, Sp. 20—30
Witte, E. (1972): Das Informationsverhalten in Entscheidungsprozessen. Tübingen
Witte, E. (1973a): Organisation für Innovationsentscheidungen — Das Promotoren-Modell. Göttingen
Witte, E. (1973b): Innovationsfähige Organisation. In: ZfO 42. Jg., S. 17—24
Witte, E. (1977): Organisatorische Wirkungen neuer Kommunikationssysteme. In: ZfO 46. Jg., S. 361—367
Zaleznik, A. (1976): Das menschliche Dilemma der Führung. Dt. Ausg.: Wiesbaden
Zangemeister, Ch. (1970): Systemtechnik — eine Methodik zur zweckmäßigen Gestaltung komplexer Systeme. In: ZfO 39. Jg., S. 209 ff
Zbinden, H. (1973): Betriebsorganisation für jedermann. Aufgabengliederung und Arbeitsabläufe rationell gestaltet. Stuttgart
Zepf, G. (1970): Der Prozeß der Zielbildung in Unternehmungen aus verhaltenstheoretischer Sicht. In: ZfO 39. Jg., S. 71—79
Zepf, G. (1972): Kooperativer Führungsstil und Organisation. Wiesbaden
Ziegler, R. (1969): Informale Organisation. In: HWO, Stuttgart, Sp. 1094—1103
Ziegler, H. (1970): Strukturen und Prozesse der Autorität in der Unternehmung. Stuttgart
Zimmermann, K. (1970): Die Projektgruppe als Organisationsform zur Lösung komplexer Aufgaben. In: ZfO 39. Jg., S. 45—51
Zink, K. J. (1974): Motivation und Leistung. In: Fortschrittliche Betriebsführung 23. Jg., S. 167—172
Zink, K. J. (1975): Ergebnisse empirischer Motivationsforschung. In: Zeitschrift für Arbeitswissenschaft 29. Jg., S. 104—110

Sachverzeichnis